구속과 섭리

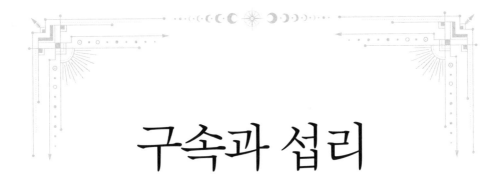

구속과 섭리

· **박건한** 지음 ·

좋은땅

설교집 소개

금계(金溪) 박건한 목사님의 30여 년의 목회 활동 중
행하신 설교들을 정리해서 출판하는 작업을 하고 있습니다.
본 설교집은 15번째 권으로 2012년 주일 설교를 모은 것입니다.

목차

1

아브라함이 막벨라 굴을 사다

2012. 1. 1.

창세기 23:1-20

"사라가 백이십칠 세를 살았으니 이것이 곧 사라가 누린 햇수
라 。 사라가 가나안 땅 헤브론 곧 기럇아르바에서 죽으매 아
브라함이 들어가서 사라를 위하여 슬퍼하며 애통하다가 。 그
시신 앞에서 일어나 나가서 헷 족속에게 말하여 이르되 。 나
는 당신들 중에 나그네요 거류하는 자이니 당신들 중에서 내
게 매장할 소유지를 주어 내가 나의 죽은 자를 내 앞에서 내
어다가 장사하게 하시오 。 헷 족속이 아브라함에게 대답하여
이르되 。 내 주여 들으소서 당신은 우리 가운데 있는 하나님
이 세우신 지도자이시니 우리 묘실 중에서 좋은 것을 택하여
당신의 죽은 자를 장사하소서 우리 중에서 자기 묘실에 당신
의 죽은 자 장사함을 금할 자가 없으리이다 。 아브라함이 일
어나 그 땅 주민 헷 족속을 향하여 몸을 굽히고 。 그들에게 말
하여 이르되 나로 나의 죽은 자를 내 앞에서 내어다가 장사

하게 하는 일이 당신들의 뜻일진대 내 말을 듣고 나를 위하여 소할의 아들 에브론에게 구하여 ◦ 그가 그의 밭머리에 있는 그의 막벨라 굴을 내게 주도록 하되 충분한 대가를 받고 그 굴을 내게 주어 당신들 중에서 매장할 소유지가 되게 하기를 원하노라 하매 ◦ 에브론이 헷 족속 중에 앉아 있더니 그가 헷 족속 곧 성문에 들어온 모든 자가 듣는 데서 아브라함에게 대답하여 이르되 ◦ 내 주여 그리 마시고 내 말을 들으소서 내가 그 밭을 당신에게 드리고 그 속의 굴도 내가 당신에게 드리되 내가 내 동족 앞에서 당신에게 드리오니 당신의 죽은 자를 장사하소서 ◦ 아브라함이 이에 그 땅의 백성 앞에서 몸을 굽히고 ◦ 그 땅의 백성이 듣는 데서 에브론에게 말하여 이르되 당신이 합당히 여기면 청하건대 내 말을 들으시오 내가 그 밭 값을 당신에게 주리니 당신은 내게서 받으시오 내가 나의 죽은 자를 거기 장사하겠노라 ◦ 에브론이 아브라함에게 대답하여 이르되 ◦ 내 주여 내 말을 들으소서 땅 값은 은 사백 세겔이나 그것이 나와 당신 사이에 무슨 문제가 되리이까 당신의 죽은 자를 장사하소서 ◦ 아브라함이 에브론의 말을 따라 에브론이 헷 족속이 듣는 데서 말한 대로 상인이 통용하는 은 사백 세겔을 달아 에브론에게 주었더니 ◦ 마므레 앞 막벨라에 있는 에브론의 밭 곧 그 밭과 거기에 속한 굴과 그 밭과 그 주위에 둘린 모든 나무가 ◦ 성문에 들어온 모든 헷 족속이 보는 데서 아브라함의 소유로 확정된지라 ◦ 그 후에 아브라함이 그 아내 사라를 가나안 땅 마므레 앞 막벨라 밭 굴에 장사

하였더라 (마므레는 곧 헤브론이라)◦ 이와 같이 그 밭과 거기
에 속한 굴이 헷 족속으로부터 아브라함이 매장할 소유지로
확정되었더라"

아브라함의 인격의 핵심은 믿음이다

하나님께서는 아브라함을 인류 역사에서 최고의 사람으로서 우리의
롤 모델로 선정하셔서 열 번의 시험을 거치게 하셨고, 그는 창세기 23장
에서 완성된 인격자의 모습을 보입니다. 그리고 그는 세 가지의 중요한
문제를 처리합니다. 우리는 아브라함이 과연 신약의 예수 그리스도의 인
격처럼 완전한 인격으로서 죽을 때까지 그의 삶을 잘 정리하고 처리해 나
가는가에 대해 주목하는 것이 중요합니다. 왜냐하면 본문 말씀의 아브라
함을 통해서 우리의 인격의 내용이나 각도를 결정해야 되기 때문입니다.

창세기 3장에서 아브라함이 완전한 인격자가 되고 나니까 사라가 127
세가 되어서 죽었습니다. 이제 장지를 구해서 장례를 치러야 하는데 아
브라함이 어떻게 땅을 구입하는지, 24장에서는 아들 이삭을 장가보내는
데 있어 결혼에 대한 그의 성숙된 모습이 어떤지, 25장에서는 아브라함이
175세가 되어서 하나님 앞에 가기 전에 자식 문제와 재산 문제를 어떻게
처리하는지 봐야 합니다. 여기서 그의 인격이 나타납니다. 새해를 맞아
아브라함을 모범된 인격자인 우리의 롤 모델로 정해서 믿음으로 완전해
진 사람은 과연 어떤지 살펴보기로 하겠습니다.

아브라함의 인격의 근원은 돈이 아니고 믿음이었습니다. 현대사회에
서는 보통 학력과 경제력을 기준으로 인격을 판단합니다. 그러나 성경에

서 아브라함의 인격을 통해서 제시하는 내용은 스펙도 아니고 돈도 아니고 믿음입니다. 믿음을 근거로 해서 완성된 아브라함을 본문을 통해 들으면서 그가 어떤 사람인지 답을 찾으시기 바랍니다.

사라의 장지를 사려는 아브라함

> 창 23:1-3 "사라가 백이십칠 세를 살았으니 이것이 곧 사라가 누린 햇수라 ○ 사라가 가나안 땅 헤브론 곧 기럇아르바에서 죽으매 아브라함이 들어가서 사라를 위하여 슬퍼하며 애통하다가 ○ 그 시신 앞에서 일어나 나가서 헷 족속에게 말하여 이르되"

성경에 나오는 여성들 중에 죽은 나이가 기록된 사람은 사라밖에 없습니다. 하와에 대한 기록도 없고 다윗의 부인들에 대한 기록도 없는데, 유일하게 아브라함의 부인인 사라의 죽은 나이를 기록한 이유는 성경에서는 사라를 인류의 어머니로 보기 때문입니다. 22장에서 아브라함이 가장 귀한 자기의 아들 이삭을 바침으로써 하나님께 "이제야 네가 여호와를 경외하는 줄 알았다"는 말씀을 듣고 합격했습니다. 그리고 23장에 가서 부인인 사라가 죽는데, 이스라엘의 전승인 '미드라쉬'에 의하면 아브라함이 이삭을 하나님께 바치려고 오고 가는 중에 사라가 충격을 받아서 죽었다고 합니다. 그러나 성경에는 그런 기록이 없으니 127세라면 연수만큼 살았다고 상식적으로 이해하면 될 것입니다.

창 23:4-6 "나는 당신들 중에 나그네요 거류하는 자이니 당신들 중에서 내게 매장할 소유지를 주어 내가 나의 죽은 자를 내 앞에서 내어다가 장사하게 하시오 ○ 헷 족속이 아브라함에게 대답하여 이르되 ○ 내 주여 들으소서 당신은 우리 가운데 있는 하나님이 세우신 지도자이시니 우리 묘실 중에서 좋은 것을 택하여 당신의 죽은 자를 장사하소서 우리 중에서 자기 묘실에 당신의 죽은 자 장사함을 금할 자가 없으리이다"

아브라함이 장지를 사야 하는데, 당시의 원주민들은 헷 족속이었습니다. 아브라함이 헷 족속에게 가서 땅을 사는 모습을 잘 봐야 합니다.

헷 족속과의 협상에서 드러나는 아브라함의 인격

창 12:7 "여호와께서 아브람에게 나타나 이르시되 내가 이 땅을 네 자손에게 주리라 하신지라 자기에게 나타나신 여호와께 그가 그 곳에서 제단을 쌓고"

창세기에 보면 하나님께서 아브라함에게 네 번이나 이 땅을 네 후손에게 주리라고 하셨습니다. 아브라함은 하나님께서 이 땅을 주리라고 약속하셨기 때문에 마음속으로 '하나님이 주신 땅이니 대충 인사하고 이 사람들에게 땅을 사야지'라고 생각할 수 있습니다. 그러나 그렇다면 아브라함은 인격에 장애가 있는 사람입니다. 신앙을 하면서 잘못하면 인격 장애가 생길 수 있습니다. 인격 장애와 인격자를 잘 구별해야 합니다.

한 기독교 성화를 보면 아브라함이 헷 족속에게 가서 땅을 사는 장면이 나오는데, 저울을 달고 있는 사람은 아브라함이고 나머지 모든 사람들은 헷 족속들입니다. 아브라함이 절을 아주 공손하게 하면서 "땅을 파소서"라고 하니까 헷 족속들이 "내 주여 들으소서. 당신은 우리 가운데 있는 하나님이 세우신 지도자이시니 우리 묘실 중에서 좋은 것을 택하여 당신의 죽은 자를 장사하소서. 우리 중에서 자기 묘실에 당신의 죽은 자 장사함을 금할 자가 없으리이다"라고 대답합니다. 헷 족속들이 아브라함에 대해 '우리 가운데 있는 하나님이 세우신 지도자'라고 표현합니다.

그들은 아브라함에 대해 두 가지의 소문을 들었습니다. 첫째는 창세기 14장에서 소돔과 고모라가 멸망하기 전에 롯이 연합군에게 잡혀갔을 때, 아브라함이 318명을 데리고 가서 전쟁에서 이기고 돌아온 사건입니다. 318명으로 연합군을 이긴다는 것은 인간적으로 불가능한 일입니다. 그러니 아브라함 그는 하나님이 함께하시는 사람이라는 것입니다. 그때 멜기세덱도 예루살렘에서 그 소문을 듣고 아브라함에게 와서 축복을 했습니다. 두 번째, 소돔과 고모라가 멸망하기 직전 아브라함 집에 세 명의 천사들이 와서 아브라함에게 다 얘기한 후 아브라함의 집은 구원을 받고 소돔과 고모라는 멸망한 이야기를 헷 족속들이 듣지 않았을까 싶습니다. 그러니까 그들이 "당신은 우리 가운데 있는 하나님이 세우신 지도자이고 방백입니다"라고 말하는 것입니다.

이웃해서 사는 불신자들에게 이런 말을 듣는다는 것은 정말 하나님이 함께하시는 대단한 인격입니다. "당신은 하나님의 방백이니 원하는 땅이 있으면 다 쓰세요"라고 그들이 말할 때 "역시 하나님이 땅을 주신다고 하시더니. 그래, 너희들이 꼼짝할 수 있나"라고 생각하며 돈도 지급하지 않고 공손하게 인간관계도 하지 않고 덜컥 자기 것으로 받아먹는다면 아브라함은 하나님이 인격자로 세운 사람이 아닙니다. 세속적으로 자기 명예나 드러내는 사람이 됩니다. 아브라함에게 있어서 인격의 제일 핵심은 하나님이 주신다는 땅입니다. "그들이 나를 존경하고 인정하면 돈을 주지 않고도 가질 수 있지 않을까?"라고 절대로 생각하지 않았습니다. 아브라함의 인격을 잘 바라보면서 신앙의 중요한 핵심을 깨달아야 합니다.

우리는 하나님께 말씀의 은혜를 받고 감동을 하면 우리 자신이 슈퍼맨이 된 줄 알고 인간적인 방법을 무시합니다. "나는 하나님이 함께하서. 나를 불렀어. 그러니까 너희들은 나를 존경하고 내 말대로 해야 돼. 그렇지 않으면 벌 받아"라고 생각하는 것은 인격 장애 현상입니다. 헷 족속들이 아무리 친절한 말을 해도 믿지 않고 가장 인간적이고 상식적인 방법으로 일을 해결하는 아브라함의 인격을 통해 신앙을 오해하지 말아야 합니다. 인간적이고 상식적인 방법이 아니라 하나님을 이용하고 교회를 이용하고 남을 이용하는 방식을 취하면 안 됩니다.

터무니없는 가격에도
하나님의 약속을 지키기 위해 땅을 사는 아브라함

창 23:7 "아브라함이 일어나 그 땅 주민 헷 족속을 향하여 몸을 굽히고"

"당신들이 나를 존중해서 어디든지 땅을 준다고 하니 참 감사합니다"라고 불신자들에게 인간적으로 감사하며 인사를 합니다.

창 23:8-9 "그들에게 말하여 이르되 나로 나의 죽은 자를 내 앞에서 내어다가 소할의 아들 에브론에게 구하여 ◦ 그가 그의 밭머리에 있는 그의 막벨라 굴을 내게 주도록 하되 충분한 대가를 받고 그 굴을 내게 주어 당신들 중에서 매장할 소유지가 되게 하기를 원하노라 하매"

아브라함에게 하나님이 나타나신 마므레 상수리나무 수풀 곁에 에브론의 땅이 있습니다. 땅은 별로 좋지 않은 황무지인데, 그 땅에 동굴이 있습니다. "당신들이 나를 존중하고 하나님의 방백이라고 하니 너무 감사합니다. 당신들이 내게 호의를 베풀려면 막벨라 굴이 있는 에브론의 땅을 사도록 해 주세요"라고 부탁했습니다. 그런데 놀라운 일이 벌어졌습니다.

창 23:10 "에브론이 헷 족속 중에 앉아 있더니 그가 헷 족속 곧 성문에 들어온 모든 자가 듣는 데서 아브라함에게 대답하여 이르되"

올 수 있는 모든 사람이 다 성문에 모였습니다. 당시의 헷 족속 문화에서는 친족이나 형제면 몰라도 남에게는 땅을 절대 팔지 않았습니다. 아브라함이 자기를 낮춰서 나는 나그네이고 거류민이라고 했는데, 요즘 같으면 불법 체류자 중의 한 사람입니다. 헷 족속들은 아브라함을 우리들의 방백이라고 칭했지만, 아브라함은 겸손하게 자신을 나그네라고 칭했습니다. 그리고 헷 족속들을 성문에 다 모은 후, 땅을 사겠다고 정중히 부탁합니다. 여기서 결정하면 서류를 따로 만들 필요가 없을 정도로 결정이 절대로 변하지 않기 때문입니다. 그래서 공식적인 자리에서 아브라함이 분명하게 에브론에게 말하는 것입니다.

> 창 23:11 "내 주여 그리 마시고 내 말을 들으소서 내가 그 밭을 당신에게 드리고 그 속의 굴도 내가 당신에게 드리되 내가 내 동족 앞에서 당신에게 드리오니 당신의 죽은 자를 장사하소서"

아브라함이 에브론에게 정중히 부탁하자, 에브론은 "당신은 우리들의 지도자이고 하나님이 함께하시는 사람인데 어떻게 제가 돈을 받겠습니까? 그냥 가지세요"라고 말합니다.

> 창 23:12-15 "아브라함이 이에 그 땅의 백성 앞에서 몸을 굽히고 。 그 땅의 백성이 듣는 데서 에브론에게 말하여 이르되 당신이 합당히 여기면 청하건대 내 말을 들으시오 내가 그 밭 값을 당신에게 주리니 당신은 내게서 받으시오 내가 나의 죽은 자를 거기 장사하겠노라 。 에브론이 아브라함에게 대답하여 이르되 。 내 주여 내 말을 들으소서 땅 값은 은 사백 세겔이나 그것이 나와 당신 사이에 무슨 문제가 되리이까 당신의 죽은 자를 장사하소서"

아브라함이 또 몸을 굽혀서 인사합니다. 에브론이 모든 사람들 앞에서 땅을 그냥 가지라고 공언을 했으니 이제 끝났습니다. 그런데 끝나지 않았기 때문에 그가 하나님의 사람인 것입니다. 땅을 그냥 주겠다니 너무나 감사하지만 그냥 가질 수는 없다고 아브라함이 재차 말하자, 그제야 에브론이 "당신과 나 사이에 어떻게 돈을 따질 수 있겠습니까마는 이 땅은 400세겔입니다"라고 말합니다. 이것은 당시의 시가로 따져서 50만 원짜리를 "6천만 원입니다"라고 말하는 식입니다. 20세겔도 안 되는 땅을 400세겔로 불러 버리는 것입니다. 그래서 신학자들도 에브론을 이중적인 사람이라고 말합니다. 그냥 하라고 해 놓고는 충분한 대가를 주겠다고 하니까 몇백 배를 매겨 버리니 말입니다.

그런데 가격 협상에서 아브라함이 디스카운트를 하지 않습니다. 아브라함도 에브론이 터무니없이 땅값을 많이 부른다는 것을 알고 있습니다. 그렇다면 상식적으로 장로들과 의논해서 "지금 시세로 봐서는 20세겔 정도밖에 안 되는데 400세겔을 달라고 하니 너무한 것이 아닙니까? 협상합시다"라고 말할 수 있습니다. 에브론은 아브라함이 여기서 장사를 하지 않을 수 없다는 것을 알고 있기 때문에 "내가 땅 안 주면 갈 데 있나? 어디로 갈래? 갈대아 우르로 들어갈래?"라는 속셈을 가지고 있습니다. 그리고 그 땅은 아브라함 집 옆에 있었기 때문에 아브라함이 자주 그곳으로 가서 기도를 하곤 했는데, 에브론은 그것을 알고 있었습니다.

에브론은 아주 교활한 인간으로서, 아브라함이 반드시 이 돈을 낼 것이라는 것을 알고 있었기 때문에 아브라함에게 터무니없는 가격으로 덮어씌운 것입니다. 아브라함도 상식적으로 에브론이 터무니없는 가격을 요구한다는 것을 압니다. 그러나 아브라함은 열 가지 시험을 다 통과했기 때문에 하나님 중심으로 살지 않는 모든 것은 다 헛되다는 것을 알았습니다. 그래서 하나님이 이 땅을 주신다고 약속하셨기 때문에 손해가 나더라도 이 땅을 사겠다는 정신입니다. 아브라함이 뭐라고 말하는지 봅시다.

창 23:16-18 "아브라함이 에브론의 말을 따라 에브론이 헷 족
속이 듣는 데서 말한 대로 상인이 통용하는 은 사백 세겔을
달아 에브론에게 주었더니 ◦ 마므레 앞 막벨라에 있는 에브
론의 밭 곧 그 밭과 거기에 속한 굴과 그 밭과 그 주위에 둘린
모든 나무가 ◦ 성 문에 들어온 모든 헷 족속이 보는데서 아브
라함의 소유로 확정된지라"

하나님이 이 땅을 주기로 약속하셨기 때문에 완전하게 아브라함의 소
유로 만들어야 한다는 것이 아브라함의 생각입니다. 만약 공짜로 받아
놓으면 세월이 흘러 아들이나 손자 대에 가서 내놓으라고 하면 할 말이
없습니다. 또 싸게 사 놓으면 나중에 "터무니없이 싼 가격으로 당신에게
팔았으니 이제 반환하시오"라고도 할 수 있는 문제입니다. 그들을 믿을
수가 없습니다.

창세기 13장에서 아브라함의 후손들이 400년 후에 이집트의 종살이에
서 돌아올 것이라고 하나님께서 말씀하셨습니다. 그 안에 이 땅을 차지
해 놓아야 자기들 땅이 될 수 있습니다. 그 믿음 하나로 돈 손해를 무릅쓰
고 그 땅을 사 놓는 것입니다. 성문에 모인 사람들이 이 광경을 보고 이제
이 땅은 영원히 아브라함과 그 후손의 땅이라고 확정 지었습니다.

하나님의 약속을 이루기 위해서는
인간적으로도 최선을 다해야 한다

창 23:19-20 "그 후에 아브라함이 그 아내 사라를 가나안 땅

마므레 앞 막벨라 밭 굴에 장사하였더라 (마므레는 곧 헤브론
이라)。 이와 같이 그 밭과 거기에 속한 굴이 헷 족속으로부터
아브라함이 매장할 소유지로 확정되었더라"

하나님이 주시겠다고 약속하신 땅이기 때문에 어떠한 대가를 치르더
라도 반드시 그 땅을 사서 하나님의 약속을 이루게 하겠다는 아브라함의
모습에서 완성된 인격자의 모습을 볼 수 있습니다. 자식도 다 크면 부모
에게 걱정을 시키지 않고 부모보다 낫게 말하는 성숙도를 보이듯이 아브
라함도 그렇게 믿음의 사람으로서 성숙한 것입니다.

그런데 하나님이 약속하신 땅에 대해서 어떤 희생을 치르더라도 사서
후손에게 남겨야 되겠다는 것은 어떻게 생각해 보면 상호모순입니다. 하
나님이 주시겠다고 약속하신 땅이 아닙니까? 그러니 '하나님이 알아서 하
시겠지'라고 생각할 수 있습니다. 그러나 그렇게 생각하면 안 됩니다. 하
나님의 약속에 대해 기도하면서 끝까지 인간적인 노력을 다해야 합니다.
이것이 믿음에 있어서 가장 중요한 부분입니다.

한 번 더 강조합니다. 믿음으로써 우리가 슈퍼맨이 된 것이 아닙니다.
예수를 믿고 말씀의 감격이 몇 번 왔다고 해서 모든 것이 해결되고 귀신
도 쫓아낼 수 있을 것이라고 생각하지 마십시오. 그런 생각 자체가 영적
인 장애입니다. 마음으로 남을 존중하지 않고 자기밖에 모르면 그것은
마음의 장애입니다. 인간적으로 겸손하게 공사를 구분해서 하나님 중심
으로 모든 일을 해 나가는 아브라함을 통해 그가 참으로 하나님이 세우신
믿음의 인격자라는 것을 알 수 있습니다.

2

이삭의 결혼을 통해 나타난
아브라함의 믿음

2012. 1. 8.

창세기 24:1-9

"아브라함이 나이가 많아 늙었고 여호와께서 그에게 범사에 복을 주셨더라。 아브라함이 자기 집 모든 소유를 맡은 늙은 종에게 이르되 청하건대 내 허벅지 밑에 네 손을 넣으라。 내가 너에게 하늘의 하나님, 땅의 하나님이신 여호와를 가리켜 맹세하게 하노니 너는 내가 거주하는 이 지방 가나안 족속의 딸 중에서 내 아들을 위하여 아내를 택하지 말고。 내 고향 내 족속에게로 가서 내 아들 이삭을 위하여 아내를 택하라。 종이 이르되 여자가 나를 따라 이 땅으로 오려고 하지 아니하거든 내가 주인의 아들을 주인이 나오신 땅으로 인도하여 돌아가리이까。 아브라함이 그에게 이르되 내 아들을 그리로 데리고 돌아가지 아니하도록 하라。 하늘의 하나님 여호와께서 나를 내 아버지의 집과 내 고향 땅에서 떠나게 하시고 내게 말씀하시며 내게 맹세하여 이르시기를 이 땅을 네 씨에게 주리라 하셨으니 그가 그 사자를 너보다 앞서 보내실지라 네가 거기서 내 아들을 위하여 아내를 택할지니라。만일 여자가 너를 따라 오려고 하지 아니하면 나의 이 맹세가 너와 상관이 없나니 오직 내 아들을 데리고 그리로 가지 말지니라。그 종이 이에 그의 주인 아브라함의 허벅지 아래에 손을 넣고 이 일에 대하여 그에게 맹세하였더라"

아브라함이 복을 받은 이유

아브라함이 이삭을 결혼시키는 본문 말씀을 통해 큰 비밀을 하나 깨달을 수 있습니다. 여러분이 설교를 들으면서 이 내용을 바로 깨닫는다면 복된 삶을 살 수 있을 것입니다. 아브라함은 하나님의 이름이 계시되고 나서도 항상 자기 식대로 행동했습니다. 그래서 자신의 실수로 문제가 생기고 나서야 다시 하나님의 이름을 확인하고 깨달았습니다. 예를 들면 창세기 15장에서 하나님이 아브라함을 불러서 너와 함께 한다고 약속하셨지만, 아브라함은 그것을 별로 의식하지도 않고 믿지도 않았습니다. 그런데 현실 속에서 좌충우돌하며 깨지다 보니까 그 말씀을 깨닫게 되었고 하는 일도 은혜롭게 진행되어서 복을 받은 것입니다.

오늘 말씀을 입체적으로 잘 생각해야 합니다. 하나님께서 아브라함에게 범사에 복을 주셨다고 하셨는데, 아브라함이 복을 받을 수 있었던 비결을 깨달아야 합니다. 아브라함 사건을 통해 제일 크게 깨달을 수 있는 것은 하나님께서 사랑으로 계시하신 내용에 대해 하나님 이름부터 먼저 부르고 일을 하면 다 복을 받는다는 사실입니다. 그런데 우리는 자기 식대로 실컷 해 보다가 안 되면 어쩔 수 없이 기도하고 마지막에 하나님 이름을 불러서 문제를 어느 정도 해결하는 수준입니다. 이것은 순서가 잘못된 것입니다. 하나님께서는 상황마다 다른 이름을 계시하셨고, 그 이름에는 특별한 능력이 있기 때문에 하나님의 이름을 정확하게 부르는 것이 중요합니다. 예를 들면 병이 났을 때는 치료하시는 하나님의 이름인 라파 하나님을 불러야 합니다.

> 창 24:1 "아브라함이 나이가 많아 늙었고 여호와께서 그에게 범사에 복을 주셨더라"

우리의 유전자는 이 말씀을 이해할 때 예수 믿고 교회에만 나가면 하나님께서 복을 많이 주시는 것으로 받아들입니다. 그러나 하나님께서는 공평하시기 때문에 성경에 있는 내용으로 하나님의 이름을 부르면서 열심히 살아야 복을 주십니다. 이 점이 아주 중요합니다. 저도 말씀을 깨닫고 복을 많이 받습니다만, 늘 먼저 하나님의 이름을 부릅니다.

순서의 중요성

오늘 본문에서 아브라함이 완전한 인격자가 되어 아들을 결혼시키는데, 완전한 인격자는 어떻게 결혼을 시키는지 봅시다. 우리도 자식들을 결혼시켜야 하는데, 하나님의 어떤 이름을 부르면서 문제를 해결해 나가는지 오늘 말씀을 통해서 배운다면 평생 동안의 신앙에 있어 가장 큰 것을 배우는 셈입니다. 현실적으로 보통의 사람들은 자기 식대로 하다가 이리저리 다 깨지고 나서야 하나님을 부릅니다. 처음부터 하나님을 불렀다면 하나님께서 영심신의 큰 복을 주셨을 텐데, 자기 식대로 하다가 깨지고 나서야 문제를 해결하려고 하나님을 부르기 때문에 그만큼의 복밖에 주시지 않습니다. 겨우 연명하는 정도의 복입니다.

복을 받는 비결에 대해서 창세기 말씀을 통해 깨달아야 합니다. 아브라함이 아들을 결혼시키고 땅을 살 때 어떻게 하는지 바라봐야 합니다. 예를 들어 우리는 병이 나면 병원에 가고 약국에 가서 약을 사 먹는 것부터 시작합니다. 온갖 것을 다 해 보고 마지막에 중환자실에 갈 때 그제야 하나님을 부릅니다. 너무 늦습니다. 하나님도 괘씸하실 것 아닙니까? 하나님의 이름을 먼저 부르면 바로 특별한 은혜가 있을 텐데 자기 식대로 다 한 후에 마지막에 안 되면 하나님을 찾으니 말입니다. 병이 들었을 때 병을 고치시는 라파 하나님을 먼저 부르면 바로 고쳐 주시든지, 좋은 의사를 만나게 하시든지, 좋은 약을 통해서 고쳐 주시든지 여러 가지 방법을 쓰십니다. 그 순서만 바뀌면 참으로 놀라운 일이 생깁니다.

몸이 아프고 마음이 괴로운 사람들은 라파 하나님과 라파 하나님의 이름으로 오신 예수님의 이름을 부르십시오. 경제적으로 어려운 사람들은 호크마 하나님을 부르면서 지혜와 능력을 달라고 기도하십시오. 어려워지고 난 뒤에 부르지 말고 미리 하나님의 이름을 부르라는 것이 성경이 말하는 핵심입니다.

아브라함이 이삭의 결혼을 위해 엘리에셀을 하란으로 보내다

이삭이 마흔 살이 되어 결혼을 시켜야 하는데, 아브라함은 먼저 '엘로에 하 사마임, 엘로에 하 아레쯔'라고 하나님의 이름부터 부릅니다. '하늘을 창조하시고 땅을 창조하신 아버지여'라는 뜻입니다. 하나님의 이름을 정확하게 고백한 후에 자식의 결혼 문제를 결정합니다. 이것이 우리와 다른 점입니다. 아브라함의 인격의 근원은 학벌도 아니고 돈도 아니고 하나님께 훈련된 믿음입니다. 아브라함은 믿음을 통해서 완전해진 인격자입니다. 하나님은 그 아브라함을 우리에게 보여 주시려는 것입니다.

창세기 24장에서는 처음부터 끝까지 이삭의 결혼에 대해 세밀히 기록하고 있습니다. 학자들은 이것을 다섯 문단으로 나누는데, 1절부터 9절까지가 제1문단입니다. 당시 이삭의 나이가 40인데, 아브라함이 후처를 얻어서 낳은 이삭의 동생 여섯 명과 같이 살았습니다. 25장에 보면 사라가 죽은 후 아브라함이 '그두라'라는 후처를 얻습니다. 그두라가 18년 동안 자식을 여섯 명이나 낳은 것으로 보아 그두라는 아브라함과 결혼할 당시 젊은 처녀였을 것입니다. 이런 배경을 알고 성경을 이해해야 합니다.

> 창 25:1-3 "아브라함이 후처를 맞이하였으니 그의 이름은 그두라라 ◦ 그가 시므란과 욕산과 므단과 미디안과 이스박과 수아를 낳고 ◦ 욕산은 스바와 드단을 낳았으며 드단의 자손은 앗수르 족속과 르두시 족속과 르움미 족속이며"

아브라함은 이삭 외의 자식들에게는 결혼을 자유로 맡겼습니다. 다만 하나님께서 네 씨를 통해 가나안을 주신다고 하셨던 아들 이삭에 대해서는 하나님 이름을 부르면서 완벽하게 결혼을 시켰고, 그 내용이 24장 말씀입니다.

구속과 섭리

아브라함에게는 오랜 세월 일해 온 충성스러운 종이 있었는데, 바로 다마스커스의 엘리에셀입니다. 그는 평생 충성스럽게 주인 옆에 있으면서 아브라함의 일거일동을 보좌하고 재산 관리를 했으며, "나의 주인의 하나님"이라고 부르며 하나님을 신앙했던 경건하고 충직한 종이었습니다. 주인과 종, 또는 부부 관계처럼 한집에서 같이 살면 존경하기가 무척 어렵습니다. 너무 가까우면 서로 천해지기 쉽기 때문입니다. 그러나 엘리에셀은 평생을 주인으로 아브라함을 섬기면서 하나님을 최우선으로 섬기며 믿음으로 사는 주인에게 은혜를 받아 그도 경건한 삶을 살았습니다.

아브라함도 나이가 많고 엘리에셀도 나이가 많았는데, 아브라함이 엘리에셀을 불러서 환도뼈에 손을 넣어 맹세케 하는 장면이 나옵니다[1]. 환도뼈는 히브리어로 '야레크'인데, 이것은 실제적으로 남자의 생식기를 상징하는 단어입니다. 할례가 행해졌던 남자의 생식기는 히브리 사회에서 하나님의 언약 백성임을 상징하는 부위였습니다. 따라서 환도뼈 맹세는 생명을 걸고 하는 엄숙한 맹세였습니다[2].

아브라함이 엘리에셀에게 "이방 종교가 혼합된 이곳 가나안이 아닌 우리 종족들이 있는 하란까지 가서 이삭의 신붓감을 데리고 오너라"라고 말했습니다. 가나안에서 하란까지는 2000리나 되는 먼 길입니다. 당시에 결혼을 하려면 여성들은 지참금이 있어야 하고 남자들은 신부 집에 선물

---

1) 설교 당시 인용하였던 개역 한글본 성경에는 '환도뼈'라고 번역되었으나 현재 개역 개정본에는 "허벅지 아래"로 번역됨. - 편집자 주
2) 환도뼈 맹세의 의미: ① 하나님이 맹세의 증인이요, 그 맹세는 불변하다는 신적 권위를 갖는다 (Jonathan). ② 사람 몸의 내밀한 부위에 손을 올려놓고 맹세함으로써 쌍방이 마치 한 몸인 것처럼 친밀한 사이가 되었다는 상징성을 갖는다. ③ 생식의 근원을 상징하는 넓적다리에 손을 올리고 맹세하는 것은 그 맹세가 자자손손까지 대대로 지속될 것이라는 상징성을 갖는다. - 라이프성경사전

을 많이 줘야 합니다. 그래서 아브라함이 엘리에셀에게 낙타 열 마리에 신부의 집에 줄 보물과 선물을 가득 실어서 가라고 했습니다. 그런데 엘리에셀의 생각에는 결혼하려면 결혼식 전에 부모끼리 만나서 상견례도 하고 예물도 주고받는 것이 상식인데, 선물은 가지고 가지만 부모끼리 약속이 없으니 아가씨가 오지 않으려고 하면 어쩌나 싶어서 "만약 아가씨가 오지 않으려고 하면 이삭을 데리고 갈까요?"라고 물었습니다. 그러나 아브라함은 "하나님께서 내 씨를 통해 가나안을 주신다고 약속하셨기 때문에 절대 이삭을 데리고 하란으로 가면 안 된다. 신부가 오지 않으려고 하면 너는 할 일을 다 한 것이니 네게는 책임이 없다. 하늘에 계신 하나님께서 섭리하실 것이다. 그러니 너는 걱정하지 말고 가거라"라고 말했습니다. 이것이 아브라함의 믿음입니다. 그래서 다메섹의 엘리에셀이 하나님의 섭리를 믿고 가는 것이 2절에서 9절까지의 내용입니다.

여기서 핵심 말씀은 7절 "하늘의 하나님 여호와께서 나를 내 아버지의 집과 내 고향 땅에서 떠나게 하시고 내게 말씀하시며 내게 맹세하여 이르시기를 이 땅을 네 씨에게 주리라 하셨으니 그가 그 사자를 너보다 앞서 보내실지라. 네가 거기서 내 아들을 위하여 아내를 택할지니라"입니다. 여기서 아브라함의 믿음을 볼 수 있습니다. 네 후손에게 이 땅을 준다는 하나님의 약속 하나만을 믿고 그는 평생 살았습니다. 네 씨에게 줄 땅이라고 하셨으니까 절대로 이쪽의 가나안 여자와 결혼시켜서는 안 되고 반드시 내 족속 중에서 신붓감을 구해야 된다는 것입니다. 친인척끼리 하는 결혼을 인류학에서는 종례혼이라고 합니다. 종례혼은 대개 인종적인 의미와 종교적인 의미에서 혼혈을 하지 않겠다는 뜻입니다.

그런데 현대 사회에서 현실적으로 부모가 아무리 창세기를 읽고 그대로 실천하고 싶어도 자식들이 연애결혼을 해 버리면 어쩔 수 없습니다. 성경 말씀에 이렇게 되어 있으니 좋아하는 사람과 헤어지고 믿음 있는 사람과 결혼하라는 말이 요즘 젊은이들에게 성립되지 않습니다. 미리 기도하고 말씀을 가르치면서 자식이 바른 선택을 하도록 훈육하는 수밖에는 없습니다. 그래도 안 되면 어쩔 수 없지만 인간이 할 수 있는 만큼은 해야 합니다.

하나님의 이름을 부르며 믿음으로 나아갈 때
축복의 차원이 열린다

아브라함에게는 이삭 외에 여섯 명의 자식들이 있었지만 후처를 통해서 난 자식들은 이삭 옆에 있지 못하도록 재산을 다 나눠 주며 멀리 가고 했습니다. 이스라엘의 고대 전승에 의하면 그들 여섯 명은 우상을 섬겼다고 합니다.

아브라함의 믿음이 어느 정도인지 한 번 더 강조하면, 막벨라 굴을 사 놓고 네 씨에게 이 땅을 준다는 하나님의 약속 하나 믿고 아브라함부터 야곱까지 모두 그곳에 묻혔습니다. 다른 곳에는 땅 한 뙤기 없습니다. 하나님의 약속만 믿고 아브라함은 전 생애를 이와 같이 살았던 것입니다. 이것을 믿음이라고 합니다. 이러한 믿음이 결국 모든 축복의 차원을 열 수 있습니다. 우리도 신앙하면서 은혜의 말씀을 받을 때 그 말씀을 끝까지 붙들어야 합니다.

제가 아브라함의 전 생애를 통해서 크게 깨달은 말씀은 하나님의 이름을 부르면서 나아가라는 것입니다. 아브라함이 축복된 삶을 살았던 것은 결국 하나님의 이름을 통해서 온 복이었습니다. 아브라함이 전 생애 동안 고민하고 괴로워했던 것은 하나님께서 "나는 엘사다이, 전능한 하나님이니 내 앞에서 행하여 완전하라"고 말씀하셨음에도 그가 완전하지 못하게 살았다는 것입니다. 하지만 그는 결국 완전한 믿음의 사람이 되어 하나님께 "이제야 네가 나를 경외하는 줄 알았다"라는 말씀을 듣게 되었습니다.

맺는말

아브라함 사건이 우리에게 주는 가장 핵심적인 교훈은 '네가 하나님의 이름을 부르고 하나님을 찬양하고 살면 하나님께서 너를 창대하게 하시고 너를 최고의 부자로 만들어 주신다'는 것입니다.

두 번째는 믿음입니다. "네가 죽도록 충성하라. 그리하면 생명의 면류관을 줄 것이다"라는 하나님의 말씀을 받은 사람은 그 말씀 하나 부여잡고 처음부터 끝까지 사는 것 외에 딴 방법이 없습니다. 중간에 변하면 안 됩니다. 하나님은 변하지 않는 분이시기 때문입니다. 상황에 따라 다양한 말씀을 주시는 경우도 있지만 처음에 주신 말씀을 근거해서 주십니다. 아브라함처럼 믿음으로 처음에 계시하신 말씀을 부여잡고 밀고 나가야 합니다.

결론적으로 믿음으로써 인격의 싹을 키워 나가야 합니다. 예수님의 인격과 본문 말씀을 통해서만 우리에게 지혜와 능력을 주신다는 사실을 믿으시기 바랍니다.

3
—
하나님의 섭리 안에서
리브가를 선택하다

2012. 1. 15.
창세기 24:10-27

"이에 종이 그 주인의 낙타 중 열 필을 끌고 떠났는데 곧 그의 주인의 모든 좋은 것을 가지고 떠나 메소보다미아로 가서 나홀의 성에 이르러 ○ 그 낙타를 성 밖 우물 곁에 꿇렸으니 저녁 때라 여인들이 물을 길으러 나올 때였더라 ○ 그가 이르되 우리 주인 아브라함의 하나님 여호와여 원하건대 오늘 나에게 순조롭게 만나게 하사 내 주인 아브라함에게 은혜를 베푸시옵소서 ○ 성 중 사람의 딸들이 물 길으러 나오겠사오니 내가 우물 곁에 서 있다가 ○ 한 소녀에게 이르기를 청하건대 너는 물동이를 기울여 나로 마시게 하라 하리니 그의 대답이 마시라 내가 당신의 낙타에게도 마시게 하리라 하면 그는 주께서 주의 종 이삭을 위하여 정하신 자라 이로 말미암아 주께서 내 주인에게 은혜 베푸심을 내가 알겠나이다 ○ 말을 마치기도 전에 리브가가 물동이를 어깨에 메고 나오니 그는 아브라함의 동생 나홀의 아내 밀가의 아들 브두엘의 소생이라 ◦ 그 소녀는 보기에 심히 아리땁고 지금까지 남자가 가까이 하지 아니한 처녀더라 그가 우물로 내려가서 물을 그 물동이에 채워가지고 올라오는지라 ◦ 종이 마주 달려가서 이르되 청하건대 네 물동이의 물을 내게 조금 마시게 하라 ◦ 그가 이르되 내 주여 마시소서 하며 급히 그 물동이를 손에 내려 마시게 하고 ◦ 마시게 하기를 다하고 이르되 당신의 낙타를 위하여서도 물을 길어 그것들도 배불리 마시게 하리이다 하고 ◦ 급히 물동이의 물을 구유에 붓고 다시 길으려고 우물로 달려가서 모든 낙타를 위하여 긷는지라 ◦ 그 사람이 그를 묵묵히 주목하며 여호와께서 과연 평탄한 길을 주신 여부를 알고자 하더니 ◦ 낙타가 마시기를 다하매 그가 반 세겔 무게의 금 코걸이 한 개와 열 세겔 무게의 금 손목고리 한 쌍을 그에게 주며 ◦ 이르되 네가 누구의 딸이냐 청하건대 내게 말하라 네 아버지의 집에 우리가 유숙할 곳이 있느냐 ◦ 그 여자가 그에게 이르되 나는 밀가가 나홀에게서 낳은 아들 브두엘의 딸이니이다 ◦ 또 이르되 우리에게 짚과 사료가 족하며 유숙할 곳도 있나이다 ◦ 이에 그 사람이 머리를 숙여 여호와께 경배하고 ◦ 이르되 나의 주인 아브라함의 하나님 여호와를 찬송하나이다 나의 주인에게 주의 사랑과 성실을 그치지 아니하셨사오며 여호와께서 길에서 나를 인도하사 내 주인의 동생 집에 이르게 하셨나이다 하니라"

아브라함의 충직한 종 엘리에셀의 기도

아브라함의 핵심은 하나님의 연수 과정을 통하여 그가 완전해졌다는 사실입니다. 사라가 죽고, 사라를 장사할 막벨라 굴을 살 때도 아브라함이 얼마나 신중하고 겸손하게, 지혜롭게 처신했는지 보았습니다. 성경은 아브라함의 모든 지혜와 능력에 대해서 말하면서 실제로는 하나님에 대해서 말하고 있습니다. 하나님이 훈련시키는 사람을 보라는 것입니다. 그리고 오늘 본문에서는 완전하게 된 아브라함의 종인 엘리에셀도 한번 보라는 것입니다.

사람을 제대로 알려면 같이 살고 있는 사람에게 물어봐야 합니다. 같이 살고 있는 사람이 제일 정확하게 알기 때문입니다. 또는 그 사람이 직원을 데리고 있는데, 직원이 "말도 마세요. 우리 주인은 돈밖에 몰라요"라고 주인을 평가한다면 곤란합니다. 마찬가지로 엘리에셀이 주인인 아브라함에 대해 "잘 믿는 척해도 실제로는 아니다"라고 말한다면 아브라함에 대한 신뢰성이 떨어질 것입니다.

그럼 아브라함과 평생을 같이 지냈던 엘리에셀은 어떤 사람이었는지 알아보겠습니다.

12절 "그가 이르되 우리 주인 아브라함의 하나님 여호와여 원하건대 오늘 나에게 순조롭게 만나게 하사 내 주인 아브라함에게 은혜를 베푸시옵소서"

27절 "이르되 나의 주인 아브라함의 하나님 여호와를 찬송하

나이다 나의 주인에게 주의 사랑과 성실을 그치지 아니하셨
사오며 여호와께서 길에서 나를 인도하사 내 주인의 동생 집
에 이르게 하셨나이다 하니라"

아브라함의 종인 엘리에셀이 주인의 아들인 이삭의 신붓감을 찾기 위
하여 메소포타미아의 나홀의 성에 이르렀는데, 첫 번째 한 일이 기도입니
다. 그리고 신붓감을 만났을 때 감사 기도를 합니다. 오늘 말씀의 첫 번째
핵심이 기도로 시작해서 기도로 마친다는 사실입니다. 기도할 때 스스로
계획을 다 해 놓고 "주님, 이렇게 해 주세요"라고 기도하는 사람이 있습
니다. 우리는 내 생각과 내 욕심대로 하나님을 맞추고, 내 마음대로 다 해
보고 최후의 방법으로 기도를 하는데 그것은 안 됩니다. 그런 기도에 대
해서 하나님은 대체로 빗나가게 하십니다. 하나님께서 기도에 응답하는
방법이 두 가지인데, 즉각적으로 응답하시든지 아니면 기도의 방향과 내
용이 달라지게 하십니다.

엘리에셀은 일단 우물가에 가서 계획하기 전에 먼저 기도부터 하는 모
습을 보입니다. 예전에 신학을 공부하는 분들과 모임을 가진 일이 있었
는데, 점심으로 비빔밥을 먹으면서 밥을 비비기 전에 기도해야 되느냐,
비비고 나서 기도해야 되느냐로 재미난 논쟁을 한 적이 있습니다. 엘리
에셀의 경우를 보면 밥을 비비기 전에 먼저 기도부터 하는 것이 맞다고
생각합니다.

엘리에셀은 기도 속에서 '어떤 처녀가 물을 길으러 나왔을 때 제가 이
렇게 말을 해서 그가 이러이러한 식으로 행동하면 하나님께서 준비하신
신붓감으로 알겠습니다'라고 시뮬레이션을 했습니다.

엘리에셀이 리브가를 만나다

엘리에셀이 기도를 마치기도 전에 리브가가 우물가에 왔습니다. 사막 민족에게 제일 중요한 장소는 우물입니다. 우물에서 약속한 맹세는 반드시 지켜야 합니다. 예수님께서 수가성의 여인을 만난 장소도 우물가였습니다.

엘리에셀이 우물가에서 만난 아가씨가 하나님께서 선택한 내 주인의 며느리인가 아닌가를 보는 기준이 아가씨의 태도였습니다. 옛날에도 중매쟁이 할머니들이 처녀를 보러 와서 물을 떠오라고 시키고는 먼저 태도를 보고, 아가씨의 걸음걸이 등을 보곤 했습니다. 아브라함 집은 아주 큰 집안이기 때문에 그 집을 이끌어 갈 맏며느릿감을 선택해야 하는 입장입니다. 자기 밖에 모르는 사람은 맏며느리가 될 수 없습니다. 엘리에셀이 볼 때 우물가에서 만난 리브가의 태도와 말씨가 아주 공손했는데, 엘리에셀이 데리고 온 열 마리의 낙타들에게까지 친절하게 물을 먹이는 것을 보고 그녀가 하나님께서 준비하신 아브라함의 며느리라는 것을 확신했습니다.

행간의 숨겨진 뜻 - 엘리에셀의 충심

여기서 성경에 숨겨진 내용에 대해 몇 가지 생각해야 합니다. 이것을 행간의 숨은 뜻이라고 합니다. 첫째, 아브라함이 엘리에셀에게 하나님께 맹세하게 하고 일가친척이 있는 갈대아 우르의 하란성에서 아들의 신붓감을 데리고 오라고 하는데, 그 길이 얼마인지 생각해 보십시오. 브엘세바에서 하란성까지 800km, 낙타를 타고 가도 20일이 걸리는 거리입니다.

엘리에셀의 나이가 아브라함보다 20살 정도 적었지만 그 역시 많은 나이였기에 800km나 되는 거리를 여행하기에는 무리가 따릅니다. 게다가 낙타에 보물이나 귀한 물건들을 많이 실었을 것인데, 20일 동안 먼 길을 여행하면서 도적 떼를 만날 수도 있고 어떤 어려움을 겪을지 모릅니다. 그렇다면 성경에는 없지만 상식적으로 생각할 때 "주인님, 저도 늙었는데 2천 리나 되는 길을 어떻게 간단 말입니까?"라고 말할 수도 있습니다. 그리고 낙타 열 마리에 보물도 잔뜩 실었을 텐데 강도떼들이 달려들면 어쩐단 말입니까? 낙타가 열 마리만 갔겠습니까? 적어도 삼십 마리 정도는 갔을 겁니다. 아브라함 수하의 군인들도 수행원으로 따라 갔을 것이기 때문입니다. 이런 대규모의 일행들을 거느리고 20일 동안 가는 일정은 엘리에셀에게 있어 심적 부담감이 큽니다.

제가 말씀드리려는 것은 엘리에셀이 무엇 때문에 아브라함에게 이렇게도 충성하는가 하는 것입니다. 이런 어려운 일을 하면서도 한마디의 불평도 없이 주인에게 맹세하고 가면서 '나의 주인의 하나님'만 부릅니다. 성경은 왜 이런 기록을 하지 않았을까 싶지만, 은혜와 믿음 안에서 일이 잘 진행되었기 때문에 구태여 기록할 필요가 없었던 것입니다.

행간의 숨겨진 뜻 – 기도를 통해 순조롭게 리브가를 만나다

두 번째로 생각할 것은 엘리에셀이 불렀던 '나의 주인의 하나님'입니다. 엘리에셀이 기도 속에서 고백한 대로 리브가를 만났습니다. 그런데 리브가의 입장에서 이 상황을 생각해 봅시다. 리브가가 샘에 물을 뜨러 갔습니다. 당시의 샘은 흘러내리는 물이 아니고 고여 있는 샘물이라 밑으로 내려가서 물을 긷고 단지에 넣어서 지고 올라와야 합니다. 리브가가 물을 지고 올라오자 엘리에셀이 물 한 잔 달라고 부탁했습니다. 힘들게 물을 떠왔는데 모르는 노인이 한 잔 달라고 하면 '이상한 노인이네. 자기가 내려가서 떠 오지'라고 경계하는 것이 보통입니다. 그런데 리브가는 환하게 웃으면서 물을 대접합니다. 1차는 합격했습니다.

그런데 엘리에셀은 이 아가씨가 낙타 열 마리에 대해서 어떻게 하는지도 봅니다. 리브가가 "제가 할아버지에게도 물을 드리고 할아버지의 낙타들에게도 물을 주겠습니다"라고 낙타들에게도 기쁘게 물을 줘야 하나님의 섭리인 것입니다. 낙타가 먼 길을 걸어왔기 때문에 한 번에 세 말 정도 마십니다. 낙타 열 마리가 마실 삼십 말의 물을 떠 오려면 수없이 샘을 오르락내리락 해야 합니다. 그때 엘리에셀이 그 아가씨의 얼굴을 보면서 과연 '오늘 내가 이 영감님 때문에 고생하네'라는 표정이 아닌, 정말 기쁘게 주는지 보는 것입니다. 여기서도 리브가가 합격했습니다. 나그네에게 아주 친절할 뿐 아니라 낙타에게도 정말 기쁘게 물을 먹이는 모습을 보며 하나님께서 선택하신 아브라함가의 맏며느리라는 확신이 들었습니다. 성경은 이런 내용에 대해서 세밀하게 말하지 않습니다만 성경을 사랑하면 깊이 알게 됩니다.

하나님 나라 일을 하는 올바른 자세

아브라함과 엘리에셀과 리브가에게서 공통적으로 발견할 수 있는 것은 하나님 나라 일이나 남을 위해서 일할 때 절대로 생색내지 않고 정말 기쁘게 일하며 순종한다는 것입니다. 교회 일이나 공동체 일이나 남을 위하여 봉사하면서 생색을 내려고 하면 안 됩니다. 요즘 농담으로 잘난 척, 있는 척, 아는 척하는 사람을 삼척동자라고 한다는데, 삼척동자가 되면 안 됩니다.

엘리에셀이 주인의 일을 하는 데 있어, 자기 영광을 나타내려고 했다면 주인의 부탁을 거절했을 것입니다. 아니면 "이렇게 먼 길을 책임지고 가는데 특별 보너스 좀 주세요"라고 할 수도 있습니다. 리브가 역시 엘리에셀이 물을 부탁했을 때, 귀찮아하며 "낙타 열 마리를 어떻게 다 물을 줍니까? 힘들어서 못 합니다"라고 했을 수도 있습니다. 인간은 돈을 구하든지 자기 영광을 구하든지, 두 가지 중 하나는 추구하기 마련입니다. 교회 일을 할 때도 자기 영광을 어떤 식으로 나타낼지 찾는 사람들이 있습니다. 그러나 아브라함과 엘리에셀, 리브가, 이 세 사람은 겸손했습니다. 우리도 그리스도 안에서 겸손해야 합니다.

교회 일을 하면 교만해지고 생색을 내는 경우가 많습니다. 생색내지 말라고 하면 이번에는 아무 일도 하지 않고 가만히 있다가 다른 사람이 한 일을 비판합니다. 그것은 침묵의 죄와 하나님 나라 일을 하지 않는 죄를 짓는 것입니다. 저도 성경 본문만 이야기하는 이유가 인간적으로 자꾸 생색내고 자랑하려는 마음이 많기 때문입니다. 하나님 나라 일을 하지 않고 편하게만 있는 것도 죄이고, 할 때는 생색을 내면 안 됩니다.

미리 기도하지 않는 것, 끝나고 나서 감사하지 않는 것은 교만하기 때문입니다. 교만과 가장 친한 단짝이 무지입니다. 무지하고 교만하면 게으름이 기다리고 있습니다. 없으면서 있는 척 하는 것도 교만이고, 할 수 있으면서 안 하는 것도 교만입니다. 항상 남에게 얻어먹은 것을 자랑하던 사람이 있었습니다. 그런데 그 사람이 죽고 나니 그 사람 통장에 100억이 들어 있었다고 합니다. 그 사람은 가장 교만하고 무지한 사람이었습니다. 본인이 내야 되는데도 안 내고 얻어먹고, 능력 있는데도 하지 않는 것은 모두 교만입니다. 우리는 그리스도 안에서 삼척동자가 되지 말고 교회 일이나 공동체 일을 할 때는 하나님 영광을 위하여 아브라함처럼, 엘리에셀처럼, 리브가처럼, 겸손하게 최선을 다하는 모습을 보여 줘야 합니다.

4

지혜와 깨달음

2012. 1. 22.

잠언 9:10-12

"여호와를 경외하는 것이 지혜의 근본이요 거룩하신 자를 아
는 것이 명철이니라 ◦ 나 지혜로 말미암아 네 날이 많아질 것
이요 네 생명의 해가 네게 더하리라 ◦ 네가 만일 지혜로우면
그 지혜가 네게 유익할 것이나 네가 만일 거만하면 너 홀로
해를 당하리라"

절기의 좋지 않은 기운을 이기는 법

토요일이 대한이었으므로 2011년의 절기는 모두 끝나고 입춘부터 다
시 절기가 시작됩니다. 동지 때 팥죽을 먹고 대한 때는 콩을 던지는데, 이
것은 집안의 잡귀신들을 쫓아낸다는 의미입니다. 백말의 피와 같은 팥죽
을 먹고 백말을 상징하는 흰 콩을 던지면서 집에 붙어 있는 잡신을 쫓아
내겠다는 것입니다. 동지나 대한 때는 집에 우환도 생기고 병도 나고 꿈

구속과 섭리

도 많이 꿉니다. 하지만 꿈을 지혜롭게 해석하지는 못합니다. 우리는 하나님의 백성이 되었으니 기도해야 합니다. 이제는 콩 던지지 말고, 팥죽으로 잡신을 이긴다고도 하지 말고, 그리스도 안에서 지혜로우신 예수님께 기도해서 극복해야 합니다.

사과에 관한 여러 가지 이야기와 감사의 중요성

제가 그동안 성도님들께 감사를 강조하기 위해 감과 사과를 가지고 왔었는데, 오늘은 설교 전에 긴장을 푸는 의미로 인류역사에서 사과와 관련된 것이나 사과를 주제로 한 에피소드들을 소개하겠습니다. 첫째는 이브를 타락시킨 사과입니다. 선악과가 복숭아나 감이라는 학설도 있지만 사과라는 학설이 가장 우세합니다. 둘째는 트로이 전쟁의 원인이 된 황금 사과입니다. 불화의 여신 에리스는 신들이 모인 자리에 황금 사과를 던지며 가장 아름다운 여신이 황금 사과를 가질 수 있다고 했습니다. 그러자 세 명의 여신인 헤라와 아프로디테, 아테네는 각각 본인이 가장 아름답다고 주장했습니다. 이에 제우스는 트로이의 왕자인 파리스에게 결정권을 주었습니다. 파리스의 선택을 받기 위해 만약 자신을 선택하면 헤라는 정치적 권력을, 아테네는 전쟁에서의 승리를, 아프로디테는 세상에서 가장 아름다운 여인의 사랑을 보상으로 주겠노라고 약속했습니다. 그러자 파리스는 아름다운 여자의 사랑을 약속한 아프로디테에게 황금 사과를 주었고, 스파르타의 왕비인 헬레나의 사랑을 요구합니다. 아프로디테는 자신의 약속을 지키기 위해 헬레나가 이미 결혼한 여자임에도 불구하고 파리스가 헬레나를 납치하는 것을 도와주었고, 결국

이 문제 때문에 그리스 도시 국가들이 트로이를 공격하는 트로이 전쟁이 일어났습니다. 셋째는 만유인력의 법칙을 탄생시킨 뉴턴의 사과입니다. 넷째는 정물화가의 대가인 세잔의 사과입니다. 사과는 세잔 정물화의 주요 소재였습니다. 다섯 번째는 유명한 스티브 잡스의 회사 이름인 애플입니다.

곧 음력 설날인 구정인데, 이때는 특히 감사를 놓치면 안 됩니다. 감사 자리를 놓치면 돈 시험이 들어오거나, 건강에 문제가 생기거나, 가족 간에 불화가 생기거나 온갖 것들이 그 자리에 들어옵니다. 주보 뒤에 믿는 사람들이 설 명절을 어떻게 지내면 좋은지에 대한 신문의 기사를 실어 두었습니다. 명절에 가족들과 만나면 제일 중요한 것이 칭찬, 격려, 감사하는 것이라고 합니다. 특히 서로 말을 조심해야 하는데, 말만 하지 말고 대화를 해야 합니다. 만나면 혼자서 말을 많이 하는 사람들이 있습니다. 더구나 재미도 없는 말을 그렇게 많이 합니다. 젊은 사람을 만나면 "수고한다"는 말이 좋습니다. "시집갔나? 장가 언제 가나?"라는 말은 이제 하지 맙시다. 또 음식을 많이 먹는 문화도 고쳐야 합니다. 예전에는 가난해서 명절에 음식을 많이 해서 먹었지만 지금은 음식이 넘쳐나는 세상입니다. 가능하면 음식을 적게 먹고 대화를 많이 하면서 서로의 장점을 칭찬하고 격려하는 것이 중요합니다.

잠언서의 기록 목적

잠언서는 3천 년 전에 기록되었으며, 불교의 모든 경전보다 5백 년 정도 앞섭니다. 잠언서의 목적은 오늘날로 말하면 어떻게 하면 건강하고 행복하게 오랫동안 잘 사느냐는 것입니다. 3천 년 전에도 모든 인간은 행복하고 건강하게 오래 살기를 바랐습니다.

> 잠 1:1-7 "다윗의 아들 이스라엘 왕 솔로몬의 잠언이라 ○ 이는 지혜와 훈계를 알게 하며 명철의 말씀을 깨닫게 하며 ○ 지혜롭게, 공의롭게, 정의롭게, 정직하게 행할 일에 대하여 훈계를 받게 하며 ○ 어리석은 자를 슬기롭게 하며 젊은 자에게 지식과 근신함을 주기 위한 것이니 ○ 지혜 있는 자는 듣고 학식이 더할 것이요 명철한 자는 지략을 얻을 것이라 ○ 잠언과 비유와 지혜 있는 자의 말과 그 오묘한 말을 깨달으리라 ○ 여호와를 경외하는 것이 지식의 근본이거늘 미련한 자는 지혜와 훈계를 멸시하느니라"

여기서 핵심은 나이 든 사람이나 젊은 사람이나 행복하고 건강하게 오래 잘 살고 싶다는 것입니다. 그러면 어떻게 하면 될까요? 요즘 20-30대에게 무엇이 가장 중요한지 물으면 행복, 건강, 장수, 자기계발이라고 대답합니다. 그런데 하나님의 사람이 행복하고 건강하게 잘 사는 비결은 두 가지입니다. 지혜가 있어야 하고 명철이 있어야 합니다. 명철은 히브리어로 '비나'인데, 깨닫는다는 뜻입니다. 즉 지혜가 있어야 하고 깨달음이 있어야 합니다. 잠언 1장부터 읽어 보면 가장 많은 단어가 지혜, 명철, 장수입니다.

명철과 지혜로 건강과 장수를 얻다

> 잠 9:11 "나 지혜로 말미암아 네 날이 많아질 것이요 네 생명
> 의 해가 네게 더하리라"

"나 지혜로 말미암아 네 날이 많아질 것이요"라는 말은 장수할 것이라
는 뜻이고, "네 생명의 해가 네게 더하리라"는 말은 오래오래 건강하게 잘
지낼 것이라는 뜻입니다.

> 잠 9:12 "네가 만일 지혜로우면 그 지혜가 네게 유익할 것이나
> 네가 만일 거만하면 너 홀로 해를 당하리라"

만약 지혜와 명철이 있으면 하는 일마다 잘되고 유익이 될 것이라고 합
니다. 그런데 지혜를 무시하고 거만하여 지혜롭지 못하면 홀로 해를 당
하리라고 합니다. 혼자 외롭게 죽어 간다는 것입니다. 이것이 잠언이 우
리에게 말하는 것입니다.

내가 지혜롭고 싶고, 행복하고 싶고, 건강하고 싶다면 지혜의 하나님의
이름을 부르면서 자기 분수와 몸의 기질을 알고 열심히 움직이고 운동해
야 합니다. 다른 길이 없습니다. 그러면 무병장수라는 놀라운 복이 있습
니다. 하지만 그것이 어려운 이유는 모든 인간은 고생해 봐야 알기 때문
입니다. 그래서 젊어서 고생은 사서라도 한다는 말이 있습니다. 고생하
지 않으면 그것이 중요한지 모릅니다. 인간의 의식 속에는 '예방'이 없습
니다. 시간만 있으면 놀고먹고 TV를 보는 사람들이 대부분입니다.

하나님 안에서 명철을 깨달아서 열심히 노력해야 무병장수할 수 있습니다. 그것이 안 되면 일병장수라도 해야 합니다. 체질적인 병 하나와 친구가 되어서 평생 잘 지내는 방법입니다. 하지만 병 많고 고통 겪으며 오래 사는 골골장수는 어떻게든지 막아야 합니다. 가장 중요한 지혜는 하나님을 알고 현실을 알아야 한다는 것입니다. 그리고 때를 알아야 합니다.

모든 시작은 여호와를 경외하는 것에서부터

"여호와를 경외하는 것이 지혜의 근본이요"라는 말씀은 히브리어로 "테힐라트 호크마 이르아트 예호와"입니다. '근본'의 히브리어 '테힐라트'는 시작이라는 뜻입니다. 여호와를 경외하는 것이 복과 지혜의 시작이라는 말입니다. 여호와를 경외하지 않는 것은 말하자면 컴퓨터 작업을 하면서 전원 스위치도 넣지 않은 상태와 같습니다. 그러니 항상 "하나님 사랑합니다. 하나님을 경외합니다"라는 말로 시작해야 합니다. 지혜를 얻는 방법은 하나님을 경외하는 것입니다. 하나님을 경외하며 사랑하는 사람은 무엇을 하든지 기도하고 하나님 제일주의로 삽니다. 아무리 사소한 일이라도 주님을 먼저 생각하고 기도하면서 합니다.

현대의 젊은 사람들은 다 자기가 잘나서 스스로가 자기에게 하나님입니다. 그래서 하나님을 생각하지 않습니다. 그러니까 지혜가 없는 것입니다. 동양의 고전만 하더라도 하늘 사상에 대한 지혜가 있습니다. 천자문에 처음 나오는 단어가 하늘 천(天)이고, 그다음 단어가 땅 지(地)입니다. 하늘을 먼저 가르치고 땅을 가르치는 것입니다. 명심보감의 천명편에도 "順天者는 存하고 逆天者는 亡이니라(하늘에 순종하는 자는 살고,

하늘을 거역하는 자는 망한다)"라는 말이 있습니다. 가족이나 만나는 사람들에게 하나님을 경외하는 것을 가르쳐야 합니다. 그것이 지혜의 시작이요 핵심이요 끝입니다. 하나님 제일주의, 범사에 예수님 주권주의로 살아가야 합니다.

거룩하신 자를 알면 깨닫는다

"거룩하신 자를 아는 것이 명철이니라"에서 "아는 것"은 히브리어로 '다아트'인데 '보다, 깨닫다, 이해하다, 알다'를 뜻하는 '야다'에서 유래한 단어입니다. 내가 거룩하신 자를 안다는 것은 그 말씀을 들어 보고 그 말씀이 옳다 싶으면 머리로만 아는 것이 아니라 행해 본다는 뜻입니다. 행해 보니 되는 것도 있고 안 되는 것도 있고 문제도 많고 온갖 어려움이 다 생기지만, 그럼에도 불구하고 끝까지 해서 그 말씀이 옳다는 것을 아는 것입니다. 경험하고 행동해서 확신에 이른 것이 '다아트'입니다.

거룩하신 자를 알면 깨닫습니다. 깨닫는 것은 때를 아는 것이고 분수를 아는 것입니다. 지금이 가을인지 봄인지, 내 나이가 몇 살인지, 내 형편이 어떤지 아는 것이 깨달음의 시작입니다. 현실을 알고 자기 분수를 알고 하나님을 경외하며 살아가는 것입니다. 그리고 거룩한 것은 잡스럽지 않습니다. 유대 랍비들의 유머집을 보면 두 가지는 절대 유머의 소재로 쓰지 못하게 합니다. 첫째는 하나님에 대한 것입니다. 하나님에 대한 유머는 절대 하지 않습니다. 둘째는 인간의 결점을 비웃지 않습니다. 인간의 장점을 살리는 건강한 유머를 해야 합니다. 요즘 개그 프로들을 보면 몇 가지는 괜찮은데 질 나쁜 유머들이 많습니다.

구속과 섭리

지혜와 깨달음의 결과

잠 9:11 "나 지혜로 말미암아 네 날이 많아질 것이요 네 생명
의 해가 네게 더하리라"

여호와를 경외하고 거룩하신 자를 알아서 깨달으면 매일이 즐겁습니
다. 가장 고통스러운 것은 일상에 즐거움이 하나도 없는 것입니다. 새벽
에 일어나도 기쁜 것이 하나도 없습니다. 어떤 믿는 사람은 그럴 때 "하나
님 앞에 가야지"라고 합니다. 하지만 각 사람에 대한 하나님의 시간이 있
고 계획이 있는데 그런 말을 하는 것은 잘못입니다.

아침부터 저녁까지 매일 매일 기쁜 날이 계속되는 그 방법이 지혜와 깨
우침입니다. 감사의 자리를 끊임없이 지켜야 합니다. 아니면 그 자리에
돈이나 병이나 미움이 들어옵니다. 사람을 보면 항상 미운 마음이 들어
서 고통스럽습니다. 저는 새벽에 일어나서 가장 먼저 하는 것이 본질적
인 감사입니다.

"네 날이 많아진다"는 것은 즐거운 날이 많아진다는 뜻입니다. 잠언의
저자가 왜 "생명의 해"라는 말을 썼을까요? 생명은 하나님을 알고 감사하
며 정말 건강하게 삽니다. 그리하여 생명의 날이 더해집니다. 지금 병이
없는 사람은 하나님을 믿고 최선을 다해서 살아야 하고, 병이 3개 있는
사람은 1개로 줄여야 합니다. 골골장수는 하지 말아야 합니다. 그리고 나
중에 병원에라도 다니려면 돈도 있어야 하니 미리 경제도 잘 준비해 두어
야 합니다.

지혜로운 자가 받는 유익과 거만한 자가 받는 해

잠 9:12 "네가 만일 지혜로우면 그 지혜가 네게 유익할 것이나
네가 만일 거만하면 너 홀로 해를 당하리라"

인간관계의 복을 말합니다. "네가 만일 지혜롭게 말씀을 전하며 깨달아서 산다면"이라고 가정법을 쓰고 있습니다. 네가 만일 지혜로우면 그 지혜가 네게 유익할 것이라고 합니다. 그는 무슨 일을 하든지 다 감사하고 하나님을 찬양합니다. "정말 똑똑하시네. 정말 건강하시네"라고 칭찬을 받을 때 "하나님께 배웠습니다"라고 할 수 있어야 합니다.

여호와를 경외하면 하나님께서 다 가르쳐 주십니다. 물론 실수도 할 수는 있습니다만 결국엔 다 잘됩니다. 칭찬을 받을 때 진짜 믿는 사람은 하나님을 높입니다. "모든 것이 다 좋네요"라고 누가 말할 때 "하나님 은혜지요"라고 겸손한 태도로 말하면 진짜입니다. 그에게 유익이 옵니다. 유익은 관계에서 옵니다. 모든 사람이 그를 통해서 하나님을 배우고 지혜를 깨우칩니다.

그런데 "네가 만일 거만하면" 어떻게 되는지 봅시다. 거만은 항상 자기중심이라는 말입니다. 거만하면 게으르고 자기 자랑만 합니다. 거만하면 하나님의 지혜도 없고 깨닫지도 못하며, 홀로 해를 당한다고 합니다. 남을 도와준 것이 없으니 자기밖에 없습니다. 자기만 혼자 잘 먹고 잘 지내니까 어려울 때 아무것도 못합니다. 자기중심으로 살아왔으니 남에게 부탁도 못 합니다.

잠언은 여러 사람이 기록했습니다. 우리는 솔로몬밖에 모르고 시편하

면 다윗밖에 모르지만 사실은 잠언이나 시편이나 여러 사람이 기록한 것입니다. 잠언은 여러 지혜자들의 말을 모아서 히스기야 왕 때 편집한 것입니다.

행복하고 건강하고 오래 사는 방법으로 지혜와 깨우침인 명철을 말했습니다. 그런데 지혜와 명철을 깨우치는 방법은 과거나 지금이나 여호와를 경외하는 것입니다. 거룩하신 자, 창조주 하나님을 아는 것입니다. 하나님도 모르고 내 식대로 살면 홀로 해를 당하면서 살아야 합니다.

맺는말

행복, 건강, 장수를 위해서는 지혜와 깨달음이 필요합니다. 하나님 백성으로서 하나님 제일주의로 살아야 합니다. 자녀들과 손자손녀가 올 때 하나님께 기도하고, "할아버지, 이야기해 주세요"라고 하면 여호와를 경외하는 것에 대한 이 말씀을 읽어 줍시다. 이제는 혼자 사는 사람도 많습니다. 지혜와 명철을 얻으면 결혼한 사람은 결혼한 대로, 혼자 사는 사람은 혼자인 대로 다 좋습니다. 그래서 우리 하나님은 최고의 하나님이십니다. 이것을 아는 것이 지혜요 명철입니다.

5

엘리에셀이 리브가 가족과 만나다

2012. 1. 29.
창세기 24:28-53

"소녀가 달려가서 이 일을 어머니 집에 알렸더니 ∘ 리브가에
게 오라버니가 있어 그의 이름은 라반이라 그가 우물로 달려
가 그 사람에게 이르러 ∘ 그의 누이의 코걸이와 그 손의 손목
고리를 보고 또 그의 누이 리브가가 그 사람이 자기에게 이같
이 말하더라 함을 듣고 그 사람에게로 나아감이라 그 때에 그
가 우물가 낙타 곁에 서 있더라 ∘ 라반이 이르되 여호와께 복
을 받은 자여 들어오소서 어찌 밖에 서 있나이까 내가 방과 낙
타의 처소를 준비하였나이다 ∘ 그 사람이 그 집으로 들어가매
라반이 낙타의 짐을 부리고 짚과 사료를 낙타에게 주고 그 사
람의 발과 그의 동행자들의 발 씻을 물을 주고 ∘ 그 앞에 음식
을 베푸니 그 사람이 이르되 내가 내 일을 진술하기 전에는 먹
지 아니하겠나이다 라반이 이르되 말하소서 ∘ 그가 이르되 나
는 아브라함의 종이니이다 ∘ 여호와께서 나의 주인에게 크게

복을 주시어 창성하게 하시되 소와 양과 은금과 종들과 낙타와 나귀를 그에게 주셨고 。 나의 주인의 아내 사라가 노년에 나의 주인에게 아들을 낳으매 주인이 그의 모든 소유를 그 아들에게 주었나이다 。 나의 주인이 나에게 맹세하게 하여 이르되 너는 내 아들을 위하여 내가 사는 땅 가나안 족속의 딸들 중에서 아내를 택하지 말고 。 내 아버지의 집, 내 족속에게로 가서 내 아들을 위하여 아내를 택하라 하시기로 。 내가 내 주인에게 여쭈되 혹 여자가 나를 따르지 아니하면 어찌하리이까 한즉 。 주인이 내게 이르되 내가 섬기는 여호와께서 그의 사자를 너와 함께 보내어 네게 평탄한 길을 주시리니 너는 내 족속 중 내 아버지 집에서 내 아들을 위하여 아내를 택할 것이니라 。 네가 내 족속에게 이를 때에는 네가 내 맹세와 상관이 없으리라 만일 그들이 네게 주지 아니할지라도 네가 내 맹세와 상관이 없으리라 하시기로 。 내가 오늘 우물에 이르러 말하기를 내 주인 아브라함의 하나님 여호와여 만일 내가 행하는 길에 형통함을 주실진대 。 내가 이 우물 곁에 서 있다가 젊은 여자가 물을 길으러 오거든 내가 그에게 청하기를 너는 물동이의 물을 내게 조금 마시게 하라 하여 。 그의 대답이 당신은 마시라 내가 또 당신의 낙타를 위하여도 길으리라 하면 그 여자는 여호와께서 내 주인의 아들을 위하여 정하여 주신 자가 되리이다 하며 。 내가 마음속으로 말하기를 마치기도 전에 리브가가 물동이를 어깨에 메고 나와서 우물로 내려와 긷기로 내가 그에게 이르기를 청하건대 내게 마시게 하라 한즉 。 그가 급히 물동이를 어깨에서 내리며 이르되 마시라 내가 당신의 낙타에게도 마시게 하리라 하기로 내가 마시매 그가 또 낙타에게도 마시게 한지라 ◦ 내가 그에게 묻기를 네가 뉘 딸이냐 한즉 이르되 밀가가 나홀에게서 낳은 브두엘의 딸이라 하기로 내가 코걸이를 그 코에 꿰고 손목고리를 그 손에 끼우고 ◦ 내 주인 아브라함의 하나님 여호와께서 나를 바른 길로 인도하사 나의 주인의 동생의 딸을 그의 아들을 위하여 택하게 하셨으므로 내가 머리를 숙여 그에게 경배하고 찬송하였나이다 ◦ 이제 당신들이 인자함과 진실함으로 내 주인을 대접하려거든 내게 알게 해 주시고 그렇지 아니할지라도 내게 알게 해 주셔서 내가 우로든지 좌로든지 행하게 하소서 ◦ 라반과 브두엘이 대답하여 이르되 이 일이 여호와께로 말미암았으니 우리는 가부를 말할 수 없노라 ◦ 리브가가 당신 앞에 있으니 데리고 가서 여호와의 명령대로 그를 당신의 주인의 아들의 아내가 되게 하라 ◦ 아브라함의 종이 그들의 말을 듣고 땅에 엎드려 여호와께 절하고 ◦ 은금 패물과 의복을 꺼내어 리브가에게 주고 그의 오라버니와 어머니에게도 보물을 주니라"

믿음 안에서의 섭리

성경이 이삭의 결혼 절차에 대해서 기록하는 목적이 있습니다. 그 목적을 파악해야 말씀의 핵심을 알 수 있는데, 먼저 사실적으로 본문을 이해하는 것이 중요합니다.

리브가가 저녁에 물을 뜨러 갔는데, 낙타 열 마리와 함께 있는 노인이 물을 달라고 했습니다. 성경 본문에는 리브가만 기록되어 있습니다만 상식적으로 생각할 때 다른 처녀들도 있었을 것입니다. 미슈나(유대교 랍비들의 구전(口傳)을 집대성한 책)에는 엘리에셀이 여러 사람에게 부탁했는데도 아무도 물을 주지 않았다고 기록되어 있습니다. 그런데 리브가만 엘리에셀에게 공손한 자세로 대접을 했습니다. 그리고 낙타 열 마리에게도 물을 줘야 하는데, 여기에 상당히 큰 문제가 있습니다. 엄청나게 많은 물을 낙타에게 기쁘게 주는 모습을 보여야 하나님께서 보낸 신붓감이라는 것을 증명할 수 있습니다. 이것이 인간적으로는 상당히 어려운 것입니다. 이런 것을 믿음 안에서의 섭리라고 합니다. 오늘 우리가 이해할 핵심은 믿음 안에서 하나님의 섭리를 체험하는 것입니다. 믿음과 섭리를 밝히려는 방식으로써 계속 결혼 이야기를 하고 있습니다.

엘리에셀은 리브가의 넓은 아량을 보았습니다. 아브라함집이 족장집이기 때문에 많은 사람들을 관리해야 하는데, 낙타에게도 정성스럽게 물을 주는 모습을 보고 맏며느릿감으로서 합격점을 주었습니다. 그래서 엘리에셀이 리브가에게 선물로 코걸이도 주고 귀걸이도 주었는데, 이것은 물을 준 것에 대한 대가입니까? 아니면 하나님께서 약속하신 신붓감이라는 것에 대한 징표입니까? 아니면 아브라함 집으로 데려가기 위한 미끼입니까? 그 해석은 뒤에 하기로 하겠습니다.

라반의 계산

엘리에셀이 리브가에게 선물을 주자 리브가가 너무 놀라서 집으로 뛰어가 이 사실을 알립니다. 그런데 갑자기 오빠 라반이 출현합니다. 라반은 현대인과 아주 비슷한 사람으로서, 말도 못하게 구두쇠이고 돈 제일주의자입니다. 나중에 조카 야곱이 왔을 때도 야곱을 마구 부려먹은 사람입니다. 라반은 제일 먼저 그의 누이가 받은 선물을 봅니다. 누이가 받은 코걸이와 손목 고리 등은 금, 은, 주석 등으로 되어 있는데 이것은 상당히 큰 선물입니다. 물을 대접했다고 이 정도의 선물을 주는 것으로 봐서 큰 부자일 것이라고 생각하고는 확인하러 뛰어나갑니다.

> 30-33절 "그의 누이의 코걸이와 그 손의 손목고리를 보고 또 그의 누이 리브가가 그 사람이 자기에게 이같이 말하더라 함을 듣고 그 사람에게로 나아감이라 그 때에 그가 우물가 낙타 곁에 서 있더라 ◦ 라반이 이르되 여호와께 복을 받은 자여 들어오소서 어찌 밖에 서 있나이까 내가 방과 낙타의 처소를 준비하였나이다 ◦ 그 사람이 그 집으로 들어가매 라반이 낙타의 짐을 부리고 짚과 사료를 낙타에게 주고 그 사람의 발과 그의 동행자들의 발 씻을 물을 주고 ◦ 그 앞에 음식을 베푸니 그 사람이 이르되 내가 내 일을 진술하기 전에는 먹지 아니하겠나이다 라반이 이르되 말하소서"

정말 융숭하게 대접합니다. 성경에 기록된 라반의 전 생애로 미루어 보아 절대 믿음으로 한 것이 아닙니다. 그의 의도는 아주 불손합니다. 작은 물 하나 대접한 것으로도 선물을 왕창 주는 것을 보니 동생을 통해서 횡재할 수 있겠다는 계산을 가지고 대접하는 것입니다. 신학자들도 그렇게 본다고 합니다.

결혼을 할 때 제일 중요한 것이 두 사람 간의 애정이지만 실제로는 학벌과 경제적 조건을 따지는 것이 현실입니다. 아브라함 시대도 비슷합니다. 지금 엘리에셀이 리브가의 가족들에게 청혼을 하면서 아브라함 집에 대해 설명을 하지만, 사실은 "댁의 따님이 우리 주인댁에 시집을 온다면 정말 결혼 잘하는 겁니다. 우리 주인님이 얼마나 부자인데요"라는 말을 하고 있는 것입니다.

33절에서 엘리에셀은 식사를 대접받았지만 자신의 일을 진술하기 전에는 먹지 않겠다고 말합니다. "우리 주인의 청혼을 받아야 내가 식사하겠습니다"라는 의지를 나타내는 것입니다. 이것은 상견례의 일종인데, 일반 성경 주석에서는 엘리에셀이 왜 식사를 하지 않았는가에 대한 언급이 없지만 유대의 전승인 미슈나에는 그 이유가 기록되어 있습니다.

라반이 열 마리의 낙타 위에 있는 보물들을 보고는 욕심이 나서 아버지 브두엘에게 "저 사람의 주인이 아주 부자인 것 같으니 만약 리브가가 저 집에 시집을 가면 우리는 횡재하는 것입니다. 그러니 어떤 식으로든지 결혼을 시켜야 하는데, 안 되면 저 영감이라도 어떻게 해서 보물을 빼앗아야 합니다"라고 의논해서 음식에 약을 탔다고 되어 있습니다. 그래서 엘리에셀이 그것을 눈치채고 식사를 하지 않았다고 하는데, 이것은 미슈나에 기록되어 있는 것이니 참고하시기 바랍니다.

34-36절 "그가 이르되 나는 아브라함의 종이니이다 ○ 여호와께서 나의 주인에게 크게 복을 주시어 창성하게 하시되 소와 양과 은금과 종들과 낙타와 나귀를 그에게 주셨고 ○ 나의 주

인의 아내 사라가 노년에 나의 주인에게 아들을 낳으매 주인
이 그의 모든 소유를 그 아들에게 주었나이다”

시아버지 될 사람이 아주 부자라는 말을 하고 있습니다. 그리고 그 많
은 재산을 아들에게 주었고, 지금 그 아들을 장가보내려고 하고 있다고
말합니다.

엘리에셀이 리브가의 가족에게 청혼을 하다

37-49절 “나의 주인이 나에게 맹세하게 하여 이르되 너는 내
아들을 위하여 내가 사는 땅 가나안 족속의 딸들 중에서 아내
를 택하지 말고。 내 아버지의 집, 내 족속에게로 가서 내 아
들을 위하여 아내를 택하라 하시기로。 내가 내 주인에게 여
쭈되 혹 여자가 나를 따르지 아니하면 어찌하리이까 한즉。
주인이 내게 이르되 내가 섬기는 여호와께서 그의 사자를 너
와 함께 보내어 네게 평탄한 길을 주시리니 너는 내 족속 중
내 아버지 집에서 내 아들을 위하여 아내를 택할 것이니라。
네가 내 족속에게 이를 때에는 네가 내 맹세와 상관이 없으리
라 만일 그들이 네게 주지 아니할지라도 네가 내 맹세와 상관
이 없으리라 하시기로。 내가 오늘 우물에 이르러 말하기를
내 주인 아브라함의 하나님 여호와여 만일 내가 행하는 길에
형통함을 주실진대。 내가 이 우물 곁에 서 있다가 젊은 여자
가 물을 길으러 오거든 내가 그에게 청하기를 너는 물동이의

물을 내게 조금 마시게 하라 하여 ◦ 그의 대답이 당신은 마시라 내가 또 당신의 낙타를 위하여도 길으리라 하면 그 여자는 여호와께서 내 주인의 아들을 위하여 정하여 주신 자가 되리이다 하며 ◦ 내가 마음속으로 말하기를 마치기도 전에 리브가가 물동이를 어깨에 메고 나와서 우물로 내려와 긷기로 내가 그에게 이르기를 청하건대 내게 마시게 하라 한즉 ◦ 그가 급히 물동이를 어깨에서 내리며 이르되 마시라 내가 당신의 낙타에게도 마시게 하리라 하기로 내가 마시매 그가 또 낙타에게도 마시게 한지라 ◦ 내가 그에게 묻기를 네가 뉘 딸이냐 한즉 이르되 밀가가 나홀에게서 낳은 브두엘의 딸이라 하기로 내가 코걸이를 그 코에 꿰고 손목고리를 그 손에 끼우고 ◦ 내 주인 아브라함의 하나님 여호와께서 나를 바른 길로 인도하사 나의 주인의 동생의 딸을 그의 아들을 위하여 택하게 하셨으므로 내가 머리를 숙여 그에게 경배하고 찬송하였나이다 ◦ 이제 당신들이 인자함과 진실함으로 내 주인을 대접하려거든 내게 알게 해 주시고 그렇지 아니할지라도 내게 알게 해 주셔서 내가 우로든지 좌로든지 행하게 하소서"

똑같은 내용을 세 번 반복해서 기록합니다. 반복을 하는 저자의 깊은 뜻을 알아야 합니다. 49절에서 하나님의 뜻에 따라 청혼을 합니다. 원래는 상견례에서 부모가 해야 되는 일인데, 지금 엘리에셀이 맡아서 하고 있습니다. 브엘세바에서 이곳까지는 800km로서, 왕복 4000리의 길입니다. 엘리에셀이 그 먼 길을 와서 아브라함 대신 리브가의 가족들에게 청혼을 하고 있습니다.

> 50절 "라반과 브두엘이 대답하여 이르되 이 일이 여호와께로
> 말미암았으니 우리는 가부를 말할 수 없노라"

하나님이 하신 일인데 우리가 어떻게 된다, 안 된다 말하겠느냐고 라반
과 브두엘이 대답합니다. 리브가의 오빠 라반이 많이 나서는 것으로 봐서
아버지인 브두엘은 나이가 많아서 집에서 큰 역할을 못 한다고 할 수 있
습니다. 그렇기 때문에 지금 오빠인 계산쟁이 라반이 앞서는 것입니다.

결혼 승낙을 받다

> 51-53절 "리브가가 당신 앞에 있으니 데리고 가서 여호와의
> 명령대로 그를 당신의 주인의 아들의 아내가 되게 하라 ○ 아
> 브라함의 종이 그들의 말을 듣고 땅에 엎드려 여호와께 절하
> 고 ○ 은금 패물과 의복을 꺼내어 리브가에게 주고 그의 오라
> 버니와 어머니에게도 보물을 주니라"

이제 결혼 승낙을 받았습니다. 리브가는 선물을 두 번 받습니다. 라반
은 그 선물을 보고 속으로 얼마짜리라는 것을 다 계산하고 있습니다. 그
런데 엘리에셀이 리브가뿐 아니라 자기와 전 식구들에게도 보물을 안겨
줍니다. 이것이 신부 값이라는 것입니다. 그 당시에는 신부 값을 어떻게
계산하는지 보고 딸을 시집보낼지 말지 결정했습니다. 현대의 결혼도 이

런 문화가 깊이 깔려 있습니다. 라반의 입장에서는 동생이 이 정도로 보물을 많이 받을 줄 예상도 못 한 데다가 동생뿐 아니라 식구들에게도 많은 보물을 줄 정도로 많은 재산을 가지고 있는 장자가 이삭이라고 하니까 이건 뭐 더 생각할 것도 없습니다.

본문의 내용은 이와 같은데, 이제 핵심으로 들어가서 성경의 저자는 왜 이런 사실들을 기록했는지, 왜 반복적으로 말하는가에 대해 알아보겠습니다. 기도하고 우물가에서 만나는 내용은 당시 문화의 특징을 나타냅니다.

특별섭리와 일반섭리

본문 내용을 통해 깨달아야 할 중요한 단어는 '섭리'라는 단어입니다. 섭리는 히브리 원어에는 없는 단어이지만, 성경에는 섭리에 해당하는 내용들이 많이 있습니다. 섭리에는 특별섭리와 일반섭리가 있습니다. 예수님께서 나사로가 죽은 것을 보고 무덤에 가서 돌문을 열라고 하셨을 때, 모두가 열 생각은 하지 않고 이미 죽어서 나흘이나 되어 냄새가 난다고 했습니다. 이때 예수님께서 "너 믿으면 하나님의 영광 보리라"고 말씀하셨습니다. 기도하고 믿어야 하나님의 영광을 보는 것을 특별섭리라고 합니다. 예를 들어 자신에게 도움이 필요해서 "주님, 오늘 어떤 사람을 만나 제가 필요한 것을 해결하게 해 주세요"라고 기도한 후에 어떤 사람을 만나 일이 해결되었다면 그것은 특별섭리입니다. 그에 비해 일반섭리는 인간의 이성을 통해서 상식적으로 알아서 하는 것입니다. 자기에게 필요한 일을 스스로 해결하는 방식으로서, 예를 들어 돈이 필요할 때 은행에 가서 집이라도 담보로 잡고 돈을 빌린다면, 이런 것을 상식적인 일반섭리라고 합니다.

아들의 결혼을 위하여 아브라함은 '엘로헤 하 사마임', 하늘에 계신 하나님을 부르며 엘리에셀에게 "신부를 데리고 오지 못해도 네게는 책임이 없다. 그러나 하나님께서 미리 사자를 보내서 모든 것을 인도하실 것이다"라고 하며 그에게 맹세를 시켜서 그 먼 길을 보냈습니다. 그래서 엘리에셀이 메소포타미아까지 가서 기도하고 우물곁에서 리브가를 만난 것입니다. 리브가에게 물을 달라고 했을 때, 리브가가 기쁘게 물을 대접하고 낙타 열 마리까지 먹여 주는 것을 보며 그녀가 하나님께서 준비하신 이삭의 신부라는 것을 확인했습니다. 그리고 그 집안에 청혼했을 때 청혼이 성사되는 과정을 특별섭리라고 합니다.

특별섭리와 일반섭리에 대한 개념을 정확하게 이해해야 합니다. 일반섭리는 상식적으로 본인이 알아서 해야 하는 것입니다. 그런데 많은 믿는 사람들이 착각하는 것이 "나는 왜 기도해도 안 되나?"입니다. 아무리 기도해도 하나님께서 응답하지 않으신다면 그 사람은 일반섭리 안에서 상식적으로 판단해야 된다는 뜻입니다. 잘못하면 일반섭리와 특별섭리를 구분 못 해서 예수 믿는 사람이 불신자보다 더 나은 것이 없는 삶을 살 수 있습니다. 상식적으로 판단해야 될 일을 기도만 하면 다 될 줄로 알고 특별섭리를 기다리다가 안 되면 실망해서 좌절하기 일쑤입니다.

아브라함이 확신에 차서 엘리에셀에게 그 먼 길을 가라고 했을 때는 아브라함의 마음속에 믿음이 있었기 때문입니다. 확실한 참믿음이 있기 때문에 특별 섭리를 체험할 수 있습니다. 참믿음도 없으면서 자기 필요에 의해 예수 이름으로 기도했다가 안 해 주면 절망하는 것은 믿음이 아닙니다. 믿는 사람이 제일 착각하는 것이 병들면 라파 하나님의 이름으로 기도해서 바로 나아야 하고, 어려움이 와도 기도하면 바로 좋아져야 한다고 생각하는 것입니다. 그것은 특별섭리입니다. 기도해도 답이 없다면 일반섭리로 본인이 상식적으로 알아서 해야 합니다. 자칫하면 믿는 사람이 상식이 없을 수 있습니다. 조심해야 합니다. 기도해서 안 되면 속으로 하나님께 삐쳐서 '믿어도 아무것도 없네'라고 생각하는 것은 자기의 이기심입니다.

아브라함의 믿음을 통한 하나님의 특별섭리

지금 하나님의 섭리를 체험하는 아브라함의 집을 볼 때 깨달아야 할 핵심은 믿음입니다. 그 믿음은 창세기 12장에서 하나님께서 아브라함을 불러낼 때 약속하신 언약의 말씀에 기초합니다. 그 말씀에 기초해서 아브라함은 열 가지 시험을 통해 완성되었습니다. 그 언약을 하나님께서 이루어 주시면 좋고, 안 이루어져도 인간적으로 모든 것에 최선을 다하려는 인간적인 상식에서 그 믿음이 꽃이 피고 열매 맺은 것입니다. 믿으면 무조건 모든 것이 다 이루어진다고 우리 식으로 판단하면 안 됩니다.

여러분이 하나님의 백성으로 부름받을 때 받은 말씀을 지금까지 변하지 않고 부여잡고 있습니까? 하나님께 부름받을 때 반드시 말씀과 깨우침을 주시는데, 그 말씀 하나를 붙들고 전 생애를 살아야 합니다. 아브라함 사건에서 볼 수 있는 것은 아브라함 자신이 하나님의 백성으로 부름받고 가나안을 네 후손에게 주리라는 말씀을 들었기 때문에, 아들을 가나안 여자와 결혼시키지 않고 자신의 민족 중에서 며느리를 데리고 와서 하나님이 축복하신 모든 재산을 후손에게 넘겨주었습니다. 그는 하나님과의 약속을 끝까지 지키기 위하여 최선을 다해서 살았습니다. 그러한 결단과 모든 의사 결정을 믿음이라고 합니다. 그 믿음을 통해서 섭리를 체험하는 것입니다. 그러나 무엇을 하려고 시도할 때마다 안 되는 부정의 섭리도 있습니다.

성경이 3천 년 전에 기록된 결혼 이야기를 계속하고 있는 이유는 리브가가 예쁘다거나 이삭이 부자라는 것을 말하고자 하는 것이 아니라 아브라함의 믿음을 통한 특별섭리를 말하는 것입니다. 우리가 하나님 앞에 부름받은 말씀과 감격이 있습니다. 그 말씀과 감격을 붙잡고 여러분의 생을 살아야 합니다. 부자를 시켜 주겠다고 했는데 부자가 되지 않아도, 병을 낫게 해 주겠다고 했는데 병이 낫지 않아도 그것은 내가 이루어야 할 일이라고 생각하고 끝까지 믿음을 가지고 살아야 합니다. 하나님께서는 반드시 약속을 이루어 주십니다.

이것을 이해하기 위하여 아브라함을 생각해 봅시다. 하나님께서 아브라함에게 땅을 주시겠다고 했는데, 하나님께서는 평생 아브라함에게 땅을 주시지 않았습니다. 그래도 아브라함을 부자로 세워 주셨습니다. 아브라함은 너와 네 씨에게 이 땅을 주겠다는 하나님의 약속을 믿고 경제력을 다 투자해서 엄청나게 비싼 막벨라 굴을 샀습니다. 그리고 자신은 물론 후손들도 죽으면 다 막벨라 굴에 장사 지내라고 유언을 했습니다. 이 땅을 주겠다고 하나님께서 약속하셨기 때문입니다. 이 약속은 여호수아가 가나안에 들어가서 전쟁을 시작한 400년 후에나 이루어졌습니다. 그러나 아브라함은 거기에 대해 불평하지 않았습니다.

믿음을 통한 특별섭리에 대한 말씀을 하려고 성경은 아브라함 사건을 기록하였습니다. 우리도 우리의 삶에 대해 잘 생각해봐야 합니다. 저도 부족한 사람이지만 하나님께서 특별히 불러 주셨고, 그때 주신 말씀으로

구속과 섭리

계속 살고 있습니다. 이후부터 지금까지 은혜가 쏟아지고 있습니다. 하나님께서 여러분을 부르실 때 여러분이 감격한 그 순간을 변치 말고 끝까지 밀고 나가야 합니다. 교회도 마찬가지입니다. 특별한 일이 없으면 부르심 받은 교회에 끝까지 충성해야 합니다.

아브라함이 자기가 죽은 후 묻힐 곳을 생각할 때 인간적으로는 고향에 가서 장사 되길 원했겠지만, 너와 네 씨에게 이 땅을 주실 것이라는 하나님의 약속을 믿고 막벨라 굴에 묻혔습니다. 그러니 아들인 이삭도 거기에 묻히고, 야곱은 애굽에서 죽었지만 자신을 막벨라 굴에 묻으라는 유언을 요셉에게 남겨 요셉이 막벨라 굴까지 가서 야곱을 장사 지냈습니다. 요셉도 애굽에서 죽었지만 후손들에게 나중에 출애굽해서 약속의 땅으로 갈 때 자신의 유골을 가지고 나가 달라고 부탁했습니다. 그래서 모세와 함께 후손들이 출애굽할 때 요셉의 유골을 가지고 나와서 세겜 땅에 묻었습니다. 이것은 민족적인 문제가 아니고 믿음 문제입니다. 하나님이 약속하셨기 때문입니다.

하나님의 일반섭리

하나님의 일반섭리에 대해서 조금만 추가 설명을 하겠습니다. 아브라함이 엘리에셀에게 아들의 신붓감을 구해 오라며 그 먼 길을 보낼 때 "주인어른, 저도 나이가 너무 많아서 가기 힘듭니다. 다녀오면 땅과 돈을 얼마나 주실 겁니까?"라고 엘리에셀이 말할 수도 있지 않았을까요? 왜 성경은 이런 이야기들을 기록하지 않았을까요? 그건 상식으로 이해하라는 것입니다. 리브가에 대해서도 마찬가지입니다. 웬 노인이 와서 물을 달라고 했을 때, 리브가는 물동이를 이고 내려가서 수없이 오르락내리락 하면서 낙타에게까지 물을 주는 행동을 보였습니다. 리브가는 왜 일반적인 처녀들이 잘 하지 않는 태도를 취했는지 성경 속 행간의 숨은 뜻은 일반 상식으로 판단하라는 것입니다.

> 24:67 "이삭이 리브가를 인도하여 그의 어머니 사라의 장막
> 으로 들이고 그를 맞이하여 아내로 삼고 사랑하였으니 이삭
> 이 그의 어머니를 장례한 후에 위로를 얻었더라"

창세기 24장 마지막 절입니다. 리브가가 그 먼 길을 왔으면 누가 마중 나와야 합니까? 신랑도 신랑이지만 시어른인 아브라함이 나와야 합니다. 그리고 리브가도 아브라함에게 먼저 인사하는 것이 마땅한데, 그런 이야기는 없이 그냥 이삭과 만나서 어머니의 장막에 들어가서 부부의 인연을 맺는 것으로 끝납니다. 이것은 더 기록할 필요가 없이 상식적으로 이해하라는 뜻입니다.

맺는말

믿는 사람들은 두 가지의 섭리를 잘 이해해야 합니다. 우리가 해야 할 일들이 있는데 하지 않고 자꾸 하나님만 바라보는 어린아이 같은 신앙을 해서는 안 됩니다. 일반 섭리를 깊이 생각하면서 우리가 하나님께 받은 말씀과 감격을 가지고 아브라함처럼 끝까지 하나님의 영광을 나타내기 위해 노력하면 축복된 삶이 될 것입니다.

6

—

이삭과 리브가의 만남,
아브라함의 유언과 죽음

2012. 2. 5.

창세기 24:61-25:11

24:61-67 "리브가가 일어나 여자 종들과 함께 낙타를 타고 그 사람을 따라가니 그 종이 리브가를 데리고 가니라 ◦ 그 때에 이삭이 브엘라해로이에서 왔으니 그가 네게브 지역에 거주하였음이라 ◦ 이삭이 저물 때에 들에 나가 묵상하다가 눈을 들어 보매 낙타들이 오는지라 ◦ 리브가가 눈을 들어 이삭을 바라보고 낙타에서 내려 ◦ 종에게 말하되 들에서 배회하다가 우리에게로 마주 오는 자가 누구냐 종이 이르되 이는 내 주인이니이다 리브가가 너울을 가지고 자기의 얼굴을 가리더라 ◦ 종이 그 행한 일을 다 이삭에게 아뢰매 ◦ 이삭이 리브가를 인도하여 그의 어머니 사라의 장막으로 들이고 그를 맞이하여 아내로 삼고 사랑하였으니 이삭이 그의 어머니를 장례한 후에 위로를 얻었더라"

25:1-11 "아브라함이 후처를 맞이하였으니 그의 이름은 그두라라 ◦ 그가 시므란과 욕산과 므단과 미디안과 이스박과 수아를 낳고 ◦ 욕산은 스바와 드단을 낳았으며 드단의 자손은 앗수르 족속과 르두시 족속과 르움미 족속이며 ◦ 미디안의 아들은 에바와 에벨과 하녹과 아비다와 엘다아이니 다 그두라의 자손이었더라 ◦ 아브라함이 이삭에게 자기의 모든 소유를 주었고 ◦ 자기 서자들에게도 재산을 주어 자기 생전에 그들로 하여금 자기 아들 이삭을 떠나 동방 곧 동쪽 땅으로 가게 하였더라 ◦ 아브라함의 향년이 백칠십오 세라 ◦ 그의 나이가 높고 늙어서 기운이 다하여 죽어 자기 열조에게로 돌아가매 ◦ 그의 아들들인 이삭과 이스마엘이 그를 마므레 앞 헷 족속 소할의 아들 에브론의 밭에 있는 막벨라 굴에 장사하였으니 ◦ 이것은 아브라함이 헷 족속에게서 산 밭이라 아브라함과 그의 아내 사라가 거기 장사되니라 ◦ 아브라함이 죽은 후에 하나님이 그의 아들 이삭에게 복을 주셨고 이삭은 브엘라해로이 근처에 거주하였더라"

이삭이 새로운 주인이 되다

아브라함에 관한 마지막 설교입니다. 리브가가 엘리에셀을 따라서 아브라함의 집으로 옵니다. 리브가가 오면 상식적으로 시아버지인 아브라함이 마중을 나가는 것이 맞습니다. 그러나 성경에서 아브라함 이야기는 없고, 이삭이 리브가를 만나 아브라함 가문의 여주인인 사라의 장막으로 데려가는 것으로 두 사람의 결혼 이야기를 끝냅니다.

24장 65절에 보면, 엘리에셀이 이삭을 가리켜 "내 주인의 아들이니이다"라고 말하지 않고 "내 주인이니이다"라고 말합니다. 여기에 많은 내용들이 생략되어 있습니다. 지난주에 말씀드렸듯이 본문에 기록된 특별섭리 외의 사건들은 일반섭리로 해석해야 합니다. 즉, 상식으로 알고 있어야 한다는 말입니다. 아브라함은 지금 브엘세바에 있고, 이삭은 브엘라해로이에 있습니다. 그래서 학자들은 아버지인 아브라함이 모든 책임을 이삭에게 넘기고 갔다고 생각합니다. 이제 이삭이 모든 책임을 맡고 있는 것입니다. 리브가가 와서 시어른인 아브라함에게 인사하는 것은 관습에 따라서 하면 됩니다.

창세기의 편집자가 이야기하려는 것은, 아브라함이 140세가 되어서 40세인 아들 이삭에게 모든 책임을 넘겼고, 이삭이 새로운 주인으로서 모든 것을 맡았다는 것입니다. 이삭이 이 가문의 새로운 주인이 되면 여주인이 있어야 하는데, 리브가가 여주인이 되었다는 말을 하면서 다른 것은 일반적인 상식으로 알고 있으라는 뜻입니다.

여러분께 질문을 하나 드리겠습니다. 아브라함이 몇 살 때 손자인 에서와 야곱이 태어났겠습니까? 이삭은 40세에 결혼해서 60세에 쌍둥이를 낳았습니다. 20년 동안 자식이 없었는데, 이것은 아마 이 집안의 유전인가 봅니다. 이삭이 60세면 아브라함은 160세이니, 아브라함의 나이 160세에 손자인 에서와 야곱을 본 것입니다. 창세기의 편집자들은 하나님의 약속대로 아브라함에서 이삭으로 내려가는 맥을 얘기해 주면서 나머지 모든 문제는 알아서 상식적으로 판단하라는 뜻을 품고 있습니다.

아브라함의 후처와 그의 자식들

25장 1-6절까지 보면, 아브라함의 후처 그두라에게서 난 여섯 명의 자식의 이름과 그 자식의 자식들까지 총 16명을 언급하며 아브라함을 통해서 후손까지 복을 받았다는 말을 전합니다. 창세기의 기록 순서로 보면 아브라함이 140세 이후에 후처를 맞이했다는 말이 됩니다. 140세 이후의 남자가 아무리 건강해도 자식을 이렇게 낳을 수 있겠습니까?

여성들도 정상적으로 아기를 낳을 수 있는 가임기가 있듯이 남자도 번식기가 있습니다. 일반적인 성경학자들은 아브라함의 나이 140살 이후에 후처를 맞아서 하나님이 함께했기 때문에 자식을 그만큼 낳았다고 합니다만 이것은 일반섭리로 해석을 해야 합니다. 사라가 죽고 나서 아브라함이 후처를 들였겠습니까? 아니면 사라가 죽기 전에 후처를 들였겠습니까? 유대 전승에는 아브라함이 하갈을 보내고 외로워서 부인을 여러 명 얻은 것으로 되어 있습니다.

히브리 성경 원문에는 후처라는 단어가 복수로 되어 있습니다. 후처들이란 말입니다. 아브라함은 족장이라 후처들이 많았습니다. 지금의 아랍과 비슷합니다. 사라를 믿음의 부인으로서 제일 중요시했지만 자식은 후처를 통해서도 낳을 수 있는 것입니다. 지금 성경이 우리에게 전하려는 메시지를 알아야지 그 자구에 매이면 안 됩니다. 즉 아브라함이 후처들을 얻어서 한 명씩 낳았기 때문에 결국 여섯 명이 되었다고 볼 수 있습니다. 그러면 본문이 완전히 이해가 됩니다.

구속괴 섭리

아브라함이 죽기 전에 재산 문제와 장자권을 분명히 하다

아브라함의 말년이 되어 얼마 있지 않으면 하나님께로 가는데, 재산과 장자권을 분명히 하지 않으면 죽고 나서 자식들이 재산 문제로 싸우기 때문에 분명히 해야 할 필요가 있습니다. 지금 성경이 아브라함에 대해 얘기하는 것은 당시 문화에 따라서 아브라함의 여러 첩들이 있었고 원래의 부인 사라도 있었지만 재산 문제나 인간적인 배려를 분명히 했다는 말입니다.

이스라엘 사람들이 제일 중요시하는 것은 믿음의 계승입니다. 자식들 중에 누가 하나님을 신앙하는가를 중요시하고 그 자식에게 재산권을 다 넘깁니다. 자식들에게 유언을 남길 때 이스라엘 사람들은 무엇을 사용했을까요? 본인이 몇 살에 하나님께 부름받아서 하나님의 은혜 안에서 어떻게 살았다는 것을 지팡이에 기록해서 자식에게 줍니다. 임금이 다음 임금에게 옥쇄를 넘기는 것과 같습니다. 아브라함도 하나님의 축복으로 받은 모든 재산을 이삭에게 다 넘겨주었습니다.

저도 자식이 있지만 하나님께 받은 것은 하나님의 영광을 위하여 제일 먼저 쓰고 그다음에 가족의 평화를 위해 써야 합니다. 하나님께 받은 것을 사사롭게 쓰면 엉뚱한 곳에 돈이 다 나가고 형제간에 원수가 됩니다. 아브라함의 말년을 잘 생각해야 합니다. 믿음의 자식인 이삭에게 엄청난 재산을 넘기고 나서 나중에 동생들이 형을 원망하고 싸울까 싶어서 다른 자식들에게도 조금씩 다 나눠 주고 아브라함 생전에 멀리 분가를 시켰습니다. 그 여섯 아들이 오늘날 아랍 민족의 근원입니다.

6절 "자기 서자들에게도 재산을 주어 자기 생전에 그들로 하여금 자기 아들 이삭을 떠나 동방 곧 동쪽 땅으로 가게 하였더라"

히브리 원문에는 "서자들"이 "첩들에게서 낳은 자식"으로 기록되어 있습니다. 믿는 사람으로서 아브라함의 마지막을 생각해야 하는 이유는 재산에 대해서 이렇게 분명하게 하지 않으면 부모가 죽은 후 재산 때문에 자식들 간에 큰 싸움이 일어나기 때문입니다. 가난했는데 하나님께 부름 받아서 경제적으로 축복을 받았으면 하나님 나라 일을 위해 제일 먼저 내야 합니다. 두 번째는 가정과 자신을 위해 써야 합니다.

아브라함은 75세에 부름 받아서 175세에 돌아갔습니다. 대개 늙어서 병들어 죽는데, 아브라함은 건강하게 살다가 수명이 다해 늙어서 죽었습니다. 그리고 그는 하나님께서 약속하신 땅의 막벨라 굴에 사라와 함께 묻혔습니다. 창세기 25장 이후에는 이삭과 이스마엘이 복받은 이야기가 나옵니다. 아브라함이 생전에 하나님 앞에 경건하게 살았기 때문에 이스마엘과 이삭도 하나님의 언약 속에서 복을 받은 것입니다.

7

부자와 거지 나사로

2012. 2. 12.

누가복음 16:19-31

"한 부자가 있어 자색 옷과 고운 베옷을 입고 날마다 호화롭
게 즐기더라 ○ 그런데 나사로라 이름하는 한 거지가 헌데 투
성이로 그의 대문 앞에 버려진 채 ○ 그 부자의 상에서 떨어지
는 것으로 배불리려 하매 심지어 개들이 와서 그 헌데를 핥더
라 ○ 이에 그 거지가 죽어 천사들에게 받들려 아브라함의 품
에 들어가고 부자도 죽어 장사되매 ○ 그가 음부에서 고통중
에 눈을 들어 멀리 아브라함과 그의 품에 있는 나사로를 보고
○ 불러 이르되 아버지 아브라함이여 나를 긍휼히 여기사 나
사로를 보내어 그 손가락 끝에 물을 찍어 내 혀를 서늘하게
하소서 내가 이 불꽃 가운데서 괴로워하나이다 ○ 아브라함이
이르되 얘 너는 살았을 때에 좋은 것을 받았고 나사로는 고난
을 받았으니 이것을 기억하라 이제 그는 여기서 위로를 받고
너는 괴로움을 받느니라 ○ 그뿐 아니라 너희와 우리 사이에

큰 구렁텅이가 놓여 있어 여기서 너희에게 건너가고자 하되
갈 수 없고 거기서 우리에게 건너올 수도 없게 하였느니라 ◦
이르되 그러면 아버지여 구하노니 나사로를 내 아버지의 집
에 보내소서 ◦ 내 형제 다섯이 있으니 그들에게 증언하게 하
여 그들로 이 고통 받는 곳에 오지 않게 하소서 ◦ 아브라함이
이르되 그들에게 모세와 선지자들이 있으니 그들에게 들을지
니라 ◦ 이르되 그렇지 아니하니이다 아버지 아브라함이여 만
일 죽은 자에게서 그들에게 가는 자가 있으면 회개하리이다
◦ 이르되 모세와 선지자들에게 듣지 아니하면 비록 죽은 자
가운데서 살아나는 자가 있을지라도 권함을 받지 아니하리라
하였다 하시니라"

복습 - 사복음서의 기록 목적과 특징

저녁 7시쯤 서쪽에서 밝게 빛나는 별이 금성입니다. 달과 목성과 동남
쪽에서 올라오는 시리우스도 있습니다. 그리스도 안에서 달과 별의 빛을
보고 감사하는 것은 참 기쁜 일입니다. 지난주에 말씀드렸듯이 이번 추
위는 만년 얼음의 바람입니다. 하나님이 창조하신 달과 별을 감사하면서
보고 춤추면 우리 영심신에 정말 좋습니다.

예수님의 35가지 비유 중 이번 시간에는 누가복음의 비유에 대해서 말
씀을 드리려고 하는데, 그 전에 잠깐 복습을 하겠습니다. 예수님에 대한
복음이 4가지인데, 복음마다 기록된 목적이 다릅니다. 그 목적을 알면서
누가복음을 조금씩 풀어 나가야 합니다. 예수님께서 십자가에 죽으시고

부활승천하신 후 가장 먼저 기록된 복음이 사도바울의 고린도전서입니다. 그다음에 기록된 것이 주후 60년경의 마가, 마태, 누가복음입니다. 90년 즈음에는 요한복음이 기록되었습니다.

마태복음 - 유대인들에게 하나님의 말씀과 예수님을 전하기 위해 기록되었습니다. 마태복음 2:2에서 "유대인의 왕으로 나신 이가 어디 계시냐"라고 하는 이유가 거기에 있습니다. 유대인들이 가장 좋아했던 것이 족보이고, 아브라함과 다윗입니다. 그래서 마태복음 족보에는 "아브라함과 다윗의 자손 예수 그리스도의 계보라(마 1:1)"라고 되어 있습니다. 이 핵심을 놓치면 안 됩니다.

마가복음 - 로마인들에게 하나님의 아들을 설명하기 위해 기록한 복음으로써 부족한 인간들을 위해 종처럼 봉사하는 분으로 오셨음을 강조합니다. 마태복음은 예수님을 왕으로 기록했기 때문에 제자들이 마태복음을 들고 길을 가다가 로마 군인들에게 잡히면 사형을 받습니다. 그런데 마가복음은 예수님을 종으로 표현했기 때문에 괜찮았습니다. 마가복음은 로마 세계 안에서 예수님을 전하려고 했고, 그는 종이므로 당연히 족보가 없습니다.

누가복음 - 전 이방 세계와 인류를 위해 하나님의 아들로 이 땅에 오셨다는 것을 강조한 복음입니다. 부자와 권력자가 아니라 소외계층, 즉 가난한 사람, 병든 사람, 여자들, 아이들을 위해 구원자로 오셨다고 기록했습니다.

요한복음 - 헬라 세계 속에서 로마와 그리스 사람들을 위해서 놀라운 신비주의를 기록한 복음입니다. 로마와 그리스에서 가장 큰 원리가 '로고스'라는 개념이므로 요한은 그 로고스의 개념을 가지고 와서 '로고스가 사람이 되었다', 즉 '말씀이 육신이 되어 우리 가운데 거하셨다'고 기록했습니다.

누가복음의 기록 목적은 전 인류를 위해서 예수님이 오셨음을 나타내는 것입니다. 특히 여러 소외계층에 대한 구원자로 예수님이 오셨음을 강조하는데, 누가복음을 볼 때는 이러한 누가의 의도를 알고 복음을 해석해야 합니다. 이번 시간의 설교 제목이 '부자와 거지 나사로'입니다. 제목만 봐도 누가복음이 본문인 줄 알 수 있습니다. 마태복음과 마가복음에는 이런 기적 사건이 없습니다. 사마리아에서 어떤 사람이 길을 가다가 강도를 만나서 모든 것을 빼앗기고 죽게 되었는데, 제사장도 레위인도 그를 모른 척했지만 한 사마리아인이 그를 도와 살 수 있도록 조치를 취해준 '선한 사마리아인의 비유'도 누가복음에만 있습니다. 사마리아인들도 당시에 소외되고 무시당한 계층이었습니다.

지옥에 와서도 나사로를 무시하는 부자

19-24절 "한 부자가 있어 자색 옷과 고운 베옷을 입고 날마다 호화롭게 즐기더라。 그런데 나사로라 이름하는 한 거지가 헌데 투성이로 그의 대문 앞에 버려진 채。 그 부자의 상에서 떨어지는 것으로 배불리려 하매 심지어 개들이 와서 그 헌데를 핥더라。 이에 그 거지가 죽어 천사들에게 받들려 아브라함의 품에 들어가고 부자도 죽어 장사되매。 그가 음부에서

> 고통중에 눈을 들어 멀리 아브라함과 그의 품에 있는 나사로
> 를 보고 ○ 불러 이르되 아버지 아브라함이여 나를 긍휼히 여
> 기사 나사로를 보내어 그 손가락 끝에 물을 찍어 내 혀를 서
> 늘하게 하소서 내가 이 불꽃 가운데서 괴로워하나이다"

예수님께서 비유로 말씀하십니다. 어떤 동네에 아주 큰 부자가 있었습니다. 그는 날마다 좋은 옷에 좋은 음식에 호의호식하며 지냈습니다. 그런데 그 부자 집 앞에 나사로라는 거지가 있었습니다. 나사로라는 이름은 '하나님께서 도우신다'는 뜻입니다. 하나님께서 도우시는 자가 지금 거지가 되어서 부자 집 앞에 버려진 채 부자 집에서 버리는 음식을 먹기 위해 개와 경쟁하고 있습니다. 나사로의 몸은 피부암이 생기고 종기가 나서 심지어 개들이 그것을 핥았습니다.

예수님께서는 비유하실 때 이렇게 한 번씩 극단적으로 지독하게 하십니다. 그 이유는 인간을 깨우치게 하기 위해서입니다. 양극단으로 두 사람을 비교하고 있습니다. 그런데 사람이 죽으면 다 공평하게 됩니다. 거지가 죽으니까 장사 지냈다는 말은 없지만, 그가 죽자 천사가 와서 데리고 갔습니다. 하지만 부자는 죽은 후 장사를 아주 크게 지냈는데, 가난한 사람은 천국에 가서 아브라함 품에 안겼지만, 부자는 지옥에 갔습니다.

부자가 죽고 보니 지옥에 떨어졌는데, 지옥의 불구덩이가 너무 고통스러웠습니다. 불 속에서 물 한 방울이 너무 먹고 싶었는데, 저 위에 보니 자기가 무시했던 거지 나사로가 아브라함 품에서 행복한 얼굴로 있었습니다. 그래서 "아버지 아브라함이여. 내가 간청합니다. 그 거지 나사로의 손에 물 한 방울만 묻혀서 내 입에 대도록 해 주세요"라고 하니 아브라함

이 "너와 우리 사이에는 큰 구렁텅이가 있어서 우리가 도와줄 수 없다"라고 대답합니다. 부자는 죽어서 지옥에까지 와서도 나사로를 무시하며 막 부려도 된다고 생각합니다. 옛날에 그를 무시했으니 지금도 "거지 나사로를 보내서 서빙하게 해 주세요"라는 것입니다. 그러나 아브라함이 안 된다고 했습니다.

부자의 간청

그러자 부자는 두 번째 간청을 합니다. "내가 지옥에 와 보니 너무 고통스러운데, 저의 다섯 형제에게 나사로를 보내서 내가 이런 고통을 당하는 것을 말하게 해 주세요. 그래서 하나님도 이웃도 모르는 부자로 살게 하지 말고, 깨닫게 해 주세요" 그러자 아브라함이 놀라운 말을 합니다. "모세와 선지자의 말을 안 듣고 깨닫지 못하는 사람들은 죽었다 살아난 사람이 사실을 전해도 듣지 않을 것이다" 이 말씀이 오늘 본문의 가장 핵심입니다 (31절 "이르되 모세와 선지자들에게 듣지 아니하면 비록 죽은 자 가운데서 살아나는 자가 있을지라도 권함을 받지 아니하리라 하였다 하시니라").

지금 본문의 이야기에 의하면, 지옥에 가면 더 이상 기회가 없습니다. 불교에서는 지장보살을 통해서 기회가 오지만, 성경에서는 지옥에 가면 그것으로 끝입니다.

숨겨진 행간의 비밀

예수님께서 이 비유를 하신 이유, 즉 행간에 숨은 말씀의 비밀을 찾아

　　　　　　　　　　　　　　　　　　　구속괴 섭리

내야 합니다. 첫 번째 비밀은 부자가 자기는 혼자 잘 먹고 잘 살면서 집 앞에 버려진 거지 나사로는 내버려두었다는 것입니다. 믿는 사람에게 그는 가난한 이웃입니다. 만약 이 부자가 하나님을 사랑했다면 그 거지에게 맞는 동정을 인간적으로, 윤리적으로 베풀었을 것입니다. '나는 하나님의 은혜로 참 잘 지낸다. 그런데 내 집 앞에 버려진 거지가 있구나. 이 사람은 나와 같은 생명인데, 하나님을 사랑하고 네 이웃을 네 몸과 같이 사랑하라고 하였으니 내가 돌봐야지'라는 마음이 들었을 것입니다. 거지가 자기 집 앞에 버려졌다는 것은 자기에게 기회가 주어진 것입니다. 그러나 그는 하나님을 사랑하지 않으니 소외계층에 대해서 아무런 의식이 없습니다. 자기만 잘 먹고 잘 살면 됩니다. 그러니 자기 혼자 잘 먹고 잘 살고 자기만 생각하는 사람이 죽으면 어떻게 되는지에 대해 이 비유를 통해 예수님께서 말씀하시는 것입니다.

내가 세상 속에서 잘 지낼 때는 항상 내 가까운 친척과 이웃에 가난하고 불행한 사람이 없는지 돌아봐야 합니다. 잘 아는 택시기사님에게서 전해 들은 이야기가 있습니다. 어떤 지역에 큰 부자가 있는데, 세 명의 아들 중 맏이가 장애가 있었다고 합니다. 부모와 동생 생각에 저 바보 같은 맏이만 없으면 정말 좋겠다고 생각해서 다른 지역에 데리고 가서 버리기로 마음먹었습니다. 아주 악한 집입니다. 요즘 제주도에 가족이 여행 가서 치매 있는 노인이나 돌보기 어려운 가족을 버리는 일이 종종 있다고 하는데, 이 가족은 다른 곳에 가서 맏이를 버렸습니다. 자기들끼리만 잘 지내려고 그런 것입니다. 그런데 그다음 달부터 키우는 큰 소가 죽기 시작하더니 이리저리 사고가 나서 집이 망하고 말았다고 합니다. 제게 말해 준 기사님이 해석하기를, "목사님, 그 집의 복은 맏이에게 있었어요.

그런데 그 사람을 버리니 집이 망한 것입니다"라고 했습니다.

예수님의 말씀은 "네가 부자라면 청부가 되어라. 축복은 하나님께서 네게 준 은혜다. 가난하고 불행한 자와 그런 형제가 있다면 네가 적어도 한두 사람은 책임져야 할 것이 아니냐?"라는 것입니다. 부자가 놓친 것이 이것입니다. 자기만 잘 먹고 잘 살면 되는 줄 알았습니다. 하나님을 사랑하고 네 이웃을 네 몸과 같이 사랑하라는 말씀을 부자는 놓치고 말았습니다.

그래서 누가복음 16장의 첫째 비유가 불의한 청지기 비유입니다. 이 비유는 난제인데, 포인트를 잘못 두어서 난제라고 여깁니다. "불의한 청지기가 결국 복을 받았다. 불의한 일을 했는데 어떻게 복을 받지?"가 핵심이 아닙니다. 돈에 포인트를 두어야 해석이 됩니다. '돈'은 '돌고 도는 것'입니다. 돈은 잘 쓰면 모든 사람에게 좋은 '도'이지만, 못 쓰면 패가망신하는 '독'이 됩니다. 예수님이 지금 말씀하시는 것은 하나님을 사랑하지 않고 이웃을 사랑하지 않는 부자가 어떻게 되는지 보라는 것입니다. 지옥에 가서도 정신을 못 차립니다.

숨겨진 행간의 비밀 두 번째는 지금 생명의 말씀이 선포되는데도 듣지 않는 자는 어떤 방식으로도 회개하지 않는다는 것입니다. 나사로가 죽었다 살아나서 "내가 죽었다 살아났는데, 나는 천당에 갔지만 당신 형님은 지옥에 있더라"고 소리를 쳐도 "웃기는 소리 하네. 미쳤나?"라는 말만 듣게 됩니다. 그들은 생명의 말씀인 성경을 안 믿기 때문에 어떤 식으로 말해도 진실을 믿지 않습니다. 하나님 말씀 외의 것으로 열심 내면 항상 이상한 것에 열심을 내게 됩니다.

맺는말

예수님의 이 비유를 통해 생각할 점들이 있습니다. 첫째로 '내가 좋아졌다', '모든 것이 다 풍족하다'라는 생각이 든다면, 내 부모와 형제와 이웃을 돌아봐야 합니다. 적어도 한두 사람은 책임져야 합니다. 주님께서 "자기 십자가를 지고 나를 따르라"고 하셨으니 자기 십자가를 져야 합니다. 책임질 사람을 찾아야 합니다. 그 사람이 교회에 있을 수도 있고, 집에 있을 수도 있고, 밖에 있을 수도 있습니다.

두 번째는 청부사상입니다. 누가복음에는 부자들이 하나님보다 돈을 더 생각하는 사람들로써 부정적으로 기록되었습니다. 이 비유에서 제시하고자 하는 것은 부자의 부와 능력은 모두 하나님께로부터 왔다는 사상입니다. 그래서 하나님의 교회를 돕고, 하나님의 사람을 돕고, 불행하고 가난한 이웃과 친척을 생각하며, 자기가 번 것 외에는 욕심 부리지 않는 청부(淸富)라야 천국에 갈 수 있다는 것입니다.

셋째는 주어지는 말씀에 대해서 사랑을 가지고 열심히 깨달아 최선을 다해야 한다는 것입니다. 예수님의 결론이 "내가 죽었다가 부활해도 안 믿는 사람은 안 믿는다"입니다. 부자의 완악한 고집과 잘못된 부에 대해서 지적하시고 있습니다.

우리는 각자 자기의 십자가를 져야 합니다. 그중에서도 하나님 나라 일을 돕고 행하는 짐이 내가 복받을 수 있는 가장 좋은 길입니다. 이제 그 짐을 집시다. 예수님이 우리에게 요구하시는 수준입니다.

8

아브라함의 족보(톨레도트)

2012. 2. 19.

창세기 25:1-11

"아브라함이 후처를 맞이하였으니 그의 이름은 그두라라 ◦
그가 시므란과 욕산과 므단과 미디안과 이스박과 수아를 낳
고 ◦ 욕산은 스바와 드단을 낳았으며 드단의 자손은 앗수르
족속과 르두시 족속과 르움미 족속이며 ◦ 미디안의 아들은
에바와 에벨과 하녹과 아비다와 엘다아이니 다 그두라의 자
손이었더라 ◦ 아브라함이 이삭에게 자기의 모든 소유를 주었
고 ◦ 자기 서자들에게도 재산을 주어 자기 생전에 그들로 하
여금 자기 아들 이삭을 떠나 동방 곧 동쪽 땅으로 가게 하였
더라 ◦ 아브라함의 향년이 백칠십오 세라 ◦ 그의 나이가 높고
늙어서 기운이 다하여 죽어 자기 열조에게로 돌아가매 ◦ 그
의 아들들인 이삭과 이스마엘이 그를 마므레 앞 헷 족속 소할
의 아들 에브론의 밭에 있는 막벨라 굴에 장사하였으니 ◦ 이
것은 아브라함이 헷 족속에게서 산 밭이라 아브라함과 그의

구속과 섭리

아내 사라가 거기 장사되니라 ◦ 아브라함이 죽은 후에 하나
님이 그의 아들 이삭에게 복을 주셨고 이삭은 브엘라해로이
근처에 거주하였더라”

마더 쇼크

요즘 위장병이나 감기에 걸려서 악몽을 꾸는 경우가 많습니다. 이것은
날씨 탓입니다. 심한 일교차에 인체가 적응하지 못하기 때문입니다. 아
이들을 키워 보면 1년에 24번쯤 감기를 합니다. 이런 현상들은 날씨 때문
에 그런 것이니 너무 심각해지지 맙시다. 더욱 하나님의 말씀 안에서 모
든 것을 새롭게 해 나가야 합니다. 하나님의 말씀을 섬기고 사랑하면서
사는 데 있어 아주 지혜로워야 합니다. 그냥 사랑하고 사는 것이 아닙니
다. 병이 나지 않도록 날씨도 조심하고 음식도 절제해야 합니다. 병이 나
면 시험에 들기 때문입니다.

여성 성도님들이 대다수 계셔서 특별히 말씀드립니다. 최근에 《마더
쇼크》라는 흥미로운 책이 나왔습니다. 《마더 쇼크》는 어머니로서의 불행
한 삶에 대한 내용을 다룬 책입니다. 이 책에서 가장 강조하는 내용이 “좋
은 엄마가 되려고 하지 말라”는 것입니다. 자기를 희생하고 오버하면서
자식에게 잘해 주려는 것은 여성의 생물학적 모성이 아닙니다. 아기를
낳고 기를 때는 옥시토신이라는 호르몬이 나와서 엄마의 역할을 잘하지
만, 이후에는 자식들에게 경쟁심을 부추기며 강압적인 교육을 하는 엄마
들이 많습니다. 이것은 남과 비교하고 경쟁하면서 문화적으로 배운 것입
니다. 그래서 이를 ‘문화적 모성’이라고 합니다. 문화적으로 잘못 배운 엄

마의 사고입니다. 정작 본인도 공부하기 싫어서 TV나 보고 여성잡지나 보면서 아이들에게는 공부하라고 빡빡하게 강요합니다. 그리고 아이들이 공부를 잘해서 100점을 맞아 오면, "나는 너보다 공부를 못했는데 참 감사하다"라고 하는 것이 아니라 "이번에 몇 명이 100점 맞았어?"라고 하는 엄마들이 많습니다. 자식의 성공과 자신의 성공을 일치시켜서 자식이 공부를 못하면 자존심이 상해 미칩니다. 그래서 자식에게 지나치게 희생하고 봉사하려는 엄마는 조심해야 합니다. 특히 이전 세대 어머니들은 아들을 편애해서 아들에게는 다 퍼 주고 딸에게는 서운하게 하다가 서로 불행해지는 경우도 많습니다.

그러면 좋은 어머니란 어떤 어머니일까요? 그것은 '행복하게 사는 여자'입니다. 필요하면 독서도 하고 감사하고 사는 엄마가 진정으로 자식에게 도움이 됩니다. 자기는 엉망으로 살면서 자식에게 이래라 저래라 해서는 안 됩니다.

미디안 가문의 계보

창세기에는 10개의 족보가 있습니다. 예컨대 아브라함 아버지 데라의 족보, 아브라함의 족보, 이삭의 족보, 이스마엘의 족보, 야곱의 족보 등이 있습니다. 성경의 큰 특징 중 하나가 철저하게 족보를 계속 쓰는 것입니다. 히브리어로 족보를 '톨레도트'라고 하는데, 이스라엘 민족이 족보를 기록하는 원칙이 있습니다. 이는 순수한 혈통과 자기 가문을 지키고 분류하기 위한 이스라엘 사람들의 지혜입니다. 그들이 너무 많은 어려움을 겪다보니 내 자식과 부족이 누구인지 관심을 가지고 기록해서 넘겨왔던 것입니다.

이번 시간의 핵심 말씀은 25장 4절입니다.

> "미디안의 아들은 에바와 에벨과 하녹과 아비다와 엘다아이
> 니 다 그두라의 자손이었더라"

성경에는 아브라함의 부인이 3명이라고 기록되어 있습니다. 실제로는 더 많았다고 보지만 성경에 기록된 것은 그렇습니다. 그두라의 아들이 여섯 명인데, 그중에 넷째 아들이 미디안이고, 미디안의 아들이 다섯이었습니다. 오늘 말씀드리고자 하는 것은 아브라함의 후처 그두라의 넷째 아들 미디안을 통해 난 자식들이 후대에 어떻게 되었는지 살펴보면서 성경이 왜 그것을 기록하는지 알고자 하는 것입니다.

아브라함이 미디안을 아카바만 동쪽에 있는 트랜스 요르단과 모압 사이에 보냈습니다. 나머지 아들들도 다 흩고 이삭만 데리고 있으면서 모든 재산과 믿음의 전통을 넘겨주었습니다. 미디안을 성경적으로 생각해 봅시다. 미디안은 아들 다섯을 데리고 트랜스 요르단을 지나서 아카바만 동쪽으로 갔을 것입니다. 사막 지대를 지나면 반드시 만나야 하는 사람들이 아말렉과 베드윈족이므로, 아브라함의 아들 미디안이 그곳에 갔을 때도 아말렉과 베드윈족이 있었을 것입니다. 결국 미디안은 그 토착민들과 결합해서 미디안이라는 강한 족속이 되었습니다.

아브라함이 죽고 400년이 흘렀습니다. 모세가 이집트의 왕자로 있을 때 유대인과 싸우는 이집트인을 죽이고 들켜서 미디안 광야로 도망갔습니다. 모세는 미디안 광야 우물곁에서 당시 미디안 족장인 이드로의 딸

십보라를 만났습니다. 모세는 이후에 그 집의 맏사위가 되었고, 미디안 광야와 수르 광야를 따라 시내산까지 가서 양을 치며 목동으로 지내다가 시내산에 임재하신 하나님을 만났습니다. 이때 미디안족들은 이스라엘 민족에 대해서 아주 우호적이었습니다. 모세가 이스라엘 민족과 출애굽 했을 때 처남인 호밥에게 가나안에 같이 가자고 했지만 호밥은 자기의 고향으로 가겠다고 했습니다.

미디안의 배반의 역사

그런데 출애굽 후 이스라엘 민족이 팽창하자 이스라엘 민족을 망하게 하기 위해서 미디안 장로들이 의리 없이 모압 왕 발락과 짜고 이스라엘 민족을 타락시키는 데 앞장섭니다. 미디안 장로와 모압의 왕 발락이 서로 짜고 이스라엘 민족이 여호와 하나님을 섬기지 않고 바알 브올을 섬겨서 망하게 만들 방법을 획책했습니다. 이스라엘 민족은 그들의 종교성을 없애고 우상만 섬기게 하면 망한다는 것입니다. 또 예쁜 여자들을 뽑아서 성적으로 타락하게 했습니다. 모압 왕 발락에게 의뢰를 받은 발람이 이런 계획을 짰습니다. 미디안과 모압은 이스라엘에 질투심이 나서 뒤에서 그런 모의를 한 것입니다. 그래서 하나님이 모세에게 미디안을 정복해서 없애라고 하셨습니다.

그다음에 또 200년이 흘렀습니다. 사사의 시대에 미디안이 팽창해서 이스라엘 민족을 7년 동안 지배했습니다. 이스라엘 민족이 농사를 지을 때는 가만히 있다가 추수할 때가 되면 미디안의 낙타 부대가 와서는 농작물을 모두 추수해 갔습니다. 7년간 이런 짓을 했습니다. 그때 하나님께

구속과 섭리

서는 미디안을 멸망시키기 위해서 한 사람을 선택하셨는데, 그가 기드온입니다. 기드온이 숨어서 밀 타작을 할 때 하나님의 사람이 와서 "큰 용사여, 하나님이 너와 함께하신다"고 하였습니다.

아브라함의 후처 그두라의 아들 미디안 족속이 모세에게는 조금 우호적이었지만, 이스라엘 민족이 출애굽을 한 이후에 가장 해코지를 많이 하고 질투를 한 것도 미디안이었습니다. 또한 사사기 시대에는 이스라엘 민족을 7년이나 지배했습니다. 그때 하나님께서는 기드온을 세워서 미디안을 쳤습니다. 성경적으로 미디안은 '모세 오경 속의 미디안', '사사기 속의 미디안', '선지서 속의 미디안', 이렇게 세 가지로 나누어서 이해해야 합니다.

우리가 말씀을 읽을 때 두 가지 핵심이 있습니다. 구약은 하나님의 관점에서, 신약은 예수님의 관점에서 바라봐야 합니다. 성경에 없는 이야기, 예수님 중심이 아닌 이야기는 아무리 재미있어도, 또한 그로 인해 부흥해도 가짜입니다.

현재까지 이어지는 중근동의 분쟁

본문의 족보 기록은 세 가지 뜻이 있습니다. 첫째는 인간 개인사적 측면에서 아브라함과 후처 문제를 지적하려는 것입니다. 아브라함의 후처 문제가 아브라함 때는 문제가 없었지만 후대에는 이와 같은 큰 문제가 생긴다는 것을 이야기해 주려는 것입니다. 두 번째는 아랍과 이스라엘의 근원적인 조상은 아브라함이라는 것입니다. 세 번째는 현재 일어나는 이스라엘과 아랍의 문제도 그 연장선상에서 생각할 수 있다는 것입니다.

이스라엘은 이삭의 후손들이고, 아랍은 아브라함을 통해 이루어진 후처 계열의 사람들입니다.

현재의 중동 정세를 볼 때 과거의 이러한 내용들을 생각해야 합니다. 현재 아랍 국가는 27개국이고 인구는 3억이나 되는데, 이스라엘의 인구는 800만입니다. 그래서 아랍이 이스라엘 군인 하나를 죽이면 자기들은 아랍인 20명을 죽입니다. 그래야 비율이 맞다는 것입니다. 그러면 중근동의 땅은 누구의 것입니까? 그 옛날에도 지금도 '이스라엘의 땅인가? 아랍의 땅인가?'라는 싸움이 이어지고 있습니다. 이스라엘은 이집트 땅의 일부와 티그리스 유프라테스강까지 자기들의 것이라고 주장합니다. 이스라엘이 자기들 땅이라고 주장하는 이유는 창세기에 하나님께서 아브라함과 이삭에게 땅을 주셨다는 기록이 있다는 것입니다. 이것을 근거로 이스라엘은 목숨을 걸고 싸웁니다. 반면에 아랍 사람들은 아랍의 땅이라고 합니다. 코란경에 보면 알라신이 이스마엘에게 다 줬다고 되어 있다는 것입니다. 그리고 아브라함의 장자가 누구냐는 것입니다.

따라서 이는 두 경전, 즉 성경과 코란경의 싸움입니다. 성경은 옛날이야기의 기록으로 끝나는 것이 아닙니다. 성경이 기록된 그 옛날의 분쟁이 지금까지도 이어지고 있음을 읽을 수 있어야 합니다. 그리고 성경을 읽을 때 선택받은 민족과 이방인들을 구별해서 이해하면서도 그 구별이 예수 그리스도 안에서 극복되어야 합니다.

맺는말

예루살렘은 세 종교의 근원지입니다. 아브라함이 이삭을 바치고 솔로

구속과 섭리

몬이 성전을 지은 곳이 예루살렘의 모리아 산입니다. 그런데 하필 마호메트가 사막에서 죽어 놓고 거기에 와서 승천했다고 하여 오마르 성전을 그곳에 지어 놓고 이슬람교의 성지로 만들었습니다. 또한 예루살렘 감람산에는 예수님이 부활하시고 승천하셨다는 장소가 있습니다. 그러니 예루살렘은 유대교, 기독교, 이슬람교의 성지로서, 국제적 분쟁이 계속 일어날 수밖에 없는 곳입니다.

우리는 하나님의 말씀 안에서 과거의 역사와 미래의 역사를 모두 알 수 있습니다. 코란경도 알아야 합니다. 아랍이 코란경을 근거로 지금도 목숨을 걸고 투쟁하고 있기 때문입니다. 하나님의 말씀을 듣고 깨우치는 사람은 역사의식도 있고 똑똑합니다. 예수 안에서 그런 사람으로 살아가는 것이 중요합니다.

9

불의한 재물인 돈을 사용하는 법
(예수님의 돈에 대한 생각)

2012. 2. 26.

누가복음 16:1-13

"또한 제자들에게 이르시되 어떤 부자에게 청지기가 있는데 그가 주인의 소유를 낭비한다는 말이 그 주인에게 들린지라 ◦ 주인이 그를 불러 이르되 내가 네게 대하여 들은 이 말이 어찌 됨이냐 네가 보던 일을 셈하라 청지기 직무를 계속하지 못하리라 하니 ◦ 청지기가 속으로 이르되 주인이 내 직분을 빼앗으니 내가 무엇을 할까 땅을 파자니 힘이 없고 빌어 먹자니 부끄럽구나 ◦ 내가 할 일을 알았도다 이렇게 하면 직분을 빼앗긴 후에 사람들이 나를 자기 집으로 영접하리라 하고 ◦ 주인에게 빚진 자를 일일이 불러다가 먼저 온 자에게 이르되 네가 내 주인에게 얼마나 빚졌느냐 ◦ 말하되 기름 백 말이니이다 이르되 여기 네 증서를 가지고 빨리 앉아 오십이라 쓰라 하고 ◦ 또 다른 이에게 이르되 너는 얼마나 빚졌느냐 이르되 밀 백 석이니이다 이르되 여기 네 증서를 가지고 팔십이라 쓰라 하였는지라 ∘ 주인이 이 옳지 않은 청지기가 일을 지혜 있게 하였으므로 칭찬하였으니 이 세대의 아들들이 자기 시대에 있어서는 빛의 아들들보다 더 지혜로움이니라 ∘ 내가 너희에게 말하노니 불의의 재물로 친구를 사귀라 그리하면 그 재물이 없어질 때에 그들이 너희를 영주할 처소로 영접하리라 ∘ 지극히 작은 것에 충성된 자는 큰 것에도 충성되고 지극히 작은 것에 불의한 자는 큰 것에도 불의하니라 ∘ 너희가 만일 불의한 재물에도 충성하지 아니하면 누가 참된 것으로 너희에게 맡기겠느냐 ∘ 너희가 만일 남의 것에 충성하지 아니하면 누가 너희의 것을 너희에게 주겠느냐 ∘ 집 하인이 두 주인을 섬길 수 없나니 혹 이를 미워하고 저를 사랑하거나 혹 이를 중히 여기고 저를 경히 여길 것임이니라 너희는 하나님과 재물을 겸하여 섬길 수 없느니라"

기도

말씀이 육신이 되어 우리 가운데 거하시는 주님! 오늘도 예수 그리스도의 인격과 가르침과 능력과 그 지혜를 배우기 위하여 이와 같이 모였사옵니다. 예수 이름으로 오시는 성령 하나님께서 오셔서 저희 마음의 문을 열어 주시옵소서. 예수님께서는 누가복음 16장을 통해서 하늘나라 운동을 우리에게 비유로 말씀하셨습니다. 말씀이 육신이 되셨기 때문에 복음의 모든 해석과 이해와 방향은 구약의 메시아 예언의 말씀과 이 땅에 성육신하신 예수님 안에서 풀어야 할 것입니다. 토라인 모세 5경 말씀이 육신이 되셨고 선지서와 역사서가 육신이 되셨으며, 지혜와 능력의 모든 말씀이 육신이 되셔서 하나님 나라 운동을 실현하기 위하여 이 땅에 태어나신 주님. 케노시스 하셔서 십자가에 죽으시고 부활하시면서 이 복음이 누가를 통해서, 마태와 마가와 요한을 통해서 우리에게 전해짐을 참으로 감사드립니다. 오늘도 성령 안에서 누가복음 16장 말씀을 함께 은혜받고자 합니다. 우리 하나님 성령께서 함께하여 주시옵소서. 우리 주 예수 그리스도 이름으로 기도드립니다. 아멘.

들어가는 말

우수와 경칩이 있는 2월 말에서 3월 초에는 감기와 위장병을 조심해야 합니다. 하지만 혹시 감기에 걸리더라도 걱정할 필요는 없습니다. 건강한 사람이라도 걸리는 것이므로 "아이고, 감기에 걸렸네. 어떻게 하지?" 하며 놀라는 것 자체가 문제입니다.

계절이 바뀔 때 인체에서 약한 곳이 세 군데 있습니다. 주로 밖에서 들어오는 곳이 약합니다. 첫 번째로 밖에 있는 공기가 들어오는 코와 폐입니다. 일교차가 너무 심하거나 건조하고 갑자기 추워지면 폐가 가장 힘듭니다. 나이 드신 분들이 돌아가실 때, 보통 폐가 약해져서 폐렴으로 돌아가시는 경우가 많습니다. 둘째로 입을 통해 먹은 음식을 소화하는 위장이 약합니다. 셋째로 우리 몸속의 쓰레기 처리장인 콩팥이 약합니다.

많은 학자와 의사의 연구 결과, 나이가 들면 대체로 폐와 콩팥과 위장이 나빠져서 죽는다고 합니다. 특히 경칩 때, 땅속의 개구리들이 놀란다고 하듯이 우리 인체도 그렇게 놀랍니다. 우리 몸이 건강해야 하나님의 말씀을 더 깊이 듣고, 믿고 최선을 다 할 수 있으니 건강에 힘을 기울이시기 바랍니다.

하나님 나라 비밀을 비유로 말씀하시다

이제 본문 말씀을 드리겠습니다.

누가복음 16장은 예수님께서 비유로 말씀하신 것들 중에서 '돈과 재물과 타고난 재능을 어떻게 사용하면 좋은가?'에 관한 내용으로, 예수님께서는 16장에서 두 가지 비유 말씀을 하셨습니다. 그런데 이 비유들은 너무 어려워서 여러 번 기도하고 묵상해야 합니다. 지난번에는 부자와 나사로에 대한 비유를 설교했는데, 이번 시간에는 불의한 청지기에 대한 말씀입니다. 이 말씀도 난제 중의 난제입니다.

예수님은 말씀이 육신이 되신 분으로 예수님의 말씀은 신비이고 비밀입니다. 그러므로 예수님의 말씀을 자기 식대로 해석하고 이해해서 고개를 끄덕끄덕해서는 안 됩니다. 그분은 하나님이시므로 이 땅에 하나님 나라를 임하게 하시고 우리의 마음에 하나님 나라의 비밀을 알려 주시려고 많은 비유를 하셨습니다. 그리고 산상수훈을 비롯한 많은 생명의 말씀을 전하셨습니다. 또 많은 능력을 행하셨습니다. 죽은 자를 살리시고 난치병을 고치시고 별나고 모난 성격들을 고치셨습니다. 하늘나라에서는 그런 것이 없기 때문입니다. 요즘은 차에 거의 내비게이션이 있습니다. 내비게이션을 켜 놓으면 길 안내를 잘합니다. 그렇듯이 우리 믿는 사람은 생명의 말씀을 내비게이션 삼아 살아가야 합니다.

불의한 청지기 비유

그럼 오늘 본문을 스토리텔링으로 풀어 보겠습니다. 한 부자가 있었는데, 그 집에 일하는 종들이 많았습니다. 그래서 팀장이 필요했습니다. 예수님 당시의 말로는 청지기입니다. 청지기는 종들과 재산을 총괄하는 사람입니다. 아브라함 집의 엘리에셀도 청지기였습니다. 부잣집에는 청지기가 사람도 관리하고 돈의 출입도 관리했습니다.

그런데 그 청지기가 자기 이익을 위해서 돈을 뒤로 빼돌렸습니다. 어느 날 누군가 주인에게 "청지기가 재산을 뒤로 빼돌립니다"라고 그 사실을 보고합니다. 그래서 조사를 해 보니 진짜 많은 재산을 빼돌렸습니다. 주인이 청지기를 불러서 증거를 제시하며 "네가 내 재산을 뒤로 빼돌렸다면서?"라고 추궁하니 청지기가 처음에는 오리발을 내밀다가 증거를 대니 할 수 없이 시인했습니다. 주인이 "이제 청지기를 그만두고 나가라"고 하자, 청지기는 '그동안 부자 집의 청지기로 부자 행세하며 폼 잡고 잘살았는데, 이제 뭐 먹고 살지? 노동으로 먹고살려니 힘이 없어서 못하겠고 빌어먹자니 자존심이 상하는구나'라는 생각이 들었습니다.

가만히 생각하던 청지기는 '옳지. 이렇게 하면 되겠구나' 하고는 주인에게 빚진 자들을 일일이 불러 모으기 시작합니다. 기름 100말 빚진 사람에게는 서류에 50말이라고 고쳐 쓰라고 하고 다른 사람한테는 밀 100섬을 80섬이라고 쓰라고 합니다. 이렇게 서류를 조작하여 빚을 탕감해 주고 뒤에 가서 다른 식으로 도움을 받으려고 하는 것입니다. 이것은 상식적으로 볼 때 사문서 위조로 법에 걸리는 것입니다.

결국 주인이 이 사실을 알게 되었습니다. "내 재산을 낭비하더니 이제

구속과 섭리

사기를 치는구나" 하며 상식적인 주인 같으면 조사를 해서 죗값을 치르게 할 것입니다. 그런데 본문은 상식에 어긋납니다. 8절에 보면, 사기꾼인 청지기를 주인이 칭찬합니다. "일을 아주 지혜롭게 하는구나" 이 말이 도대체 무슨 말입니까? 상식에 맞지 않고 잘못되었다고 하려니 이것은 예수님의 말씀입니다. 원어를 조사해 봐도 번역에 이상이 없습니다. 지금까지 주석가들의 해석은 청지기가 미래를 위해 준비했으므로 칭찬할 일이라는 것입니다.

그다음 문제는 이 세대의 아들들과 빛의 아들들에 대한 것입니다. 이 세대의 아들들과 빛의 아들들로 예수님이 분류하시면서, 이 세대의 아들들이 빛의 아들들보다 더 지혜롭다고 하십니다. 이 세대의 아들들은 청지기이고 이 세대를 대표하는 자입니다. 이후에 예수님께서 교훈을 끌어내십니다. 주인이 청지기에게 사기를 당했는데도 잘했다고 하는데, 이는 주인이 청지기에게 활용당한 것과 비슷합니다.

> 9절 "내가 너희에게 말하노니 불의의 재물로 친구를 사귀라 그리하면 그 재물이 없어질 때에 그들이 너희를 영주할 처소로 영접하리라"

예수님께서 "그 청지기 사기꾼은 감옥에 들어가야 한다"가 아니라 묘한 말씀을 하십니다. "그래, 불의한 재물로 친구를 사귀어라" 여기서 불의한 재물로 친구를 사귀는 주체 즉, 생략된 주어는 청지기입니다. "청지기가 불의한 재물로 친구를 사귀었다"라는 말입니다. 그런 후에 10-12절에서 예수님이 교훈을 끌어냅니다.

10-12절 "지극히 작은 것에 충성된 자는 큰 것에도 충성되고 지극히 작은 것에 불의한 자는 큰 것에도 불의하니라 ○ 너희가 만일 불의한 재물에도 충성하지 아니하면 누가 참된 것으로 너희에게 맡기겠느냐 ○ 너희가 만일 남의 것에 충성하지 아니하면 누가 너희의 것을 너희에게 주겠느냐"

마지막으로 13절에서 결론을 말씀하십니다.

13절 "집 하인이 두 주인을 섬길 수 없나니 혹 이를 미워하고 저를 사랑하거나 혹 이를 중히 여기고 저를 경히 여길 것임이니라 너희는 하나님과 재물을 겸하여 섬길 수 없느니라"

그런데 문맥의 흐름상 예수님의 결론이 너무 비약되었습니다. 우리가 인과론적·상식적으로 이해하던 틀이 깨어집니다. 여기서 주인은 하나님을 상징합니다. 이 세대의 아들들은 믿지 않는 사람, 정직하지 못한 사람으로 본문의 청지기를 가리킵니다. 그런데 불의한 재물로 친구를 사귀면 재물이 없어질 때에 영원한 처소에 들어갈 것이라고 합니다. 도대체 이 말이 무슨 뜻일까요?

이 말씀을 이해하기 위한 방정식의 엑스 값, 즉 키워드가 있습니다. 그것은 '불의하다'는 단어입니다. '불의하다'는 단어는 청지기와 재물에 모두 쓰였습니다. 이는 돈 자체가 불의한 것이라는 말입니다. 그러면 돈과 하나님을 겸하여 섬길 수 없다는 말씀이 이해가 됩니다. 인간은 하나님을 섬기든지, 돈을 섬기든지 두 길이 있는데, 동시에 섬길 수 없다는 것입

니다. 하나님을 섬기면서 돈은 필요한 것입니다. 그러면 13절의 결론은
이해가 됩니다.

돈에 대한 올바른 생각

우리는 '돈은 내 것으로 소유하는 것인가, 하나님께서 축복해 주신 것
이니 관리하는 것인가?'의 갈림길에서 분명한 개념을 알고 있어야 합니
다. 많은 사람이 불행해지는 이유가 돈을 자기 것이라고 생각하기 때문
입니다. 돈이 없다가 생기면 내 것이라고 생각합니다. 하나님께서 축복
으로 주셔도 자기 것이라는 착각으로 사는 것입니다. 예수님께서는 지금
올바른 재물관에 대해서 말씀하시고 있습니다. 돈은 내 것이 아니고 관
리하는 것이라는 것이 재물에 대한 첫 번째 신앙관입니다.

둘째는 내 영광을 위해 돈을 쓰느냐, 하나님의 교회를 위해 쓰느냐는
것입니다. 돈은 내가 번 것이지만 하나님이 축복하지 않으시면 진정한
부자가 될 수 없습니다. 이는 '돈을 사용하는 법'에 대한 말씀입니다. 진정
한 믿음을 가진 사람은 하나님의 영광을 위해 돈을 씁니다. '불의한 재물'
이라는 말을 하신 이유가 돈을 조심하라는 것입니다. 자칫하면 큰일 납
니다.

셋째는 돈을 소유하기만 하고 써야 할 곳에 전혀 안 쓰는 것에 대한 문
제입니다. 친구도 사귀지 않고, 하나님이 축복하신 돈인데도 믿는 사람
으로서 교회에 하나도 안 내고 구두쇠 짓만 하는 사람이 있습니다. 축복
받은 돈을 안 쓰고 망할 바에는 청지기가 차라리 나은 것이 아니냐는 것
입니다. 그러다가는 평생 돈에 종질하다가 죽기 때문입니다. 실례로 어

떤 사람이 남에게 평생 얻어먹고 "나는 평생 내 돈을 쓴 적이 없다"고 말하고 죽었는데, 나중에 자식들이 아버지의 통장을 보니 100억이 있었다고 합니다.

예수님의 블랙유머

이 비유는 또한 예수님의 블랙유머로 해석할 수 있습니다. "그래, 불의한 재물로 친구를 사귀었네. 잘했다. 너는 영원한 처소로 들어갈 것이다. 그런데 그 영원한 처소는 죽음이다" 전도서 12장 5절(또한 그런 자들은 높은 곳을 두려워할 것이며 길에서는 놀랄 것이며 살구나무가 꽃이 필 것이며 메뚜기도 짐이 될 것이며 정욕이 그치리니 이는 사람이 자기의 영원한 집으로 돌아가고 조문객들이 거리로 왕래하게 됨이니라)에 의하면 영원한 처소는 죽음에 해당합니다. 이것을 잘못 해석해서 청지기가 좋은 데 간다고 해서는 안 됩니다. 그는 사기꾼이고, 문서를 조작했습니다. 예수님의 유머 감각을 이해하지 못하면 이 말씀을 이해할 수 없습니다. 아무리 찾아도 주석가 중에 이것을 예수님의 블랙유머라고 해석한 사람은 없었습니다. 잘못한 일에 대해 "잘한다, 잘해"라고 비꼬듯이 지금 예수님은 청지기가 진짜 잘한다는 말이 아니라 잘못한다는 말씀을 하고 있는 것입니다.

이스라엘에 대한 블랙유머도 있습니다. 중근동에서 가장 안 좋은 땅이 이스라엘 땅입니다. 땅도 작지만 그 좁은 땅에서도 반은 못 쓰는 땅입니다. 키부츠를 조직해서 갈릴리 호수의 물을 퍼 올려 사용해야 합니다. 그런데 모세가 40년 광야를 휘돈 것이 이 불모지 땅에 들어오기 위해서입

구속과 섭리

니다. 인접한 땅에서는 석유가 펑펑 나는데, 이 땅에서는 석유 한 방울 안 납니다. 그래서 '모세가 40년을 휘돌아서 겨우 이런 땅을 찾았는가?' 하며 웃는데, 이런 것이 블랙유머입니다. 청지기에 대한 예수님의 말씀도 "그래. 불의한 청지기, 잘하네. 자기 돈도 아닌데 선심 써서 재물을 취하네. 그런데 그 돈을 다 쓰면 끝이야. 결국 죽는 거야"라는 의미의 블랙유머로 이해해야 합니다.

성서를 해석하는 방법

인간 역사에서 성서를 해석하는 법이 세 가지 있습니다.

첫째, 히브리적인 해석법으로서 신본주의 해석입니다. 하나님의 관점에서 모든 문제를 해석하는 것입니다.

둘째, 우리에게 너무나 익숙한 헬라적인 해석법으로서 이성 중심의 해석입니다. 이성과 자기 이익과 판단에 맞지 않으면 해석이 안 됩니다. 그러니까 신구약 말씀을 이해하지 못합니다. 우리는 초등학교부터 대학교까지 헬라식 교육을 받았기 때문에 성경의 뜻을 잘 이해하지 못합니다.

셋째, 동양학적인 해석법으로서 인간주의적인 방법입니다. 소우주인 인간 속에 모든 것이 있다는 관점에서 하늘, 땅, 사람과 자연을 해석합니다. 그러나 성경은 히브리적인 방법으로 해석해야 알 수 있습니다. 하나님의 사랑의 관점으로 해석해야 합니다. 구약은 하나님의 관점이고, 신약은 예수님의 관점입니다. 구약은 "여호와 가라사대"이고, 신약은 "예수님 가라사대"입니다. 16장 1절에서 "또한 제자들에게 이르시되"라고 한 것은 예수님께서 말씀하신다는 것입니다. 9절에서 "내가 너희에게 말

하노니"라고 하신 것은 예수님께서 결론을 내리고 요약해 주신다는 뜻
입니다.

우리가 하나님의 말씀을 해석할 때 절대 우리식으로 해석하면 안 됩니
다. 자기 이익의 관점에서, 이성의 관점에서 보니 말도 안 된다고 판단해
서는 안 된다는 말입니다. 그래서 예수님의 관점에서 결론을 내려야 합
니다. 당시 청중이 서기관과 바리새인과 제자들인데, 바리새인들은 돈을
좋아해서 예수님의 말씀을 비웃습니다. 그러나 뒤에 가면 예수님께서 그
들의 악에 대해 말씀하십니다. 그러므로 예수께서는 그 청중들을 향해
블랙 유머로 교훈하시는 것입니다.

맺는말

신앙인은 돈에 대한 확실한 관점을 가져야 합니다. 첫째는 '돈이 내 소
유인가, 아니면 내가 관리하는 것인가?'에 대한 관점입니다. 하나님 나라
에 갈 사람은 돈이 자기 소유가 아니라 관리한다는 청부 사상을 가지고
있습니다. 그래서 하나님과 돈을 겸하여 섬길 수 없습니다. 그러나 헬라
적인 관점에서는 하나님이 없고 돈이 전부입니다. 둘째, 돈을 사용함에
있어서 '내 영광을 위해서 사용하느냐, 하나님의 영광을 위해서 사용하느
냐?'에 대한 관점입니다. 셋째, 하나님께 축복 받아 놓고 구두쇠처럼 돈에
종질하는 사람은 불의한 청지기보다 못한 사람입니다. 그런데 불의한 청
지기도 결국 지옥에 갔습니다.

우리가 받은 건강과 생명을 지금 어떻게 쓰고 있는지 돌아봅시다. 쓸
데없이 낭비하며 기도도 하지 않고, 말씀도 보지 않고, 운동도 하지 않고

잘못 사용하고 있지는 않습니까? 하나님 나라에 갔을 때 예수님이 오셔서 "내가 네게 준 재능을 어떻게 썼지? 너는 다 낭비했잖아"라는 말을 들어서는 안 됩니다. 타고난 재능과 능력과 건강, 젊음을 바로 써야 합니다. 그것이 하나님 나라에 들어가는 길입니다.

10

돈을 좋아하는 바리새인들

2012. 3. 4.

누가복음 16:14-18

"바리새인들은 돈을 좋아하는 자들이라 이 모든 것을 듣고 비웃거늘 ∘ 예수께서 이르시되 너희는 사람 앞에서 스스로 옳다 하는 자들이나 너희 마음을 하나님께서 아시나니 사람 중에 높임을 받는 그것은 하나님 앞에 미움을 받는 것이니라 ∘ 율법과 선지자는 요한의 때까지요 그 후부터는 하나님 나라의 복음이 전파되어 사람마다 그리로 침입하느니라 ∘ 그러나 율법의 한 획이 떨어짐보다 천지가 없어짐이 쉬우리라 ∘ 무릇 자기 아내를 버리고 다른 데 장가드는 자도 간음함이요 무릇 버림당한 여자에게 장가드는 자도 간음함이니라"

기도

주님의 십자가에 죽으심과 부활을 기념하는 사순절이 시작되었습니다. 말씀이 육신이 되어 이 땅에 오신 주님은 생명들을 끝까지 사랑하셨을 뿐만 아니라 십자가에 돌아가셨습니다. 오늘은 누가복음 16장 말씀을 통해서 당시의 지배계층이며 율법에 정통한 서기관과 바리새인들과 돈 문제에 대해서 예수님께서 논쟁하신 말씀을 우리가 깨닫기를 원합니다. 성령 하나님께서 함께하셔서 모든 문제 앞에서 굴레 씌워져 자유롭지 못한 우리의 영심신을 해방시켜 주시옵소서. 본문 말씀의 뜻을 바로 이해하고 더욱 새로워져서 그리스도 예수 안에서 여러모로 하나님의 영광을 나타내는 삶을 살 수 있도록 인도해 주시옵소서. 우리를 위하여 십자가에 죽으시고 부활 승천하셨으며 재림하실 우리 주 예수 그리스도 이름으로 기도드립니다. 아멘.

들어가는 말

지금은 사순절 기간입니다. 사순절(四旬節)은 부활절을 앞두고 약 40일간 예수님의 수난과 죽으심, 부활을 생각하며 경건하게 지내는 기간입니다. '순(旬)'은 '열흘 순'입니다.

오늘은 지난주에 이어서 누가복음 16장 말씀을 연속적으로 공부하겠습니다. 이 말씀은 쉬운 것 같으면서도 본질적이고 비약적인 내용들이 많아서 짧은 시간에 마음의 문을 열고 잘 들어야 합니다.

믿을 수 없는 뇌

바리새인들이 예수님의 말씀을 듣고 비웃었는데, 돈을 좋아하는 자들이라서 그렇다는 것입니다. 그들은 예수님의 '불의한 청지기' 비유 말씀을 듣고 비웃었습니다. 특히 예수님께서 블랙유머를 쓰신 것을 알아듣고 자기들을 강하게 비난하고 조롱한다고 생각했습니다.

사람이 인생에서 문제가 많고 실수가 많은 것은 실제로 그 사람의 잘못이 아니라 인간 뇌 자체의 문제입니다. 뇌가 스스로 성장하고 성숙하려고 하기 때문에 그런 것으로, 시행착오와 실수는 자연스러운 일입니다. 그런데 주의할 것은 사람이 자기에게서 우러나오는 생각과 느낌대로 판단하고 말하고 행동하면 뒤에 가서 엄청난 문제가 터진다는 사실입니다. 특히 인간관계에서 더욱 그렇습니다. 오늘날 대뇌생리학자들은 뇌를 연구하면서 '믿을 수 없는 뇌'라고 판정했습니다. 인간은 보통 우러나오는 대로 행동합니다. 그런데 그 자체가 고집스럽고 감정적이고 자기중심적입니다. 대뇌생리학을 설명하려는 것이 아니라, 예수 그리스도를 통해서 다시 조율해야 한다는 것을 강조하는 것입니다. 돈에 대해서도 우리의 머리가 시키는 대로 생각하고 판단하고 행동하면 잘못입니다. 믿는 사람들은 반드시 예수님께서 돈에 대해서 어떻게 생각하고 관리하라고 했는지를 찾아내야 한다는 것이 오늘 설교의 포인트입니다.

바리새인들이 예수님의 돈에 대한 생각을 비웃다

바리새인들은 예수님의 돈에 대한 네 가지 생각에 대해서 비웃었습니다. 그 네 가지를 정리해 보겠습니다.

첫째, 돈과 건강과 재능이 '내 소유인가, 관리인가?' 하는 것입니다. 예수님께서는 돈도, 건강도, 재능도, 모든 것이 내 것이 아니라 하나님의 것

　　　　　　　　　　　　　　　구속과 섭리

이므로 관리해야 한다고 말씀하셨습니다.

둘째, 하나님이 주신 것에 대하여 '내 영광을 위해 사용하느냐, 아니면 하나님의 영광을 위해 먼저 드리고 이후에 필요한 곳에 사용해야 하는가?' 입니다. 여기에 대해서 주님은 "너희는 먼저 그의 나라와 의를 구하라"고 하셨습니다. 그래서 나누어야 합니다. 경제적으로 하나님 나라를 위해 봉사할 수 없는 사람은 재능으로 봉사해야 합니다.

셋째, 구두쇠처럼 굴어서는 안 됩니다. 반드시 써야 할 것은 써야 합니다. 구두쇠처럼 안 쓰는 것보다는 차라리 불의한 청지기가 낫지 않느냐는 것이 예수님의 말씀이었습니다.

넷째, 자기 능력에 따라서 열심히 정직하게 돈을 벌어야 한다는 것입니다. 나는 능력이 없어서 돈을 못 번다고 손을 놓고 있으면 안 됩니다. 16 장 11절 "너희가 만일 불의한 재물에도 충성하지 아니하면 누가 참된 것으로 너희에게 맡기겠느냐"에서 '불의하다'는 것을 도덕적으로 생각하기 쉽습니다. 이 단어는 관형어로 뒤의 말을 수식하는데, '불의한 재물'이라는 말은 본질적으로 재물은 잘못 쓰면 큰일 난다는 뜻입니다. 그리고 '불의한 청지기'라고 할 때는 청지기가 윤리 도덕적으로 옳지 못하다는 말입니다. 이것을 잘 구분하지 못하면 문장이 헷갈립니다. 예수님께서 "불의한 재물에도 충성하지 아니하면 누가 참된 것으로 너희에게 맡기겠느냐"라고 하신 말씀의 뜻은 자기가 가진 능력과 재능에 따라 정직하게 열심히 돈을 벌어야 한다는 말입니다.

하지만 바리새인들은 예수님의 이러한 말씀들에 비웃었습니다. 그들은 돈은 소유하는 것이고 하나님 영광을 위해 돈을 내놓기보다 자기들 식으로 율법에 따라 내놓으면 된다고 생각했기 때문입니다. 또한 자기들

돈은 절대 쓰지 않고 열심히 노력해서 돈을 벌기보다 쉽게 돈을 벌려고 했기 때문입니다. 복음은 원래 찔리고 자존심 상하는 것입니다. 이것을 버리면 사람은 많이 모이지만, 그것은 복음이 아닙니다.

지배계층에 대한 예수님의 분노

서기관, 바리새인, 사두개인, 율법학자(율법사)는 누가복음에 나오는 사람들입니다. 당시에 에세네파도 있었는데, 성경에는 나오지 않습니다. 유대나라에는 당시에 여러 권력 계층들이 있었습니다. 첫째, 빌라도를 대표하는 로마 제국의 관리와 권력층입니다. 둘째, 아주 간교한 헤롯왕을 중심으로 한 귀족계층입니다. 셋째, 성전 예배를 중심으로 한 가야바 등의 제사장 계층입니다. 예수님께서는 성전에 가서서 채찍을 들고 호통을 치고 상을 뒤집었습니다. 넷째, 그 외에 서기관, 바리새인, 율법학자, 사두개인들이 있었습니다. 신학자들에 의하면 바리새인은 당시에 6천 명 정도가 있었다고 합니다. 그들은 대대로 부유한 집의 자식들로서, 자기들이 돈을 안 벌어도 유산으로 부를 물려받았던 계층이었습니다. 그들은 로마와 친하게 지내면서 권력을 유지하고 있었습니다.

그 당시에 가장 희생되었던 계층은 유대의 백성들이었습니다. 로마에 세금을 내야 하고, 헤롯에게도 내야 하고, 성전 예배를 위해 제사장과 레위인에게도 내야 했습니다. 그리고 율법에 통달했다는 사람들도 백성들을 자기식대로 착취하고 지배했습니다. 이러한 상황을 야기한 네 계층에 대해 예수님이 분노하셨습니다.

구속과 섭리

바리새인들이 예수님의 말씀을 비웃은 이유

바리새인들은 유산을 많이 상속받았고 부자이므로 돈을 벌 필요도 없고, 관리할 필요도 없었습니다. 그런데 그들의 권력과 재물을 계속 유지하기 위해서 가장 마음에 걸리는 사람이 나사렛에서 온 예수였습니다. 바리새인들은 구약의 율법을 통달했고, 그들이 최고로 친 것이 율법서와 선지서였습니다. 여기서 율법서와 선지서는 구약 전체를 의미합니다. 그들은 구약성서를 앞세워서 자기들의 권력을 유지하고 있었고, 예수님은 그러한 그들의 욕심과 잘못에 대해서 비판하셨습니다. "너희들이 착취하고 지배하는 하나님의 백성들이 너무 참담하고 불쌍하다. 그러니 구약 율법의 정신에 따라 재물에 대해서 똑바로 행동하고 말해라"라고 하시니까 예수님을 비웃는 것입니다. 그들은 예수님이 약자니까, 돈이 없으니까, 권력이 없으니까 그렇게 말한다고 생각했습니다.

본문 말씀 해석

눅 16:14-15 "바리새인들은 돈을 좋아하는 자들이라 이 모든 것을 듣고 비웃거늘 ○ 예수께서 이르시되 너희는 사람 앞에서 스스로 옳다 하는 자들이나 너희 마음을 하나님께서 아시나니 사람 중에 높임을 받는 그것은 하나님 앞에 미움을 받는 것이니라"

예수님이 바리새인들은 돈을 좋아하는 자들이라고 하자 그들이 비웃었습니다. 바리새인들 중에 물론 경건한 자도 있었을 것입니다. 하지만 예수님께서는 15절에서 바리새인들의 잘못과 행동을 지적하십니다. 15절 말씀의 뜻은 바리새인들이 이 땅에서 하는 일이 사람들에게 존경받고 최고가 되려는 것이라는 것입니다. 예수님께서 볼 때 사람은 다 똑같은데, 사람들 앞에서 이름 있는 사람이 되려는 것은 본질적으로 자기의 삶에 만족하지 못하고 스스로 패배하는 삶을 살기 때문이라는 것입니다. 그런 사람일수록 남에게 존경받고 유명해지려고 합니다. "저 사람 대단한 사람이다"라는 소리를 듣기 위해서 사는 사람은 이미 머리가 빈 사람입니다. 예수님께서는 지금 예수님을 비웃은 바리새인들에게 "바리새인 너희들은 사람들 앞에서 대단한 사람으로 보이고자 한다. 하지만 그것이 하나님 앞에 얼마나 잘못인지 아느냐?"라고 꾸짖고 계십니다.

우리도 사람들에게 유명해지고 대단해지는 것을 좋아합니다. 하지만 예수님께서는 그런 것이 하나님 앞에는 옳지 못하다고 하셨습니다. 그리스도의 마음과 기도와 말씀 묵상이 아니면 본문 말씀을 이해하지 못하고 전혀 해석하지 못합니다.

16절 "율법과 선지자는 요한의 때까지요 그 후부터는 하나님 나라의 복음이 전파되어 사람마다 그리로 침입하느니라"

이 말씀도 내용상 상당히 비약적인 말씀입니다. 서기관과 바리새인들은 율법과 선지서, 곧 구약 말씀을 최고로 쳤는데, 그런 사람들이 생명을 사랑하지 않고 자기식대로 살아간 결과, 결국 메시아이신 그리스도를 놓치게 되었습니다. 그런데 예수님의 말씀은 이제 율법과 선지자의 시대는

구속과 섭리

다 끝났다는 것입니다. 서기관과 바리새인들은 오직 그것만 부여잡고 그들의 권력을 유지하려 하는데, 이제 예수님이 이 땅에 오심으로 말미암아 이 모든 문제는 끝이 났다는 것입니다. "그리로 침입하느니라"의 뜻은 누구든지 예수님의 십자가에 죽으심을 믿고 최선을 다해 살면 하나님 나라에 들어갈 수 있다는 말입니다.

17절 "그러나 율법의 한 획이 떨어짐보다 천지가 없어짐이 쉬우리라"

예수님이 율법과 선지자의 시대가 끝났다고 하시니까 서기관과 바리새인들이 "저 예수가 지금 율법이 다 필요 없다고 말하는 것인가? 그럼 구약의 하나님은 어떻게 된단 말인가?"라고 생각했을 것입니다. 그래서 "그러나"라고 하여 역접을 사용하시면서 17절 말씀을 하십니다. 세례요한으로 구약이 끝났다는 것은 율법이 없어졌다는 것이 아니라 이제 예수님의 삶을 통해서 율법이 완성되었다는 것입니다. 이는 창조주 하나님이 예수님을 통해 말씀하셨습니다. 구약도 '계시의 점진성'을 위해서 과거부터 예수님의 때까지 이어져 있습니다. 이는 어떤 사람이 씨를 심어서 뿌리가 나고 줄기가 나고 잎이 나고 열매가 맺는 것과 같습니다. 꽃과 열매가 예수 그리스도이신데, 아직도 줄기와 가지와 뿌리를 부여잡고 이것이 최고라고 말하는 시대는 끝났다는 말입니다.

18절 "무릇 자기 아내를 버리고 다른 데 장가드는 자도 간음함이요 무릇 버림당한 여자에게 장가드는 자도 간음함이니라"

다시 아주 비약적인 말씀을 하십니다. 이 말씀은 당시 바리새인들이 여자와 아이는 사람으로 보지 않고 이혼을 마음대로 했던 상황에서 선포하신 것입니다. 예수님께서는 남녀를 동격으로 보셨습니다. 일남일녀를 창조하셨음으로 남녀는 동등하다는 말씀입니다. 단, 생물학적으로 다를 뿐입니다. 그런데 서기관과 바리새인은 여자는 본질적으로 죄인이며, 인간에게 죄를 가지고 왔다고 생각했습니다. 그래서 경제적으로 좀 괜찮아지면 부인을 쫓아 버리고 자기가 원하는 새로운 여자를 얻어서 살 수 있다고 생각했습니다. 그래서 예수님께서는 "너희가 하는 그런 짓이 간음하는 것이고 십계명을 어기는 것이다"라고 말씀하시는 것입니다. 예수님의 혁명적이고 놀라운 이 말씀을 이해해야 합니다.

맺는말

설교를 정리하겠습니다.

예수님 당시 바리새인 계통의 사람들은 상당히 부유했으며, 로마가 권력을 쥐고 있듯이 자기들은 율법과 선지서, 곧 구약을 쥐고 자기들의 욕구와 욕심을 다 충족시키면서 성경도 아전인수식으로 해석해서 하나님의 백성들을 착취하고 있었습니다. 그래서 예수님께서 분노하시고 바리새인들과 싸우셨습니다. 나머지 절수들은 당시 바리새인들의 악행이 어떠했는지 적나라하게 드러낸 내용들입니다. 특히 예수님이 간음 문제를 말씀하신 것도 서기관과 바리새인들은 여자와 아이를 사람으로 대접하지 않고 언제든지 버릴 수 있다고 생각했으므로 예수님께서 그 점에 대해 분노하셨습니다. 서기관과 바리새인들은 예수님의 이 통렬한 비난에 대

구속과 섭리

해서 할 말이 없었기 때문에 뒤에 모여서 어떻게 하면 예수를 죽일까 의논했습니다.

우리의 중심 속에 그리스도 의식이 있어야 하는 이유는 우리 뇌에서 일어나는 생각과 판단을 믿을 수 없기 때문입니다. 자기 혼자 있을 때는 괜찮지만 인간관계가 성립되었을 때는 내 생각과 판단과 행동의 잘못으로 문제가 생길 수 있습니다. 뇌는 계속 연습하면서 성장합니다. 그런데 연습할 때 잘못 나오는 것으로 말하고 행동하니 뒤에 가서 큰 문제가 생기는 것입니다.

특히 남자는 자기 자랑하는 것, 여자는 남과 비교하는 것을 조심해야 합니다. 자신에게 만족하지 못하고 스스로 진실하고 확실한 삶을 못 살면 자꾸 남에게 인정받고 유명한 사람으로 보이려고 합니다. 그것은 자기가 텅 비었기 때문입니다. 이는 하나님이 싫어하시는 일입니다. 또한 남과 비교하는 마음은 마귀가 주는 마음입니다. 상품은 비교가 되지만 하나님께서 아름답게 창조한 인간이 스스로 상품이 되어서 "저 사람은 저런데 나는 왜 이렇지?", "남의 자식은 저런데 내 자식은 왜 이렇지?"라고 하면 안 됩니다. 특히 남의 자식과 비교하는 마음을 가지는 것은 죄입니다. 사람은 비교할 수 없는 명품이고 골동품입니다. 모든 불행과 싸움이 비교에서 옵니다. 그래서 예수님을 통해 이런 마음을 조율해야 합니다.

11

—

성경 역사의 현대적 재연

2012. 3. 11.
창세기 25:12-18

"사라의 여종 애굽인 하갈이 아브라함에게 낳은 아들 이스마엘의 족보는 이러하고 ◦ 이스마엘의 아들들의 이름은 그 이름과 그 세대대로 이와 같으니라 이스마엘의 장자는 느바욧이요 그 다음은 게달과 앗브엘과 밉삼과 ◦ 미스마와 두마와 맛사와 ◦ 하닷과 데마와 여둘과 나비스와 게드마니 ◦ 이들은 이스마엘의 아들들이요 그 촌과 부락대로 된 이름이며 그 족속대로는 열두 지도자들이었더라 ◦ 이스마엘은 향년이 백삼십칠 세에 기운이 다하여 죽어 자기 백성에게로 돌아갔고 ◦ 그 자손들은 하윌라에서부터 앗수르로 통하는 애굽 앞 술까지 이르러 그 모든 형제의 맞은편에 거주하였더라"

성경에 족보를 기록한 이유

히브리어로 족보는 '세페르 톨레돗'입니다. '세페르'는 책이고, '톨레돗'은 '계보가 이러하다', '후손이 이러하다'라는 뜻입니다. 본문 말씀은 이스마엘의 족보에 대한 내용입니다. 창세기에는 10명의 족보가 있는데, 그 족보의 길은 두 가지입니다. 아담의 아들 중 셋의 족보가 하나이고, 동생 아벨을 죽인 가인의 족보가 또 다른 하나입니다. 아브라함 때로 내려오면 애굽 여인 하갈에게서 태어난 맏아들 이스마엘의 족보가 있습니다. 그리고 이삭과 이삭의 아들 야곱을 통해 태어난 열두 명에 대한 족보가 나옵니다.

성경이 족보를 일일이 다 기록한 이유는 그것이 하나님의 구속사이기 때문입니다. '구속사'는 창조된 세계가 타락되어 예수 그리스도를 통해 다시 회복하는 역사를 말합니다. 구속사의 계보를 확실하게 자료로 남긴 것입니다. 우리의 인간적인 생각으로는 이스마엘의 족보를 기록할 필요가 없습니다. 마찬가지로 이스라엘의 가장 축복된 계시된 장소와 말씀을 버리고 이방 여자와 결혼해서 떠난 에서도 기록할 필요가 없다고 생각합니다. 그러나 이들도 성경에 기록된 것은 하나님의 구속사를 나타내기 위함입니다.

이스마엘의 족보

아브라함의 장자에 해당하는 이스마엘도 열두 방백을 낳았고 아주 축복된 삶을 살았습니다. 오늘은 하나님의 사랑 안에서 편협한 마음보다는 예수 그리스도를 통해 모든 인류에게 주어지는 구속사를 생각해 보겠습니다.

우리의 족보를 보면 직계가 있고 방계가 있습니다. 직계는 아버지, 맏아들, 맏손자 식으로 직선으로 내려갑니다. 방계는 형제, 조카 등 옆으로 갑니다. 그런데 성경에서는 축복의 자식들을 직계라고 합니다. 즉 이삭의 족보가 직계이고, 이스마엘과 에서 등의 족보는 방계인 것입니다. 하나님께서는 직계인 이스라엘 민족에게는 하나님과 함께하는 놀라운 축복의 역사를 주셨고, 방계인 이스마엘과 에서의 후손에게도 넓은 땅을 주시며 축복의 삶을 살게 해 주셨습니다. 이것은 하나님의 사랑을 나타내는 하나의 방식입니다.

그러나 12절과 같이 "사라의 여종 애굽인 하갈"이라고 분명하게 선을 그어 놓았습니다. 13절에서 아브라함이 낳은 이스마엘의 족보에서 '느바욧'은 높은 데 사는 사람이라는 뜻입니다. 그들은 사막 속에서도 높은 고원지대에 성을 지어 놓고 유목민으로 자유자재로 다니면서 사막 지역의 기후에 적응하며 살았습니다. 페트라에서 살았던 나바테안족의 조상입니다. '게달'은 얼굴이 검다는 뜻입니다. 그리고 다른 아들들의 이름도 '창을 잘 쏜다'는 뜻으로, 무기에 의존해서 사는 부족을 의미했습니다. 그들은 사막에서 산이나 오아시스를 차지하고 오랫동안 살아왔습니다.

신문기사 패널

우리는 성경의 통찰력으로써 신문 기사도 읽어 낼 수 있어야 합니다. 지금 이란의 핵개발과 관련하여 이스라엘과 이란이 대립하며 3차 대전의

구속과 섭리

위험이 팽배합니다. 신문 기사에 보면 기분이 별로 안 좋은 표정의 이스라엘 네타냐후 총리와 미국 대통령 오바마의 사진이 있습니다. 이스라엘 총리가 오바마에게 에스더서를 선물로 주었다고 합니다. 페르시아의 아하수에로 왕 당시에 하만이라는 사람이 유대인을 없애 버리려는 계획을 세웠는데, 하나님께서 함께하셔서 에스더를 통해 하만을 오히려 사형시키고 승리했던 반전의 역사가 있습니다.

네타냐후가 오바마에게 에스더서를 주는 이유는 지금 상황이 그때와 같다는 것입니다. 이란이 이스라엘을 지도에서 없앤다고 큰 소리치고 있습니다. 그러자 이스라엘 총리는 이스라엘은 결코 이란의 핵무장을 용납하지 않을 것이라고 말하며 미국과의 정상회담에서도 이란의 핵개발 가능성이 커질 경우 자위권 차원에서 독자적인 군사공격을 감행할 의사를 분명히 전했습니다. 오바마가 전쟁 외에도 여러 가지 외교적인 방법이 있으니 다른 방법을 찾아보자고 해도 어림도 없다고 했습니다.

이란의 주장은 아랍은 3억이 넘는데, 8백만밖에 안 되는 이스라엘이 분탕질을 하니 지도에서 없애야겠다는 것입니다. 그런데 세계가 나서서 반대하니까 이란 내의 특공대들에게 무기와 돈을 줘서 어디서든지 이스라엘 민족을 계속 테러하게 하고 있습니다. 이란 수상은 이스라엘이 암 덩어리니까 제거해야 한다고 말합니다.

오바마가 미국의 에이팩(AIPAC: 미국 이스라엘 공공 정책 위원회)이라는 막강한 압력 단체에 초청을 받았는데, 그 단체는 미국의 435개 연방 하원 선거구 모두에 관련 조직이 퍼져 있다고 합니다. 지금 미국의 모든 돈과 금융을 지배하는 것은 유대인입니다. 오바마가 가 보니 이미 이스라엘 총리인 네타냐후가 기다리고 있었습니다. 어떤 신문 기자는 이들을

'오바마가 절절매는 '신의 조직' AIPAC'이라고 썼습니다. 오바마도 거기서 연설할 때와 백악관에서 네타냐후를 다시 만날 때는 입장이 완전히 다릅니다. 에이펙에서는 오바마가 재선을 위해 이스라엘 편을 들어서 이란을 가만 두어서는 안 된다고 하였지만, 백악관에 돌아와서는 다른 방법도 찾아보자고 말합니다.

어제 뉴스에서 보니 오바마가 머뭇거린다고 네타냐후가 벙커 버스터를 달라고 했다고 합니다. 이것은 한 발에 무려 14톤이나 나가는 폭탄으로 땅에 떨어뜨리면 65미터까지 내려가서 모든 구조물들을 파괴한다고 합니다. 미국 정부는 대답하지 않고 있지만, 이스라엘은 이란이 어디에 핵무기를 숨겼는지 다 알고 있으니 그곳을 폭격하겠다는 것입니다. 이란 측에서는 이스라엘을 작은 악마라고 합니다. 자기들은 핵무기를 많이 가지고 있으면서 왜 우리는 못 가지게 하느냐는 것입니다. 중근동에서 핵무기를 가진 유일한 나라가 이스라엘입니다.

부림절의 의미

하만이 심지를 뽑아서 유대인을 멸할 날을 받은 것을 이스라엘 민족이 그대로 뒤집어서 보복한 사건을 기념하는 날이 부림절인데, 다음 주가 부림절입니다. 유대인들을 몰살하려고 했던 하만은 아각 사람으로서 이스마엘과 에서 계통의 후손입니다.

이스라엘의 구약 성경은 '모세오경(토라)'과 '선지서(느비임)', '성문서(케투빔)'로 구성되어 있는데, 케투빔 속에 '메길로트(아가, 룻기, 에레미야애가, 전도서, 에스더)'라는 복합된 문서가 있습니다. 메길로트는 다섯

구속과 섭리

개의 두루마리로 되어 있으며 특정 절기에 회당에서 낭독됩니다. 아가서는 유월절 주간의 안식일에, 룻기는 오순절에, 애가서는 아브월 9일에, 전도서는 초막절 주간의 안식일에, 에스더서는 부림절에 낭독했습니다.

이스라엘은 부림절인 다음 주부터 모여서 에스더서를 낭독합니다. 과거에 하나님께서 함께하셔서 자기 민족을 해치려는 자들에게 정말 멋지게 보복했는데, 현재 국제 문제가 그때처럼 딱 맞물려 있습니다. 우리가 하나님의 말씀을 읽는 이유는 그 근원을 알고 신앙할 수 있기 때문입니다.

국제 문제를 살피고 기도하자

이스라엘은 많은 무기들을 가지고 있습니다. 벙커 버스터도 이미 있습니다. 그럼에도 불구하고 미국에게 달라고 한 이유는 명분 만들기입니다. 유엔에서 중국과 러시아가 아직도 이란 편을 들고 있습니다. 이란에 제재를 가하자고 하면 두 나라가 반대합니다. 이스라엘은 어차피 생존을 위해 전쟁을 해야 하는데, 미국에게 모든 책임을 넘기고 자기들이 공격하겠다는 것입니다. 부림절이 다음 주니까 다음 주에 공격할 가능성이 아주 높습니다. 전 세계 석유 매장량의 47%를 아랍이 가지고 있으므로, 전쟁이 나면 이란의 석유가 호르무즈 해협을 통해 나오지 못합니다. 그렇게 되면 국제적으로 오일 쇼크가 일어나기 때문에 세계가 긴장하고 있습니다.

이번 설교의 핵심은 하나님의 역사가 오늘날에도 재연되고 있다는 것입니다. 이란과 이스라엘의 문제에 대해서, 세계의 문제에 대해 걱정하면서 하나님께 경건하게 기도하는 사람이 되어야 합니다.

12

열매로 그들을 알리라

2012. 3. 18.

마태복음 7:13-27

"좁은 문으로 들어가라 멸망으로 인도하는 문은 크고 그 길이 넓어 그리로 들어가는 자가 많고 ○ 생명으로 인도하는 문은 좁고 길이 협착하여 찾는 자가 적음이라 ○ 거짓 선지자들을 삼가라 양의 옷을 입고 너희에게 나아오나 속에는 노략질하는 이리라 ○ 그들의 열매로 그들을 알지니 가시나무에서 포도를, 또는 엉겅퀴에서 무화과를 따겠느냐 ○ 이와 같이 좋은 나무마다 아름다운 열매를 맺고 못된 나무가 나쁜 열매를 맺나니 ○ 좋은 나무가 나쁜 열매를 맺을 수 없고 못된 나무가 아름다운 열매를 맺을 수 없느니라 ○ 아름다운 열매를 맺지 아니하는 나무마다 찍혀 불에 던져지느니라 ○ 이러므로 그들의 열매로 그들을 알리라 ○ 나더러 주여 주여 하는 자마다 다 천국에 들어갈 것이 아니요 다만 하늘에 계신 내 아버지의 뜻대로 행하는 자라야 들어가리라 ○ 그 날에 많은 사람이 나더러

구속과 섭리

이르되 주여 주여 우리가 주의 이름으로 선지자 노릇 하며 주의 이름으로 귀신을 쫓아 내며 주의 이름으로 많은 권능을 행하지 아니하였나이까 하리니 ◦ 그 때에 내가 그들에게 밝히 말하되 내가 너희를 도무지 알지 못하니 불법을 행하는 자들아 내게서 떠나가라 하리라 ◦ 그러므로 누구든지 나의 이 말을 듣고 행하는 자는 그 집을 반석 위에 지은 지혜로운 사람 같으리니 ◦ 비가 내리고 창수가 나고 바람이 불어 그 집에 부딪치되 무너지지 아니하나니 이는 주추를 반석 위에 놓은 까닭이요 ◦ 나의 이 말을 듣고 행하지 아니하는 자는 그 집을 모래 위에 지은 어리석은 사람 같으리니 ◦ 비가 내리고 창수가 나고 바람이 불어 그 집에 부딪치매 무너져 그 무너짐이 심하니라"

기도

사랑의 주님이시며 심판이신 주님. 따뜻한 사랑의 말씀을 하시면서 두렵고 무서운 심판의 말씀까지 하시는 주님. 저희가 모여서 하나님의 생명의 말씀을 깨닫기를 원합니다. 예수 그리스도의 이름으로 오시는 성령께서 오셔서 본문 말씀을 분명히 깨닫고 우리의 잘못된 삶을 고칠 수 있도록 인도하여 주시옵소서. 우리 주 예수 그리스도 이름으로 기도드립니다. 아멘.

들어가는 말

말씀을 듣기 전에 마음을 여는 의미에서 유머 한 토막을 소개합니다.

어떤 성당 앞에서 두 사람의 신부가 오토바이를 너무 과속으로 탄다는 신고가 경찰서 교통과에 들어왔습니다. 그래서 교통경찰이 가서 보니 성당 안에서 오토바이가 나오는데, 너무 빨라서 잡을 새도 없었습니다. 안 되겠다 싶어 그 다음날 성당 입구에서 기다리다가 오토바이가 나올 때 딱 잡았습니다. 잡고 보니 정말로 성당의 신부님들이었습니다. 그래서 교통경찰이 "신부님. 이렇게 과속하면 안 됩니다. 위험합니다"라고 하자 신부님들이 "하나님이 함께하시기 때문에 우리들은 괜찮습니다"라고 대답했습니다. 그러자 경찰관이 "하나님이 어디에 있습니까?"라고 묻자 "우리 사이에 있습니다"라고 대답했는데, 경찰관은 "오토바이에 두 사람이 타는 것은 위법이 아니지만, 세 사람이 타는 것은 위법입니다"라고 하고는 스티커를 끊었다고 합니다.

이제 말씀을 전하겠습니다. 오늘 본문 말씀은 너무나 두려운 말씀입니다. 예수님의 관점에서 예수님의 말씀을 그대로 전하면 우리는 너무나 큰 충격과 고통을 받습니다. 그러나 예수님의 말씀이 담긴 본문이므로 그대로 전할 수밖에 없습니다. 이 말씀으로 세계적인 바울 신학자 김세윤 박사가 서울의 모 교회에서 한국교회를 향하여 '한국 교회는 회개하라'는 주제로 설교한 적이 있습니다.

구속과 섭리

좁은 문으로 들어가라

13-14절 "좁은 문으로 들어가라 멸망으로 인도하는 문은 크고 그 길이 넓어 그리로 들어가는 자가 많고 ○ 생명으로 인도하는 문은 좁고 길이 협착하여 찾는 자가 적음이라"

천국에 가려면, 즉 재림 주님 앞에 가려면 좁은 문으로 가야 한다고 예수님께서 말씀하십니다. 말씀 없이 몇천 명, 몇만 명이 모여서 예배드리는 대형 교회는 가짜라는 말씀입니다.

사람은 본질상 하나님의 말씀을 싫어합니다. 재미도 없고 모이기도 싫어합니다. 그런데 하나님의 말씀이 아니면 많이 모입니다. 수많은 사람들이 모여서 넓은 길을 만들고 그곳에 구원이 있다고 생각합니다. 하지만 하나님 나라가 목표이고 예수님의 말씀이 목표라면 좁은 문으로 가야 합니다. 요즘은 교회에 가고 믿기가 너무 쉽습니다. 그냥 가면 됩니다. 잘 사는 사람들이 많이 모이는 좋은 건물을 가진 교회에 나가면 먹고 사는 데 도움이 됩니다.

그런데 예수님께서는 "그것은 가짜다. 하늘나라에 가려면 그런 곳에 가면 안 된다. 좁은 길로 가야 한다. 어려운 길로 가야 한다"라고 말씀하십니다. 진짜 천국으로 가는 길은 숨겨져 있습니다. 그래서 찾아야 합니다. 찾더라도 길이 산길이고 좁아서 마치 길이 없는 것 같습니다. '자기를 이기고 제 십자가를 지고 따라가야 하는 어려운 예수'는 믿는 사람이 없습니다. 예수님이 지금 그 말씀을 하고 계십니다.

우리도 생활인으로서 서로 만나면 "피곤하지요? 살기 힘들지요?"라는 인사를 하곤 합니다. 우리 삶에서도 이것이 진짜 말입니다. 실제로는 안 좋은데 남에게 자랑하려고 좋은 것처럼 위선을 부리는 것은 가짜이고 사람을 망치는 것입니다. 세상에서의 삶도 진실하게 살려면 힘이 드는데 하물며 바른 신앙을 하려면 얼마나 더 힘들겠습니까? 하나님의 사람, 천국에 갈 사람은 길부터 잘 들어야 합니다. 그리고 교회의 성도 수에 속지 말아야 합니다.

거짓 지도자를 삼가라

> 15-20절 "거짓 선지자들을 삼가라 양의 옷을 입고 너희에게 나아오나 속에는 노략질하는 이리라。 그들의 열매로 그들을 알지니 가시나무에서 포도를, 또는 엉겅퀴에서 무화과를 따겠느냐。 이와 같이 좋은 나무마다 아름다운 열매를 맺고 못된 나무가 나쁜 열매를 맺나니。 좋은 나무가 나쁜 열매를 맺을 수 없고 못된 나무가 아름다운 열매를 맺을 수 없느니라。 아름다운 열매를 맺지 아니하는 나무마다 찍혀 불에 던져지느니라。 이러므로 그들의 열매로 그들을 알리라"

두 번째로, 천국에 갈 사람은 지도자가 가짜인지 아닌지를 알아야 합니다. 흔히 인물 좋고 학벌 좋고 말 잘하면 최고의 지도자인 것으로 생각합니다. 양가죽을 덮어썼다는 것은 속은 늑대라서 돈과 자기밖에 모르는데 겉으로는 양처럼, 자기가 희생자인 것처럼 속인다는 것입니다. 그것도 모르고 무조건 따라다니며 "할렐루야" 하면서 예배드리는 것은 잘못입니

구속과 섭리

다. 말씀을 안 가르치는 데 가서 열광하는 것은 하나님의 전략입니다. 가짜 신앙인들을 모아서 함께 멸망시키기 위함입니다. 데살로니가 후서에 있는 말씀입니다(살후 2:11-12 "이러므로 하나님이 미혹의 역사를 그들에게 보내사 거짓 것을 믿게 하심은。 진리를 믿지 않고 불의를 좋아하는 모든 자들로 하여금 심판을 받게 하려 하심이라"). 그래서 하늘나라에 갈 사람은 지도자를 구별할 수 있어야 합니다. 건강하려면 아무 것이나 먹으면 안 되는 것과 같습니다. 지도자를 구별하지 못하면 지도자라는 사람이 속이 썩은 늑대이고 도둑인데 그것도 모르고 앉아 있습니다.

그러니 예수님께서도 얼마나 답답하셨으면 "나무와 열매 좀 봐라"고 하시며 자연의 원리로 확실하게 설명하십니다. 집사는 '잠사'가 되고, 장로는 '장사꾼'이 되고, 목사는 먹는 것밖에 모르는 '먹사'가 되었습니다. 예수님 앞에 한국 교회가 다 그렇게 되었습니다. 이 말씀은 참 두려운 말씀입니다. 저도 많이 찔립니다. 이 말씀을 안 할 수 없는지 기도하니 "내용 그대로 해라"라고 하셨습니다. 잠사 된 집사도 회개하고, 장사꾼이 된 장로도 회개하고, 먹사 된 목사도 회개해야 합니다. 참으로 믿는 자는 이 말씀이 큰 은혜가 됩니다.

천국에 들어갈 자

21-23절 "나더러 주여 주여 하는 자마다 다 천국에 들어갈 것이 아니요 다만 하늘에 계신 내 아버지의 뜻대로 행하는 자라야 들어가리라。 그 날에 많은 사람이 나더러 이르되 주여 주여 우리가 주의 이름으로 선지자 노릇 하며 주의 이름으로 귀

신을 쫓아 내며 주의 이름으로 많은 권능을 행하지 아니하였
나이까 하리니 ◦ 그 때에 내가 그들에게 밝히 말하되 내가 너
희를 도무지 알지 못하니 불법을 행하는 자들아 내게서 떠나
가라 하리라"

가짜들의 모임에 대해서 예수님께서 더욱 구체적으로 말씀하십니다.
"주여, 주여, 할렐루야를 아무리 외쳐도 나와 관계없어. 천국에 못 가"라
는 말씀입니다. 너무나 두려운 심판의 말씀입니다. 그러면 어떻게 하라
는 말입니까? 하늘에 계신 내 아버지의 뜻대로 "행하는 자라야" 천국에
갈 수 있다고 합니다. 입으로 "주여, 주여" 하면서 다른 사람을 속이는 것
은 결국 자기를 속이는 것입니다. 아버지의 뜻은 하나님을 사랑하고 이
웃을 자기 몸과 같이 사랑하며, 말씀을 듣고 행하는 자가 천국에 갈 수 있
다는 것입니다. 하나님의 본문 말씀을 듣고 행하는 자가 아니면 믿는 것
같아도 사실은 짝퉁입니다.

22절의 '그날'은 심판의 날입니다. 이 절이 가장 어렵습니다. 예수님의
이름으로 귀신을 쫓아내고 병도 낫게 하고 권능도 많이 행합니다. 그러
면 어디를 가든지 그 사람은 능력의 사도이고 최고입니다. 그런데 예수
님께서 "나와 관계가 없다"고 하십니다.

23절에서는 그렇게 많은 능력을 행하고 좋은 교회를 짓고 전도도 했는
데 예수님께서 "불법을 행하는 자들아. 내게서 떠나라. 꼴 보기 싫다"라고
하십니다. 이 말씀이 도대체 무슨 뜻입니까? 우리가 믿고 나면 이런 것들
을 바라는데, 예수님께서는 그런 일을 행하는 자들이 예수님과 관계없다
고 하십니다. 오히려 "불법을 행하는 자들"이라고 하십니다.

거짓 지도자들을 통한 심판

살후 2:11-12 "이러므로 하나님이 미혹의 역사를 그들에게 보내사 거짓 것을 믿게 하심은 ◦ 진리를 믿지 않고 불의를 좋아하는 모든 자들로 하여금 심판을 받게 하려 하심이라"

이 말씀에서 보듯이, 넓은 길에 모여서 진정한 말씀을 전하지 않는 지도자를 통해서 흥분하고 부흥하는 것은 하나님의 전략입니다. 이것은 거짓되고 말씀을 싫어하는 자들을 모아서 몽땅 망하게 하는 전략인데, 거짓 지도자들이 그들 앞에서 이적과 기사를 행하더라도 그들은 다 가짜라는 말입니다. 좁은 길을 싫어하고, 지도자가 양가죽을 입었든지 상관없이 스펙만 좋으면 되고 말만 잘하면 된다고 생각하는 자들을 하나님께서 멸망시키는 전략이라는 것입니다. 또 한 예로 이사야서 19장에 보면 이집트가 우상을 섬기니까 하나님께서 전략을 세우신 것이 소안의 방백들이 엉터리로 멘토하게 하여 이집트가 잘못된 길로 가도록 하시는데, 이것은 하나님의 놀라운 전략입니다.

반석 위에 지은 집과 모래 위에 지은 집

24-27절 "그러므로 누구든지 나의 이 말을 듣고 행하는 자는 그 집을 반석 위에 지은 지혜로운 사람 같으리니 ◦ 비가 내리고 창수가 나고 바람이 불어 그 집에 부딪치되 무너지지 아니하나니 이는 주추를 반석 위에 놓은 까닭이요 ◦ 나의 이 말을

듣고 행하지 아니하는 자는 그 집을 모래 위에 지은 어리석은
사람 같으리니 ◦ 비가 내리고 창수가 나고 바람이 불어 그 집
에 부딪치매 무너져 그 무너짐이 심하니라"

두 종류의 집을 말씀하십니다. 대충 모래 위에 적당하게 지은 집은 영
적으로 볼 때 말씀도 없이 그냥 믿고 이적이나 바라는 집입니다. 반석 위
에 지은 집은 진실한 말씀이 있는 곳에 지은 집입니다. 심판 때가 되면 그
차이를 확실히 알게 됩니다. "너희 신앙이 어디에 세워졌나? 예수님과 말
씀을 통해 세워졌나? 아니면 양적으로 사람들 많이 모이고 경제적으로
이익이 되는 곳에 심리적으로 자기도취에 빠져서 세워졌나?"라는 무서운
말씀입니다.

맺는말

그러면 하나님께서 왜 그런 교회들을 허락하실까요?

마 13:36-43 "이에 예수께서 무리를 떠나사 집에 들어가시니
제자들이 나아와 이르되 밭의 가라지의 비유를 우리에게 설
명하여 주소서 ◦ 대답하여 이르시되 좋은 씨를 뿌리는 이는
인자요 ◦ 밭은 세상이요 좋은 씨는 천국의 아들들이요 가라
지는 악한 자의 아들들이요 ◦ 가라지를 뿌린 원수는 마귀요
추수 때는 세상 끝이요 추수꾼은 천사들이니 ◦ 그런즉 가라
지를 거두어 불에 사르는 것 같이 세상 끝에도 그러하리라 ◦

인자가 그 천사들을 보내리니 그들이 그 나라에서 모든 넘어
지게 하는 것과 또 불법을 행하는 자들을 거두어 내어 ∘ 풀무
불에 던져 넣으리니 거기서 울며 이를 갈게 되리라 ∘ 그 때에
의인들은 자기 아버지 나라에서 해와 같이 빛나리라 귀 있는
자는 들으라"

반드시 하나님의 말씀에 근거해야 합니다. 마태복음 13장 41절에서도
"불법을 행하는 자"가 나옵니다. 곡식을 심었는데 가라지가 더 무성해서
하인들이 주인에게 "가라지를 뽑을까요?"라고 하니 주인이 뽑지 말라고
합니다. 잘못 뽑다가 곡식도 뽑힌다는 것입니다. 곡식은 좁은 문으로 들
어가는 사람을 말합니다. 어렵지만 구별해서 자기를 이기고 자기 십자가
를 지고 사는 사람입니다. 넓은 길에 모여서 잡초처럼 무성하게 된 사람
은 지금도 세상적으로는 훨씬 잘됩니다. 곡식과 가라지 둘이서 나란하게
갑니다. 주님께서는 "가라지를 놔둬라. 그러나 추수 때는 모두 거두어서
불에 넣을 것이다"라고 하십니다. 진실한 성도는 이 말씀으로 은혜 받기
를 바랍니다. 하나님 나라는 말씀을 바로 깨닫는 데 있습니다.

13
—
종말에 대한 깨달음

2012. 3. 25.

디모데후서 3:1-17

"너는 이것을 알라 말세에 고통하는 때가 이르러 ◦ 사람들이
자기를 사랑하며 돈을 사랑하며 자랑하며 교만하며 비방하며
부모를 거역하며 감사하지 아니하며 거룩하지 아니하며 ◦ 무
정하며 원통함을 풀지 아니하며 모함하며 절제하지 못하며
사나우며 선한 것을 좋아하지 아니하며 ◦ 배신하며 조급하며
자만하며 쾌락을 사랑하기를 하나님 사랑하는 것보다 더하며
◦ 경건의 모양은 있으나 경건의 능력은 부인하니 이같은 자
들에게서 네가 돌아서라 ◦ 그들 중에 남의 집에 가만히 들어
가 어리석은 여자를 유인하는 자들이 있으니 그 여자는 죄를
중히 지고 여러 가지 욕심에 끌린 바 되어 ◦ 항상 배우나 끝내
진리의 지식에 이를 수 없느니라 ◦ 얀네와 얌브레가 모세를
대적한 것 같이 그들도 진리를 대적하니 이 사람들은 그 마
음이 부패한 자요 믿음에 관하여는 버림 받은 자들이라 ◦ 그

구속과 섭리

러나 그들이 더 나아가지 못할 것은 저 두 사람이 된 것과 같이 그들의 어리석음이 드러날 것임이라 ◦ 나의 교훈과 행실과 의향과 믿음과 오래 참음과 사랑과 인내와 ◦ 박해를 받음과 고난과 또한 안디옥과 이고니온과 루스드라에서 당한 일과 어떠한 박해를 받은 것을 네가 과연 보고 알았거니와 주께서 이 모든 것 가운데서 나를 건지셨느니라 ◦ 무릇 그리스도 예수 안에서 경건하게 살고자 하는 자는 박해를 받으리라 ◦ 악한 사람들과 속이는 자들은 더욱 악하여져서 속이기도 하고 속기도 하나니 ◦ 그러나 너는 배우고 확신한 일에 거하라 너는 네가 누구에게서 배운 것을 알며 ◦ 또 어려서부터 성경을 알았나니 성경은 능히 너로 하여금 그리스도 예수 안에 있는 믿음으로 말미암아 구원에 이르는 지혜가 있게 하느니라 ◦ 모든 성경은 하나님의 감동으로 된 것으로 교훈과 책망과 바르게 함과 의로 교육하기에 유익하니 ◦ 이는 하나님의 사람으로 온전하게 하며 모든 선한 일을 행할 능력을 갖추게 하려 함이라"

기도

우리의 화목제 되신 주님, 오늘도 그리스도 예수 안에서 저희를 모아 화목제 되신 그리스도 예수를 배우게 하신 은혜에 감사드립니다. 수직적인 하나님과의 관계에서 우리는 다 부족하고, 우리 식의 삶을 삽니다. 그래서 우리에게는 화목제 되신 주님이 필요합니다. 이스라엘 민족의 거룩한 5대 제사 중 가장 핵심이 화목제 되신 주님이십니다. 구약 시대에 양과 소를 잡아서 그 피로 하나님의 백성을 깨끗하게 하신 그 화목제에 대해서, 오늘 저희가 찬송을 부르면서 다시 한번 생각하지 않을 수 없습니다. 또한 수평적인 모든 인간관계에서 잘못이 있을 때, 이스라엘 민족은 하나님께 속건제를 드리며 자기의 부족을 깨달았습니다. 거룩하신 아버지여, 우리 주님은 이 땅에 오셔서 끝까지 생명을 사랑하시어 십자가에 죽으시고 부활하셨습니다. 주님의 십자가에 죽으심이 우리의 화목제 되시며, 우리의 속건제 되신 일입니다. 저희가 하나님 앞에 잘못이 있고, 인간관계에 부족함이 있다 하더라도 예수 그리스도의 이름을 부름으로 새로운 출발과 재창조의 역사의 기회가 주어짐을 믿습니다. 일교차가 심한 날씨에도 불구하고 하나님 말씀을 바로 들을 수 있는 귀한 시간 주심을 감사합니다. 바울의 디모데후서 3장을 통해서 말씀의 메시지가 무엇인지 바르게 깨닫고 삶 속에 실천하며, 정직하고 정의로운 사람이 될 수 있도록 지혜와 능력 주시옵소서. 우리를 위하여 십자가에 죽으시고 부활 승천하신 우리 주 예수 그리스도의 이름으로 기도드립니다. 아멘.

종말의 19가지 증상

바울에게 양아들이 두 사람 있었습니다. 디도와 디모데입니다. 바울이 로마 감옥에서 마지막으로 양아들 디모데에게 유언의 편지를 보냈습니다. 인간에게 있어서 가장 진실한 말 중의 하나가 유언할 때의 말입니다. 바울이 디모데에게 진실한 유언의 말씀을 했는데, 그 내용을 파악하는 것이 이번 설교의 핵심입니다.

　바울이 디모데에게 "디모데야. 지금 세상이 어느 때인지 정확하게 알아야 한다. 말세에 고통받는 때가 이른다"라고 말합니다. 창세기 1장 1절에서 "태초에 하나님이 천지를 창조하셨다"는 말은 태초의 시간을 하나님께서 지으셨다는 말입니다. 그리고 태말인 종말도 하나님이 결정하십니다. 바울이 디모데에게 세상이 말세라는 것을 말한 후 말세의 19가지 증상에 대해서 말합니다.

　　2-5절 "사람들이 자기를 사랑하며 돈을 사랑하며 자랑하며 교만하며 비방하며 부모를 거역하며 감사하지 아니하며 거룩하지 아니하며 ◦ 무정하며 원통함을 풀지 아니하며 모함하며 절제하지 못하며 사나우며 선한 것을 좋아하지 아니하며 ◦ 배신하며 조급하며 자만하며 쾌락을 사랑하기를 하나님 사랑하는 것보다 더하며 ◦ 경건의 모양은 있으나 경건의 능력은 부인하니 이같은 자들에게서 네가 돌아서라"

　말세의 표가 위의 19가지 증상입니다. 인간이 갖추지 말아야 할 악덕들입니다. 그런데 비밀이 있습니다. 19가지 악덕의 이유가 하나의 이유 때문에 터져 나온다는 사실입니다. 돈을 사랑하고, 비방하고, 부모를 거역하고, 거룩하지 않고, 무정하고, 모함하고, 절제하지 못해서 사납고, 배신하고, 자만하고, 하나님 사랑보다 쾌락을 사랑하는 것 등의 악덕들이 '하나님을 사랑하지 않고 자기를 사랑하는 것'에서 생겼다는 것입니다. 너무나 귀한 메시지입니다. 만약 개인이 19가지 악덕에 빠져 있다면 그 사람은 개인적으로 종말입니다. 어떤 가정이 그렇다면 그 가정에 종말이 온 것이며 교회가 그렇다면 그 교회에 종말이 온 것입니다. 세계와 국가와 사회가 다 그렇다면, 그 세계와 국가와 사회에 종말이 온 것입니다. 이 비밀을 잘 알아야 합니다.

오직 하나님만 사랑하라

인간은 우주성을 가진 가장 신비로운 존재입니다. 지구에서 우주선을 쏠 때 각도가 조금만 달라도 완전히 다른 곳으로 가버립니다. 마찬가지로 인간이 하나님을 사랑하지 않고 자기를 사랑하게 되면 하나님의 길에서 멀어져 자기 우상화에 떨어집니다. 하나님을 사랑하느냐 자기를 사랑하느냐의 싸움입니다. 믿는 사람은 이 점을 잘 잡아야 합니다. 착한 말이나 좋은 말을 하려고 애쓸 필요 없이 하나님만 사랑하면 다 해결됩니다. 하나님을 사랑하는 사람은 돈을 사랑하지 않습니다. 하나님을 사랑하는 사람은 교만하지 않고 자기 부족을 압니다.

왜 이 말씀이 귀중한가 하면, 이 비밀을 성경이 기록하고 있기 때문입니다. 수직적으로 하나님과의 관계가 좋아져야 복음적으로 생각하고 행할 수 있습니다. "하나님을 사랑하고 네 이웃을 네 몸과 같이 사랑하라"는 복음이 이루어져야 하는 것입니다.

성경을 해석하는 관점의 중요성

인류 역사의 가장 기본이 되는 사상이 세 가지 있습니다.

구속과 섭리

첫째, 히브리사상입니다. 이스라엘 민족이 성경을 통해 하나님의 계시를 받아들인 헤브라이즘입니다. 둘째, 그리스와 로마를 통한 헬라사상입니다. 셋째, 부분 속에 전체가 있다는 소우주이론의 동양사상입니다.

하나님께서 성경은 히브리인에게 주셨기 때문에 반드시 히브리적으로 읽어야 합니다. 구약의 모든 주어는 하나님입니다. 그래서 하나님의 관점입니다. 하나님께서 어떻게 생각하시고 원하느냐를 말하는 것입니다. 그런데 헬라 방식은 "나는 이렇게 생각한다"라는 자기 관점입니다. 이 시대가 복음을 모르는 이유는 모두가 헬라식의 교육을 받았기 때문입니다. 성경을 볼 때 예수님도 안 보고 말씀도 안 보고 내 생각은 이렇다고 말합니다. 물론 대학의 논문은 히브리식으로 쓰면 안 됩니다. 논문에 '하나님의 뜻은 이렇습니다'라고 쓰면 점수가 안 나옵니다. "교수님은 이렇게 말했는데 나는 이렇게 생각합니다"라고 해야 점수가 잘 나옵니다.

그래서 구약의 모든 해석은 '하나님께서 어떻게 생각하시는가'이고, 신약은 '예수님은 어떻게 생각하시는가'입니다. 이것이 복음의 핵심입니다. 성경의 핵심을 모르면 헬라식이나 동양식으로 말씀을 해석합니다. 하지만 바울은 예수님을 통해서 은혜를 받았으므로 그의 모든 사상은 예수님의 사상입니다. "너희에게 새 계명을 주노니 서로 사랑하라 내가 너희를 사랑한 것 같이 너희도 서로 사랑하라"는 예수님의 사랑의 복음에 감화를 받았기 때문에 예수님의 사랑을 헬라식으로 분화해서 디모데에게 설명하는 것입니다. 그렇기 때문에 만약 우리가 헬라식으로 성경을 본다면 이해도 안 되고 자기 변화도 없습니다.

가짜 선생에 대한 경고

> 6절 "그들 중에 남의 집에 가만히 들어가 어리석은 여자를 유
> 인하는 자들이 있으니 그 여자는 죄를 중히 지고 여러 가지
> 욕심에 끌린 바 되어"

당시 여자들은 거의 공부를 하지 못했는데, 당시의 가짜 선생들이 돈 있는 여자들의 집을 찾아가서 거짓 진리를 가르치고 사례를 받는 일들이 있었습니다. 그들에게 배우면 재미는 있지만 가짜입니다. 실컷 배우고 나니 탐욕스러워져서 삶이 파괴되기 시작합니다.

의식주에 대한 욕구는 '니즈(needs)'로서, 필요한 것입니다. 조금 더 많이, 더 좋은 것을 가지고 싶은 것은 '디자이어(desire)'로서, 욕망입니다. 그런데 이 욕망이 지나치면 나중에는 남의 시간과 돈뿐 아니라 모든 것을 뺏으려는 탐욕까지 생깁니다. 가짜 선생은 여자를 탐욕스럽게 만드니 조심시켜야 한다는 말입니다.

> 7-8절 "항상 배우나 끝내 진리의 지식에 이를 수 없느니라 。
> 얀네와 얌브레가 모세를 대적한 것 같이 그들도 진리를 대적
> 하니 이 사람들은 그 마음이 부패한 자요 믿음에 관하여는 버
> 림 받은 자들이라"

말씀을 항상 배우지만 변화된 것도 없고 아는 것도 없습니다. 자기중심적으로, 헬라식으로 복음을 보기 때문에 평생 믿어도 예수님에 대해 하나

도 알지 못합니다. 어떤 선교사가 복음을 전하고 있는데, 한 할머니가 펑펑 울어서 옆 사람이 은혜를 받았나 싶어 물어보니 "저 선교사의 수염이 죽은 우리 영감과 닮아서 울었다"고 하더라는 이야기가 있습니다. 밤새도록 울고 누가 죽었는지 묻는 것과 비슷합니다. 우리도 자칫 이렇게 될 수 있습니다.

8절의 얀네와 얌브레는 구약 성경에는 없는 인물입니다. 바울이 유대 전승의 이야기를 인용하는 것입니다. 모세가 파라오를 만났을 때 앞에서 요술과 마술을 행한 이집트의 대표적인 술사들입니다. 모세가 지팡이로 코브라를 만든 것은 "이집트 제국이 내가 가진 지팡이보다 못하다"라는 뜻입니다. 그때 파라오 옆의 사람들도 지팡이로 뱀을 만들었는데, 이들이 얀네와 얌브레입니다. 이 사람들이 나중에 출애굽 때도 따라와서 뒤에서 사람들을 조종하며 모세를 방해했습니다.

바울의 자기 고백적 유언

10-14절 "나의 교훈과 행실과 의향과 믿음과 오래 참음과 사랑과 인내와 ◦ 박해를 받음과 고난과 또한 안디옥과 이고니온과 루스드라에서 당한 일과 어떠한 박해를 받은 것을 네가 과연 보고 알았거니와 주께서 이 모든 것 가운데서 나를 건지셨느니라 ◦ 무릇 그리스도 예수 안에서 경건하게 살고자 하는 자는 박해를 받으리라 ◦ 악한 사람들과 속이는 자들은 더욱 악하여져서 속이기도 하고 속기도 하나니 ◦ 그러나 너는 배우고 확신한 일에 거하라 너는 네가 누구에게서 배운 것을

알며"

그러면서 바울은 "디모데야, 나는 이렇게 살았다. 그리스도 안에서 경건하게 살려니 정말 어려운 일이 많더라. 그래도 끝까지 인내하면서 잘 지내왔단다"라고 자기 고백을 합니다. 우리가 자식들에게 유언을 한다고 해도 이렇게 가장 진실한 말을 할 것입니다.

> 15-17절 "또 어려서부터 성경을 알았나니 성경은 능히 너로 하여금 그리스도 예수 안에 있는 믿음으로 말미암아 구원에 이르는 지혜가 있게 하느니라 ○ 모든 성경은 하나님의 감동으로 된 것으로 교훈과 책망과 바르게 함과 의로 교육하기에 유익하니 ○ 이는 하나님의 사람으로 온전하게 하며 모든 선한 일을 행할 능력을 갖추게 하려 함이라"

그리고 마지막으로 성경을 소개합니다. 성경의 목적은 하나님의 사람으로 온전하게 살게 하는 것이고 올바른 행동을 하게 하는 것이라고 합니다. "디모데야, 네가 어려서부터 네 할머니와 어머니로부터 성경을 배웠잖아. 성경의 목적은 하나님의 사람으로 완전하게 하고 옳은 행동을 하게 하는 것이란다. 그래서 성경을 항상 사랑하고 묵상해야 돼"라고 권면하고 있습니다.

구속과 섭리

종말의 시대를 살아가는 성도들의 올바른 태도

하나님의 백성으로서 우리는 종말에 대한 인식이 있어야 합니다. 예수님은 어떻게 종말을 말씀하셨을까요? 마태복음 24장에서 세 가지로 말씀하셨습니다. 첫째, '날을 받지 말라' 언제 예수님이 오신다는 시한부 종말론을 믿지 말라는 것입니다. 종말의 날은 아들도 모른다고 예수님이 말씀하셨는데 우리가 어떻게 알겠습니까? 둘째, '깨어 있으라' 국제와 국내 문제에 대해서 깨어 있으라는 것입니다. 사람이 살아가면서 세계가 어떻게 돌아가는지도 모르고 살면 안 됩니다. 셋째, '믿고 최선을 다하라' 충성된 종이 되어서 믿고 자기 삶을 열심히 살아야 한다고 예수님께서 말씀하셨습니다.

그럼 우리는 이 종말의 시대에 어떻게 기도해야 하고, 어떤 지혜를 가지고 살아가야 할까요? 디모데후서 3장 15-16절을 통해 바울은 이렇게 말합니다.

> "또 어려서부터 성경을 알았나니 성경은 능히 너로 하여금 그리스도 예수 안에 있는 믿음으로 말미암아 구원에 이르는 지혜가 있게 하느니라。 모든 성경은 하나님의 감동으로 된 것으로 교훈과 책망과 바르게 함과 의로 교육하기에 유익하니"

그 방법은 예수님과 말씀입니다. 다른 방법은 없습니다. 헬라식 교육은 말씀이 아니고 세상의 학문을 이해하는 방법입니다. 그것을 성경에 갖다 대면 안 됩니다. 우리에게는 멋있는 길이 있습니다. 하나님을 사랑하고 말씀을 사랑하고 살면서 뇌 지도를 바꾸어야 합니다. 아침에 일어나 뇌에 전기만 켜지면 '내가 최고야. 나를 위해 살아야 해'라는 생각을 "하나님을 사랑하고 네 이웃을 네 몸과 같이 사랑하라"는 말씀으로 바꾸어야 합니다. 우리는 하나님을 사랑하지 않으면서 무엇이든지 다 하려고 합니다. 하지만 하나님을 사랑하지 않으면서 이웃을 사랑하고 참으로 자기를 사랑하는 것은 불가능합니다. 이런 정언적인 가르침을 잘 깨우쳐서 원칙대로 살아가야 합니다.

14

참 목자와 가짜 목자를 구별해야

2012. 4. 1.
요한복음 10:1-22

"내가 진실로 진실로 너희에게 이르노니 문을 통하여 양의 우리에 들어가지 아니하고 다른 데로 넘어가는 자는 절도며 강도요◦ 문으로 들어가는 이는 양의 목자라◦ 문지기는 그를 위하여 문을 열고 양은 그의 음성을 듣나니 그가 자기 양의 이름을 각각 불러 인도하여 내느니라◦ 자기 양을 다 내놓은 후에 앞서 가면 양들이 그의 음성을 아는 고로 따라오되◦ 타인의 음성은 알지 못하는 고로 타인을 따르지 아니하고 도리어 도망하느니라◦ 예수께서 이 비유로 그들에게 말씀하셨으나 그들은 그가 하신 말씀이 무엇인지 알지 못하니라◦ 그러므로 예수께서 다시 이르시되 내가 진실로 진실로 너희에게 말하노니 나는 양의 문이라◦ 나보다 먼저 온 자는 다 절도요 강도니 양들이 듣지 아니하였느니라◦ 내가 문이니 누구든지 나로 말미암아 들어가면 구원을 받고 또는 들어가며 나오

14. 참 목자와 가짜 목자를 구별해야   137

며 꼴을 얻으리라 。 도둑이 오는 것은 도둑질하고 죽이고 멸망시키려는 것뿐이요 내가 온 것은 양으로 생명을 얻게 하고 더 풍성히 얻게 하려는 것이라 。 나는 선한 목자라 선한 목자는 양들을 위하여 목숨을 버리거니와 。 삯꾼은 목자가 아니요 양도 제 양이 아니라 이리가 오는 것을 보면 양을 버리고 달아나나니 이리가 양을 물어 가고 또 헤치느니라 。 달아나는 것은 그가 삯꾼인 까닭에 양을 돌보지 아니함이나 。 나는 선한 목자라 나는 내 양을 알고 양도 나를 아는 것이 。 아버지께서 나를 아시고 내가 아버지를 아는 것 같으니 나는 양을 위하여 목숨을 버리노라 。 또 이 우리에 들지 아니한 다른 양들이 내게 있어 내가 인도하여야 할 터이니 그들도 내 음성을 듣고 한 무리가 되어 한 목자에게 있으리라 。 내가 내 목숨을 버리는 것은 그것을 내가 다시 얻기 위함이니 이로 말미암아 아버지께서 나를 사랑하시느니라 。 이를 내게서 빼앗는 자가 있는 것이 아니라 내가 스스로 버리노라 나는 버릴 권세도 있고 다시 얻을 권세도 있으니 이 계명은 내 아버지에게서 받았노라 하시니라 。 이 말씀으로 말미암아 유대인 중에 다시 분쟁이 일어나니 。 그 중에 많은 사람이 말하되 그가 귀신 들려 미쳤거늘 어찌하여 그 말을 듣느냐 하며 。 어떤 사람은 말하되 이 말은 귀신 들린 자의 말이 아니라 귀신이 맹인의 눈을 뜨게 할 수 있느냐 하더라 。 예루살렘에 수전절이 이르니 때는 겨울이라"

구속과 섭리

기도

죄 없고 흠 없이 생명을 사랑해서 말씀이 육신이 되어 이 땅에 오시고, 수난 받으시고 십자가에 죽으시서 무덤에 계시고, 3일 만에 부활하셔서 승천하신 우리의 대제사장 되신 주님. 이제 월요일부터는 수난주입니다. 우리 모두가 죄 씻음 받음으로써 구속의 원리를 깨닫는 시간이 되기를 원합니다. 월요일부터 시작되는 주님의 수난 주간에 우리 모두가 그리스도 예수를 깊이 알고 우리를 구속하신 그 진리를 깨닫는 하나님의 백성이 될 수 있도록 주께서 이 예배를 받아 주시옵소서. 우리를 위하여 십자가에 죽으시고 부활 승천하셨으며 재림하실 우리 주 예수 그리스도 이름으로 기도드립니다. 아멘.

들어가는 말

> 18절 "이를 내게서 빼앗는 자가 있는 것이 아니라 내가 스스로 버리노라 나는 버릴 권세도 있고 다시 얻을 권세도 있으니 이 계명은 내 아버지에게서 받았노라 하시니라"

이번 설교의 핵심 말씀은 18절입니다. 월요일부터 주님께서 십자가에 죽으신 수난주가 시작됩니다. 오늘 요한복음 말씀에서도 아버지께 받은 계명대로 스스로 십자가에 죽으시고 부활하신다고 하셨습니다. 예수님이 이 땅에 오셔서 수난을 받으신 내용에 대해서 요한복음 10장을 중심으로 깊은 이해가 필요합니다.

수전절의 역사적 배경

22절 "예루살렘에 수전절이 이르니 때는 겨울이라"

이때는 수전절입니다. 수전절의 역사적 배경을 알아야 요한복음 10장 말씀을 보다 깊이 이해할 수 있습니다. 요한은 이스라엘의 절기를 통해 예수께서 하신 말씀들을 정리하였습니다. 요한은 예수님의 말씀과 많은 이적들과 행동, 곧 메시아로서의 행동(메시아닉 엑트)이 유대나라의 절기에 맞춘 것임을 알고 정확하게 기록했습니다.

일반적으로 유대나라에는 7개의 절기가 있다고 합니다. 동양이나 다른 곳의 절기는 경험을 통해서 절기를 정했는데, 이와 달리 히브리민족의 절기는 하나님께서 절기를 정해 놓고 경험하게 하셨습니다. 예컨대 유월절을 미리 말씀하시고 나서 이집트에서 노예 생활을 하던 사람들을 구출하신 것과 같습니다. 구출 받은 이후에 유월절을 만든 것이 아닙니다. 이스라엘의 7대 절기는 유월절, 무교절, 초실절, 오순절, 나팔절, 속죄절, 초막절입니다. 유월절, 무교절, 초실절은 4월에 있고, 오순절 또는 칠칠절은 6월이며, 나팔절, 속죄절, 초막절은 10월입니다. 그런데 오늘 본문 말씀은 12월에 있는 수전절에 하신 말씀이므로 수전절의 역사를 제대로 이해해야 본문 말씀을 보다 입체적으로 이해할 수 있습니다. 수전절은 이스라엘 절기 중에 겨울의 마지막에 해당하는 절기입니다. 히브리말로는 '하누카'로 '깨끗하게 정결되었다', '심판으로 확정되었다'는 뜻입니다.

중근동에서 가장 큰 제국이었던 알렉산더의 헬라제국이 있었습니다. 그런데 왕이었던 알렉산더가 사망하면서 그의 부하 장군 네 명이 헬라제

구속과 섭리

국의 영토를 나눠 가졌습니다. 그중에 오늘날 시리아 주변에 해당하는 지역을 가졌던 사람이 셀레우쿠스였습니다. 그 셀레우쿠스 왕조의 8대 왕이 안디오쿠스 4세입니다. 안디오쿠스의 성격은 아주 오만하고 자기가 해야 한다고 생각하면 무슨 일이라도 해야 하는 고집불통의 독재자였습니다. 그리고 자기 이름을 안디오쿠스 에피파네스(제우스 신의 현현)로 바꾸고 제우스 신상을 성전에 세우며 숭배하게 했습니다. 주전 168년경의 이야기입니다.

에피파네스가 그 이름을 쓰면서 유대나라를 지배했는데, 유대나라는 에하드 하나님, 곧 유일하신 하나님을 섬기므로 종교 문제에는 타협이 없었기에 바로 에피파네스와 격돌했습니다. 에피파네스는 유대인들에게 토라를 읽지 못하게 했고, 성경책을 가지고 있는 것 자체로 사형을 시켰습니다. 또한 성전 예배를 드리지 못하게 하고, 할례를 하지 못하게 했습니다. 유대인들이 가장 싫어하는 것이 돼지인데, 소와 양을 잡는 성전 안에서 돼지를 잡아 제단에 바치게 했습니다. 유대인들이 거부하니 피비린내 나는 유대인 말살 정책을 시행했습니다. 히틀러 전에 유대인들의 씨를 말리려 했던 사람이 안디오쿠스 에피파네스였습니다. 유대인들은 비통함을 금치 못하며 '하나님이 계시는데 어떻게 이런 일에 침묵하시지? 하나님이 우리를 버리셨나?'라고 생각했습니다.

그러나 그의 만행은 더욱 심해졌습니다. 큰 길에 사람들을 세워 놓고 지나갈 때 돼지고기를 먹어야 지나가게 했습니다. 입을 벌려서 돼지고기를 입에 넣고 먹지 않으면 그 자리에서 죽였습니다. 심지어 할례를 하면 그 아들을 죽여서 엄마의 목에 걸어 놓았습니다. 이 사람이 다니엘서 11장에 나오는 적그리스도입니다.

안디오쿠스 에피파네스가 이와 같은 악정을 행할 당시 유대인 제사장 중에 야손과 메넬리우스는 그의 편을 들어서 성전에 돼지 피를 뿌리고 유대인들을 학살하는 데 앞장서서 지도자 노릇을 했습니다. 그때 유대인 중 맛디아스라는 노(老) 제사장이 다섯 명의 아들들을 데리고 유대인들을 규합해서 에피파네스에게 무력항쟁을 벌였습니다. 항쟁 중에 맛디아스는 죽고, 그의 아들 마카비가 항쟁을 이끌며 3년 만에 예루살렘 성전을 탈환했습니다. 결국 7년 이상 걸려서 안디오쿠스의 학정이 끝났습니다.

성전을 탈환한 후에 성전 정화 작업으로 촛대에 불을 밝히려고 하는데, 성전용의 거룩한 감람유가 한 병밖에 없었습니다. 한 병으로는 촛대의 불을 하루밖에 피울 수가 없는데 다시 감람유를 만들 때까지 8일간이나 촛불이 밝게 타오르는 기적이 일어났습니다. 하나님께서 개입하신 것입니다. 그 밝은 빛이 성전을 정화했다는 뜻으로 해석한 절기가 수전절(하누카)입니다. 거룩한 예배를 회복한 것을 기념하는 절기입니다. 또한 이 사건 속에서 이스라엘 민족에게 가장 고통스러운 것은 가짜 지도자들이었습니다. 수전절이 되면 에스겔 34장의 가짜 지도자와 가짜 목자들을 생각하면서 야손과 메넬리우스 같은 가짜 지도자들을 잊지 말 것을 다짐했습니다.

이런 수전절의 역사적 배경 안에서 예수님께서는 지금 유대나라 백성의 지도자들이 진짜인지 가짜인지 묻고 계십니다. 예수님께서 보니까 제사장 가야바와 백성의 지도자들인 바리새교인과 서기관들이 그때의 가짜 지도자인 메넬리우스나 야손과 똑같다는 것입니다. 그래서 진짜는 이런 사람이라고 목자를 들어서 비유하셨던 것입니다. 이번 4월 11일에는 우리도 국회의원 선거가 있습니다. 과연 어떤 사람이 진정성이 있고 뽑

구속과 섭리

을 만한 사람인지 생각하지 않을 수 없습니다. 당시 예수님께서도 어떤 지도자가 진정성을 가진 사람인지 말씀하시고 있습니다.

비유의 의미를 알지 못하다

유월절에 떡과 음식을 준비하는 때에 예수님께서 5천 명을 먹이는 기적을 행하셨습니다. 안식일에는 38년 된 환자를 고치셨습니다. 상징적으로 이스라엘이 광야를 휘돈 기간인 38년이 되어도 중풍병자가 되어 "나는 못 한다"고 앉아 있으니 그를 고치시는 것입니다. 절기에 따라 행하신 예수님의 이적을 보고 복음을 기록한 요한의 관점이 놀랍습니다.

요즘은 대중과의 소통능력, 조직관리능력, 통합능력, 도덕성 등을 근거로 지도자를 본다고 합니다. 그런데 예수님께서는 수난 전에 이 문제에 대해서 목자와 양의 관계로 이미 말씀하셨습니다. 진짜 목자인지, 가짜 목자인지 구별해 보라는 것입니다.

> 6절 "예수께서 이 비유로 그들에게 말씀하셨으나 그들은 그
> 가 하신 말씀이 무엇인지 알지 못하니라"

예수님께서 수전절에 목축업을 하는 유대인들에게 진짜 지도자와 가짜 지도자를 구별하는 법을 목자와 양의 비유로 설명하시는데도 그들은 무슨 말인지 모릅니다. 그러자 예수님께서 답답하셔서 7절부터 더 구체적으로 "진짜는 이렇고 가짜는 이렇고 장사꾼은 이렇다"라고 설명을 하셨는데, 19-21절에 보면 사람들의 반응이 이분화됩니다. 한쪽에는 "귀신

들려서 미쳤다"라고 하고, 다른 쪽은 "귀신이 들렸으면 어떻게 날 때부터 눈먼 맹인을 고칠 수 있지?"라고 하는 분쟁과 시비가 일어납니다. 예수님이 진리의 말씀을 바로 전하고 있는데 귀신 들려 미쳤다고 하는 반응을 보이거나 무슨 말인지 모르는 사람이 태반입니다. 유대인만 그런 것이 아니라 오늘날 우리도 마찬가지입니다.

참 목자의 모습

1절부터 다시 보겠습니다. 목자가 양을 돌볼 때 누가 양을 훔쳐 갈까 봐 우리를 쳐 놓습니다. 그리고 주인인 목자는 정식으로 문으로 들어갑니다. 만약 다른 곳을 통해 우리를 넘어간다면 그는 도둑이나 강도라는 것입니다.

양을 기르는 주인들은 양 이름을 다 알고 있습니다. 양 한 마리 한 마리 모두 생김새와 털의 색이 다르므로 이름이 다 다릅니다. 양 주인에게는 모두 자기 자식과 마찬가지입니다. 그래서 각각의 양의 이름을 부르면 "메에~" 하고 대답을 합니다. 양들에게 노래도 불러 주고 이름도 불러 주고 칭찬도 합니다. 이것이 진짜 주인입니다.

진짜 목자는 문을 통해 정식으로 들어오고, 각각의 이름을 부르고, 뒤에서 작대기로 "가자. 가자" 하는 것이 아니라 4절과 같이 목자가 앞에서 먼저 가면 뒤에서 양이 따라갑니다. 목자가 모범이 된다는 말입니다. "빨리 안 가나?" 하면서 뒤에서 매나 때리는 것은 가짜라는 말입니다. 이것은 오늘날 지도자로서도 생각해 볼 문제입니다. 예수님께서 참 목자를 말씀하시고 있습니다.

당시에 예수님의 말씀을 듣는 사람들은 예수님의 진실한 비유의 말씀을 알지 못했습니다. 그래서 7절부터 다시 설명을 하시는 것입니다. "나는 선한 목자다. 나는 진짜 목자다. 진짜 목자는 양을 위해 목숨을 버린다" 그러면서 십자가 수난을 말씀하십니다. 양과 목자의 비유를 통해서 수난과 고통을 말씀하십니다. "백성들의 지도자인 서기관과 바리새인은 진정한 목자인가? 성전 예배를 주관하는 제사장과 레위인들이 진짜 하나님의 율법에 따라 예배를 드리느냐?"라는 것을 반문하고 계십니다. 이를 입체적으로 들어야 이 말씀이 오늘 우리에게 하시는 말씀이 됩니다.

12절부터는 삯군, 요즘 같으면 알바 목자와 주인 목자를 구별하신 후에 18절(이를 내게서 빼앗는 자가 있는 것이 아니라 내가 스스로 버리노라 나는 버릴 권세도 있고 다시 얻을 권세도 있으니 이 계명은 내 아버지에게서 받았노라 하시니라)을 말씀하십니다. 로마의 빌라도가 예수님을 처형한 것이 아니고 그것은 예수님께서 이 땅의 생명들을 위해 하나님과 하신 언약이라는 것입니다. "나는 내 생명을 버릴 수도 있고 찾을 수도 있다. 이는 아버지와 나의 깨뜨릴 수 없는 약속이다"라는 말입니다. 이것이 계명이라는 것입니다. 버릴 권세는 십자가 수난이며 찾을 권세는 부활입니다. 이 비유 속에서 부활을 증거하고 있습니다. 버릴 권세와 다시 얻을 권세에 대해 11장에서 모형으로 보여 주시는 것이 죽은 나사로를 살리는 것입니다.

맺는말

수전절에 예수님께서 백성의 참 지도자에 대해 말씀하셨습니다. 제사장과 레위인의 참 모습은 어떤 것인지 비유로 말씀하시면서 과거에 야손과 메넬리우스라는 가짜 지도자가 예루살렘 성전을 모독하던 때와 지금이 똑같지 않으냐는 의미를 내포하고 있습니다. 인간은 역사를 통해 배우지 않습니다. 《자치통감(資治通鑑)》의 '감'이란 글자가 거울 감(鑑)입니다. 조선시대에 거울처럼 바로 알라고 자치통감을 어려서부터 암송시켜도 조선 4-500년의 역사에서 배운 것이 하나도 없는 것과 비슷합니다.

수전절의 역사를 월요일부터 생각하면서 그분이 이 땅에 왜 오셨는지 되돌아봅시다. 우리의 죄와 과거, 가정 문제에 갇혀서 불행하게 사는 사람은 그리스도와 함께 죽고 부활합시다.

15

—

부활절

2012. 4. 8.

로마서 6:1-14

"그런즉 우리가 무슨 말을 하리요 은혜를 더하게 하려고 죄에 거하겠느냐 ◦ 그럴 수 없느니라 죄에 대하여 죽은 우리가 어찌 그 가운데 더 살리요 ◦ 무릇 그리스도 예수와 합하여 세례를 받은 우리는 그의 죽으심과 합하여 세례를 받은 줄을 알지 못하느냐 ◦ 그러므로 우리가 그의 죽으심과 합하여 세례를 받음으로 그와 함께 장사되었나니 이는 아버지의 영광으로 말미암아 그리스도를 죽은 자 가운데서 살리심과 같이 우리로 또한 새 생명 가운데서 행하게 하려 함이라 ◦ 만일 우리가 그의 죽으심과 같은 모양으로 연합한 자가 되었으면 또한 그의 부활과 같은 모양으로 연합한 자도 되리라 ◦ 우리가 알거니와 우리의 옛 사람이 예수와 함께 십자가에 못 박힌 것은 죄의 몸이 죽어 다시는 우리가 죄에게 종 노릇 하지 아니하려 함이니 ◦ 이는 죽은 자가 죄에서 벗어나 의롭다 하심을 얻었음이라 ◦ 만일 우리가 그리스도와 함께 죽었으면 또한 그와 함께 살 줄을 믿노니 ◦ 이는 그리스도께서 죽은 자 가운데서 살아나셨으매 다시 죽지 아니하시고 사망이 다시 그를 주장하지 못할 줄을 앎이로라 ◦ 그가 죽으심은 죄에 대하여 단번에 죽으심이요 그가 살아 계심은 하나님께 대하여 살아 계심이니 ◦ 이와 같이 너희도 너희 자신을 죄에 대하여는 죽은 자요 그리스도 예수 안에서 하나님께 대하여는 살아 있는 자로 여길지어다 ◦ 그러므로 너희는 죄가 너희 죽을 몸을 지배하지 못하게 하여 몸의 사욕에 순종하지 말고 ◦ 또한 너희 지체를 불의의 무기로 죄에게 내주지 말고 오직 너희 자신을 죽은 자 가운데서 다시 살아난 자 같이 하나님께 드리며 너희 지체를 의의 무기로 하나님께 드리라 ◦ 죄가 너희를 주장하지 못하리니 이는 너희가 법 아래에 있지 아니하고 은혜 아래에 있음이라"

기도

사망권세를 이기시고 부활하신 주님! 사망권세의 근원에는 죄 문제가 있습니다. 이제 수난주를 지나서 부활절 아침을 맞았습니다. 그리스도 예수의 사랑과 은혜 안에서 금년에는 반드시 죄 문제를 예수님을 통해서 해결하고, 사망권세를 이길 수 있도록 우리 모두에게 지혜와 능력 주시옵소서. 우리 주 예수 그리스도 이름으로 기도드립니다. 아멘.

구속과 섭리

들어가는 말

수난주에 그리스도와 함께 사랑으로 자기 부족을 알고 죽는 자들은 부활절에 다 부활합니다. 그리스도 안에서 죽지 않으면 부활할 수가 없습니다. 바울 사도가 로마서 6장에서 계속 말하는 것이 죽음과 죄 문제입니다. 사망권세를 해결하는 다른 방법은 없고, 오직 그리스도와 함께 죽고 부활해서 새 삶을 살자는 것입니다. 이번 시간에는 많은 말씀 중에서도 부활하신 예수님을 믿음으로써 어떻게 변화하는 삶을 살아내는가에 초점을 맞추고자 합니다.

태양을 보며 부활하신 주님을 생각하다

지난 금요일은 성금요일이었습니다. 예수님의 수난을 저의 삶 속에서 체험하는 것도 기쁜 일이었고, 예수 그리스도로 말미암아 자연계시를 깨닫게 해 주셔서 또한 감사했습니다. 태양이 떠올라서 질 때까지 감사하며 바라보았습니다. 더 감사한 것은 저녁에는 달이 떠올라서 새벽에 지는 것을 본 것입니다. 또 별이 떠올라서 지는 것도 보았습니다. 옛날부터 천문학적으로 태양, 달, 별을 '삼광(三光)'이라고 합니다. 삼광을 봐야 최고의 삶을 산다고 합니다.

태양은 하나님이 창조하신 것 중에서 모든 생명의 근원이 되는 것입니다. 동에서 떠올라 중천을 여행하고 저녁에 지는 태양을 통해 모든 생명이 생명을 유지하며 잘 지낼 수 있습니다. 아침에 떠오르는 태양을 보면서 예수님의 공생애를 생각해 보았습니다. 태양이 뜨기 전에 동쪽에 진

달래 빛의 붉은 기운이 도는 것은 적기(赤氣)입니다. 이것을 보며 예수님의 탄생이 생각났습니다. 그리고 붉은 태양이 떠오를 때에는 예수님의 공생애를 생각했습니다. 물로 포도주를 만드실 때의 그 붉은 색을 생각했습니다. 그 이후에는 황금색 태양이 되었습니다. 예수님께서 행하신 사랑과 이적과 말씀들은 황금과 같이 변하지 않는 것입니다. 태양은 지구 자전에 의하여 동쪽에서 서쪽으로 넘어갑니다. 오후에 지는 태양을 보며 주님께서 십자가 수난을 당하시고 전 인류를 구원하신 것이 생각났습니다. 그분은 모든 생명이 사망권세를 이기기를 원하셨으므로 십자가에 죽으셨습니다. 그리고는 태양이 다시 떠오르듯이 부활하셨습니다. 하나님이 지으신 태양을 통해서 예수님의 공생애를 생각해 볼 수 있습니다.

저녁에는 동남에서 달이 떠올라서 새벽에 서쪽으로 집니다. 태양은 동북쪽으로 조금 기울어져 있는데, 달은 겨울의 태양처럼 동남쪽에서 떠오릅니다. 내려가는 것은 태양과 엇비슷합니다. 우리 삶의 자리에서 예수님과 같이 모든 생명을 살리고 새벽에 다시 부활하는 의의 태양이 떠올라야 합니다. 태양을 보니 참으로 그분이 지으신 것이 맞다는 생각이 들었습니다. 예수님께서 아버지와 함께 계시며 말씀으로 지으신 태양입니다.

예수님의 부활을 통한 죽음 문제 해결

나는 죽음 문제를 예수님을 통해 해결했는지 생각해 봅시다. 그분의 수난과 십자가에 피 흘려 죽으심과 부활하심과 승천하심의 모든 과정이 우리에게는 죽음 문제에 대한 해답입니다. 죽음이 우리를 두렵게 하고 약하게 하고 원하는 삶을 못 살게 하므로 '권세'라고 했습니다. '사망권세'입니다. 알거나 모르거나 죽음 문제가 해결되지 않아서 자기 절제가 안 되고, 밤이 되면 후회에 휩싸여서 괴로움을 겪습니다.

예수님을 믿고 사랑한다는 말은 사망권세를 이긴다는 뜻입니다. 2천여 년 전에 그분이 십자가 수난을 당하셨으므로 우리가 믿으면 다시는 죄나 죽음의 종노릇을 하지 않습니다. 죽음에 눈치 보지 않고 당당한 삶을 삽니다. 우리의 삶이 수준이 없는 것은 죽음 문제를 해결하지 못해서입니다. 오늘은 그리스도 예수 안에서 성경적으로, 또한 과학적으로 죽음 문제에 대해서 말씀드리고자 합니다.

스트렐러 박사의 노화의 네 가지 특징

세계적인 생물학자 스트렐러 박사가 노화의 4원칙을 말했습니다. 첫째, 모든 생명은 노화된다는 노화의 '보편성'입니다. 둘째, 나이가 들고 성장하여 25-35세가 되면 늙기 시작하는데, 다시는 젊어질 수 없습니다. 이것을 '비가역성'이라고 합니다. 학자들은 꼭 이렇게 어려운 말을 씁니다. 80세 된 사람이 60세가 되지 못한다는 것입니다. 커피를 한 번 끓인 후에 식고 나면 저절로 다시 끓지 못하는 것과 같습니다. 물론 젊어질 수는 없지만 젊은이처럼 살 수는 있습니다. 커피도 다시 끓이면 됩니다. 셋째, 밖과 안의 형태가 변하고 기능이 변합니다. 외모가 위에서부터 아래로 변해 내려갑니다. 머리가 희게 되고, 눈이 침침해지고, 귀가 안 좋아집니다. 심장, 위장, 폐도 안 좋아지고, 다리도 안 좋아집니다. 외적으로 형태가 변하고 내장도 거기에 따라 조금씩 안 좋아집니다. 이것을 '불가피성'이라고 합니다. 누구든지 노화를 피할 수 없습니다. 넷째, 여기 탈나고 저기 탈나더니 감기에 들려도 안 낫고, 위장병 걸려서 안 낫더니 결국 죽습니다. 이를 '퇴행성'이라고 합니다.

노화는 보편성이 아니라 다양성

서울대학교의 박상철 교수가 《노화혁명》이라는 책을 썼습니다. 이 사람을 통해서 예수님의 가르침 속에 노화에 대한 새로운 내용들이 숨어 있음을 소개하려고 합니다. 박상철 교수가 세계의 장수한 사람들을 찾아서 만나 보니까 60-70대에 죽는 사람들은 대부분 병이 나서 죽고 85세가 넘으니 오히려 새로 젊어지는 것을 발견했습니다. 약간 늙다가 유지하고 다시 약간 늙다가 유지하더니 120세까지 쭉 가더라는 것입니다. TV 프로그램에서 100세가 넘는 사람 중에 자전거로 유리를 나르거나 고등학생에게 수학을 가르치는 것도 보았습니다.

그래서 오늘날 과학은 노화의 '보편성'이 아니라 '다양성'이라고 합니다. 실제로 30세인데 60세와 같은 사람들도 많고, 80세가 되어도 건강한 사람들도 많습니다. 무조건 나이가 든다고 늙는 것이 아닙니다. 120세가 되어도 건강하고 자기 일하는 사람들이 있습니다. "나이가 사람을 늙게 하는 것이 아니다"라는 결론이 내려졌습니다.

비가역성이 아니라 가소성

노인이 되어서 다시 젊어질 수 없는 것을 '비가역성'이라고 합니다. 그런데 그 원인이 뇌에 있음이 밝혀져서 우리가 어떻게 신앙하고 행동하느냐에 따라 달라질 수 있다는 것을 알게 되었습니다. 커피를 예로 들면 다시 끓이면 된다는 것입니다. 예수님 안에서 삶을 다시 가꾸면 됩니다. 그래서 지금은 '비가역성'이 아니라 '가소성'이라고 합니다. 초등학생들이 진흙으로 이렇게도 만들고 저렇게도 만들 수 있듯이, 나이가 들어도 2모작 3모작이 가능하다는 것입니다. 1모작은 대개 환갑에서 끝납니다. 2모작은 60에서 90세까지입니다. 3모작은 90세에서 120세까지 갈 수 있습니다. 뇌가 변하고 삶이 변하면 가능합니다.

불가피성이 아니라 적응성

세 번째 '불가피성'은 인체의 내외가 변해 가는 것은 피할 수 없다는 것입니다. 젊은 세포와 늙은 세포를 실험실에 넣어서 조사를 해 보니까 젊은 세포는 외부에서 들어오는 정보를 빨리 받아들였습니다. 즉 새로운 변화를 빨리 받아들이고 자기 몸에 소화하는 것입니다. 반면에 늙은 세포는 들어오는 정보를 바로 차단했습니다. 늙었다는 것은 새로운 정보를 받아들이지 않는 것입니다. 고집불통(固執不通)이라고 할 때 고(固)는 돌덩이, 집(執)은 한 번 잡았으면 누가 어떤 말을 해도 끝까지 잡고 있는 것을 말합니다. 불통(不通)은 아무리 이야기해도 통하지 않는 것입니다. 이것이 늙었다는 말입니다.

그런데 늙은 세포에게 약을 넣어서 받아들이도록 하니까 다시 젊어지는 것을 발견했습니다. 이를 '적응성'이라고 합니다. 이렇게 놀라운 일들이 세포학적으로 증명이 된 것입니다. 늙어도 신중하게 남의 이야기를 듣고 고집을 부리지 않으면 됩니다. 나이가 들어도 새로운 정보를 계속 공부하면 젊어집니다. 반대로 나이가 젊어도 고집만 부리면 이미 노화되었다는 말입니다.

퇴행성이 아니라 보호성

네 번째는 '퇴행성'입니다. 모양을 보면 젊은 세포는 동글동글한데, 늙은 세포는 펑퍼짐합니다. 그리고 늙은 세포는 새로운 것을 싫어합니다. 그런데 박상철 교수가 실험실에서 젊은 세포와 늙은 세포에 자외선도 쬐고 화학물질 처리도 해 보는 등 동일한 자극을 가해 봤습니다. 그러자 젊은 세포의 핵은 전부 파괴됐는데 늙은 세포의 핵은 멀쩡했습니다. 그래서 젊은 쥐와 늙은 쥐에게 독성 물질을 투입해 봤는데 결과는 비슷했습니다. 젊은 쥐의 간이 늙은 쥐의 간보다 더 잘 손상됐습니다. 실험을 통해 박 교수는 '노화란 생명체가 생존을 위해 보이는 적극적인 적응현상'이라는 것을 깨닫게 되었습니다. 그래서 노화는 죽기 위해서 변화한다는 '퇴행성'이 아니라, 적응하고 자기를 보호하려는 '보호성'이라는 것입니다. 21세기의 최첨단 학문은 노화에 대해 이렇게 설명합니다.

예수님은 부활이요 생명이다

요 8:51 "진실로 진실로 너희에게 이르노니 사람이 내 말을 지키면 영원히 죽음을 보지 아니하리라"

예수님께서 죽음을 영원히 보지 않는다고 말씀하셨습니다. 그리고 "나는 부활이요 생명이니 나를 믿는 자는 죽어도 살겠고 무릇 살아서 나를 믿는 자는 영원히 죽지 아니하리니 이것을 네가 믿느냐(요 11:25-26)"라는 말씀도 하셨습니다.

이제 인간은 150세뿐 아니라 200세까지 살 수도 있습니다. 어느 노화 학자는 1000년도 산다고 해서 모두를 놀라게 했습니다. 그러니 사망권세에 휩싸여서 "우리는 죽음을 피할 수 없어. 뇌 세포를 바꿀 수 없어. 우리는 죽기 위해 사는 거야"라고 하지 맙시다. 현대 과학은 그것이 아니라고 합니다. 2천 년 전에 예수님께서 이미 사망권세를 이기시고 부활하셨습니다.

성경적으로 생각해 봅시다. 아담이 선악과를 따먹고 범죄했는데, 하나님께서는 선악과를 따먹으면 정녕 죽으리라고 말씀하셨습니다. 그러나 아담은 에덴동산에서 바로 죽지 않고, 쫓겨 나온 후 900세를 훨씬 넘게 살았습니다. 에덴동산에서의 죽음은 '영성의 죽음'을 말한 것입니다. 그리고 아담이 영원히 살지 못함을 말한 것입니다. 아담은 죄 때문에 영원히 살 수 없었다는 말입니다.

현대 노화학에 대한 신앙의 시사점

므두셀라는 성경에서 가장 오래 산 사람입니다. 에녹은 하나님과 동행하더니 승천해서 영원히 살고 있습니다. 엘리야도 승천해서 영원히 삽니다. 예수님도 승천하셨습니다. 이것은 큰 비밀입니다. 예수 그리스도를 바로 믿는다면 죽음 문제를 해결하고 그리스도 안에서 영원히 살 수 있습니다. 그리스도 예수로 말미암아 노화와 죽음의 고통을 극복할 수 있고 승리할 수 있습니다. 그 승리의 깃발을 보여 준 것이 예수님의 수난과 부활입니다. 항상 기죽어서 벌벌 떨고 사는 사람은 예수를 믿는 사람이 아닙니다. 한 많은 불신자일 뿐입니다.

죽음과 병과 사고에 대한 두려움은 사단이 만들었습니다. 지금 21세기의 노화 과학이 사단의 음모를 폭로하고 있습니다. '모든 사람은 죽는다. 늙으면 돌아올 수 없다'는 거짓말을 폭로했습니다. 사단이 하늘나라의 비밀을 해킹해서 에덴동산에서부터 지금까지 거짓말을 해대고 있습니다. 그러나 21세기 첨단 과학은 영원히 살 수 있는 방향으로 가고 있습니다. 생물학적으로는 120세까지라고 하지만, 우리는 그리스도 예수 안에서 영원히 산다는 믿음을 가지고 있습니다.

H 장로님이 예전에 병중에 계실 때 모두가 두려워서 떨고 있었습니다. 그러나 장로님은 마음의 흔들림이 없었습니다. 하나님께서도 저에게 가서 "죽을 병 아니다"라고 선언하게 하셨습니다. 병에는 죽을병과 죽을병이 아닌 병이 있습니다. 사실 모든 병은 죄 때문에 생깁니다. 곧 자기가 만든 것입니다. 그러나 하나님의 영광을 나타내기 위한 병도 있습니다.

맺는말

우리는 이제 죽음 문제를 해결할 수 있게 되었습니다. 그분이 이 땅에 오셔서 십자가 수난을 당하시고 부활하셨으므로 우리는 영원히 살 수 있게 되었습니다. 그분의 말씀을 뒷받침하는 현대의 과학적인 연구들도 많이 있습니다. 이제 100살은 문제없습니다. 조금만 노력하면 120세까지 삽니다. 먼 훗날에는 1000세도 가능하다고 합니다. 1960년대에 한국 사람의 평균 수명이 55세였는데, 겨우 50년 지나서 지금은 평균 수명이 83세입니다. 앞으로 2050년이 되면 가만히 있어도 150세를 삽니다. 어떻게 생각하십니까?

사망권세를 이기신 그리스도 안에서 죽음을 두려워하지 맙시다. 그분을 믿고 최선을 다합시다. 그러면 주님과 함께 영원히 사는, 사망권세를 이기는 영광이 있습니다. 죽음과 병은 죄의식과 죄 때문에 생긴 것이니 그리스도 예수만 믿고 다 맡깁시다. 이번 시간에는 그리스도 안에서 최선을 다하면 우리가 영원히 살 수 있다는 말씀을 전해 드렸습니다.

16

그리스도 안에서 새사람

2012. 4. 15.
고린도후서 5:17-19

"그런즉 누구든지 그리스도 안에 있으면 새로운 피조물이라 이전 것은 지나갔으니 보라 새 것이 되었도다 ○ 모든 것이 하나님께로서 났으며 그가 그리스도로 말미암아 우리를 자기와 화목하게 하시고 또 우리에게 화목하게 하는 직분을 주셨으니 ○ 곧 하나님께서 그리스도 안에 계시사 세상을 자기와 화목하게 하시며 그들의 죄를 그들에게 돌리지 아니하시고 화목하게 하는 말씀을 우리에게 부탁하셨느니라"

기도

말씀이 육신이 되어 사랑의 인격자로 우리와 같은 모습으로 이 땅에 오셔서 생명들을 위하여, 죄에서 우리를 구원하기 위하여 사랑하시고 십자가에 죽으셨으며 부활 승천하신 주님 감사합니다. 지난주에는 우리가 그

구속과 섭리

리스도 안에서 수난주를 보냈습니다. 우리 모두가 그리스도와 함께 죽고, 부활의 놀라운 영광에 참여할 수 있는 하나님의 백성으로 부르심에 대해서 감사합니다. 사랑으로 주님과 함께 죽은 사람들은 부활할 것이나, 미움으로 죽은 사람과 게으름으로 주님을 잊은 사람은 부활하지 못할 것입니다.

하나님 백성으로서 그리스도와 함께 십자가에 못 박힌 모든 생명들은 "그리스도 안에 있으면 누구든지 새로운 피조물이라 예전 사람은 지나갔으니 보라 새 사람이 되었느니라"는 바울의 고백과 마찬가지로 부활해서 이제 새로운 사람이 되었습니다. 오늘은 그리스도 안에서의 새 사람은 어떤 인격을 갖추어야 하며, 복음을 통해서 새 사람이 나아갈 길과 방향과 라이프스타일을 생각하는 시간입니다. 아직 죄의 속성에서 벗어나지 못하는 사람들은 그리스도와 함께 죽게 하시고, 그리스도와 함께 부활에 참여해서 새 사람으로서 온전히 살 수 있는 주님의 백성이 될 수 있도록 지혜와 능력 주시옵소서. 우리를 위하여 십자가에 죽으시고 부활 승천하신 우리 주 예수 그리스도 이름으로 기도드립니다. 아멘.

어떻게 살 것인가?

이제 수난주가 끝나고 부활주가 되었습니다. 생명은 누구든지 꿈이 있고, 완성하고 싶은 목표가 있습니다. 어떻게 살고, 어떻게 인간관계를 하고, 어떻게 웰다잉 할지에 대해서 원하는 것이 있습니다. 그러나 원하는 대로 잘되지 않습니다. 저 역시 오늘 하루만 해도 아침부터 원하는 대로 되지 않았습니다. 심리학자 어니 젤린스키에 의하면 사람의 생각 중 96%

의 걱정이 쓸데없는 것이라고 하는데 특히 봄이 되면 그 생각에 빠져서 심각해집니다.

말씀을 중심으로 마음의 행복과 몸의 건강을 위해 살 수는 없을까요? 매일마다 저녁에 잘 때 흡족하고 감사하며 자기를 칭찬하고 격려하는 승리의 삶을 살 수는 없을까요? 우리의 몸이 나이가 들어도 강건하게 살 수는 없을까요? 이러한 영과 마음과 몸의 문제는 모든 사람이 생각하며 걱정하는 부분입니다.

죄 문제

영적인 문제를 풀려면 영성이 있어야 합니다. 마음의 문제는 심안(心眼)이 있어야 합니다. 몸의 문제는 신세(身勢)가 있어야 좋아집니다. 성경이 우리에게 이야기하는 것은 이 모든 문제가 발생하는 원인이 죄 문제 때문이라는 것입니다. 죄는 몇 가지 특성을 가지고 있습니다. 우선 반복해서 짓는 것입니다. 반복해서 똑같이 사는 것에서 벗어날 수 없습니다. 벗어나지 못하는 반복적인 죄의 내용은 유전과 기질, 삶의 문제와 연관되어 있습니다. 죄도 힘이 있어서 죄를 반복시키고 후회하는 삶을 살게 하면서 우리에게 고통을 줍니다. 그러면 근원적으로 죄의 문제를 깨우칠 수는 없을까요?

사람은 죄의식과 죄책감이 있는데, 그것이 없는 사람은 사이코패스입니다. 사이코패스는 거의 죄의식이 없습니다. 슬픈 감정도 없이 남이 울면 그냥 따라서 웁니다. 사람을 죽여도 별 생각이 없습니다. 정상인 사람은 자기 잘못과 부족에 대해서 항상 죄의식과 죄책감이 있는데, 그들은 죄를 범해도 죄를 부정합니다.

우리는 죄와 관계없이 초월적으로 살 수는 없을까요? 이것은 물론 죄의식 자체가 없는 사이코패스와는 구별되는 것입니다. 성경은 죄의 존재와 반복에서 벗어날 수 있는 한 방법을 제시합니다. 그 방법은 하나님께서 예수 그리스도를 이 땅에 보내서 십자가에 죽게 하시고 부활하시게 한 것입니다. 그럼으로써 인간의 죄 문제를 해결하게 하셨습니다. 예수님을 통해 인간의 가장 숙명적인 문제를 해결하게 되었습니다. 예수 그리스도의 십자가와 함께 죽고 나면 우리는 새로운 창조물이 되는 것입니다.

가부장제 속에서 어머니들이 자식들을 위해 일하고 고생하면서 문서 없는 종이라는 말을 하곤 했습니다. 그 삶이 창살 없는 감옥 같다고도 했습니다. 과거에 걸리고, 기질에 걸리고, 직장에 걸려서 사는 우리의 삶 자체가 감옥과 같습니다. 이와 같은 모든 부자유 속에서 굴레를 벗고 정말 자유롭게 멋있게 살기위해서는 그리스도가 필요합니다. 그리스도의 십자가에 죽으심을 확실히 알고 있어야 합니다.

칭의(稱義)

죄에서 자유로울 수 있는 첫 번째 조건이 칭의 문제입니다. 믿음으로 말미암아 우리는 죄의 모든 형벌에서 즉시 벗어날 수 있습니다. 다만 개념 규정을 할 필요가 있습니다. 도둑질하고 강도질하고 와서 예수만 믿으면 벌이 없다고 하는 것이 아닙니다. 죄에 대한 사회적인 벌이 있습니다.

칭의는 영적인 문제입니다. 죄의식과 죄책감에 빠져서 반복적으로 사는 우리 자신에서 벗어나야 하는데 우리 스스로는 그럴 수 없습니다. 그런데 타락된 인간은 자력구원으로 자꾸만 스스로 벗어나려고 합니다. 철학과 학문과 돈으로 벗어나고자 합니다. 인간은 피조물로서 죄에서 벗어날 수 없는데 끊임없이 벗어날 수 있다고 생각하는 것이 타락된 속성입니다. 칭의란 '네가 죄 없다'라는 것이 아니라 죄 있음에도 불구하고 예수를 믿음으로 '의인이라고 칭하는 것'입니다. 그럼에도 우리 스스로 죄의식에 빠져 있는 것은 판사가 "너는 죄가 없으니 집에 가라"고 해도 "나는 죄인이니 감옥에 가야 한다"고 말하는 것과 같습니다.

예수 그리스도를 믿으면 새로운 삶을 시작할 수 있습니다. 딱 붙어 있는 죄의식과 죄책감에서 벗어나서 살 수 있는 새로운 피조물입니다. 단, '그리스도 안에 있으면'입니다. 나는 부족하지만 예수님께서 이 땅에 오셔서 십자가에 죽으시고 부활하심을 믿고 살겠다는 것이 '인 크라이스트'입니다. '주 안에'와 '그리스도 안에'는 다릅니다. '주 안에'는 삼위 하나님 안에 있다는 말입니다. '그리스도 안에' 있다는 것은 예수님의 십자가에 죽으심과 인간 구원의 구속사를 개념규정해서 그것을 믿으면 이제 죄가 없다는 것입니다. 그래서 칭의를 받아야 합니다. 저도 죄의식과 죄책감이 많은 사람인데, 그리스도를 믿음으로 극복되었습니다.

성화

두 번째는 성화 문제입니다. 죄의 힘에서 점차 구원을 받는 것이며, 내 라이프스타일이 거룩하게 되는 것입니다. 이에 대해서는 단계적으로 된다는 주장과 즉각적으로 된다는 주장이 있습니다. 불교도 깨달음에 대해서 돈오와 점수를 말합니다. 즉각적으로 깨닫는 것을 돈오, 한 단계씩 깨닫는 것을 점수라고 합니다. 그리스도 안에 있으면 누구든지 단계적으로 성화됩니다.

성화는 죄의 힘에서 점차 구원을 받는 것입니다. 예를 들어 엄마가 어릴 때 잔소리를 많이 하면 딸은 '나는 그렇게 하지 않을 거야. 지긋지긋해'라고 하지만 자기도 모르게 복사가 되어서 본인도 나이가 들면 잔소리를 하기 시작합니다. 그런 자신을 보고 깜짝 놀랍니다. 이런 것이 바로 죄의 힘입니다. 하나님을 믿지 않고 자기 식대로 해 보겠다는 반복적인 삶에서 벗어나서 새로운 삶을 살아가야 합니다. 물론 자꾸 실패합니다만 10번 시도하면 1번 정도는 성공합니다.

얼마 전 방송에서 바늘을 던져 컵을 부수는 사람을 보았습니다. 그다음에는 유리를 통과해서 뒤의 풍선을 터트렸습니다. 그는 매일 150-200개의 바늘을 던졌는데 하나도 맞추지 못하다가 3년 만에 하나가 성공했고, 이후 3년을 또 던지니 점차 성공 확률이 높아지더라고 했습니다. 바늘은 옷 꿰맬 때 쓰는 것이지 던지는 것이 아닌데, 뭣 하러 저런 것을 그렇게도 열심히 했을까 하는 생각이 들었습니다만 어쨌든 이와 같이 성화될 때도 실패를 계속합니다. 그러나 두려워하지 맙시다. 예수님 이름을 부르면서 계속 도전해야 합니다. 그러면 거룩하게 됩니다. 믿어서 거룩하게 되고 사랑으로 거룩하게 됩니다.

영화

세 번째는 영화 문제입니다. 영화 단계에 이르면 죄의 존재에서 궁극적으로 구원을 받아 이제 죄와 관계가 없습니다. 죄의식과 죄책감도 그리스도 안에서 극복하고, 집집마다 반복하는 병과 문제들이 있는데 그것도 점차 극복됩니다. 그리고 마지막으로 죄와 관계가 없어집니다. 정말 영화를 누리는 천국 같은 삶을 삽니다. 세상에서 고생스럽기도 하지만 천국의 맛을 보고 삽니다. 영화는 그러한 단계입니다.

이와 같이 예수 그리스도께서 죄의 문제를 해결하셨습니다. "이는 자기 백성을 저희 죄에서 구원하심이라"는 말씀과 같습니다. 유전과 개인의 기질적인 죄의 문제를 극복할 수 있습니다.

새사람의 특징

바울은 이제 새사람이 되었다면 어떻게 된다는 것을 제시합니다.

고린도전서 13:4-8은 사랑장입니다. 이제 예수 그리스도 안에서 새사람이 되었다면 사랑으로 삽니다. 반대는 용서 없이 보복적인 삶을 사는 것입니다. 사랑의 특징은 15가지입니다. 오래 참고, 온유하며, 투기하지 않고, 자랑하지 않고, 교만하지 않고, 무례히 행치 않고, 자기의 유익을 구하지 않고, 성내지 않고, 악한 것을 생각하지 않고, 불의를 기뻐하지 않고, 진리와 함께 기뻐하고, 모든 것을 참으며, 모든 것을 믿으며, 모든 것을 바라며, 모든 것을 견딥니다.

그리고 바울은 또한 갈라디아서 5:22-23에서 사랑을 가지고 살면 성령의 열매를 맺는다고 하는데, 그것이 9가지라고 합니다. 사랑, 희락, 화평, 오래 참음, 자비, 양선, 충성, 온유, 절제입니다.

빌립보서(빌 4:8)에서는 새사람은 8가지 특성으로 산다고 하였습니다. 참되고, 경건하고, 옳으며, 정결하며, 사랑할 만하며, 칭찬할 만하며, 무

　　　　　　　　　　　　　　구속과 섭리

슨 덕이 있든지, 무슨 기림이 있든지 이것들을 생각한다고 했습니다.

골로새서 3:12-16에서는 새사람은 12개의 특징이 있다고 말합니다. 긍휼, 자비, 겸손, 오래 참음, 서로 용납, 피차에 용서, 이 모든 것 위에 사랑을 더함, 그리스도의 평강이 마음을 주장, 감사하는 자가 됨, 그리스도의 말씀이 풍성하게 거함, 모든 지혜로 피차 가르치며 권면, 그리고 마음에 감사함으로 하나님을 찬양하는 것입니다.

신약의 4복음서 이외에 모든 사도 서신의 특징은 새사람으로 어떻게 사는가가 주제입니다. 그러니까 바울이 새사람의 여러 가지 특성을 말하고 있는 것입니다. 물론 다른 사도들도 그 특성을 말합니다.

> 벧후 1:5-11 "그러므로 너희가 더욱 힘써 너희 믿음에 덕을, 덕에 지식을, ◦ 지식에 절제를, 절제에 인내를, 인내에 경건을, ◦ 경건에 형제 우애를, 형제 우애에 사랑을 더하라 ◦ 이런 것이 너희에게 있어 흡족한즉 너희로 우리 주 예수 그리스도를 알기에 게으르지 않고 열매 없는 자가 되지 않게 하려니와 ◦ 이런 것이 없는 자는 맹인이라 멀리 보지 못하고 그의 옛 죄가 깨끗하게 된 것을 잊었느니라 ◦ 그러므로 형제들아 더욱 힘써 너희 부르심과 택하심을 굳게 하라 너희가 이것을 행한즉 언제든지 실족하지 아니하리라 ◦ 이같이 하면 우리 주 곧 구주 예수 그리스도의 영원한 나라에 들어감을 넉넉히 너희에게 주시리라"

베드로는 이와 같은 8가지 덕을 말하면서 새사람으로 그것을 완성하면 하나님 나라에 들어가는 데 넉넉하다고 합니다. 우리는 새사람으로 살아서 하나님 나라에 들어갈 때 주님 앞에 무엇을 제시할 수 있는가를 생각해야 합니다. 생명들은 예수님이 이 땅에 오신 이유를 잘 알고 있어야 합니다.

맺는말

예수 그리스도를 통해서 새로운 창조물이 될 때 3단계를 거칩니다. 첫째로 칭의 문제입니다. 이것은 특히 과거 문제를 해결해야 합니다. 과거가 얼마나 큰 힘이 있는지 모릅니다. 예수님의 십자가에 죽으심을 치열하게 믿지 않으면 계속 과거 문제에 시달립니다. 둘째로 성화 문제입니다. 성화는 현재 내가 그리스도 안에서 단계적으로 성장하고 있는가하는 것입니다. 베드로도 사랑의 인격자로 배워 나가는 이야기를 합니다. 사람마다 단계는 다양하지만 모두 그리스도를 목표로 나가면 됩니다. 셋째로 영화 문제입니다. 영화는 미래에 대한 것입니다. 미래는 영원한 현재 속에 있습니다. 영원한 현재를 선물 받으면 영원한 현재 속에 칭의, 성화, 영화가 같이 존재합니다. 칭의, 성화, 영화가 된 사람은 이 세상에 살면서 너무나 감사하며 기쁘게 삽니다. 현재 일상 속에서 천국처럼 삽니다.

우리는 어떤 경우에도 십자가에 죽으시고 부활하신 그리스도 안에 있어야 합니다. 그러면 누구든지 새로운 사람입니다. 옛사람은 지나갔으니 보라 새사람이 되었다고 했습니다. 오늘을 기점으로 우리 모두가 그리스도 안에서 새로운 사람이 됩시다.

구속과 섭리

17

—

시온의 유월절

2012. 4. 22.
요한계시록 14:1-5

"또 내가 보니 보라 어린 양이 시온 산에 섰고 그와 함께 십사만 사천이 서 있는데 그들의 이마에는 어린 양의 이름과 그 아버지의 이름을 쓴 것이 있더라。 내가 하늘에서 나는 소리를 들으니 많은 물 소리와도 같고 큰 우렛소리와도 같은데 내가 들은 소리는 거문고 타는 자들이 그 거문고를 타는 것 같더라。 그들이 보좌 앞과 네 생물과 장로들 앞에서 새 노래를 부르니 땅에서 속량함을 받은 십사만 사천 밖에는 능히 이 노래를 배울 자가 없더라 。 이 사람들은 여자와 더불어 더럽히지 아니하고 순결한 자라 어린 양이 어디로 인도하든지 따라가는 자며 사람 가운데에서 속량함을 받아 처음 익은 열매로 하나님과 어린 양에게 속한 자들이니 。 그 입에 거짓말이 없고 흠이 없는 자들이더라"

기도

이스라엘의 거룩하신 만군의 하나님, 감사와 찬송을 드립니다. 인간 인류 5천 년 역사 속에서 하나님이 이스라엘과 예루살렘과 시온산을 선택하시고, 구속의 역사와 하나님의 모든 비밀을 알게 하신 은혜를 참으로 감사드립니다. 종말론적인 관점에서 바라볼 때 부활하신 예수님께서 오셔서 우리 시온산 교회를 60여 년 전에 세운 이래 일본 제국과 투쟁해서 은혜로 승리케 하시고, 그 승리의 기념을 통해서 하나님은 역사의 주관자이시며 모든 생명의 창조주이심을 우리가 깨닫고 함께 예배드리게 하신 은혜 감사드립니다. 아버지여 아직까지 이 시대는 친일파가 득세하는 시대입니다. 그럼에도 불구하고 남은 자들을 주님께서 남겨 두셔서 창조주 하나님께 예배하며, 그 공동체가 지금까지도 있으며, 놀라운 하나님의 역사가 전개되고 있음을 생각할 때 참으로 감사드립니다. 이에 요한계시록 14장 말씀과 같이 어린양이 시온산에 섰는데 같이 있는 자가 14만 4천 명이라고 했습니다. 7장 말씀에는 또한 셀 수 없는 무리가 종려나무 가지를 가지고 주 하나님을 찬송한다고 했습니다. 우리가 오늘날 역사의 주관자이신 하나님의 신앙 안에서 살아갈 때 투쟁의 역사를 이 사회에 다른 식으로 적용해 가면서 하나님 나라를 위하여 우리 모두가 최선을 다 할 수 있게 하시며 이 기념예배가 빛나게 해 주시옵소서. 우리를 위하여 십자가에 죽으시고 부활 승천하셨으며, 재림하실 우리 주 예수 그리스도 이름으로 기도드립니다. 아멘.

구속과 섭리

구원받은 하나님의 백성들

이스라엘 민족이 다른 민족들과 다른 것은 세계 어디에 있어도 유월절을 지킨다는 것입니다. 그리고 성전과 회당 예배를 중요시하고, 할례를 행하며, 음식도 제라임(Zeraim) 식사라고 해서 특별하게 합니다. 또 하나님의 놀라운 출애굽의 역사를 전합니다. 하나님께서는 5천 년 인간 역사에서 구속사를 통해 예루살렘과 시온산의 이스라엘 백성을 구별된 민족, 하나님께 예배하는 민족으로 선택하셨습니다.

예수님께서 십자가 수난을 당하시고 부활하신 것에 대한 사순절 예배의 절기가 끝나면, 승천하신 후에 성령이 오신 것을 기념하는 오순절 예배를 드립니다. 예수님께서는 모든 믿는 사람들에게 40일 동안 부활하신 모습으로 나타나셨으며, 그들이 복음을 듣고 부활하신 예수님을 만나고 모였을 때 성령 하나님이 오셨는데, 이를 오순절이라고 합니다. 이는 칠칠절이라는 구약의 절기와 일치합니다.

오늘 본문에서 '어린양'이라는 말을 쓴 이유는 어린양이 구약에서 제물로 바쳐지듯이 예수님께서 생명들을 위해 희생 제물로 바쳐졌기 때문입니다. 모든 생명을 구원하신 표입니다. 구원받은 하나님의 백성들이란 반드시 자기를 이기고 제 십자가를 지며 그리스도와 함께 사는 사람들을 말합니다.

어린양이 시온산에 섰는데, 그와 함께 있는 자들이 십사만사천이라고 하였습니다. 요한계시록은 상징으로 풀어야 합니다. 그렇지 않고 이를 숫자적으로만 해석해서 십사만사천 명을 모집하면 이단, 삼단이 됩니다. 계시록에서 말하는 십사만사천은 재림 천년국에서 하나님의 제사장과 같은 사람의 수가 그렇다는 말입니다. 또한 4절의 "여자와 더불어 더럽히지 아니하고"라는 말씀을 '여자는 나쁘다'라고 해석해서는 안 됩니다. 이 여자는 로마 제국의 황제들을 상징합니다. 제국주의를 지칭하는 것입니다. 성경은 예수 이름으로 오시는 성령 안에서 해석을 잘해야 합니다.

하나님은 심판의 때에도 반드시 남은 자들을 두신다

오늘 말씀은 인간 역사 속에서 '남은 자들'에 대한 것입니다. 예컨대 노아의 홍수 속에서도 8명을 남기셨습니다. 하나님은 반드시 은혜를 주시고 심판하시고 남기는 사람들이 있습니다. 하나님 나라에 갈 사람들입니다. 구약의 전통에서는 노아의 홍수에서 8명을 남기셨는데, 이것도 해석을 잘못하면 8명만 천국에 간다고 할 수 있습니다. 이것은 하나의 상징으로써 남기신 자들이 있다는 뜻입니다.

소돔과 고모라를 멸망시킬 때 불러낸 사람은 롯의 가족 4명인데, 롯의 부인은 돈이 아까워서 돌아보다가 소금 기둥이 되고, 롯과 두 딸만 나왔습니다. 롯이 하나님 앞에 경건한 삶을 살지 못했기 때문에 멸망 가운데서 구원은 되었지만 가정이 파괴되는 불행한 일이 일어났습니다. 또한 아합 시대에 모두가 바알과 아세라 신을 섬겨서 엘리야가 로뎀 나무 밑에서 비탄을 금치 못하고 "저밖에 없습니다. 제 생명을 취하소서"라고 했을 때 하나님께서 "너 외에도 7천 명을 남겨 두었다"라고 하셨습니다.

하나님의 역사에는 반드시 남아 있는 자들이 있습니다. 아시리아나 바벨론의 강대한 군국주의에서 포로가 되어 가서도 남은 사람들, 포로에서 돌아와서도 남은 사람들, 예루살렘과 시온산에도 남겨 둔 자들이 있었습

구속과 섭리

니다. 이사야서 37장 31절과 32절에서도 남긴 자들에 대해서 분명하게 말씀하고 있습니다(유다 족속 중에 피하여 남은 자는 다시 아래로 뿌리를 박고 위로 열매를 맺으리니 이는 남은 자가 예루살렘에서 나오며 피하는 자가 시온에서 나올 것임이라 만군의 여호와의 열심이 이를 이루시리이다).

이집트에 잡혀가고 돌아올 때도 남은 자가 있고, 출애굽을 했을 때도 60만이라는 장정이 다 죽었지만 여호수아와 갈렙이 믿음의 사람으로 남았습니다. 바벨론에 많은 사람이 잡혀갔지만 그들이 스룹바벨과 에스라를 통해 돌아왔고, 느헤미야를 중심으로 하나님의 성전을 짓는 남은 자들이 있었습니다. 페르시아 제국 안에도 남아 있는 사람이 다니엘과 친구들이었습니다. 이들은 먼저 바벨론에서 국무총리와 대단한 학자로 남아 있었습니다.

신약시대의 남은 자들

남은 자에게는 하나님의 나라가 임하는 놀라운 축복이 있다고 성경은 말합니다. 신약으로 넘어와서 로마 제국에서도 예수님과 제자들이 남은 자들입니다. 주후 100년경 기독교 공동체 지도를 보면, 소아시아를 중심으로 남은 자들이 모여서 공동체를 이루고 하나님 나라의 영광을 위해 애쓰고 하나님의 역사를 증거했습니다. 남은 자들에게서 오늘날의 신학이 성립되었습니다.

베드로를 중심으로 한 베드로 공동체가 성립되어 로마로 들어갔고, 사도 요한을 통해서 요한 공동체가 소아시아 중심으로 아주 신비롭게 예수님을 전했습니다. 오늘 본문 말씀도 요한 공동체의 고백입니다. 요한 공동체가 볼 때 십사만사천 명과 셀 수 없는 무리가 하나님의 천년국에 들어가더라는 것입니다. 그래서 "내가 보고 증거한다"는 것이 요한계시록의 증거입니다. 이것이 남은 자들의 일입니다. 사도 다음에 속사도들이 있고, 그 후에 스콜라 철학자들이 맥을 이었습니다. 이들이 바로 복음서들을 근거로 남은 자로서, 중세 유럽의 모든 문화의 뿌리와 근거가 되었습니다.

현대의 남은 자들

1차, 2차 세계 대전 때는 나치에게 죽을 수밖에 없었는데, 그 속에서도 남은 자들이 있었습니다. 그 대표적인 사람이 본회퍼 목사입니다. 그리고 닥터 그레이슨 목사[3]의 장인어른도 계십니다. 그분은 독일의 레지스탕스로 히틀러에 항거해서 싸우다가 미국으로 망명했습니다. 그레이슨 박사는 우리 시온산 교회의 역사에 대한 논문을 썼는데, 곧 전국에 책이 출판될 예정입니다.

그레이슨 박사는 시온산 교회의 구별된 별난 신앙을 잘 이해할 수 있다고 하였습니다. 왜냐하면 박사님의 부인이 본인 아버지의 신앙과 시온산 교회의 신앙이 똑같다고 했기 때문이라는 것입니다. 박사님의 장인이 나치 가짜 제국에 저항한 역사와 일제 강점기에 일본에 저항한 시온산 교회의 역사가 같다는 것입니다. 앞으로 이 역사는 세계에 알려질 것입니다.

한국의 남은 자들로는 주기철 목사와 순장로 교회가 있었습니다. 그들

---

3) 영국 셰필드 대학 교수 역임. 경주 시온산 교회에 대한 연구 논문을 발표. - 편집자 주

은 목숨을 걸고 일제 강점기 때 신사참배와 동방요배를 반대했습니다. 그들이 고신 계열의 남은 자들입니다. 마지막은 우리 시온산 교회로서 남은 자의 전통으로 하나님의 역사를 잇고 있습니다.

4월 25일을 기념하는 오늘 우리의 예배[4]는 아주 독특합니다. 시온산 교회는 부활하신 예수님께서 오셔서 세운 교회입니다. 오늘 우리는 영적으로 대단한 자리에 왔습니다. 우리 교회가 한국에서는 영적으로 가장 양반입니다. 한국 교회는 70-80% 이상이 친일의 역사를 가지고 있고, 국민들도 대부분 민족에 대한 역사의식이 없습니다. 친일파 독재주의자의 딸을 찍어 주는 것을 보면 정신없는 유권자들입니다. 정신 차려야 합니다.

우리는 남은 자로서 재림 천년국을 바라보아야 합니다. 하나님의 역사 속에서 재림 천년국을 보고 나아가야 선택된 자로서의 정당성이 있어집니다. 민족정기도 없이 먹는 것만 해결해 주면 최고라고 생각하는 나쁜 씨들은 잘 구별해야 합니다.

시온산의 개념

> 계 7:9-10 "이 일 후에 내가 보니 각 나라와 족속과 백성과 방언에서 아무라도 능히 셀 수 없는 큰 무리가 흰 옷을 입고 손에 종려 가지를 들고 보좌 앞과 어린 양 앞에 서서 ◦ 큰 소리로 외쳐 가로되 구원하심이 보좌에 앉으신 우리 하나님과 어린 양에게 있도다 하니"

---

4) 경주 시온산 교회가 세워진 날을 기념하는 예배. - 편집자 주

오늘 본문인 요한계시록 14장에서는 "어린 양이 시온 산에 섰고 그와 함께 십사만 사천이 서 있는데"라고 했는데, 요한계시록 7장에서는 셀 수 없는 무리라고 하였습니다. 7장 말씀을 읽는 이유가 있습니다. 잘못하면 하나님 말씀을 우리식으로 해석하는 우를 범할 수 있습니다.

시온산도 개념 정리를 분명히 해야 합니다. 시온산은 세 가지의 개념이 있습니다. 첫째, 예루살렘 성전 옆의 조그마한 언덕을 시온산이라고 합니다. 시온의 히브리식 발음은 '치온'인데, '치온'은 언덕이라는 뜻입니다. 예루살렘의 동쪽에 위치한 곳으로서, 요르단에서 태양이 뜨면 가장 먼저 빛이 비치는 곳입니다. 이곳은 다윗이 여부스 족속과 전투해서 빼앗은 땅입니다. 다윗이 선택한 곳이어서 시온산을 중요시했습니다. 두 번째로는 시온이라는 개념이 더 커져서 유대나라의 북쪽에서 가장 큰 헤르몬 산 정상을 시온이라고 합니다. 만국을 향해 복음을 선포하는 높은 곳입니다. 세 번째 시온산의 의미는 하나님의 말씀을 사랑하고 예수 그리스도의 십자가의 수난과 부활을 믿으면서 따르는 세계 곳곳의 모든 성도를 말합니다. 이렇게 개념 정리를 해야지, 우리밖에 없다고 하면 안 됩니다.

남은 자들의 교회

이제 우리는 피한 자, 특별히 구별된 자, 남은 자의 교회에서 예배를 드리게 되었습니다. 이 얼마나 놀랍고 신기한 이야기입니까? 성경의 구약과 신약의 역사 속에서도 반드시 남은 자가 있고 재림의 나라에 들어갈 사람이 있었습니다. 찬송가 중에 '천국에서 그날 그 문에서 만나자'고 하는 가사가 있는데, 아무나 만나는 것이 아닙니다. 어린양과 함께 고통받

구속과 섭리

은 남은 자들이 천국에 들어갈 수 있습니다. 지금은 친일파 세상이라 시온산 교회의 남은 자들은 별로 인기가 없습니다. 그러나 영적으로 보았을 때는 재림 천국에 갈 수 있는 남은 자들입니다. 시온산 교회는 최고의 교회이므로 말씀만 사랑하고 하나님만 사랑하고 있으면 됩니다.

하나님은 인간 5천 년 역사 속에서 심판을 통해서도 반드시 사람들을 남기셨습니다. 노아의 홍수, 소돔과 고모라, 엘리야 시대, 이집트, 아시리아, 바벨론, 로마의 시대에도, 히틀러의 시대에도 하나님의 사람들을 남겨서 투쟁하게 하셨습니다. 일본 제국 시대에는 시온산 교회와 고신, 순장로교를 남겨서 하나님께서 역사를 주관하는 핵심이라는 것을 분명히 보여 주셨습니다.

이 말세지말에 우리가 시온산 교회의 교인으로 남아서 함께 예배를 드리고 있습니다. 어린 양이 시온산에 섰으므로 남은 자로서 하나님 나라에 들어갈 수 있다는 놀라운 축복은 성경을 관통하는 이야기이며, 오늘 기념 예배의 핵심입니다. 모두 이 말씀 안에서 함께 은혜받으시기 바랍니다.

18

물로 포도주를 만드심

2012. 4. 29.

요한복음 2:1-11

"사흘째 되던 날 갈릴리 가나에 혼례가 있어 예수의 어머니도 거기 계시고 。 예수와 그 제자들도 혼례에 청함을 받았더니 。 포도주가 떨어진지라 예수의 어머니가 예수에게 이르되 저들에게 포도주가 없다 하니 。 예수께서 이르시되 여자여 나와 무슨 상관이 있나이까 내 때가 아직 이르지 아니하였나이다 。 그의 어머니가 하인들에게 이르되 너희에게 무슨 말씀을 하시든지 그대로 하라 하니라 。 거기에 유대인의 정결 예식을 따라 두세 통 드는 돌항아리 여섯이 놓였는지라 。 예수께서 그들에게 이르시되 항아리에 물을 채우라 하신즉 아귀까지 채우니 。 이제는 떠서 연회장에게 갖다 주라 하시매 갖다 주었더니 。 연회장은 물로 된 포도주를 맛보고도 어디서 났는지 알지 못하되 물 떠온 하인들은 알더라 연회장이 신랑을 불러 。 말하되 사람마다 먼저 좋은 포도주를 내고 취한 후

구속과 섭리

에 낮은 것을 내거늘 그대는 지금까지 좋은 포도주를 두었도다 하니라 ○ 예수께서 이 첫 표적을 갈릴리 가나에서 행하여 그의 영광을 나타내시매 제자들이 그를 믿으니라"

기도

천지가 창조되기 전에 말씀으로 창조주 하나님과 함께 계신 주님, 이 우주와 모든 세계는 말씀으로 지어졌음을 믿습니다. 주님께서는 이천여 년 전에 말씀이 사람이 되어 이 땅에 오셔서 사랑의 마음으로 하나님의 마음을 나타내시고, 부족하고 모자라는 인간들을 용서하는 마음으로 사랑의 하나님이시며 자비의 하나님이심을 나타내시고, 또한 7가지 표적을 통해서 창조주 하나님이 어떤 분이신 것을 분명히 보여 주셨습니다. 오늘은 요한복음을 통해 우리가 함께 은혜받고자 합니다. 특별히 갈릴리 가나의 혼인 잔치에 가서서 첫 번째 표적을 행하신 이 표적들에 대해서 우리가 확실히 깨닫고 우리의 삶을 말씀 안에서 변화시킬 수 있도록, 반드시 깨닫고 실천할 수 있도록 아버지여 지혜 주시고 능력 주시옵소서. 우리를 위하여 십자가에 죽으시고 부활 승천하셨으며 재림하실 우리 주 예수 그리스도 이름으로 기도드립니다. 아멘.

성도의 삶이란

지난주에는 우리 교회의 유월절 예배를 드렸습니다. 그 예배에서 우리는 '남은 자'로 역사 속에 너무 귀한 존재라고 하였습니다. 하나님이 기억하고 특별히 남겨 준 사람들입니다. 그 남은 자 사상으로 우리 교회를 이해하고 설교했습니다.

한국 사람들이 가장 좋아하는 것이 이긴 축구 경기를 보는 것입니다. 패널티킥을 당해도, 중요한 선수가 다쳐서 밖에 나가도, 상대에게 한 점을 먹어도 괜찮습니다. 결국 우리가 이겼으니까요. 이 말씀을 하는 것은 하나님을 바로 알면 우리 삶이 이긴 축구 경기를 보는 것과 비슷하다는 것입니다. 마찬가지로 우리가 하나님을 경외하고 알고 사랑하게 되면 이와 같은 삶을 살 수 있습니다. 병들어도 걱정 없습니다. 나을 것이니까요. 사단과 돈에 공을 자주 빼앗깁니다만 그래도 걱정 없습니다. 결국은 이길 것이기 때문입니다.

그러면 어떻게 하면 하나님을 알게 되는 것일까요? 하나님께서는 우리에게 어떤 삶을 요구하시는 것일까요? 이번 시간에는 요한복음을 통해서 하나님을 알고, 이긴 축구 경기를 하듯이 우리의 삶을 살아 봅시다. 요한을 통해 예수 그리스도가 하나님이심을 알게 됩니다. 우리는 하나님을 바로 알 수 없습니다. 반드시 예수님을 통해야 합니다. 예수 그리스도에 대해서 많은 사람들이 글을 썼습니다. 공관복음과 제4 복음인 요한복음이 그렇습니다. 요즘 젊은 신학자들 말로는 '요한 버전'이라고도 하는데, 요한이 하나님과 예수 그리스도를 어떻게 이해했는지 말씀을 드리고자 합니다.

요한이 이해한 예수 그리스도

요한은 20대 초반에 예수 그리스도를 만나서 예수님께 사랑을 받고 자

구속과 섭리

기도 사랑을 하면서 사랑의 제자로 살았습니다. 요한이 그분을 따라다니다가 받은 큰 충격은 그분이 십자가에 죽으셨다는 것입니다. 예수님께서 부활하시고 승천하신 후에 오랜 세월이 흘렀습니다. 많은 사람들이 복음서를 썼습니다. 요한은 그 복음서를 정확하게 읽어 보고 기도하면서 '나는 예수님을 하나님으로 생각한다'라고 하여 기도하고 복음서를 쓰기 시작했습니다. 그리스와 로마 세계 사람들을 대상으로 그들의 철학을 깊이 공부하고 요한복음을 기록했습니다. 당시 마태와 마가와 누가는 35개나 되는 예수님의 기적을 나누어 편집했는데, 요한은 7가지만 뽑았습니다. 이 분이 왜 하나님이신가를 그 7개의 표적을 통해서 우리에게 분명히 말했던 것입니다.

세상의 법칙을 만드신 초월적 존재이신 하나님

첫째 표적이 물로 포도주를 만드신 사건입니다. 예수님께서 갈릴리 가나에서 결혼식에 초청을 받으셨습니다. 어머니도 계시고, 제자들도 초대받아 갔습니다. 결혼식에 가면 사회자도 있고 안내자도 있습니다. 잔치 분위기에 젖어 있는데 어머니가 예수님께 와서 "큰일이다. 포도주가 모자란다"고 하였습니다. 유대나라 결혼식은 7일 동안 치러지기 때문에 신랑 쪽에서는 7일간 마실 포도주를 미리 준비해야 합니다. 그런데 이 결혼식은 어떻게 되었는지 그만 도중에 포도주가 동나고 말았습니다. 그런데 예수님께서 어머니의 말을 들은 후 연회장을 불러서 뭐라고 하시지 않고 "여자여, 나와 무슨 상관이 있습니까?"라고 동문서답을 하십니다. 그런데 어머니 마리아는 하인들을 불러서 "너희에게 무슨 말씀을 하시든지 그대로 하라"고 합니다.

돌항아리 6개가 있는데, 예수님께서 하인들에게 "항아리에 물을 채우라"고 하시자 시킨 대로 하였습니다. 그리고 그 항아리를 연회장에게 갖다주라고 하셨습니다. 연회장이 포도주 맛을 보니 기가 막히게 맛이 좋습니다. 그러니 연회장이 신랑에게 "다른 집에서는 사람들이 취하면 좋지 않은 포도주를 내서 마무리하는데 이 집은 갈수록 포도주가 좋으니 어떻게 된 것이냐?"고 묻습니다. 그러나 포도주 맛이 왜 이렇게 좋아졌는지 아무도 모릅니다. 오직 물 떠 온 하인들만 알 뿐입니다.

우리는 먼저 예수님이 물로 술을 어떻게 만들었는지 과학적으로 생각해 보아야 합니다. 물이 포도주가 되는 것은 인간 세상에서 불가능합니다. 과학적으로 화학 반응의 원칙에 어긋납니다. 물에 탄소와 OH까지 생겼습니다($H2O \rightarrow C2H5OH$). 이런 기적을 영적으로 잘 이해하지 못하면 무조건 믿으라고 합니다만 시대가 달라졌습니다. 무조건은 안 됩니다. 예컨대 물 위로 걸으신 것도 부력의 원칙과 어긋납니다. 죽은 자가 살아나는 것도 죽음의 법칙에 어긋납니다. 이것은 과학을 만드신 하나님만이 하실 수 있는 일입니다. 하나님은 과학과 인간의 모든 것을 만드신 초월적인 존재입니다. 그는 물로 포도주를 만드실 수 있습니다.

첫째 표적의 의미

이분은 하나님이시므로 이와 같은 것을 행할 수 있습니다. 이 말씀의 영적인 뜻은 무엇입니까? 첫째, 예수님께서는 오늘 초상집이 아니라 잔칫집에 가셨다는 것입니다. 우리의 삶이 예수님을 모르면 초상집입니다.

구속과 섭리

삶의 의미가 없습니다. 그래서 친구를 만나도 "말도 마라. 먹고 살려니 참 어렵다"라고만 합니다. 그런데 예수님께서 첫 번째로 행하신 기적이 잔치 집을 회복하심입니다. 잔치에는 새로운 만남과 기쁨과 절제와 럭셔리 함과 멋이 있습니다. 예수님께서 오셨으므로 초상집과 같은 우리의 삶이 잔치 집과 같이 되었습니다. 둘째, 포도주는 기쁨을 상징합니다. 물로 포도주를 만드셨다는 것은 우리 주님께서 포도주와 같은 기쁨을 주셨다는 것입니다. 그리고 절제를 주셨습니다. 셋째, 화학반응의 법칙을 뛰어넘은 놀라운 창조의 세계를 보여 주셨습니다. 우리에게 창조주인 하나님의 모습을 보여 주신 것입니다.

예수님의 첫 번째 표적인 포도주 사건을 통해서 세 가지를 알게 되었습니다. 우리가 아침에 일어날 때와 저녁에 잘 때, 잔칫집 같은지 중환자실과 비슷한지 되돌아봅시다. 대개 초상집과 비슷합니다. 예수님을 통해 잔치를 회복합시다. 기쁨을 회복합시다. 창조주 하나님이 어떤 분인지 압시다. 자비와 용서와 사랑을 압시다. 예수 그리스도를 알게 되면 이겨 놓고 보는 축구 경기와 같다고 말씀드렸습니다. 예수 그리스도를 알면 우리의 삶도 이미 이겨 놓은 삶을 사는 것입니다.

요한복음의 기록 목적

요한은 예수님의 사랑하는 제자입니다. 요한이라는 이름은 '하나님은 은혜로우시다'는 뜻입니다.

요 20:31 "오직 이것을 기록함은 너희로 예수께서 하나님의

아들 그리스도이심을 믿게 하려 함이요 또 너희로 믿고 그 이
름을 힘입어 생명을 얻게 하려 함이니라"

요한이 이 책을 기록한 목적을 말합니다. 마태도, 누가도, 마가도 복음을 기록했지만, 요한이 복음을 기록한 첫 번째 목적은 자신을 제자로 살게 하신 분은 하나님이시자 하나님의 아들이시라는 것을 밝히기 위해서입니다. 두 번째 목적은 믿으면 영원히 사는 비밀을 깨닫게 된다는 것입니다. 영생을 얻게 됩니다. 이 두 가지 놀라운 목적으로 복음을 기록했습니다. 요한은 7의 배수로 기록해서 요한복음은 총 21장입니다.

요 21:24-25 "이 일들을 증거하고 이 일들을 기록한 제자가
이 사람이라 우리는 그의 증언이 참된 줄 아노라 ◦ 예수의 행
하신 일이 이 외에도 많으니 만일 낱낱이 기록된다면 이 세상
이라도 이 기록된 책을 두기에 부족할 줄 아노라"

너무나 많은 표적이 있지만, 예수님이 하나님이심을 나타내는 방법으로 7가지의 표적을 선별해서 기록한다는 것입니다. 나사로가 죽었다가 살아난다는 것은 죽음의 법칙에 어긋나는 것입니다. 과학은 사실을 통계적으로 조사하여 개념화한 이론입니다. 그래서 과학 이론은 바뀔 수 있습니다. 그러나 인간 역사에서 바뀔 수 없는 것은 법칙입니다. 물이 포도주가 될 수 없는 것은 법칙의 영역입니다. 오직 창조주 하나님만이 법칙을 바꿀 수 있습니다.

그리고 요한복음 21장 24절의 "우리"는 요한 공동체를 말합니다. 요한

구속과 섭리

이 밧모섬에서 요한계시록을 기록했고, 에베소 교회에서 95세까지 장로로 있으며 요한복음을 남겼습니다. 예수님의 많은 제자 공동체가 있었는데, 요한 공동체도 그중의 하나입니다. 속사도인 폴리캅도 요한의 제자였습니다. 이러한 교부들의 영향을 받아 이른바 스콜라 철학자들은 요한 공동체에서 많은 영향을 받았습니다. 예수님 이후에 가장 유명한 공동체가 예루살렘 중심의 베드로 공동체와 갈릴리와 소아시아에서 형성된 요한 공동체입니다.

위의 말씀에서 "그의 증언이 참된 줄 아노라"고 하였는데, 믿는 사람은 증거가 있어야 합니다. 과학자의 말이 더 재미있는 것은 증거가 있기 때문입니다. 목사는 무조건 믿으라고 하니까 재미가 없습니다. 그런데 요한은 예수 그리스도가 하나님이심을 7가지 표적으로 확실하게 증거하고 있습니다.

맺는말

참고로 마태가 볼 때 예수는 유대인의 왕이었습니다. 아브라함과 다윗의 계열을 잇는 왕이므로 유대인들에게 예수를 말하기 위해서 마태복음을 썼습니다. 당시 로마 세계에서 가장 중요한 덕목이 봉사 정신이었는데, 마가는 예수님의 십자가에 죽으심이 가장 큰 봉사 정신이었음을강조하며 로마인들을 대상으로 마가복음을 기록했습니다. 누가복음은 이방인을 대상으로 하나님이신 예수님이 사람의 아들로 오셨다고 기록했습니다. 요한은 예수님이 하나님이시라는 것을 증명하기 위해 많은 표적 중 7가지만 뽑았습니다. 초월적이고 독립적이고 절대적인 하나님을 나타내기 위해서 요한복음을 쓴 것입니다.

　이긴 축구 경기를 보면 상대편에게 골 하나 먹어도 아무 걱정 없듯이 우리도 하나님을 알고 신앙하면 우리의 삶이 완전하고 멋있을 것이기 때문에 손해가 좀 나도 괜찮습니다. 어려운 일이 있어도 괜찮습니다. 나중에 주님 안에서 완성될 것이니까 아무 걱정이 없습니다. 요한은 우리에게 그것을 말하고 있는 것입니다.

19

그리스도 안에서 어린이날 어버이날

2012. 5. 6.
에베소서 6:1-4

"자녀들아 주 안에서 너희 부모에게 순종하라 이것이 옳으니라 ○ 네 아버지와 어머니를 공경하라 이것은 약속이 있는 첫 계명이니 ○ 이로써 네가 잘되고 땅에서 장수하리라 ○ 또 아비들아 너희 자녀를 노엽게 하지 말고 오직 주의 교훈과 훈계로 양육하라"

기도

그리스도 예수 이름으로 오시는 성령 안에서 하나님께 감사와 찬송을 드립니다. 특별히 지난 토요일부터 다음 주까지는 어린이날과 어버이날과 스승의 날이 있는 가정의 달입니다. 그리스도 예수 안에서 자녀들에게 하나님 말씀을 가르치고 있는지, 또한 올바른 자녀관을 가지고 있는지, 우리 각자의 가정들을 돌아볼 수 있는 귀한 시간 주심을 감사합니다. 바울은 특별히 옥중 서신인 빌립보서와 골로새서와 에베소서에서 가정의 중요성을 강조하면서 남편과 아내와 자녀들과 어떻게 서로 아끼고 존중해야 하는지에 대해 이 말씀을 통해서 우리에게 지혜와 교훈을 전합니다. 그리스도 예수 안에서 자식으로서, 부모로서, 완전하게 그리스도 안에서 성숙된 삶을 보여 줄 수 있도록, 성공적인 개인과 가정이 될 수 있도록 이 시간과 이 장소와 이 모든 만남을 축복해 주시옵소서. 우리를 위하여 십자가에 죽으시고 부활 승천하셨으며, 어린아이들을 끝까지 사랑하신 우리 주 예수 그리스도 이름으로 기도드립니다. 아멘.

수명에 담긴 우화

조상들이 윤달이라는 개념으로 지금과 같은 혼돈스럽고 변덕스러운 날씨를 설명했습니다. 혼돈스러운 날씨를 어떻게든지 이해해 보려는 조상들의 지혜가 절기로 남아 있는 것입니다. 5월은 가정의 달입니다. 사회와 삶의 기초는 가정이고 개인입니다. 성경은 가정과 개인에 대해서, 자식과 부모에 대해서 교훈 되는 말씀을 하고 있습니다. 말씀 안에서 개인의 성공적인 삶, 가정의 성공과 행복, 교회의 발전을 생각하는 시간이 되었으면 합니다.

어버이날과 어린이날을 맞아서 재밌는 우화를 하나 소개하겠습니다. 하나님께서 사람과 소와 개와 원숭이에게 수명을 결정하게 하셨습니다. 모두가 다 보는 앞에서 소가 나와서 "저는 몇 년 살면 좋습니까?"라고 여쭈니 "60년이다"라고 하셨습니다. "그럼 저는 그동안 뭘 하면서 살아야 됩니까?"라고 소가 다시 여쭈니 "너는 주로 일을 해야 한다"라고 하나님이 말씀하셨습니다. 그러자 소가 "60년은 너무 깁니다. 30년만 살도록 해 주세요"라고 했고, 그래서 소는 대개 30년 정도 삽니다. 다음으로 개가 나와서 "저는 몇 살까지 살지요?"라고 여쭈니 30년이라는 대답을 들었습니다. 그리고 그동안 집을 지키고 묶여 있어야 한다고 했습니다. 그러자 개도 "너무 깁니다. 저도 반을 깎아 주세요"라고 해서 개는 보통 15년을 삽니다. 세 번째로 원숭이도 나왔습니다. 질투가 많은 원숭이는 "저는 30년 정도 살면 안 됩니까?"라고 했는데, 하나님께서 "너는 주로 우리에 갇혀서 재롱을 피우며 보내야 한다"고 하셨습니다. 그러자 원숭이도 "그렇다면 너무 깁니다"라고 해서 원숭이도 15년을 삽니다.

마지막으로 사람이 나왔습니다. 하나님의 형상으로 만드신 사람입니다. "너는 원래 30년으로 결정되었는데, 어떻게 할래?"라고 하나님이 말씀하시니 "너무 짧습니다. 제게 소에게 남은 30년과 개의 15년, 원숭이의 15년을 주세요"라고 사람이 대답했습니다. 하나님께서 "후회 없지?"라고 물어보니 "그렇습니다"라고 했습니다. 그래서 사람은 남자나 여자나 30년은 건장하게 살고 30년은 소처럼 죽어라 일해야 합니다. 가정을 이루어 살 때 아이들 교육비, 집 사는 문제 등이 보통 문제가 아닙니다. 그리고 60세가 되면 이제 집을 지키는 개처럼 15년을 삽니다. 남편들은 거의 부인 눈치를 보면서 삽니다. 그러면 75세가 되는데, 마지막 15년은 자식들 눈치 보고 마음고생을 하면서 손자와 재롱도 피우고 놀아야 합니다.

자식은 하나님의 선물이다

성경은 우리에게 자식에 대해서 이렇게 말합니다. "또 아비들아 너희 자녀를 노엽게 하지 말고 오직 주의 교훈과 훈계로 양육하라(엡 6:4)" 요즘 말로 자식에게 너무 스트레스 주지 말라는 것입니다. 자식이 나이가 들면 부모의 말을 안 듣습니다. 요즘은 빨라져서 5세부터 안 듣습니다.

이때 부모가 자식의 주인이 아님을 깨우쳐야 합니다. 하나님의 자식입니다. 그래서 말씀으로 교육해야 합니다. 만화책으로 된 성경이라도 사 주어야 합니다. 뜻을 몰라서 부모에게 물으면 자식을 통해 부모도 성경 공부가 됩니다. "공부해라"는 말만 자꾸 하면 그것은 죄입니다. 믿는 사람은 자식에게 공부하라는 말을 하지 말고 "하나님 섬기고 감사하고 기쁘게 살아라"라는 말들을 해 주어야 합니다. 생명은 하나님의 것이므로 하나님의 것으로 교육시키라는 말입니다. 또한 우리는 동양 사람이니까 천자문, 동몽선습, 명심보감 등 동양의 고전들을 가르치는 것이 좋습니다. 말씀을 먼저 가르치고 그렇게 해야 합니다.

옥중서신에서는 가정에서 지켜야 할 내용들을 말합니다. "아비들아 너희 자녀를 노엽게 하지 말지니 낙심할까 함이라(골 3:21)"는 말씀은 자녀 교육을 잘못 시켜서 자녀들이 믿지 않는 불신자가 되는 이야기입니다. 부모의 인격을 통해 자식이 자라납니다. 그래서 우리는 자식에 대해서 '내 것이 아닌 하나님의 것', 즉 하나님의 선물로 생각해야 합니다. 자식을 통해서 자기 한과 욕심을 이루려는 부모들이 많은데, 그러면 그 자식은 반드시 보복합니다. 자라면서 부모의 마음을 상하게 합니다. 그것은 자업자득입니다. 부부관계도 마찬가지입니다.

우리는 자식에 대해 감사하면서 선물로 생각해야 합니다. 선물이 귀한 것은 보낸 사람의 마음이 들어 있기 때문입니다. 하나님께서 우리를 성장시키고 성숙시키기 위해서 자식을 주시고 어린아이를 키우게 하셨습니다. 특히 어린아이는 부모에 대해서 의심이 없습니다. 어린아이들이 말을 안 듣는 것은 부모의 잘못입니다. 하나님의 것으로 교육시키지 않으므로 말을 듣지 않는 것입니다. 자녀는 부모의 거울입니다. 자녀를 통해 부모의 모든 것이 증거되고 나타납니다. 우리는 자녀들을 위해 매일 기도하고 하나님의 말씀을 가르쳐야 합니다.

또한 자식도 부모에게 잘해야 합니다. 그 이유는 자기를 위해서입니다. "네 아버지와 어머니를 공경하라 이것은 약속이 있는 첫 계명이니 ○ 이로써 네가 잘 되고 땅에서 장수하리라(엡 6:2-3)" 부모가 살아 계시는 것은 너무나 축복된 일입니다. 누구든지 땅에서 하는 일마다 잘되고 싶습니다. 그러면 부모를 공경해야 합니다. 부모를 사랑해야 합니다.

한국의 부모 유형

한국에는 세 가지 타입의 부모가 있습니다. 제일 많은 유형은 한국 부모님들의 원형으로, 고통과 가난 속에서 끝까지 자식을 위해 희생하는 희생형입니다. 자식이 돈을 잘 벌어도 끊임없이 걱정하고 퍼 주려고 합니다. 어쩌지 못합니다. 사랑의 표현을 그렇게 하는 것이기 때문입니다. 그런 부모는 자식이 알고 조절해 줘야 합니다. 고춧가루 한 되 주시면 자식은 두 되 값을 주어야 합니다. 그리고 예전 한국의 어머니들은 거의 아들밖에 모릅니다. 그래서 아들에게 기대하는 것이 많은데 며느리가 중간에 끼이니까 생각대로 안 되고, 그러면 아들과 며느리를 비판합니다. 이때는 아들이 어머니를 조율해 주어야 합니다. 한국 부모의 원형은 뼈 빠지게 일하며 자식들 뒷바라지하느라 자기가 하고 싶은 것도 못 하고 한 많게 돌아가시는 것입니다. 이런 사정을 자녀들이 알고 부모가 원하는 것을 조금씩 풀어 주어야 합니다. 자녀들이 20세가 넘으면 부모가 무엇을 원하는지 물어보고 보살펴 주어야 합니다. 그것을 통해 죽음 준비를 해야 합니다.

두 번째 부모의 타입은 자식을 전혀 생각하지 않는 사람입니다. 어릴 때부터 내버려두고 별로 관심도 없습니다. 과연 그런 부모에게 자식이 잘해야 하는지에 대해서 책까지 나왔습니다. 동네에 아는 분이 있는데, 최근에 이혼을 했습니다. 이야기를 들어 보니 6-7년 동안 직장생활을 하며 월급을 갖다주었는데, 부인이 아이들도 돌보지 않고 꾸미는 것만 신경쓰며 남편도 자식도 다 싫다고 이혼을 요구했다고 합니다. 빚을 지고는 자식에게 돈 갚으라고 하는 깡패 같은 부모도 있습니다. 그런 부모에게는 자식이 라인을 잘 지켜야 합니다. 어떤 라인 이상은 부모에게 휘말리면 안 됩니다.

부모의 세 번째 타입은 첫 번째와 두 번째가 혼합된 경우입니다.

성공지능이론으로 본 자녀 문제

요즘 학교폭력 문제가 심각한데, 더 심각한 것은 폭력 자체만 고치려고 하는 것입니다. 그렇게 해서는 근본적으로 해결이 안 됩니다. 로버트 스턴버그(Robert Sternberg) 교수의 성공지능이론에 따르면 뇌는 세 가지 지능을 가지고 있다고 합니다. 첫째, 분석적 지능입니다. 둘째, 창조적 지능입니다. 셋째, 실천적 지능입니다. 이것을 자녀의 가정교육에 응용해 봅시다. 자신의 자녀가 어떤 유형인지 알고 그에 맞게 교육을 시켜야 하는데, 신앙이 바르지 못하면 자녀가 어떤 유형인지 알지 못하고 부모가 원하는 식으로 강요합니다.

이미 초등학교 때부터 수학과 과학을 잘하는 아이들이 있습니다. 그런

구속과 섭리

아이들은 이과 계열 쪽으로 공부를 시켜야 합니다. 그런데 부모 본인이 과거에 고시에 떨어진 한을 자식을 통해 회복하려고 이과 쪽의 재능을 가진 자녀에게 끝까지 고시 공부를 강요하면서, 만약 그 공부를 하지 않으면 내 자식이 아니라고 윽박지른다면 그는 가정 파괴범이나 마찬가집니다. 또한 문학성과 예술적 능력을 타고난 사람들이 있습니다. 그런 사람들은 밤송이처럼 까칠한 면이 있습니다. 그 까칠함은 예술적인 능력 때문에 생기는 것으로 아주 멋있는 것입니다. 그런 성향을 가진 자녀에게 이과 계열의 공부와 직업을 강요하면 안 됩니다. 그런가 하면 생활 속에서 융통성과 응용력의 재능을 타고난 사람들이 있습니다. 일상생활에서 아이디어가 많고 그것을 잘 사용하는 능력을 가진 사람들입니다. 자녀들을 보고 이 세 가지 중에 어떤 능력이 있는지 알고 키워야 합니다.

인성교육의 필요성

결론입니다. 학교 폭력 문제나 이 사회가 복잡해진 원인은 인성교육이 제대로 되지 않았기 때문입니다. 스텐버그의 성공지능이론은 세 가지 특징이 있다고 했는데, 세 가지를 아울러서 통합할 수 있는 것이 '인성'입니다. 나 자신도 존중하고 남도 존중하는 인성교육이 되지 않아서 문제가 많습니다.

오늘 설교를 들은 성도님들은 가정에 돌아가서 자녀들에게 인성교육을 시켜야 합니다. 자녀들의 성향을 빨리 파악해서 하나님 말씀을 가르치고 동양의 고전을 가르치면 공부하라는 말을 하지 않아도 자기 능력대로 하게 되어 있습니다. 과거 대가족 시대에는 할아버지가 부자인 집에서 엄마는 똑똑하고 아버지가 자식교육에 무관심하면 그 집의 자식들은 다 성공한다는 말이 있었습니다. 아버지가 자식교육에 관심을 가지지 않으면 오히려 교육에 성과가 더 좋다는 뜻입니다. 하지만 그런 시스템 안에서는 경쟁의식으로 아이들을 망치는 골 빈 엄마가 많습니다.

한국의 많은 엄마들은 생명을 잘못 키웠다고 주님 앞에 회개해야 합니다. 아버지들은 어떻습니까? 집에서 하는 일 없이 소파에서 리모컨이나 돌리는 아버지들이 많습니다. 그러니 자녀들의 인성교육이 제대로 되지 않는 것입니다. 자녀들의 인성교육을 위해서는 부모가 같이 각자의 역할에 따라 교육을 시키는 것이 중요합니다.

구속과 섭리

20

제자의 관점에서 본 스승 예수님

2012. 5. 13.

사도행전 1:13

"들어가 그들이 유하는 다락방으로 올라가니 베드로, 요한, 야고보, 안드레와 빌립, 도마와 바돌로매, 마태와 및 알패오의 아들 야고보, 셀롯인 시몬, 야고보의 아들 유다가 다 거기 있어"

기도

태초부터 아버지와 함께 계신 주님께서 이천여 년 전에 유대 땅에 인류를 구원하시기 위하여 성육신하셨음을 감사드립니다. 사도 요한은 "말씀이 육신이 되어 우리 가운데 거하시매 우리가 그의 영광을 보니 아버지의 독생자의 영광이요 은혜와 진리가 충만하더라"라고 고백하였습니다. 주님께서는 유대인뿐만 아니라 이방인과 전 인류를 구원하시기 위하여 복음을 가지고 이 땅에 오셨습니다. 그 복음의 내용은 영원한 나라인 하나님나라 운동을 이 디스토피아와 같은 세상 속에서 분명하게 나타내시고, 사랑으로 제자들을 선택하시고, 가르치시고, 끝까지 참으신 것입니다. 그리고 마침내 그들을 주님의 12사도로 세우신 일을 참으로 감사드립니다.

이달은 가정의 달로써, 지난주에는 부모와 자녀들의 관계에 대하여, 어린이와 생명들에 대해서 어떻게 생각해야 되는가에 대해서 말씀을 드렸습니다. 오늘은 예수님을 통해서 스승과 제자 관계를 다시 한번 되새겨 보고자 합니다. 예수 그리스도의 이름으로 오시는 성령께서 오셔서 우리의 마음을 감동시키시고, 하나님 말씀을 사랑함으로써 예수님을 통해 혁명적인 삶을 살 수 있도록 이 시간과 이 만남을 축복해 주시옵소서. 우리를 위하여 십자가에 죽으셨으며, 부활하셨으며, 승천하셨으며, 재림하실 우리 주 예수 그리스도 이름으로 기도드립니다. 아멘.

인재의 유형

예수님께서 이 땅에 오셔서 '하나님 나라'를 가르치는 사람을 세우기 위하여 제자들을 찾아 나섰습니다. 스승이 제자를 찾아 나서는 경우와 제자가 스승을 찾는 경우가 있는데, 예수님은 스승이 제자를 찾아 나선 경우입니다.

S그룹은 세계 최고가 되기 위해서 항상 A급 인재만을 모집합니다. 천재 한 사람이 10만 명을 먹여 살린다는 생각을 가지고 있기 때문입니다. 하지만 L그룹은 회사를 잘 유지할 수 있고 꾸준히 단계적으로 발전시킬 수 있는 B급 인재를 중요하게 생각합니다. 완만하게 가면서 오래 보고 세계와 승부하자는 것으로 해석할 수 있습니다. 그런데 C급 인재는 자기 이

익만을 생각해서 공동체에 들어왔다가 이익에 안 맞으면 뛰쳐나가든지 배신하든지 눈치만 보고 놀기만 하는 사람입니다. 어떤 회사에 이런 직원이 대부분이라면 그 회사는 망합니다.

S그룹이 A급을 모집하는 이유는 간단합니다. 계속 돈을 벌기 위해서입니다. 최고의 능력을 가진 사람들을 모아서 그들을 통해 나오는 아이디어로 새로운 것을 계속 만들어 냅니다. 그러나 A급 인재는 관리가 안 되면 언제 이기적으로 배신해서 나갈지 모릅니다. 그래서 B급 인재를 모집하는 L그룹도 있습니다. 중간층을 중심으로 하여 안정을 추구합니다. A급 인재는 언제 나가 버릴지 모르니 '발전'은 하지만 '안정'이 힘듭니다. 반면 B급 인재는 '안정'에는 좋지만 '발전'이 더딜 수 있습니다.

예수님의 선택

예수님은 하나님 나라 운동을 위하여 제자들을 찾으셨는데, 상식적으로 판단해서 A, B, C 중에 어떤 인재가 좋을까요? 만약 A급 인재를 생각한다면 대체로 그 사람의 학력과 배경을 봅니다. 그리고 한 방면에 전문적이면서도 여러 방면을 아우를 수 있는 T자형 인재인지도 살폈을 것입니다. 그런데 예수님께서는 그 당시 사회에서 가장 C급인 인재를 고르셨습니다. 그들에게는 학벌과 사회적 지위가 없었습니다. 그러니 사도행전에서 제자들이 설교했을 때 유대의 서기관과 바리새인, 제사장들이 "깡촌의 갈릴리 사람들이 어떻게 이리 똑똑해졌지?"라고 궁금해 한 것입니다.

예수님께서 모집한 12명은 사회에서 하층민이거나 평범한 사람들이었습니다. 일반적으로 우리는 똑똑한 사람과는 소통이 잘되고 무식한 사람과는 소통이 안 된다고 생각합니다. 무식하면서 고집이 센 사람들이 많기 때문입니다. 고집을 안 꺾는 것을 자기 능력으로 생각합니다. 하지만 똑똑한 사람은 자기 이익이 근거이므로 배신을 잘합니다. 어쨌든 예수님은 당시의 C급 인재들을 모았습니다. 그것도 제자들이 스승을 찾은 것이 아니라 예수님이 찾아가셨습니다. 고기를 잡는 현장에 가서 많이 잡게 해 주니 깜짝 놀라서 "이제 사람을 한번 낚아 볼래?"라는 예수님의 말씀에 따라온 사람들입니다.

C급 인재들이 어떻게 St.가 되었는가?

예수님에 대한 이야기를 많이 들어도 못 깨우치는 사람들이 많습니다. 그래서 이번 시간에는 제자들의 입장에서 스승 예수를 생각해 보기로 하겠습니다. 예수님의 제자들은 아무도 스승을 먼저 찾아오지 않았습니다. 예수님은 그분의 목적에 따라서 사람을 찾으셨는데 왜 어부들 같은 C급 인재를 모집했을까요?

세상의 기업 중에는 30년, 50년 이상 유지하는 기업이 드뭅니다. S그룹의 회장도 자신의 그룹이 언제 망할지 모른다는 말을 했습니다. 그런데 2천 년 동안 계속 성장하는 기업이 바로 교회입니다. 예수님을 통해 계속 발전하고 있습니다. 오늘날 23억 명의 사람들이 예수님을 믿고 있다고 합니다. 전 세계 인구의 3분의 1이 예수를 믿고 있다는 말입니다. 이 기업이 참으로 놀랍습니다. 경영학적인 차원에서 예수님은 제자들을 어떻게 찾았고 훈련시키고 세계화시켰는지 생각해 보아야 합니다. 고기 잡는 사람들이 어떻게 사도들이 되어서 '거룩한' 제자들이 되었을까요?

구속과 섭리

예수님의 제자들 앞에는 모두 St. (세인트)가 붙습니다. 반면 석가모니의 제자들은 '고(高) 제자'라고 합니다. 석가모니의 가르침은 우파니샤드 철학을 통해서 이루어졌는데, 우파니샤드 철학은 매우 난삽(難澁-어렵고 까다롭다)합니다. 그래서 일반 사람은 경전을 이해할 수 없습니다. 부처의 가르침이 8만 4천이나 되는 경문으로 되어 있지만, 쉽게 설명된 것은 한두 편뿐입니다. 그래서 그의 제자들 앞에는 높을 高(高足)를 붙입니다.

제자라면 팔로워십이 분명해야 한다

예수님의 12명의 제자들은 자기 의지가 없이 강요되듯이 선택되었지만 3년 동안 연수받은 후 수난받고 순교해서 세인트가 되었는데, 그렇게 된 이유는 예수님 때문입니다. 스승이 잘하는 것을 리더십이라고 하고, 제자들이 잘하는 것을 팔로워십이라고 합니다. 베드로는 유대 사회의 하층민으로 살고 있었습니다. 그러다 예수님을 만나니 그 능력을 믿고 따르면 일확천금을 얻겠다 싶었습니다. 그래서 옆에 있던 친구인 야고보와 요한, 그리고 나다나엘도 데리고 갔습니다.

그런데 목적이 어떻든지 제자로서 따라 나왔으면 팔로워십이 분명해야 합니다. 예수님의 목적이 하나님 나라 운동을 위해 수난을 받는 것이라고 하면, "스승님의 목적을 이루기 위해 예루살렘에 가시는군요"라고 하는 것이 베드로의 올바른 팔로워십입니다. 그런데 베드로는 "안 됩니다. 수난은 절대로 받으면 안 됩니다"라고 했습니다. 이때 예수님께서 "사단아 내 뒤로 물러나라"고 하셨습니다. 그러니 팔로워십의 관점에서 볼 때 베드로는 하나님 나라 운동에서 실패작입니다. 베드로는 다혈질이라서 한번 잘하면 바로 실수합니다. "너희는 나를 누구라고 생각하느냐?"라고 예수님이 물었을 때 베드로는 확실하게 "주는 그리스도시요 살아 계신 하나님의 아들입니다"라고 대답했습니다. 그러자 예수님께서 "네게 지혜를 주어 알게 하신 분은 하나님이시다. 너의 이름은 이제 반석이니 내가 그 반석 위에 교회를 세울 것이다. 음부의 권세가 이기지 못하리라"고 칭찬하셨습니다. 그러나 그다음에 바로 베드로의 실수가 나옵니다. 그것이 인간입니다.

빌립은 계산쟁이었습니다. 유월절이 가까운 시점에 수많은 사람이 예수님께 모였는데, 제자들이 "식사를 어떻게 해야 합니까?"라고 묻자 예수님께서 빌립을 시험하시려고 "빌립아 네가 해결해라"고 하셨습니다. 그러자 그는 "각 사람에게 조금씩 나눠 준다고 하여도 이백 데나리온의 떡이 부족합니다"라고 하였습니다. 만약 이때 빌립이 "주님은 하나님이시니 사람들을 일단 자리에 앉게 하고 기도를 준비하겠습니다"라고 했으면 좋았겠지만 그러지 못했습니다. 당시에 모인 무리들이 여자와 어린아이 외에 5천 명이라고 했으니 총 8천 명은 되었을 것입니다. 그런데 오병이어의 도시락 하나로 5천 명을 먹게 했다고 하니 보리떡 5개, 생선 2마리를 다르게 해석하기도 합니다. 어떤 신학자는 도저히 이해가 안 되어서 고래 2마리에 보리떡은 트레일러 자동차만한 큰 떡 5개라고 하자고 했습니다. 그러자 옆에 있던 학생이 도시락인데 어떻게 그럴 수 있냐고 해서 앞뒤가 안 맞는 말이 되었습니다.

다른 제자들의 팔로워십도 베드로나 빌립과 같은 수준이었습니다. 예수님이 예루살렘에 가실 때 좀 빨리 가시려고 사마리아를 지나려고 하자 사마리아인들이 못 지나가게 했습니다. 그러자 요한과 야고보는 "우리

구속과 섭리

주님이 지나가시는데 좀 부탁합니다"라고 하는 것이 아니라 "하늘에서 불을 내려서 저희들을 멸할까요?"라고 했습니다. 이처럼 제자들의 수준으로는 예수님을 이해할 수가 없었습니다.

맺는말

우리는 교회에 왔고 예수 그리스도를 구세주로 받아들였습니다. 우리는 세 가지 타입의 인재 중 어디에 속합니까? 예수님을 위해, 하나님 나라를 위해 A급, 또는 B급 인재라고 말할 수 있습니까? 아니면 예수님 밑에 있지만 재앙과도 같은 C급 인재입니까?

오늘 마음에 새겨야 할 가장 중요한 내용은 예수를 믿고 구원받은 표로 C급의 인재는 되지 말아야 한다는 것입니다. 그 사람 때문에 교회나 가정에 문제가 생기면 안 될 것입니다. 세 가지 타입의 인재 중에 교회를 위해, 하나님 나라를 위해 자신이 어느 급인지를 알고 만약 C급이라면 B급 인재로 올라가는 삶을 보여 주어야 합니다.

그리고 제자로서 우리가 해야 할 일을 팔로워십이라고 했습니다. 예수님께서 부활하시고 승천하시고 이제 재림만 남겨 두었으니 우리가 교회를 위해 어떻게 봉사하고 나아가야 할지 생각합시다. 목적을 분명히 알고 내가 과연 어떤 사람인지 알아야 합니다. 사과 상자 안에 썩은 사과 하나를 그냥 두면 사과 전체가 썩습니다. 이것을 '썩은 사과 이론'이라고 합니다. 각자 썩은 사과의 역할을 하는 사람이 안 되도록 노력해야 합니다. 그리스도 안에서 C급 인재가 B급 인재가 되고, A급 인재가 되도록 모두 힘써야 할 것입니다.

그리고 마지막으로 당부할 것은 우리는 어떤 식으로든지 유일하신 하나님을 섬기고 말씀을 들어내야 합니다. 그렇지 않으면 나날이 옷과 같이 낡아집니다.

구속과 섭리

21

요한계시록 통역책의 의의

2012. 5. 20.

마태복음 6:33-34

"그런즉 너희는 먼저 그의 나라와 그의 의를 구하라 그리하면
이 모든 것을 너희에게 더하시리라 ◦ 그러므로 내일 일을 위
하여 염려하지 말라 내일 일은 내일이 염려할 것이요 한 날의
괴로움은 그 날로 족하니라"

기도

역사의 순서를 정하시고 만국을 경영하신 아버지여. 오늘도 하나님의
백성들을 하나님의 교회에 모으시고 삼위하나님 영광을 위하여 기도하
게 하시며, 찬송하게 하시며, 하나님 말씀 듣게 하심을 감사드립니다. 주
님께서 하나님의 백성들에게 중요한 삶의 원리로써 마태복음 6장 33절
과 34절을 말씀하셨습니다. 너희는 먼저 그의 나라와 그의 의를 구하라
그리하면 이 모든 것을 너희에게 더하실 것이라고 말씀하신 후에 내일과

미래에 대해서 걱정하지 말고 매일 매일 삶을 만족하고 감사하라고 하셨습니다. 이 악하고 음란한 세상 속에서 하나님 제일주의로 범사에 예수님의 주권을 인정하고 살아야 하는데, 우리의 본성은 예수님보다도 자기 생각과 경험을 토대로 자기 제일주의로 살게 합니다. 그래서 우리에게는 예수 그리스도의 십자가에 죽으신 보혈의 능력이 필요합니다.

우리가 이제는 단계적으로 하나님의 백성으로서 범사에 예수님의 주권주의로, 모든 것은 주님께서 하신다는 것을 깨닫고 고백하는 수준이 되게 하여 주시옵소서. 또한 새로운 문제를 해결하는 데 있어서 우리식으로 해결하려다 답이 막히고 신앙까지 흔들리는 상황 속에 있습니다. 예수님께서는 예수님의 이름으로 성령 하나님께 기도하고 답을 얻을 것을 우리에게 가르치셨습니다. 그 말씀을 따라 예수 그리스도의 이름으로 오시는 성령 하나님께서 지혜를 주시옵기를 간구하옵니다. 성령께서 오늘도 예배를 주관하셔서 삼위하나님의 영광이 나타나며 말씀이 선포되는 교회가 되게 하시옵소서.

삼위하나님의 은혜로 말미암아 이제 책을 다 완성해서 '요한계시록 주석'이라는 이름으로 출판하게 되었으며 교회에 나누게 됨을 참으로 감사드립니다. 우리가 이 책을 통해서 삼위하나님에 대한 영광을 다시 한번 확인하고, 우리의 삶의 내용과 방향이 무엇인지를 확실히 깨닫게 해 주시옵소서. 우리를 위하여 십자가에 죽으시고 부활 승천하셨으며 재림하실 우리 주 예수 그리스도 이름으로 기도드립니다. 아멘.

구속과 섭리

성도는 어떻게 살아야 하는가?

작년에는 한국 교회의 부정부패가 폭발적으로 나타나서 기독교인의 한 사람으로서 당황스러웠는데, 하나님은 공평하셔서 금년에는 불교의 부정부패를 낱낱이 드러내셨습니다. 보도에 따르면 "손에는 하트, 다이아몬드, 클로버, 스페이드가 새겨진 카드를 들고 일부는 입에 담배를 물었다. 만 원권부터 오만 원권들을 배팅하며 카드놀이에 열중한 스님들은 날이 새는 줄 몰랐다"고 합니다. 이에 해명에 나선 조계종 관계자는 나이가 많아서 치매 예방을 위해서 화투를 친 것이라고 했는데, 그런 변명을 믿을 사람이 누가 있겠습니까?

오늘 본문은 악하고 음란한 세상에서 우리가 어떻게 살아가야 하는가의 문제입니다. 우리는 하나님 제일주의로 살아야 합니다. 그런데 인간의 유전자와 뇌를 연구해 보면 인간은 하나님 이야기를 별로 좋아하지 않는다고 합니다. 인간이 가장 좋아하는 것은 먹는 것, 자기 자랑하는 것, 연애하는 것입니다. 그러니 예수를 안 믿고 하나님 제일주의로 살지 않는 것이 정상입니다. 자기 이야기를 하고 자기를 나타내면 뇌의 여러 곳에 불이 켜지지만 복음을 듣거나 읽으면 한 곳만 켜집니다. 그러니 여러분이 말씀을 사랑하지 않는 것에 대해 너무 죄의식을 가지지는 맙시다. 그렇다고 위로하지도 맙시다.

우리 신앙인은 범사에 하나님 주권주의로 살아야 합니다. 우리가 아무리 경영을 해도 그것을 완성하는 분은 하나님이십니다. 그런데 우리는 우리의 이성과 경험으로 모든 것을 판단합니다. 현실에서 어려운 일에 막히면 대충 기도는 하겠지만 진정으로 기도하는 사람은 잘 없습니다.

현실 속에서 방법이 없어도 기도하고 최선을 다하면 됩니다. 그러면 주님께서 이루어 주십니다. 이는 제게 경험적으로 알게 하신 것입니다.

요한계시록 통역책의 가치

선친 박동기 목사님의 요한계시록 통역책[5]이 12-3년 만에《일본제국주의와 싸우면서 쓴 요한계시록 주석》이라는 이름으로 출판되었습니다. 이 책은 1943-1944년에 청송에서 쓰여졌는데, 세월이 지나면서 거의 해독이 불가능해졌습니다. 그래서 이 책을 이해하는 법을 조금씩 설명하고자 합니다.

성경이 지금은 책의 형태로 되어 있지만 처음 성경이 발견될 때에는 파피루스나 양피지에 기록된 사본의 형태였습니다. 성경 사본을 처음 발견한 사람은 뜻도 모르고 불쏘시개로 쓰기도 했습니다. 그래서 어떤 사본은 10년, 20년, 50년 후에야 학자들이 보고 깜짝 놀라서 성경으로서의 가치를 인정받은 경우도 있습니다. 시온산 교회의 책도 50년이 훨씬 넘었습니다. 이 책은 한국 교회의 학자들에게 다 필요한 것입니다. 하지만 목숨 걸고 신사참배와 동방요배를 거부하며 싸우면서 쓴 글을 그들은 별로 좋아하지 않습니다. 그들도 목숨을 걸고 투쟁했다면 이 책이 보물이겠지만, 그들은 일제에 굴복해서 신사참배와 동방요배를 했으니 이 책을 없애고 결점을 찾고 싶습니다. 그래서 "짜 맞추기도 참 잘 한다"고 말합니다.

교회 안에서는 이 책을 해석할 수 있는 지식인들이 다 나가 버리고 (죄

5)   경주 시온산 교회 1대 목사였던 박동기 목사가 일제 강점기 시대에 신사참배와 동방요배를 거부하며 일제와 싸우던 중에 성령의 영감으로 요한 계시록을 그 시대 상황에 적용하여 해석한 책. - 편집자 주

송하지만) 무식한 사람들만 남았습니다. 무식하다는 말은 지식이 아니라 삶 자체로 신앙에 올인해서 살았다는 뜻입니다. 그런데 이 책이 경전임을 알아준 신학자가 50년 이후가 지나서야 나타났습니다. Dr. 그레이슨이라는 영국 쉐필드 대학의 신학자이자 인류학자입니다. Dr. 그레이슨은 저의 육촌 동생인 조〇〇 목사를 통해 시온산 교회의 역사를 알게 되었습니다. Dr. 그레이슨이 K 대학교의 교수로 잠시 오게 되었는데, 그때 그레이슨 교수의 수업을 들었던 조목사가 시온산 교회의 역사에 대해 소개하자 큰 감명을 받고 시온산 교회에 대한 소논문까지 쓰기에 이르렀습니다. 그 논문도 이번에 출판된 책에 실렸습니다.

출판의 과정

제가 부족하지만 성령의 감동이 임할 때가 있는데, 그때는 예수님의 마음과 사랑이 보이고 말씀이 깨달아집니다. 그런데 어느 날 성령 감동이 30분 정도 계속 되었는데, 좀 있다가 조목사에게서 연락이 와서 시온산 교회의 역사를 재조명하고 싶으니 자료를 달라는 말을 하였습니다. 성령께서 먼저 오셔서 감동을 주셨기 때문에 자료를 주었습니다. 조목사가 한 달쯤 자료를 분석한 후에 주역과 동양철학 등 동양사상을 알아야 자료를 완전히 이해할 수 있을 것 같다면서 학교에서 관련 학문을 좀 더 공부한 후에 책을 쓰겠다는 말을 했습니다. 그리고 수년 간 동양철학을 공부해서 박사 학위까지 받았습니다. 그리고 나서 자료를 보니 좀 알겠다고 했습니다. 이런 과정을 거쳐 1년 6개월 동안 이 책을 편역하였습니다.

그러던 중에 조목사가 스승인 Dr. 그레이슨에게 시온산 교회에 관한 이야기를 했습니다. 그러자 Dr. 그레이슨은 "천년왕도인 경주에서 천년왕국 운동을 했던 교회가 있다니 정말 대단합니다"라고 하며 쉐필드 대학교에 1년간 휴가를 신청한 후 한국에서 시온산 교회 연구를 했습니다. 저와 일주일에 한 번씩 만나 2시간 동안 이야기를 계속 했습니다. 처음에는 한글로 메모를 하다가 나중에는 한국말이 막혀서 영어로만 메모를 했습니다.

Dr. 그레이슨이 한국에서 재직하던 K 대학교에 예전 시온산 교회의 장로로 있다가 나간 모 장로의 아들이 교수로 있었는데, 그는 시온산 교회의 교인들을 별난 사람들이라고 욕하는 사람입니다. 그는 Dr. 그레이슨에게 왜 그런 연구를 하는지 모르겠다며 하지 말라고 강력히 만류했습니다. 그래서 Dr. 그레이슨이 부인에게 시온산 교회에 대한 논문을 쓰려니 반대가 많다고 의논을 했다고 합니다. 그러자 부인이 "우리 아버지도 히틀러에 반대해서 평생 고생하셨는데, 원래 투쟁하지 않은 사람들은 온갖 말을 다합니다. 아버지도 그런 일을 겪었지만 끝까지 신앙을 지키고 살았습니다"라는 말을 했다고 합니다. Dr. 그레이슨은 대원칙인 예수 재림을 믿고 말씀을 근거로 일본제국주의와 싸운 것이 중요하지, 뒤에 가서 티를 잡는 사람들의 이야기는 가치가 없다고 생각하게 되었습니다. 그 후에도 Dr. 그레이슨의 연구와 글쓰기를 방해하는 시도가 몇 번이나 있었지만, 일본 제국주의와 싸운 운동과 교회는 세계적으로 알려야 한다고 하며 결국 논문을 완성하여 유럽 학회에 알렸습니다. Dr. 그레이슨을 통해 우리 교회를 한번 바라봅시다. 시온산 교회에는 어떤 보물이 있어서 Dr. 그레이슨이 두 번이나 세계 학회지에 천년왕국 운동을 한 교회가 아직 남아 있다고 소개했을까요?

이 책은 원래 3년 전에 출판이 되었어야 했는데 그동안 인간적으로, 영

구속과 섭리

적으로 방해가 너무 많았습니다. 경제적으로 어려운 일을 겪어서 해결하고 나면 글자가 안 맞아서 다시 작업하고, 심지어 편집장이 출판사를 떠나면서 이때까지 한 작업을 버리는 일까지 있었습니다. 그러나 기도하고 결국 다 복원했습니다. 이 일이 이루어지는 데는 하나님의 특별한 역사가 있었습니다. 이 책이 나오기까지 큰돈이 들었는데, 하나님께서 도와주셨고 교회에서도 보이지 않게 모두가 도왔습니다.

책의 해설

이 책에 대해 앞으로 조금씩 공부를 할 것인데, 오늘은 첫 번째 해설시간입니다. 책의 제목은 《일본제국주의와 싸우면서 쓴 요한계시록 주석(박동기 저, 조원경 편역)》입니다. 원래의 제목은 하나님의 계시를 통역했다는 뜻의 '(묵시록)통역책'입니다. 처음에는 원 제목 그대로 하려고 하다가 현대인들이 이해를 못 할 것 같아서 바꾸었습니다. 이것은 선친 박동기 목사님이 일제 강점기에 목숨을 걸고 투쟁하면서 성령 하나님의 감동 안에서 써 나간 것입니다.

책의 앞 모서리에 보면 십자가 모양의 각각 다른 깃발이 4개 있는데, 이것은 예수님이 재림하면 들고 나갈 깃발들입니다[6]. 이 깃발들은 각각 (1) 예수재림 후 이루어질 시온산제국의 시온산제국기, (2) 대군 미가엘기, (3) 메시아 왕국기, (4) 대왕 가브리엘기입니다. 데살로니가전서 4장 16

---

[6] 당시 일제의 우상숭배에 항거해 모진 고난을 받으면서 순교를 각오하고 투쟁하던 시절, 시온산 교회 성도들은 사탄이 주관하는 이 환란의 시기가 끝나면 재림 예수가 오실 것이라고 믿었다. 이는 로마의 핍박을 받던 초기 기독교인들이 핍박을 견디며 재림 예수를 대망하던 신앙과도 맥을 같이한다고 할 수 있을 것이다. - 편집자 주

절에 예수님이 재림하시는 모습이 묘사되어 있습니다("주께서 호령과 천사장의 소리와 하나님의 나팔로 친히 하늘로부터 강림하시리니…"). 천사장 중에 제1 천사장이 미가엘과 가브리엘 천사입니다. 이 깃발들은 요한계시록의 내용을 담아 형상화한 것입니다.

삼위하나님의 영광을 위한 시온산 교회 운동

시온산 교회의 운동은 해방 전이나 후나 삼위 하나님의 영광을 위한 것입니다. 역사를 주관하시는 하나님의 참다운 제국이 있는데, 세상에서는 예수님 재림 전에 가짜 제국이 판을 칩니다. 시온산 교회가 한 일은 첫째, 일제 강점기에 가짜 제국인 일본이 멸망할 것을 증거했으니 하나님의 영광을 나타냈습니다. 독일의 본회퍼 목사님도 가짜 제국인 히틀러와 싸웠습니다. Dr. 그레이슨의 장인도 그랬습니다.

둘째, 예수님이 십자가에 수난을 당하셨듯이 시온산 교회는 신사참배와 동방요배를 거부하며 수난을 받음으로써 예수님의 자취를 따랐습니다. 일본 경찰에 체포되어 사형선고를 받았지만[7], 예수님의 부활처럼 8월 15일에 해방이 되어 살아 나왔습니다. 일제의 역사 속에서 예수님의 자취, 수난과 부활의 역사를 잘 나타낸 교회입니다.

세 번째, 모든 투쟁의 힘과 내용은 성령께 기도하고 말씀을 받은 것으로써, 계시문학인 요한계시록과 다니엘서를 근거로 했습니다. 성령 하나님의 영광을 나타낸 투쟁입니다.

---

7) 박동기 목사를 비롯 시온산 교회 성도 33인이 일본 경찰에 체포될 당시 2차 세계대전 말기라 정식재판을 받지 못하고, 이중 13인은 평양 감옥으로 옮겨서 전기 구두를 신겨 사형시키기로 결정이 되어 있었다고 당시 극비문서인 고등경찰 요사에 기록이 되어 있었다고 한다. - 편집자 주

하나님은 인간의 역사 속에서 어떻게 정의를 세우실까요? 가짜 제국인 일본제국이 신사참배와 동방요배를 강요하는데 그것을 따르는 것이 하나님의 정의입니까, 목숨을 걸고 투쟁하는 것이 하나님의 정의입니까? 학벌 좋은 목사와 교사들이 신사참배에 무릎을 꿇을 때 하나님께서는 청송 수락의 학벌도 없고 지식도 없는 무식한 사람들을 세워 하나님의 정의를 세우셨습니다. 선친 박동기 목사와 시온산 교회 공동체는 신사참배와 동방요배에 무릎 꿇은 한국 교회와의 구별을 위해 본문 말씀을 가사로 적은《새노래》를 부르면서 하나님의 정의를 세웠습니다.

예수님의 정의는 자기를 이기고 제 십자가를 지고 나를 따르라는 것입니다. 고생 없고 십자가 없는 교회는 결국 돈으로 다 타락하게 되어 있습니다. 누가 한국의 역사에서 예수님의 정의를 세웠습니까? 우리 교회가 세운 것이 아닙니까? 십자가 수난의 길을 따르며 신앙투쟁을 한 교회입니다. 그래서 우리는 예수님의 정의를 세운 교회입니다. 또한 성령 하나님의 정의도 세웠습니다. 그분은 말씀을 근본으로 하십니다. 교회는 사람이 많거나 적거나 절대 경영학과 심리학적 방식으로 사람들을 끌어와서는 안 됩니다. 교인이 없으면 없는 대로 말씀만 선포하면 됩니다. 우리밖에 없다 싶어도 하나님께서 세계 곳곳에 우리 교회와 같은 교회를 7천 개, 7만 개를 세우셨을지 누가 알겠습니까? 우리는 알지 못합니다. 오직 말씀만을 사랑하고 나아갈 뿐입니다.

22
—
니고데모, 그리고 수가성 여인과의 만남

2012. 5. 27.
요한복음 3:1-5, 4:1-7

요 3:1-5 "그런데 바리새인 중에 니고데모라 하는 사람이 있으니 유대인의 지도자라 ○ 그가 밤에 예수께 와서 이르되 랍비여 우리가 당신은 하나님께로부터 오신 선생인 줄 아나이다 하나님이 함께 하시지 아니하시면 당신이 행하시는 이 표적을 아무도 할 수 없음이니이다 ○ 예수께서 대답하여 이르시되 진실로 진실로 네게 이르노니 사람이 거듭나지 아니하면 하나님의 나라를 볼 수 없느니라 ○ 니고데모가 이르되 사람이 늙으면 어떻게 날 수 있사옵나이까 두 번째 모태에 들어갔다가 날 수 있사옵나이까 ○ 예수께서 대답하시되 진실로 진실로 네게 이르노니 사람이 물과 성령으로 나지 아니하면 하나님의 나라에 들어갈 수 없느니라"

4:1-7 "예수께서 제자를 삼고 세례를 베푸시는 것이 요한보

구속과 섭리

다 많다 하는 말을 바리새인들이 들은 줄을 주께서 아신지라 ◦(예수께서 친히 세례를 베푸신 것이 아니요 제자들이 베푼 것이라)◦ 유대를 떠나사 다시 갈릴리로 가실새◦ 사마리아를 통과하여야 하겠는지라◦ 사마리아에 있는 수가라 하는 동네에 이르시니 야곱이 그 아들 요셉에게 준 땅이 가깝고◦ 거기 또 야곱의 우물이 있더라 예수께서 길 가시다가 피곤하여 우물 곁에 그대로 앉으시니 때가 여섯 시쯤 되었더라◦ 사마리아 여자 한 사람이 물을 길으러 왔으매 예수께서 물을 좀 달라 하시니"

기도

태초부터 아버지와 함께 계신 생명의 말씀이 2천여 년 전에 인간 역사의 중심에 성육신하셨습니다. 그 영광을 본 요한이라는 제자는 "말씀이 육신이 되어 우리 가운데 거하시매 우리가 그 영광을 보니 아버지 독생자의 영광이요 은혜와 진리가 충만하더라"고 했습니다. 오늘 이 예배를 통해 창조주 하나님을 깊이 알기를 원합니다. 예수님을 통한 하나님의 계시의 내용을 우리는 요한을 통해서 깨닫습니다. 주님께서 물로 포도주를 만드심과 같이 말씀으로 우리의 실존 삶에서 잔칫집을 회복시켜 주시고, 기쁨을 회복시켜 주시고, 희망과 즐거움과 새로운 만남을 회복시켜 주시옵소서. 세상은 악하고 음란합니다. 이 세상 속에서 세상의 기준이 아니고 하나님의 기준으로 세상을 능히 이기고 사는 하나님의 사람들이 될 수 있도록 지혜와 능력 주시옵소서. 우리를 위하여 십자가에 죽으시고 부활 승천하신 우리 주 예수 그리스도 이름으로 기도드립니다. 아멘.

요한을 알아야 하는 이유

차나 기계나 전자제품은 만든 사람이 설계도와 사용법을 알려 주기 때문에 어떻게 사용하는지 알 수 있습니다. 그런데 사람은 나이에 따라서 어떻게 살아야 하는지 정확한 매뉴얼이 없습니다. 그때 우리는 창조주 하나님을 알아야 합니다. 우리를 어떻게 지으셨는지 아는 것이 아주 중요합니다. 하지만 창조주 하나님을 우리가 바로 알기는 어렵기 때문에 예수님을 통해서 알 수 있습니다. 그런데 예수님에 대해서도 잘 알 수가 없습니다. 그러니 예수님에 대해서 이야기한 요한을 알고, 요한을 통해 예수님을 알아보자는 것입니다.

요한은 헬라 문명인 로마 세계에 예수를 전하기 위하여 헬라의 수사학이나 그 근원이 되는 로고스 철학과 플라톤, 아리스토텔레스 철학을 적용하여 예수 그리스도를 설명해야겠다고 생각했습니다. 예수님의 제자들이 무식했다는 고정관념은 사단의 큰 속임수로, 지식인들이 복음을 읽지 못하게 하려는 계략입니다. 말씀을 깊이 읽고 연구할수록 예수님 제자들의 글은 정말 엄청납니다.

요한은 예수님의 사랑하는 제자로서 평생 제자로서의 삶을 살았습니다. 요한이 늙었을 때 예수님에 대해서 기록한 다른 자료들이 있었습니다. 예수님의 어록을 기록한 사람들이 있었고, 예수님의 기적을 기록으로 남긴 사람들도 있었습니다. 그러한 기록들을 예루살렘과 갈릴리 주변에 사는 일반 사람들이 가지고 있었습니다. 요한은 그것을 다 수집했습니다. 자기가 3년 동안 따라다니며 배운 예수님, 그의 사촌 형이었지만 배워 보니 그는 하나님이셨습니다. 하나님이 사람이 되셨음을 그리스 로마 세계에 설명하기 위해서 그들의 최고 학문을 가져오고, 예수님을 통해서 그 학문을 통달하고 극복하는 모습을 보여 주고자 했습니다.

말과 행동이 일치하신 예수님, 말씀을 하시면 반드시 표적이 이루어지는 사건들을 기록했습니다. 35가지 표적 중에서 요한은 7가지만 선정했습니다. 예수님이 말씀하시고 표적을 일으키시고, 표적을 일으키시고 말씀하시는 7의 반복으로 21장을 기록했습니다. 그중에 첫째 표적은 물로 포도주를 만드신 사건입니다. 그 영적인 의미는 초상집을 잔칫집으로 회복하셨다는 것입니다. 그래서 예수님을 참으로 믿는 사람들이 모이면 정보 잔치, 경험 잔치, 음식 잔치, 신앙 잔치가 벌어집니다.

물로 포도주를 만드신 것은 과학의 법칙에 어긋납니다. 그러나 과학의 잣대로 성경을 보는 것을 뛰어넘어야 합니다. 하나님의 말씀은 과학 그 이상이기 때문입니다. 과학도 계몽주의 이후에 만들어진 세상을 이해하는 방식입니다. 절차적으로 이해하고, 통계적 검증을 하고, 사실을 이론화해서 세상을 이해하는 한 방법입니다.

첫 번째 기적의 의인화

이번 시간 말씀의 핵심은 예수님께서 물로 포도주를 만드신 후에 물을 포도주로 변화시키듯이 물과 같은 남자와 여자를 변화시키는 시도를 하셨다는 것입니다. 그 방법은 '멘토링'이었습니다. 그것이 3장의 니고데모와 4장의 수가성 여자에 대한 이야기입니다. 니고데모는 실패, 수가성 여자는 성공입니다.

물은 좋은 것이지만, 시간이 가면 썩습니다. 하지만 포도주는 오래될수록 좋습니다. 하나님의 말씀과 복음이 그렇습니다. 사람도 사귀어 보면 물 같은 사람이 있고 포도주 같은 사람이 있습니다. 우리의 삶이 포도주처럼 갈수록 기쁘고 좋아져야 합니다. 나이가 들수록 멋있어지고 통찰력이 있어지고 몰래 춤추는 기쁨이 있어야 합니다. 포도주는 만남이고, 기쁨이고, 춤입니다. 예수님은 말씀하신 후 반드시 실천을 보이시므로 두 사람을 선정해서 상담하셨습니다.

상담을 하는 데 있어서 가장 좋은 것은 피상담자가 자발적으로 찾아와서 문제를 묻는 것입니다. 니고데모는 스스로 찾아왔습니다. 수가성 여인은 고달픈 삶 속에서 우물에 물을 길으러 왔다가 예수님을 만났습니다. 한 사람은 남자이고, 한 사람은 여자입니다. 한 사람은 밤에, 한 사람은 정오에 만났습니다. 과연 그들에게 포도주와 같은 변화된 삶이 나올까요?

니고데모는 원어로 '니코 데모스'인데. '니코'는 지도자, '데모스'는 군중, 백성이라는 뜻입니다. 니고데모는 유대인의 관원이자 백성의 지도자로서 당시에 최고의 스펙을 가진 사람이었습니다. 그는 산헤드린 공회원으로서, 산헤드린 공회원은 유대나라의 남자들 중 70명만 뽑는데 그중에 뽑힌 사람입니다. 반면 수가성 여인은 천한 사마리아 여자입니다. 태양이 뜨거운 더운 때 다른 사람이 모두 쉬는 틈에 홀로 물을 뜨러 가는 여자입니다. 남자와 여자, 스펙이 대단한 사람과 아닌 사람, 스스로 찾아온 사람과 수동적으로 만나게 된 사람의 차이가 있습니다.

니고데모와 수가성 여인 비교

니고데모가 예수님을 찾아와서 "당신은 하나님께로부터 오신 선생인 줄 아나이다. 하나님이 함께하시지 아니하시면 당신이 행하시는 이 표적을 아무도 할 수 없습니다"라고 했을 때 사람이 거듭나지 않으면 하나님 나라를 볼 수 없다고 예수님이 대답하셨습니다. 그러자 니고데모는 "거듭난다니요? 엄마의 자궁 속에 다시 들어가서 나온다는 뜻입니까? 이제 늙어서 어떻게 다시 들어가지요?"라고 묻습니다. 예수님이 "그게 아니라 물과 성령으로 거듭나야 한다"라고 하시니 니고데모는 "어찌하여 그러한 일이 있을 수 있습니까?"라고 반응했는데, 이는 "거참 이상한 말씀을 하십니다"라는 뜻입니다. 니고데모는 자기의 질문에서 한 단계도 성장하지 못합니다. 물과 성령이 무엇을 의미하는지도 모르고 "어머니 자궁에 어떻게 다시 들어가지? 이상한 말씀을 하시네"라고만 생각합니다. 유대인 중에 스펙이 가장 좋은 학자는 질문만 반복하고 한 단계도 성장하지 못했습니다.

그에 반해 수가성 여자는 천한 사마리아인에다 옛 남편이 다섯 명이고 지금 같이 있는 남자도 남편이 아닌, 유대사회에서 정말로 무시받을 만한 여자였습니다. 이 죄 많고 부족한 여자는 첫째로 예수님과 자신을 이분화시켜서 질문합니다. "당신은 유대인인데 어째서 사마리아 여자인 나에게 물을 달라고 말을 거나요?"라고 아주 배타적으로 나옵니다. 예수님께서는 수가성 여인에게 인간의 본질적인 가장 낮은 단계에서부터 상담을 시작하십니다. "이 물을 마시는 자마다 다시 목마를 것이지만 내가 주는 물은 그 속에서 영생하도록 솟아나는 샘물이 될 것이다"라고 말씀하셨습니다. 여자가 생각하니 그 물만 있으면 힘들게 낮에 안 나와도 되겠다 싶었습니다. 그래서 예수님께 "그 물 좀 주세요"라고 하니 예수님이 "네 남편을 불러 오라"고 하십니다. 여자가 "제게는 남편이 없습니다"라고 하니, 예수님께서 "여자여 네 말이 옳다. 이전에도 남편 다섯이 있었고 지금 있는 자도 네 남편이 아니다"라고 하십니다. 여기서 남편은 영적인 죄 문제이자 돈(여자가 다섯 명의 남편과 살 때는 경제적 어려움이 원인이었을 수도 있으므로), 성격 등의 문제까지 포함합니다.

수가성 여인은 예수님을 만나서 배타적, 이원화, 통합, 깨우침의 단계로 완전하게 성장하는 모습을 보입니다. 마지막에 예배에 대해 물었을 때 예수님께서 "이 산에서도 말고 예루살렘에서도 말고 너희가 아버지께 예배할 때가 이르리라"라고 하시며 참 예배에 대해서 말씀하셨습니다. 그러자 여자는 "타헤브(사마리아어의 '메시아')가 오시면 모든 것을 우리에게 알려 주실 것입니다"라고 했는데, 예수님께서 "네게 말하고 있는 내가 바로 그다"라고 말씀하셨습니다. 그러자 여자가 놀라서 사마리아 사람들에게 전도하는 놀라운 일이 일어났습니다.

우리가 중요하게 생각할 것은, 니고데모는 왜 실패했을까 하는 것입니다. 자기 생각과 학문에 갇혀 있어서 오픈이 되지 않았기 때문입니다. 니고데모는 왜 밤에 찾아왔을까요? 부끄러워서라고 설명하는 학자도 있지만 상징적으로는 '그는 아직 밤이다'라는 뜻입니다. 니고데모는 진리적인 측면에서 밤과 같은 사람입니다. 여자는 예수님을 정오에 만났으므로 태양과 같이 열린 밝은 마음이 있었습니다. 그래서 예수님과의 대화에서 완전히 성공한 것입니다.

구속과 섭리

예수님의 삶을 이해하려면

예수님의 삶을 이해하기 위해서는 사랑과 믿음을 가진 새사람으로 거듭나야 합니다. 즉 물과 성령으로 거듭나야 하는 것입니다. 여기서 물은 구약을 상징하며, 성령은 예수님의 십자가에 죽으심을 믿는 것입니다. 성경에서 구약, 신약 할 때의 '약'은 '언약'이라는 뜻입니다. 물이 포도주가 되듯이 우리가 하나님의 백성이 되려면 언약과 율법을 지켜야 합니다. 이를 통해 하나님의 백성으로 재창조됩니다. 안식일을 지키고 하나님 앞에 경건하게 사는 것이 하나님의 백성이 된 표입니다.

> 겔 36:25-27 "맑은 물을 너희에게 뿌려서 너희로 정결하게 하되 곧 너희 모든 더러운 것에서와 모든 우상 숭배에서 너희를 정결하게 할 것이며 ◦ 또 새 영을 너희 속에 두고 새 마음을 너희에게 주되 너희 육신에서 굳은 마음을 제거하고 부드러운 마음을 줄 것이며 ◦ 또 내 영을 너희 속에 두어 너희로 내 율례를 행하게 하리니 너희가 내 규례를 지켜 행할지라"

> 사 32:15-20 "마침내 위에서부터 영을 우리에게 부어 주시리니 광야가 아름다운 밭이 되며 아름다운 밭을 숲으로 여기게 되리라 ◦ 그 때에 정의가 광야에 거하며 공의가 아름다운 밭에 거하리니 ◦ 공의의 열매는 화평이요 공의의 결과는 영원한 평안과 안전이라 ◦ 내 백성이 화평한 집과 안전한 거처와 조용히 쉬는 곳에 있으려니와 ◦ 그 숲은 우박에 상하고 성읍

은 파괴되리라◦ 모든 물 가에 씨를 뿌리고 소와 나귀를 그리
로 모는 너희는 복이 있느니라"

우리는 계속 물입니까, 아니면 포도주가 되었습니까? 포도주가 되고 싶
은 사람은 수가성 여인처럼 믿고 대화하고 소통해야 합니다. 오늘 설교
의 핵심은 물이 포도주로 변하듯이 사람이 재창조되는 것은 그냥 되는 것
이 아니라 주님의 상담을 통해서 가능하다는 것입니다. 예수님은 공생애
중에 많은 사람들과 만났습니다. 오늘은 그중에 두 사람과의 만남에 대
해서 말씀드렸습니다.

요한복음의 위대함

고대 이집트에는 제사장 밑에 파라오가 있고 일반 사람들이 있었습니
다. 그런데 제사장들을 가르친 '헤르메스 트리메기스토스'라는 신비의 사
람이 있습니다. 이집트 말로는 '토트'입니다. 벽화에 보면 따오기 모자를
쓰고 파라오 앞에서 설명하는 사람이 나오는데, 신인(神人)이라서 일반
사람에게 얼굴을 안 보이려고 따오기 가면을 씁니다.

노아 홍수가 끝나고 그 해의 춘분 때 하늘의 별자리가 동서남북으로 나
타났는데, 남쪽에는 오리온자리, 북쪽에는 투반이라는 용자리, 서쪽에는
물병자리, 동쪽에는 사자자리가 있었습니다. 그렇게 4개의 별자리가 하
늘에 나타났을 때 하늘의 천문이 열리고 홍수 이후의 사람들을 가르치기
위해서 하늘에서 신인(神人) 72명이 내려왔다는 고사가 있습니다(《신의
거울(2000. 그레이엄 핸콕)》 참고). 그들은 각 민족에게 흩어져서 남아

구속과 섭리

있는 자들을 가르쳤습니다. 그중 이집트에는 '토트'라는 이름의 신인이 가서 가르쳤으며, 그들의 학문을 근본으로 그리스 로마 문명이 세워졌다고 합니다.

요한 사도는 이 가르침을 극복했습니다. 곧 그리스 로마 문명에 대한 극복입니다. 이집트 문명과 하늘의 신인 72명이 내려와서 성립된 놀라운 지식의 보물들을 극복한 것이 "말씀이 육신이 되어 우리 가운데 거하시매"입니다. 이런 것을 볼 때마다 하나님 말씀의 비밀이 너무나 놀랍습니다. 우리는 하나님을 알기 위해서 요한복음을 더 사랑하고 연구해서 포도주 같은 사람이 되어야 할 것입니다. 그리하여 기쁘고 멋있는 축제의 삶을 살아야 하겠습니다.

23

다윗왕의 범죄와 그 이후 문제

2012. 6. 3.

사무엘하 12:1-23

"여호와께서 나단을 다윗에게 보내시니 그가 다윗에게 가서 그에게 이르되 한 성읍에 두 사람이 있는데 한 사람은 부하고 한 사람은 가난하니 ◦ 그 부한 사람은 양과 소가 심히 많으나 ◦ 가난한 사람은 아무것도 없고 자기가 사서 기르는 작은 암양 새끼 한 마리뿐이라 그 암양 새끼는 그와 그의 자식과 함께 자라며 그가 먹는 것을 먹으며 그의 잔으로 마시며 그의 품에 누우므로 그에게는 딸처럼 되었거늘 ◦ 어떤 행인이 그 부자에게 오매 부자가 자기에게 온 행인을 위하여 자기의 양과 소를 아껴 잡지 아니하고 가난한 사람의 양 새끼를 빼앗아다가 자기에게 온 사람을 위하여 잡았나이다 하니 ◦ 다윗이 그 사람으로 말미암아 노하여 나단에게 이르되 여호와의 살아 계심을 두고 맹세하노니 이 일을 행한 그 사람은 마땅히 죽을 자라 ◦ 그가 불쌍히 여기지 아니하고 이런 일을 행하였

구속과 섭리

으니 그 양 새끼를 네 배나 갚아 주어야 하리라 한지라。나단이 다윗에게 이르되 당신이 그 사람이라 이스라엘의 하나님 여호와께서 이와 같이 이르시기를 내가 너를 이스라엘 왕으로 기름 붓기 위하여 너를 사울의 손에서 구원하고。네 주인의 집을 네게 주고 네 주인의 아내들을 네 품에 두고 이스라엘과 유다 족속을 네게 맡겼느니라 만일 그것이 부족하였을 것 같으면 내가 네게 이것 저것을 더 주었으리라。그러한데 어찌하여 네가 여호와의 말씀을 업신여기고 나 보기에 악을 행하였느냐 네가 칼로 헷 사람 우리아를 치되 암몬 자손의 칼로 죽이고 그의 아내를 빼앗아 네 아내로 삼았도다。이제 네가 나를 업신여기고 헷 사람 우리아의 아내를 빼앗아 네 아내로 삼았은즉 칼이 네 집에서 영원토록 떠나지 아니하리라 하셨고。여호와께서 또 이와 같이 이르시기를 보라 내가 너와 네 집에 재앙을 일으키고 내가 네 눈앞에서 네 아내를 빼앗아 네 이웃들에게 주리니 그 사람들이 네 아내들과 더불어 백주에 동침하리라。너는 은밀히 행하였으나 나는 온 이스라엘 앞에서 백주에 이 일을 행하리라 하셨나이다 하니。다윗이 나단에게 이르되 내가 여호와께 죄를 범하였노라 하매 나단이 다윗에게 말하되 여호와께서도 당신의 죄를 사하셨나니 당신이 죽지 아니하려니와。이 일로 말미암아 여호와의 원수가 크게 비방할 거리를 얻게 하였으니 당신이 낳은 아이가 반드시 죽으리이다 하고。나단이 자기 집으로 돌아가니라 우리아의 아내가 다윗에게 낳은 아이를 여호와께서 치시매 심히 앓는지라 ◦ 다윗이 그 아이를 위하여 하나님께 간구하되 다윗이 금식하고 안에 들어가서 밤새도록 땅에 엎드렸으니 ◦ 그 집의 늙은 자들이 그 곁에 서서 다윗을 땅에서 일으키려 하되 왕이 듣지 아니하고 그들과 더불어 먹지도 아니하더라 ◦ 이레 만에 그 아이가 죽으니라 그러나 다윗의 신하들이 아이가 죽은 것을 왕에게 아뢰기를 두려워하니 이는 그들이 말하기를 아이가 살았을 때에 우리가 그에게 말하여도 왕이 그 말을 듣지 아니하셨나니 어떻게 그 아이가 죽은 것을 그에게 아뢸 수 있으랴 왕이 상심하시리로다 함이라 ◦ 다윗이 그의 신하들이 서로 수군거리는 것을 보고 그 아이가 죽은 줄을 다윗이 깨닫고 그의 신하들에게 묻되 아이가 죽었느냐 하니 대답하되 죽었나이다 하는지라 ◦ 다윗이 땅에서 일어나 몸을 씻고 기름을 바르고 의복을 갈아입고 여호와의 전에 들어가서 경배하고 왕궁으로 돌아와 명령하여 음식을 그 앞에 차리게 하고 먹은지라 ◦ 그의 신하들이 그에게 이르되 아이가 살았을 때에는 그를 위하여 금식하고 우시더니 죽은 후에는 일어나서 잡수시니 이 일이 어찌 됨이니이까 하니 ◦ 이르되 아이가 살았을 때에 내가 금식하고 운 것은 혹시 여호와께서 나를 불쌍히 여기사 아이를 살려 주실는지 누가 알까 생각함이거니와 ◦ 지금은 죽었으니 내가 어찌 금식하랴 내가 다시 돌아오게 할 수 있느냐 나는 그에게로 가려니와 그는 내게로 돌아오지 아니하리라 하니라"

구속괴 섭리

다윗의 일대기를 다섯 시기로 나누어 이해하기

하나님께서는 인간을 사랑하시므로 우리가 수준 있는 완전한 사람으로 구원받기를 원하십니다. 이를 위해 하나님의 말씀을 주셨습니다. 구약에서는 그 구속사를 보여 주시기 위해서 아브라함과 다윗을 세우셨습니다. 아브라함은 175세까지 살면서 하나님 안에서 갈수록 성숙된 놀라운 삶을 보여 주었습니다. 그런데 다윗은 갈수록 못해졌습니다.

다윗은 71세까지 살았는데, 그의 일대기를 다섯 시기로 나누어서 이해할 수 있습니다. 밉상인 사울은 80세까지 살았고, 솔로몬은 지혜로웠지만 60세까지밖에 못 살았습니다. 다윗의 첫째 시기는 '목동 시절'입니다. 둘째 시기는 '사울의 왕궁에서 사울 왕과 함께 있던 시절'로서, 음악치료사의 시절입니다. 셋째 시기는 '사울왕의 사위가 되어 쫓기던 시절'이고, 넷째 시기는 '헤브론에서 7년 동안 유다의 왕으로 있던 시절'입니다. 다윗의 나이 37세까지 이런 일들이 있었습니다. 마지막 다섯 번째 시기는 38세에서 71세까지 '전 이스라엘의 통합 왕으로서의 삶'입니다.

오늘 본문 말씀은 다섯 번째 시절에 해당합니다. 35세가 넘은 사람은 38세 이후의 다윗의 삶을 잘 들어야 합니다. 다윗의 이야기에서 충격받지는 맙시다. 우리는 누구나 다른 사람을 우상화해서 그가 완벽한 사람이기를 바라며 섬깁니다. 자신이 완벽을 원하기 때문에 다른 사람을 완벽한 사람으로 우상화해서 섬기는 것입니다. 그러나 의인은 없나니 하나도 없다고 성경은 말합니다. 남녀 간의 성으로 태어난 사람은 다 그렇습니다. 그런데 다윗의 어린 시절을 보면 다 갖춘 것 같습니다. 지식이 있는 사람은 보통 용기가 없고, 시를 잘 지으면 다른 것에는 좀 무능한데, 다윗은 다 갖추었습니다. 지혜도 있고, 시도 잘 짓고, 악기 연주도 사람을 치료할 수준이며, 사자와 곰에게도 이기는 용맹함을 갖추었습니다. 다윗이 치는 양을 사자가 물고 가면 끝까지 따라가서 입에서 뺏어내는 수준입니다. 또한 인물도 꽃미남이었습니다. 이것이 다윗의 어린 시절의 모습입니다. 사람이 하나 정도는 못하는 것이 있어야 인간적인데, 목동 시기의 다윗은 다 잘했습니다. 인간 유전자 중에서 영웅 유전자를 타고난 사람입니다. 그런데 영웅은 여자에 약합니다. 영웅들은 항상 이 문제에 걸려듭니다.

사울이 오랜 기간 다윗을 죽이려고 하다: 수난을 통한 완성

다윗이 골리앗을 죽였습니다. 갑옷도 못 입는 아이가 골리앗을 죽이자 영웅이 되었습니다. 사울은 다윗을 왕궁에 두었는데, 사울의 아들 중에 요나단이 다윗과 형제의 의를 맺고 친하게 지냈습니다. 사울은 하나님의 은혜를 배반해서 조울증이라는 병에 걸려 있었습니다. 괴로울 때는 너무 괴롭고 좋을 때는 너무 좋은 것이 조울증입니다. 다윗이 왕궁에 들어와서 시편을 암기하며 즉흥적으로 노래를 하면 사울이 편안해져서 한숨 자고는 했습니다. 다윗은 집과 왕궁을 오갔습니다.

그런데 사울이 보니 다윗의 인기가 너무 올라갑니다. 사울은 하나님의 은혜를 배반했으므로 질투라는 형벌을 받았는데, 상황을 보니 다윗이 자기 다음의 왕이 될 것 같습니다. 그래서 어느 날 다윗이 연주를 할 때 다윗을 죽이려고 창을 던졌습니다. 몇 번이나 그랬습니다. 그러나 그때마다 다윗은 다 피했습니다. 사울은 원래 왕의 자격이 없는 사람입니다. 그는 키가 크고 외모가 좋다고 소문이 났는데, 나귀를 찾으러 갔다가 사무엘에게 기름 부음을 받아서 왕이 된 사람입니다. 하나님이 세워서 자신이 왕이 된 것이면 다음에는 누가 왕이 되어도 좋다는 생각을 해야 합니다. 그런데 '내 아들 요나단이 해야 해'라고 생각하다가 분위기가 다윗 쪽으로 가니까 다윗을 죽이려고 하는 것입니다. '내 딸과 결혼시켜 맏사위를 삼는다고 했다가 딸을 다른 데로 보내서 다윗의 자존심을 상하게 하고, 기회를 봐서 죽여야겠다'고 생각합니다.

사울이 다윗에게 자기의 맏딸 메랍과 결혼하라고 하니까 다윗도 목동으로서 왕의 사위가 된다는 생각에 엄청나게 흥분했습니다. 그런데 나중에 보니까 사울이 메랍을 다른 데 시집보냅니다. 사울은 이렇게 다윗의 마음을 상하게 해 놓고 다윗의 실수를 기다리는 것입니다. 그런데 사울이 보니 둘째 딸인 미갈이 다윗을 좋아하는 것 같았습니다. 그래서 다윗에게 자기 둘째 딸과 결혼하려면 블레셋 사람의 양피 100개를 가져오라고 하였습니다. 양피는 남자의 성기를 상징합니다. 사울이 그렇게 명령한 것은 블레셋 사람들의 손에 다윗이 죽기를 기대했기 때문입니다. 하지만 다윗은 그 계략에 걸려들지 않고 블레셋인 200명의 양피를 베어 왔습니다. 그러자 사울은 할 수 없이 미갈과 다윗을 결혼시켰습니다.

사울은 되는 것이 아무것도 없었습니다. 다윗을 죽이려고 애를 썼지만 다윗은 오히려 잘되기만 합니다. 그때부터 사울은 본격적으로 다윗을 죽이려고 15년간을 쫓아다녔습니다. 그러나 다윗은 쫓겨 다니면서도 하나님께 감사함으로써 수난을 통한 완성을 보여 주었습니다. 이후 사울은 길보아 전투에서 아들들과 함께 죽었습니다. 다윗은 헤브론의 왕이 되었고, 7년 동안 그곳에서 살았습니다. 그리고 후에 이스라엘의 통합 왕이 되었습니다.

다윗의 40대 시절

삼하 7:1-2 "여호와께서 주위의 모든 원수를 무찌르사 왕으로
궁에 평안히 살게 하신 때에 ○ 왕이 선지자 나단에게 이르되
볼지어다 나는 백향목 궁에 살거늘 하나님의 궤는 휘장 가운
데에 있도다"

다윗은 다른 나라와 전쟁을 할 때마다 이겼고, 모든 일이 다 잘되었습니다. 요르단의 백향목을 가져와서 자기의 왕궁도 럭셔리하게 지었습니다. 그리고 나니 자기는 이렇게 좋은 집에 있는데 하나님의 법궤는 장막에 있다는 생각이 들어서 나단 선지자에게 비탄을 금치 못하는 마음을 전했습니다. 이것은 마치 자신은 은혜로 잘 사는데 교회는 어려운 지경에 있을 때 하나님께 여쭈는 것과 비슷합니다.

다윗이 나단 선지자에게 그 말을 하자 하나님께서 나단을 통하여 "다윗은 모든 것이 잘되는데도 오만해지지 않고 내가 장막에 있는 것을 가슴 아프게 생각하는구나. 다윗 너는 대단하다"라고 다윗에게 말씀하셨습니다. 또한 하나님께서는 "네가 전쟁에서 이긴 것은 내가 보이지 않게 너와 함께했기 때문이다"라는 사실도 밝히셨습니다. 그 이후에도 다윗은 다섯 나라를 정복했습니다. 완전한 군주로서, 하나님께서 아브라함에게 주시려고 했던 땅들, 즉 아람, 암몬, 모압, 에돔, 블레셋까지 다 통합했습니다. 이것이 다윗의 40대 시절 통일왕국 때의 일입니다.

구속과 섭리

간통과 살인의 범죄를 저지른 다윗

이제 사무엘하 11장으로 갑니다. 다윗의 나이가 좀 더 들어서 50대가 되었습니다. 요압을 비롯한 부하들이 전쟁하러 다 나가는데, 다윗은 좀 쉬어야겠다고 하고 평소와 다르게 나가지 않았습니다. 그리고 다윗이 저녁에 왕궁 옥상에 올라갔는데, 하필 그때 밧세바라는 여자가 목욕을 하고 있는 장면을 보았습니다. 다윗은 그때 부인이 7명이나 있었고 자식도 이미 장성한 아들 6명에 이어 앞으로도 많이 태어날 터였습니다. 그럼에도 다윗은 밧세바에게 반해서 사람을 보내 밧세바를 데리고 오라고 했습니다. 그리고 두 사람이 좋아서 함께 자게 되었는데, 이후 밧세바에게서 임신을 했다는 연락이 왔습니다. 다윗 옆에는 전략가 아히도벨이 있었는데, 밧세바는 아히도벨의 손녀입니다. 왕이 자기 밑의 충성된 장군의 부인과 간통하고 임신까지 시켰다는 것을 아히도벨은 알고 있었습니다. "세상에 이런 일이 있을 수 있나. 이제 내 손녀를 어떻게 하나 보자" 하고 지켜보고 있습니다.

다윗은 이제 고민하기 시작합니다. 당시는 산부인과가 없으니 아이를 지울 수도 없습니다. 그래서 생각해 낸 계책이 우리아를 불러들이는 것입니다. '그래, 남편 우리아를 오라고 하자. 집으로 오면 부부생활을 할 것이니 그것으로 덮어씌우자' 그래서 다윗이 우리아를 불렀는데, 문제는 우리아에게 집에 가서 쉬라고 해도 집에 안 가고 성안에 있는 군인들과 함께 자는 것입니다. 그래서 다윗이 다음 날 다시 불러서 술까지 먹이며 오늘은 집에 가라고 했지만 우리아는 여전히 집에 가지 않고 다른 곳에서 잡니다. 다윗이 한참 고민하다가 죽이는 수밖에 없겠다는 결론을 내립니다.

다윗은 이것을 하루 정도 생각했습니다. 그리고는 우리아의 상관인 요압 장군에게 편지를 써서 우리아가 가면 맹렬한 전쟁에 가장 앞세워서 죽게 하라고 했습니다. 요압이 편지를 받아보니 왕이 이상한 짓을 하고 있습니다. '밧세바의 남편을 죽이려고 전쟁에 앞장세워서 무리하게 공격을 하라니?' 하지만 요압도 머리가 좋습니다. 나름대로 지혜가 있습니다. 그래서 '왕이 하라니 할 수 없지'라고 하며 우리아를 앞장세워서 결국 그를 죽게 만듭니다. 다윗은 "내 부장들 중 하나도 죽이지 말고 우리아만 죽이라"고 했지만 실전에서는 몇 명이나 죽었습니다. 요압은 우리아가 죽은 것을 강조하기 위하여 "여러 명이 죽었는데, 그중 우리아도 죽었습니다"라고 전하게 했습니다.

보고를 받은 다윗은 우리아가 죽었다는 것만 확인하고는 "전쟁하다 죽기 예사지, 뭐"라는 식으로 대답했습니다. 그는 이렇게 완전범죄를 꾸몄습니다. 밧세바도 남편을 위해 울고는 곧바로 다윗에게 가서 그의 아내가 되고, 이후에 아기가 태어났습니다.

나단 선지자의 비유와 다윗 집에 대한 예언

12장에서 나단 선지자가 다윗에게 올 때까지 2년이 걸렸습니다. 다윗이 부하 장군의 여자와 간통하고 그 남편을 죽인 지 2년 후의 일입니다. 하나님께서 2년이나 기회를 주며 기다려 줬는데, 다윗은 회개도 없이 잘만 지냅니다. 그러자 하나님께서 나단을 보내셨습니다. 그 내용이 12장입니다.

다윗은 완전 범죄로 과거를 묻어 두었는데, 나단 선지자가 오더니 "왕

구속괴 섭리

이여, 이야기를 하나 하겠습니다"라고 합니다. 예수님은 교훈을 주거나 하나님의 비밀을 숨기려고 비유를 사용하셨는데, 나단은 하나님께 받은 비유의 말을 그대로 전합니다. "성 안에 부자와 가난한 자가 살았는데, 부자에게는 양도 많고 소도 많았지만 가난한 자에게는 애완용으로 기르는 새끼 양 한 마리밖에 없었습니다. 그런데 어느 날 부잣집에 손님이 방문했는데, 부자는 자기 집의 소와 양을 잡지 않고 가난한 집의 양을 빼앗아서 손님에게 대접했습니다"라고 말했습니다. 그러자 다윗이 화를 내면서 "세상에 그런 인간이 있다니! 그는 반드시 죽여야 한다. 그리고 잡은 양 새끼의 4배를 물어 주도록 해라"라고 했는데, 나단 선지자는 "당신이 바로 그런 사람입니다"라고 했습니다.

다윗이 2년 동안 완전범죄로 잘 지냈는데, 2년 후에 이 일이 터졌습니다. 나단 선지자가 이제 하나님의 말씀을 전합니다. "내가 네게 다 주었지 않느냐? 네가 목동일 때부터 지금까지 모든 부와 명예와 여자들까지 다 주었는데, 너는 너에게 충성된 장군의 여자를 범했고 살인까지 했다" 나단 선지자가 이야기하는 핵심은 '다윗의 탐욕'입니다. 있는 것을 감사하지 않고 더 많은 것을 욕심내는 것이 탐욕입니다. "그러니 너는 벌을 받아야 해"라고 나단 선지자가 하나님의 말씀을 전하자 다윗은 "제가 여호와께 죄를 범하였습니다"라고 회개했습니다. 그에 대해 나단 선지자는 "하나님께서 당신을 용서하셨다. 그러나 칼이 당신의 집에서 떠나지 않을 것이고 당신은 늙어 죽을 때까지 괴로움을 받을 것이다"라고 하였습니다. 결국 다윗은 아들 압살롬의 쿠데타로 대가를 지불하게 됩니다.

본문 속의 두 가지 메시지

오늘 말씀 속에 두 가지의 메시지가 있습니다.

첫째, 하나님의 백성으로서 신앙생활을 하지 않고 안식일과 십일조를 떼먹거나 범죄 할 때 예수님의 이름으로 기도하면 용서는 받지만 그 대가는 지불해야 합니다. 반드시 벌이 있습니다. 그러니 하나님께 잘못한 일이 있으면 "벌을 다 받겠습니다" 하고 기도해야 합니다. 다윗이 우리아를 죽인 죄로 밧세바와 같이 낳은 아이는 반드시 죽을 것이라는 예언을 나단 선지자에게 듣습니다. 그다음 절에 보면 다윗이 그 아이를 살리려고 하나님 앞에 회개하고 금식하기 시작합니다. 하지만 하나님께서 그 아이는 분명히 죽는다고 말씀하셨으므로 금식한 지 7일 만에 그 아이는 결국 죽습니다. 분위기가 너무 참담해서 신하들은 차마 다윗에게 아이가 죽었다고 말도 못 할 지경이었습니다. 그러나 다윗이 아이가 죽었음을 알고 나서는 옷을 털고 일어나서 왕궁에 들어가서 음식을 먹습니다. 다윗은 하나님께서 아이를 혹시 살려 주실 수도 있으리라는 기대를 가지고 금식기도를 했지만 결국 죽었으니 이제는 정신을 차리고 왕정을 돌봐야겠다는 것입니다.

둘째, 다윗은 우리아의 아내인 밧세바를 통해 태어난 자식이 죽음으로써 벌을 다 받았다고 생각했지만 하나님의 정의는 그것이 아닙니다. 다윗의 집안에 재앙이 시작됩니다. 다윗의 맏아들 암논이 마음이 이상해져서 이복 여동생인 다말을 강간하고 버렸습니다. 그래서 다말이 고통스러워하고 있으니 그 오빠 압살롬이 형 암논을 죽이고 나중에는 압살롬이 쿠데타를 일으켜서 다윗이 쫓겨 나갑니다. 그래서 두 번째 메시지는 우리

구속과 섭리

식으로 다 갚았다고 생각하지 말자는 것입니다. 예를 들어 힘 있는 사람
이 힘없는 사람을 패 놓고 뒤에 가서 사과하고 약 발라 주는 것으로 끝났
다고 생각해서는 안 되는 것입니다. 그것은 자기식의 해결 방법입니다.
우리는 죄에 대해서 하나님의 정의로 어떻게 벌하는지는 생각하지 않고,
자기 식으로 판단합니다. 다윗만 해도 남의 여자를 뺏고 그 남편을 죽여
놓고는 자식이 죽자 자기는 벌을 다 받았고 앞으로 잘될 것이라고 생각합
니다. 하지만 그 이후에 다윗은 많은 문제들을 통해서 계속 고통과 괴로
움을 겪습니다. 내 식으로 죄짓고 벌주고, 내 식으로 해석하는 오류를 범
해서는 안 됩니다. 하나님의 정의를 생각해야 합니다.

24

다윗과 밧세바, 요압과 우리아

2012. 6. 10.

사무엘하 11:1-27

"그 해가 돌아와 왕들이 출전할 때가 되매 다윗이 요압과 그에게 있는 그의 부하들과 온 이스라엘 군대를 보내니 그들이 암몬 자손을 멸하고 랍바를 에워쌌고 다윗은 예루살렘에 그대로 있더라 ○ 저녁 때에 다윗이 그의 침상에서 일어나 왕궁 옥상에서 거닐다가 그 곳에서 보니 한 여인이 목욕을 하는데 심히 아름다워 보이는지라 ○ 다윗이 사람을 보내 그 여인을 알아보게 하였더니 그가 아뢰되 그는 엘리암의 딸이요 헷 사람 우리아의 아내 밧세바가 아니니이까 하니 ○ 다윗이 전령을 보내어 그 여자를 자기에게로 데려오게 하고 그 여자가 그 부정함을 깨끗하게 하였으므로 더불어 동침하매 그 여자가 자기 집으로 돌아가니라 ○ 그 여인이 임신하매 사람을 보내 다윗에게 말하여 이르되 내가 임신하였나이다 하니라 ○ 다윗이 요압에게 기별하여 헷 사람 우리아를 내게 보내라 하매 요

구속과 섭리

압이 우리아를 다윗에게로 보내니 ○ 우리아가 다윗에게 이르매 다윗이 요압의 안부와 군사의 안부와 싸움이 어떠했는지를 묻고 ○ 그가 또 우리아에게 이르되 네 집으로 내려가서 발을 씻으라 하니 우리아가 왕궁에서 나가매 왕의 음식물이 뒤따라 가니라 ○ 그러나 우리아는 집으로 내려가지 아니하고 왕궁 문에서 그의 주의 모든 부하들과 더불어 잔지라 ○ 어떤 사람이 다윗에게 아뢰되 우리아가 그의 집으로 내려가지 아니하였나이다 다윗이 우리아에게 이르되 네가 길 갔다가 돌아온 것이 아니냐 어찌하여 네 집으로 내려가지 아니하였느냐 하니 ○ 우리아가 다윗에게 아뢰되 언약궤와 이스라엘과 유다가 야영 중에 있고 내 주 요압과 내 왕의 부하들이 바깥 들에 진 치고 있거늘 내가 어찌 내 집으로 가서 먹고 마시고 내 처와 같이 자리이까 내가 이 일을 행하지 아니하기로 왕의 살아 계심과 왕의 혼의 살아 계심을 두고 맹세하나이다 하니라 ○ 다윗이 우리아에게 이르되 오늘도 여기 있으라 내일은 내가 너를 보내리라 우리아가 그 날에 예루살렘에 머무니라 이튿날 ○ 다윗이 그를 불러서 그로 그 앞에서 먹고 마시고 취하게 하니 저녁 때에 그가 나가서 그의 주의 부하들과 더불어 침상에 눕고 그의 집으로 내려가지 아니하니라 ○ 아침이 되매 다윗이 편지를 써서 우리아의 손에 들려 요압에게 보내니 ○ 그 편지에 써서 이르기를 너희가 우리아를 맹렬한 싸움에 앞세워 두고 너희는 뒤로 물러가서 그로 맞아 죽게 하라 하였더라 ○ 요압이 그 성을 살펴 용사들이 있는 것을 아는 그 곳에 우리아를 두니 ◦ 그 성 사람들이 나와서 요압과 더불어 싸울 때에 다윗의 부하 중 몇 사람이 엎드러지고 헷 사람 우리아도 죽으니라 ◦ 요압이 사람을 보내 그 전쟁의 모든 일을 다윗에게 보고할새 ◦ 그 전령에게 명령하여 이르되 전쟁의 모든 일을 네가 왕께 보고하기를 마친 후에 ◦ 혹시 왕이 노하여 네게 말씀하기를 너희가 어찌하여 성에 그처럼 가까이 가서 싸웠느냐 그들이 성 위에서 쏠 줄을 알지 못하였느냐 ◦ 여룹베셋의 아들 아비멜렉을 쳐죽인 자가 누구냐 여인 하나가 성에서 맷돌 위짝을 그 위에 던지매 그가 데벳스에서 죽지 아니하였느냐 어찌하여 성에 가까이 갔더냐 하시거든 네가 말하기를 왕의 종 헷 사람 우리아도 죽었나이다 하라 ◦ 전령이 가서 다윗에게 이르러 요압이 그를 보낸 모든 일을 다윗에게 아뢰어 ◦ 이르되 그 사람들이 우리보다 우세하여 우리를 향하여 들로 나오므로 우리가 그들을 쳐서 성문 어귀까지 미쳤더니 ◦ 활 쏘는 자들이 성 위에서 왕의 부하들을 향하여 쏘매 왕의 부하 중 몇 사람이 죽고 왕의 종 헷 사람 우리아도 죽었나이다 하니 ◦ 다윗이 전령에게 이르되 너는 요압에게 이같이 말하기를 이 일로 걱정하지 말라 칼은 이 사람이나 저 사람이나 삼키느니라 그 성을 향하여 더욱 힘써 싸워 함락시키라 하여 너는 그를 담대하게 하라 하니라 ◦ 우리아의 아내는 그 남편 우리아가 죽었음을 듣고 그의 남편을 위하여 소리내어 우니라 ◦ 그 장례를 마치매 다윗이 사람을 보내 그를 왕궁으로 데려오니 그가 그의 아내가 되어 그에게 아들을 낳으니라 다

구속과 섭리

윗이 행한 그 일이 여호와 보시기에 악하였더라"

기도

여호와 하나님은 계약의 하나님으로서 말씀을 순종하면 복을 주시고, 말씀을 순종하지 않으면 벌을 주시는 하나님이십니다. 인간 세상에서 우리가 잘하는 일도 있고 잘못하는 일도 있으며, 성공하는 일도 있고 실패하는 일도 있습니다. 잘못이 도에 지나치고 욕심의 차원을 넘어서 탐욕이 될 때, 하나님은 사랑으로 용서는 하시지만 그 대가는 철저하게 지불하게 하시고 벌받게 하십니다. 구약의 아브라함이나 모세나 다윗이나 히스기야나 여호사밧이나 많은 지도자와 왕들에 대한 기록을 바라볼 때 그들이 잘한 점들도 있었지만 그들이 잘못해서 겪는 불행과 벌도 봅니다. 오늘은 특히 다윗을 통해서 계약의 하나님의 엄중한 심판을 봅니다.

거룩하신 하나님 아버지여, 하나님께서는 도덕과 윤리를 위하여 이 책을 쓴 것이 아니고 하나님 중심으로 살면서 인간이 얼마나 삶 속에서 정의로워야 하는지, 또한 바로 살기 위하여 어떻게 해야 하는가에 대해서 구속의 역사로써 말씀을 전했습니다. 우리가 이 본문 말씀을 바로 읽고 깨달음으로 말미암아 하나님의 사람으로서 온전한 삶을 살 수 있도록 지혜와 능력 주시옵소서. 특별히 이제 무더위가 시작되니 그리스도 안에서 자기를 잘 돌보며 양생을 잘할 수 있도록 함께해 주시옵소서. 우리를 위하여 십자가에 죽으시고 부활 승천하셨으며 재림하실 우리 주 예수 그리스도 이름으로 기도드립니다. 아멘.

성경 인물들의 장단점이 기록된 이유

예전에 중국에 갔을 때 하나님을 믿고 예수님을 믿는다고 하니까 중국에 있는 사람이 "착하게 사는 가르침입니까?"라고 물었습니다. 우리가 신앙을 오래하며 확실히 깨우쳐야 하는 것이 있습니다. 하나님의 말씀은 도덕과 윤리 교과서가 아닙니다. 물론 말씀 자체는 도덕적이고 윤리적이지만, 하나님의 관점에서 인간의 삶을 인도하시며 어떻게 살면 하나님 중심으로 확실히 살 수 있느냐에 대한 것입니다.

우리는 하나님의 말씀인 본문 말씀을 밝히는 데 치열해야 합니다. 우리가 상상도 할 수 없는 이야기가 성경에 쓰여 있기 때문입니다. 롯과 딸의 이야기에서 우리는 너무나 큰 충격을 받습니다. 아브라함, 모세, 다윗, 여호사밧의 장점과 단점이 성경 속에 깊이 기록되어 있습니다. 어떤 사람들은 교회에서 성경 인물들의 어두운 부분은 차라리 이야기를 하지 않는 것이 좋지 않나 하고 생각합니다만, 성경에 등장하는 인물들의 장단점이 기록된 이유는 "의인은 하나도 없다"는 것을 말하기 위함입니다. 모든 사람은 장단점이 있으며, 더 나은 사람이 없습니다. 이러한 내용들을 바로 앎으로써 정말로 성경을 사랑하고 성경 속에서 자유로움을 느껴야 합니다.

다윗의 실수의 본질

오늘 본문 말씀은 너무 엄청난 내용이라서 설교를 준비하며 몸살을 할 뻔했습니다. 성공한 사람이 실패할 확률이 높을까요, 실패한 사람이 계속 실패할 확률이 높을까요? 대체로 성공한 사람이 실패할 확률이 높습

구속과 섭리

니다. 이를 '승자의 저주'라고 합니다. 다윗은 성공한 뒤에 엄청난 범죄와 실수를 저지르게 됩니다. 우리는 다윗이 정말 깨끗하게 살았으면 좋았을 것이라고 생각합니다. 그런데 그는 간통죄와 살인죄를 저질렀고, 이를 완전범죄로 만들려고 노력합니다.

다윗이 군인들을 다 전쟁에 보내고 혼자 쉬면서 옥상에 갔는데 어떤 젊은 여자가 목욕하는 모습을 보았습니다. 이른바 다윗의 '밧세바 게이트' 가 열립니다. 50세가 넘은 다윗이 젊은 여자의 몸을 보니 아주 아름답게 보였습니다. 다윗의 부인이 많았음에도 젊은 여자를 보니 마음이 동해서 "저 아름다운 여자가 누구냐?" 하고 신하에게 알아보게 했습니다.

> 3절 "다윗이 사람을 보내 그 여인을 알아보게 하였더니 그가
> 아뢰되 그는 엘리암의 딸이요 헷 사람 우리아의 아내 밧세바
> 가 아니니이까 하니"

다윗에게 있어서 제갈공명 같은 사람이 아히도벨인데, 밧세바는 그의 손녀입니다. 정치적으로 영적으로 모든 방면에 성공한 다윗이 50세 중반 이 된 이후에 실패의 나락으로 떨어진다는 사실이 충격적입니다. 부인이 여러 명이나 있는 사람이 왜 그 젊은 여자가 그렇게도 아름답게 보이는 것인지, 이게 문제입니다.

다윗의 완전범죄 시도

> 4절 "다윗이 전령을 보내어 그 여자를 자기에게로 데려오게

하고 그 여자가 그 부정함을 깨끗하게 하였으므로 더불어 동
침하매 그 여자가 자기 집으로 돌아가니라"

여기에서 부정함을 깨끗하게 했다는 말은 히브리 원어로 '투므아'로 생
리가 끝나고 임신할 준비가 되었다는 말입니다. 이후 몇 달이 지나 밧세
바로부터 임신했다는 연락이 왔습니다. 다윗은 이 임신을 어떤 식으로든
지 덮고 완전범죄를 해야겠다고 생각했습니다.

11장을 기록한 사람은 요즘 같으면 프로파일러입니다. 프로파일러는
범인의 목소리 하나 듣고도 직업은 뭔지 얼굴은 어떻게 생겼는지를 예측
합니다. TV 시리즈 'CSI'를 보면 알 수 있습니다. 성경은 우리에게 다윗의
치사한 범죄를 정확하게 기록하여 보여 주고 있습니다. 대부분 이런 내
용은 설교에서 밝히기를 싫어합니다. 그러나 성경 본문이므로 밝혀야 합
니다.

다윗은 자기가 임신시킨 아기를 우리아의 자식으로 만들기 위해서 즉
시 요압에게 편지를 보냈습니다. 우리아가 오면 틀림없이 밧세바와 부부
생활을 할 것이라는 생각에서였습니다. 그런데 여기서 그 당시의 정황을
알아야 합니다.

11절 "우리아가 다윗에게 아뢰되 언약궤와 이스라엘과 유다
가 야영 중에 있고 내 주 요압과 내 왕의 부하들이 바깥 들에
진 치고 있거늘 내가 어찌 내 집으로 가서 먹고 마시고 내 처
와 같이 자리이까 내가 이 일을 행하지 아니하기로 왕의 살아
계심과 왕의 혼의 살아 계심을 두고 맹세하나이다 하니라"

　　　　　　　　　　　　　　　　　구속과 섭리

우리아는 특공대원입니다. 예루살렘 안에 다윗의 특공대가 37명이 있었는데, 그 대장이 아히도벨이고, 장군은 요압입니다. 요즘으로 치면 네이비실(Navy Seal)과 비슷합니다. 이들은 전쟁에 나갈 때 2가지 약속을 합니다. "첫째, 목숨을 걸고 싸우겠다. 둘째, 돌아와도 전쟁 중에는 결코 부부생활을 하지 않겠다"

그런데 다윗이 밧세바의 임신을 숨기려고 우리아를 데려다가 "발을 씻으라"고 한 것은 오늘은 그 약속을 폐해도 좋다는 뜻입니다. 그러면서 왕궁의 음식을 같이 보냅니다. 이는 영웅이 와서 왕궁에서 이만큼 대접을 한다는 표인데, 철저히 다윗의 범죄를 숨기기 위한 목적으로 이렇게 하는 것입니다.

우리아의 죽음

우리아가 얼마나 충직한지 그 약속을 지키기 위해 자기 부인에게 가지 않고 예루살렘 성문을 지키는 군인들과 함께 잤습니다. 첩보원이 다윗에게 와서 "우리아가 집에 가지 않았습니다"라고 보고했습니다. "그래? 그러면 술을 대접하자. 술을 마시면 부인이 생각나서 집에 갈 것이다"라고 했는데, 우리아가 또 가지 않았습니다. 그러니 "그를 죽여야겠다"고 합니다. 완전범죄를 도모하던 다윗이 계획에 실패하자 이제 살인을 계획하는 것입니다. 그런데 누가 이 살인에 동조하는가 하면 요압입니다. 일반 백성이 아닌 왕이 완전범죄를 하려면 반드시 공범자가 있어야 합니다.

다윗은 요압의 외삼촌입니다. 족보를 보면 다윗에게 스루야라는 누나가 있는데, 요압, 아비새, 아사헬, 이 세 명이 그의 아들로서 모두 맹장들입니다. 이제 본문이 얼마나 엄청난 비밀을 정확하게 이야기하는지 주목합시다. 다윗이 우리아에게 "네가 이 편지를 요압에게 갖다줘라"고 하였기에 우리아는 자기를 죽이라는 편지를 가지고 요압에게 갑니다. 요압이 편지를 읽어 보니 "암몬과 전쟁할 때 우리아를 앞의 돌격대로 보내라. 싸우는 척하다가 우리아만 두고 다 물러와라. 목표는 우리아를 죽이는 것이다"라고 쓰여 있습니다.

그런데 요압도 참 나쁜 사람입니다. 우리아는 목숨을 거는 특공대 요원으로서 자신의 부하가 아닙니까? 다윗이 이런 편지를 보내면 "외삼촌, 안 됩니다. 우리아가 얼마나 충직한 장군인데 그럴 수는 없습니다. 저는 외삼촌 편지를 인정하지 못합니다. 무엇 때문에 그럽니까?"라고 거절했어야 하는데, 요압은 "나도 출세를 할 거야. 잘되면 왕도 될 수 있을 거야"라는 마음으로 그대로 행했습니다.

> 16절 "요압이 그 성을 살펴 용사들이 있는 것을 아는 그 곳에
> 우리아를 두니"

여기서 '용사'는 히브리어로 '아네쉐 하일'입니다. 영어로 '가장 강한 수비수들'이라는 말입니다. 원래 우리아는 뒤에 있는 특공대인데 돌격대로 내세웠습니다. 요압이 아무리 출세를 하고 싶어도 이런 짓을 하면 안 됩니다. 왕에게 잘 보이려고 양심이고 뭐고 다 팔아먹은 것입니다. 오늘날 현대인들도 지독히 정의감이 없는데, 하나님의 말씀을 통해 정의감을 회복해야 합니다.

구속과 섭리

17-18절 "그 성 사람들이 나와서 요압과 더불어 싸울 때에 다윗의 부하 중 몇 사람이 엎드러지고 헷 사람 우리아도 죽으니라 ◦ 요압이 사람을 보내 그 전쟁의 모든 일을 다윗에게 보고할새"

이제 전쟁을 시작합니다. 평지에서 싸우다가 마지막까지 밀어붙였을 때 성위에서 보고는 다윗의 부관 몇 사람과 우리아를 죽였습니다.

이 사건 이후에 요압이 보고서를 작성하는데, 정말 쇼킹합니다. '살인 사건'의 문제를 성경이 이야기하고 있는 것입니다. 하나님의 말씀 안에서 이 사건이 얼마나 충격적이고 엄청난지 모릅니다. 하지만 사람들은 이 사건에 대해서는 이야기를 잘 안 합니다. 이런 부정적인 이야기는 좋아하지 않기 때문입니다. 하지만 그러면 성장이 없고 바보 같은 사람들만 교회에 모입니다.

의인은 없다

19-22절 "그 전령에게 명령하여 이르되 전쟁의 모든 일을 네가 왕께 보고하기를 마친 후에 ◦ 혹시 왕이 노하여 네게 말씀하기를 너희가 어찌하여 성에 그처럼 가까이 가서 싸웠느냐 그들이 성 위에서 쏠 줄을 알지 못하였느냐 ◦ 여룹베셋의 아들 아비멜렉을 쳐죽인 자가 누구냐 여인 하나가 성에서 맷돌 위짝을 그 위에 던지매 그가 데벳스에서 죽지 아니하였느냐 어찌하여 성에 가까이 갔더냐 하시거든 네가 말하기를 왕의

종 헷 사람 우리아도 죽었나이다 하라 ◦ 전령이 가서 다윗에
게 이르러 요압이 그를 보낸 모든 일을 다윗에게 아뢰어"

요압이 결국 우리아를 죽이는 데 성공은 했지만, 전쟁을 하다보니까 다
윗에게서 파견된 장군 몇 명도 같이 죽었습니다. 혹시 다윗이 "몇 명이 같
이 죽었다고? 우리아만 죽이라고 했는데 왜 다른 장군도 죽게 만들었지?"
라고 문책할 수 있습니다. 요압은 그 말을 들을까 두려웠습니다. 그러니
보고서를 잘 작성해야 합니다. 우리아를 죽이기 위해서는 어쩔 수 없었
다는 것을 강조해서 말해야 합니다. 그 보고서의 내용이 21절입니다.

21절 "여룹베셋의 아들 아비멜렉을 쳐죽인 자가 누구냐 여인
하나가 성에서 맷돌 위짝을 그 위에 던지매 그가 데벳스에서
죽지 아니하였느냐 어찌하여 성에 가까이 갔더냐 하시거든
네가 말하기를 왕의 종 헷 사람 우리아도 죽었나이다 하라"

왕이 왜 다른 사람도 죽었냐고 하거든 "우리가 잘 아는 기드온의 예를
들어라"는 것입니다. 기드온은 미디안과 전쟁해서 많은 미디안 사람들을
죽이고 승리를 했는데, 나중에 아내를 많이 두어 71명의 자식을 얻었습니
다. 그런데 그중에 아비멜렉이라는 자식 하나가 형제 69명을 암살했습니
다. 기드온의 막내 아들 요담만이 간신히 도망쳤을 뿐입니다. 아비멜렉
이 3년간 이스라엘을 통치했는데, 세겜 사람들이 반란을 일으켰습니다.
그 반란을 진압하는 와중에 아비멜렉은 데베스 성벽에서 어떤 여자가 떨
어뜨린 맷돌에 맞아 중상을 입었고, 자신이 여자에게 살해되었다는 치욕

구속과 섭리

적인 사실이 알려지지 않도록 자신의 부관에게 칼로 자신을 찔러 죽이도록 명령합니다.

이 내용은 사사기서에 나옵니다. 이 내용을 요압이 인용하는 이유는 "외삼촌도 여자를 밝혀서 이런 일이 생긴 것 아닙니까?"라는 말을 교묘하게 풍유법으로 하려는 것입니다. 외삼촌이 결국 여자를 좋아해서 이런 문제까지 생겼다는 것을 간접적으로 푹 찌르라는 것입니다. 왕이 지금까지 보인 용맹성으로 보면 틀림없이 요압에게 "우리아만 죽이라고 했는데 왜 다른 사람도 죽도록 두었나?"라고 할 것이므로 기드온 이야기를 하고 우리아가 죽었다고 하라는 것입니다. "그 말만 잘하면 나는 그 책임에서 빠지게 될 것이다"라는 것이 요압의 생각이었고, 전령은 그렇게 다윗에게 보고했습니다.

성경의 기록자가 다윗 속에 있는 범죄 심리를 정확하게 기록하고 있습니다. 우리가 생각하는 다윗은 하나님 앞에 최고의 사람입니다. 그럼에도 불구하고 그가 이런 사람임을 성경이 기록하고 있습니다. 의인은 하나도 없습니다. 누구든지 그럴 수 있습니다. 아니나 다를까 보고를 받은 다윗은 "우리아만 죽이라고 했는데 나의 맹장을 3명이나 죽이다니!"라고 하지 않습니다.

> 23-24절 "이르되 그 사람들이 우리보다 우세하여 우리를 향하여 들로 나오므로 우리가 그들을 쳐서 성문 어귀까지 미쳤더니 ○ 활 쏘는 자들이 성 위에서 왕의 부하들을 향하여 쏘매 왕의 부하 중 몇 사람이 죽고 왕의 종 헷 사람 우리아도 죽었나이다 하니"

보고도 이렇게 교묘하게 합니다.

> 25절 "다윗이 전령에게 이르되 너는 요압에게 이같이 말하기
> 를 이 일로 걱정하지 말라 칼은 이 사람이나 저 사람이나 삼
> 키느니라 그 성을 향하여 더욱 힘써 싸워 함락시키라 하여 너
> 는 그를 담대하게 하라 하니라"

"불안해하지 마라. 걱정마라. 내가 책임을 묻지 않겠다. 칼이 누구는 죽
이고 누구는 안 죽이고 그런 것이 있나. 너는 요압을 담대하게 하라. 지금
까지 요압이 행한 모든 일에 대해서 격려해 줘라. (우리아를 죽였으니까)"
라고 대답합니다. 이것이 인간의 본질입니다. 정말 의인은 없습니다.

> 26-27절 "우리아의 아내는 그 남편 우리아가 죽었음을 듣고
> 그의 남편을 위하여 소리내어 우니라 ◦ 그 장례를 마치매 다
> 윗이 사람을 보내 그를 왕궁으로 데려오니 그가 그의 아내가
> 되어 그에게 아들을 낳으니라 다윗이 행한 그 일이 여호와 보
> 시기에 악하였더라"

밧세바가 소리를 내어 우는데 그 소리가 좀 의심이 됩니다. 지금 배 속
에는 다윗의 아기가 들어 있습니다. 성경의 편집자는 이것을 기록하고
있습니다. 다른 번역에는 "통곡하고 울더라"고 했는데, 통곡은 히브리 원
어로 '사파드'로서 "가슴을 치면서 운다"는 뜻입니다. 밧세바의 마음을 우
리가 얼마나 깊이 알 수 있을까요? 저는 여자가 아니라서 모르겠습니다.

구속과 섭리

배 속에는 아기가 들어 있고 남편은 죽었고 다윗은 기다리고 있습니다. "그 장례를 마치매"는 7일이 지났다는 말입니다. 히브리 사람들은 7일장을 합니다. 시간의 간격이 길지만 이렇게 간단하게 기록했습니다.

맺는말

다윗의 정의가 왜 옳지 못한 것일까요? 오늘 설교는 지난주 설교 본문보다 더 앞의 내용입니다. 이를 영화에서는 '프리퀄'이라고 합니다. 그 전의 역사입니다. 우리는 하나님 말씀을 통해 하나님의 정의가 무엇인지 배워서 오늘날 지독하게도 정의에 관심이 없는 이 세대에게 가르쳐야 합니다. 우리 가정과 교회가 정의로워져야 합니다. 하나님은 죄를 용서하시되 죄에 대한 벌은 반드시 내리십니다. 다윗은 자식들을 통해서 벌을 받았습니다.

참고로 다윗 옆의 최고의 제갈공명이 아히도벨인데, 그의 아들인 엘리암도 특공대원입니다. 그 둘이서 다윗을 위해 용병을 모집했습니다. 그 당시 용병으로 인기가 있었던 사람들이 히타이트인들로서, 성경에는 헷 족속으로 나옵니다. 그중에서 몸도 좋고 멋있는 사람이 우리아였는데, 헷족속이었음에도 사람이 좋아서 아히도벨이 자기 손녀와 결혼을 시켰습니다. 그런데 결국 다윗의 범죄에 희생되고 말았습니다.

아히도벨은 뒤에 가서 압살롬이 쿠데타를 일으킬 때 그의 편이 되었습니다. 다윗 왕 옆에서 다윗이 하는 짓을 다 보고는 배반했던 것입니다. 하지만 그도 뒤에는 결국 자살했습니다. 성경의 지독한 역사를 본문 그대로 알아야 합니다. 그래야 우리 삶이 말씀 안에서 밝아지고, 자기 부족을 알고, 그리스도 안에서 하나님 나라 일을 할 수 있습니다.

25

다윗보다 크신 분 예수 그리스도

2012. 6. 17.

누가복음 20:41-44

"예수께서 그들에게 이르시되 사람들이 어찌하여 그리스도를 다윗의 자손이라 하느냐 ∘ 시편에 다윗이 친히 말하였으되 주께서 내 주께 이르시되 ∘ 내가 네 원수를 네 발등상으로 삼을 때까지 내 우편에 앉았으라 하셨도다 하였느니라 ∘ 그런즉 다윗이 그리스도를 주라 칭하였으니 어찌 그의 자손이 되겠느냐 하시니라"

기도

여호와 하나님은 언약의 하나님이십니다. 하나님께서 구속의 역사로써 인간을 창조하시고, 또한 타락된 인간을 구원하시기 위하여 그의 아들 예수 그리스도를 이 땅에 보내셨습니다. 이 땅에 오신 그리스도께서 십자가 수난을 당하시고 부활하신 후 제자들을 통해 땅 끝까지 복음을 전하

구속과 섭리

게 하셨습니다. 우리의 현실 속에서 어려움과 고통을 주신 것은 복음 안에서 신앙성장을 통해 하나님을 찬양하고 기쁨을 발견하게 하기 위함임을 압니다. 감사드립니다.

오늘도 지난주에 이어서 다윗의 전 삶을 통해 나타난 그의 장점과 단점에 대해서 바라보려 합니다. 하나님은 언약의 하나님이시므로 그 언약대로 복을 주시고 심판을 주시는 줄 압니다. 성령 하나님께서 오늘도 이 말씀을 통해서 예수 그리스도는 하나님이시며 우리의 구세주이시며 처음과 중간이며 끝인 줄 저희가 확실히 더 깨달을 수 있도록 함께해 주시옵소서. 우리를 위하여 십자가에 죽으시고 부활 승천하셨으며 재림하실 우리 주 예수 그리스도 이름으로 간절히 기도드립니다. 아멘.

다윗의 일대기

지난주에는 다윗의 실수에 대해 말씀드렸습니다. 다윗의 일대기를 보면 그는 71세까지 살았으며 크게 다섯 시기로 나눌 수 있습니다. 첫 번째, 어린 목동 시절에는 정말 아름답고 낭만적인 시기로써, 양을 지키며 사자와 곰과 싸웠던 용맹한 시기였습니다. 두 번째, 다윗은 악기 연주와 작시를 잘했기에 은혜를 배반하여 우울증에 걸린 사울 왕에게 음악 치료를 하였고 시간만 있으면 베들레헴에 다녀왔습니다. 세 번째, 사울의 사위가 되었을 때부터 그는 사울에게 쫓기기 시작했으며, 15년을 쫓기고 14군데나 사울을 피해서 돌아다녔습니다. 네 번째, 마침내 사울이 그의 아들들과 길보아 전투에서 죽었을 때 다윗은 30대에 헤브론에서 유다족속의 왕이 되었습니다. 다섯 번째, 7년 후에 다윗은 이스라엘 통일왕국의 왕이 되었습니다.

성경에서 알 수 있는 삶의 원형사건

영국의 경험 철학자인 프란시스 베이컨은 "인간 세상에서 도움이 되는 것은 단 하나다. 자기보다 나이 많은 사람이 솔직하게 그의 삶을 이야기해 주는 것이다"라고 말했습니다. 하나님의 말씀인 성경 속에는 등장인물들의 삶 전체가 비교적 정확하게 기록되어 있습니다. 특히 다윗과 같은 사람의 일대기는 그 장단점이 고스란히 기록되어 있습니다. 우리는 그것을 사실로 받아들이고 묵상해야 합니다. 하나님의 말씀을 본문 그대로, 사실 그대로 인식하고 있어야 합니다. 그런데 스스로 결점이 있는 사람일수록 있는 그대로 받아들이기보다는 누군가 결점이 없는 이상적인 사람이 존재하기를 바랍니다. 그러나 남에게 그런 기대치를 가지고 따라다니며 배우는 것은 좋은 일이 아닙니다. '큰 바위 얼굴'이라는 소설이 있습니다. 큰 바위 얼굴의 사람이 나타나기를 바랐지만 결국 자기가 그와 같은 사람이 되었다는 내용입니다. 우리도 본문 말씀을 통해서 우리 자신을 바라보아야 합니다.

다윗은 악기 연주도 잘하고, 시도 잘 짓고, 운동도 잘하고, 용기도 있는 사람인데 여자 때문에 큰 범죄를 저지르는 실수를 합니다. 사람이 40대와 50대에 각각 몰락하는 내용이 다릅니다. 어떤 사람은 건강하고 성공하면 노름으로 망하고, 어떤 사람은 술 중독으로 망합니다. 또 어떤 사람은 무능, 여자, 돈 때문에 망합니다. 망하는 길이 성경 속에서 원형사건으로 있습니다. 그것을 미리 안다는 것은 은혜롭고 좋은 일입니다.

구속과 섭리

사울은 여자가 아니라 욕심과 고집과 질투 때문에 망했습니다. 조선시대의 대원군은 고집 때문에 망했습니다. 세종에 버금가는 유다의 성군 여호사밧은 사돈을 잘못 선택해서 망했습니다. 개인적인 문제는 없지만 아합과 사돈을 맺는 잘못을 범했습니다. 성경에서 가장 악하다는 이세벨의 딸을 며느리로 맞은 것입니다. 우리는 성경에 기록된 사람들의 전 삶을 생각해 보면서 자기 삶도 생각해 보아야 합니다.

우리의 삶은 태어나자마자 바로 죽음이 만들어집니다. 실패할 때는 성공이 만들어지고, 성공하면 실패가 만들어집니다. 다만 스스로 모를 뿐입니다. 그 이중성, 즉 이러한 평행 우주를 알고 있어야 합니다. 다윗은 49세가 되어 젊은 여자에게 빠져서 불행한 일을 겪었습니다. 그러나 오늘은 다윗의 장점에 대해서도 생각해 보겠습니다.

다윗의 장점

하나님의 법궤가 예루살렘으로 들어올 때 다윗은 그 앞에서 격렬하게 춤을 추다가 바지가 다 내려갔습니다. 그러면서도 계속 춤을 췄습니다. 부인 미갈이 창으로 보니 왕이 천하게 옷까지 내려가면서 길에서 춤을 흐드러지게 추고 있습니다. 그래서 다윗이 궁전에 오자 미갈이 나와서 "왕이 체통 없이 몸을 드러냈으니 백성이 당신을 보고 어떻게 생각하겠습니까?"라고 하였는데, 다윗은 "이는 여호와 앞에서 한 것이니라"라고 대답했습니다. 사람이 아니라 하나님 앞에서 춤을 춘 것이라는 말입니다.

다윗은 결혼했을 때, 유다의 왕이 되었을 때, 자식을 낳았을 때, 전쟁에서 승리했을 때도 춤을 추지 않았습니다. 오직 단 한 번 춤을 추었는데,

바로 법궤 앞에서입니다. 이것이 다윗입니다. 춤을 추느라 옷이 다 벗겨져서 누드가 되어도 하나님 앞이므로 괜찮다는 것입니다. 내가 세상에 빈손으로 왔는데 법궤가 들어오는 기쁨에 누드가 좀 되면 어떠냐는 것입니다.

우리도 하나님 앞에, 말씀 앞에 이렇게 춤을 출 수 있습니까? 다윗의 결점과 실수도 있지만 하나님께 잘못했으면 어떤 경우에도 회개하고 감사하는 전존재로서의 다윗의 삶을 바라보아야 합니다. 다윗이라는 사람은 우리와 똑같은 유전자를 가진 인간입니다. 그러나 그가 가장 기뻐했고 중심에 삼은 것은 하나님의 말씀이었습니다. 그의 춤은 말씀 앞에서의 춤이었습니다. 다윗의 최고 장점은 하나님 말씀에 대한 열정과 올인하는 정신이었습니다.

예수님의 두 가지 질문

예수님께서 예루살렘으로 올라가실 때 많은 서기관과 바리새인들과 충돌했고, 많은 기적을 행하셨습니다. 또 부활에 관해 사두개인과 논쟁도 하셨고 많은 질문을 받으셨습니다. 그런데 오늘 본문에서는 예수님께서 질문을 하십니다. 예수님의 질문에는 두 가지 뜻이 있습니다. 유대인들이 구약 말씀을 정확하게 이해하고 있는지, 보충 설명이 필요한지 알기를 원하셨습니다.

41-42절 "예수께서 저희에게 이르시되 사람들이 어찌하여 그
리스도를 다윗의 자손이라 하느냐 ◦ 시편에 다윗이 친히 말

하였으되 주께서 내 주께 이르시되"

"어찌하여 사람들이 그리스도를 다윗의 자손으로 생각하느냐?"라고 말하시며 시편 110편을 인용하십니다.

그리스도가 다윗의 자손으로 온다는 것은 생물학적이고 혈통적인 개념이 아닙니다. 시편 110편에 보면 "주께서 내 주께"라는 말이 있는데, 앞의 "주"와 뒤의 "주"가 우리말로는 똑같지만, 원문에서 앞의 "주"는 창조주 하나님 여호와('네움 예흐와')를 말하는 것이고, 뒤의 "주"는 '라도니'로 예수님을 지칭하는 것입니다. 다윗이 영적으로 눈을 떠서 하늘나라의 음성을 듣는데, 하나님께서 예수님께 말씀하시는 것을 들었습니다. 그것을 보고 다윗은 "나의 주님"이라고 말한 것입니다. 그런데 그리스도가 다윗의 후손으로 왔다니 이상한 일이지 않느냐고 예수님께서 반문하십니다.

> 43-44절 "내가 네 원수를 네 발의 발등상으로 둘 때까지 내 우편에 앉았으라 하셨도다 하였느니라 ∘ 그런즉 다윗이 그리스도를 주라 칭하였으니 어찌 그의 자손이 되겠느뇨 하시니라"

시편 110편에 의하면 메시아는 가장 위대한 왕이고 제사장입니다. 이시는 메시아에 관한 시로서, 제사장이고 왕이신 그리스도의 모습을 말하고 있습니다. 우리는 다윗의 인간적인 일생과 신앙을 바라보면서도 예수님 안에서 다윗을 잘 받아들여야 합니다. 신앙 외적으로는 다윗 같은 인간적인 영웅들이 많습니다. 그러나 예수님과 같은 삶은 살 수 없습니다. 그분은 하나님이시기 때문입니다.

위의 말씀은 "내가 다윗의 자손이라고 사람들이 말한다. 내가 복음과 구속사를 위해 다윗의 혈통을 활용하여 이스라엘에 왔지만, 나는 실제적으로 하나님이다"라는 뜻입니다.

초월자이신 예수 그리스도

19세기에 유대 랍비 두 사람이 기도를 했는데 천사가 오더니 하늘나라 보좌를 구경시켜 주겠다고 해서 갔습니다. 보좌의 중심에 하나님이 계시는데, 옆에 작은 야훼가 또 계신 것을 보았습니다. 성령은 황금색 빛의 에너지로만 존재하였습니다. 그 랍비들이 너무 놀라서 "하나님이 두 분이시네" 하고는 내려와서 유대 회당에서 가르치다가 결국 쫓겨났습니다. 유대교의 유일신 사상에 위배되기 때문입니다. 그러나 기독교에는 삼위일체론으로 하나님이 세 분입니다.

예수 그리스도는 하나님이시므로 다윗보다도 모세보다도 크십니다. 하나님께서 모세를 통해 율법을 우리 인간에게 주셨지만 은혜와 진리는 예수 그리스도로 말미암아 주어졌습니다. 또한 예수님은 구약에서 최고로 치는 아브라함보다도 크십니다. 예수님께서 "너희 조상 아브라함은 나의 때 볼 것을 즐거워하다가 보고 기뻐하였느니라"고 하시자 유대인들은 "네가 50세도 안 되면서 아브라함을 보았다고?"라고 대꾸하였습니다. 그러자 예수님은 "아브라함이 나기 전부터 내가 있었다"라고 하셨는데, 이 말을 들은 유대인들이 예수님을 돌로 치려고 했습니다.

아브라함보다, 모세보다, 다윗보다 크신 예수입니다. 다윗을 극복하지 못하면 평생 다윗, 다윗 하면서 다윗이 대단한 줄 아는데, 다윗의 삶을 사실적으로 바라보면서 그리스도 외에는 의인이 없음을 알아야 합니다. 그 어떤 사람보다 크신 예수님을 받아들이고 초월적인 삶으로 나아가야 합니다. 그리스도가 없으면 우리는 다 똑같은 사람입니다. 사람은 누구나 장단점이 있어서 이쪽에 문제가 없으면 반드시 저쪽에 문제가 있기 마련입니다. 하나님 안에서는 누구든 필요한 사람일 뿐이지, 누가 더 옳고 그른 것은 없습니다. 각자 자신이 어떤 유형인지 파악하고 우리의 삶을 그리스도에게 의존해서 실패하지 않아야 합니다.

맺는말

다윗보다 크신 예수님을 생각하면서 시편 110편이 노래하는 메시아이신 왕의 모습을 생각합시다. 멜기세덱의 반차를 좇는 영원한 제사장이신 예수님의 삶을 노래하는 것입니다. 예수님 외의 모든 사람은 서로 형제이고 다 장단점이 있습니다. 그렇다고 해서 인간을 평가하고 좌절할 것이 아니라, 항상 주 안에서 희망을 가지고 살아야 할 것입니다.

26
—
왕의 신하의 아들을 고치시다

2012. 6. 24.
요한복음 4:43-54

"이틀이 지나매 예수께서 거기를 떠나 갈릴리로 가시며 ◦ 친히 증언하시기를 선지자가 고향에서는 높임을 받지 못한다 하시고 ◦ 갈릴리에 이르시매 갈릴리인들이 그를 영접하니 이는 자기들도 명절에 갔다가 예수께서 명절중 예루살렘에서 하신 모든 일을 보았음이더라 ◦ 예수께서 다시 갈릴리 가나에 이르시니 전에 물로 포도주를 만드신 곳이라 왕의 신하가 있어 그의 아들이 가버나움에서 병들었더니 ◦ 그가 예수께서 유대로부터 갈릴리로 오셨다는 것을 듣고 가서 청하되 내려오셔서 내 아들의 병을 고쳐 주소서 하니 그가 거의 죽게 되었음이라 ◦ 예수께서 이르시되 너희는 표적과 기사를 보지 못하면 도무지 믿지 아니하리라 ◦ 신하가 이르되 주여 내 아이가 죽기 전에 내려오소서 ◦ 예수께서 이르시되 가라 네 아들이 살아 있다 하시니 그 사람이 예수께서 하신 말씀을 믿고 가더니。내려가는 길에서 그 종들이 오다가 만나서 아이가 살아 있다 하거늘。그 낫기 시작한 때를 물은즉 어제 일곱 시에 열기가 떨어졌나이다 하는지라。그의 아버지가 예수께서 네 아들이 살아 있다 말씀하신 그 때인 줄 알고 자기와 그 온 집안이 다 믿으니라。이것은 예수께서 유대에서 갈릴리로 오신 후에 행하신 두 번째 표적이니라"

기도

하늘과 땅과 자연과 인간을 창조하신 아버지여, 또한 창조주 하나님의 마음을 가지고 2000여 년 전에 유대 땅에 오셔서 3년의 공생애를 사시면서 하나님이 어떤 분이시며 하나님의 목표와 그 마음이 어떠한지 인간의 모습으로서 다 보여 주신 주님, 참으로 감사드립니다. 그래서 요한은 "말씀이 육신이 되어 우리 가운데 거하시매 우리가 그 영광을 보니 아버지 독생자의 영광이요 은혜와 진리가 충만하더라"고 고백하였습니다.

아버지여, 저희가 오늘 안식일에 거룩하게 모여서 창조주 하나님을 더 깊이 알고 믿고 사랑하기를 원합니다. 그러나 우리는 창조주 하나님과 우리 사이에 막힌 담 때문에 나아갈 수가 없습니다. 오직 이 땅에 오신 예수 그리스도를 통해서 하나님이 어떤 분이심을 깨달을 수 있습니다. 또한 인간의 수준 때문에 예수님도 잘 알지 못할 때 하나님께서는 사랑의 라인으로써 예수님의 제자인 요한사도를 허락하시고, 예수 그리스도를 정확하게 고백하고 증거하는 요한복음을 기록하게 하셨습니다. 우리가 요한복음의 본문 말씀을 깨우침으로 말미암아 예수님을 알고 창조주 하나님을 알며, 이 복잡한 21세기의 세상 속에서 하나님의 사람으로서 강건하고 행복하며 탁월한 삶을 살 수 있기를 원합니다. 아버지여, 이 시간에 이 말씀을 통해서 우리를 격려하시고 지혜 주시고 능력 주시옵소서. 우리를 위하여 십자가에 죽으시고 부활 승천하셨으며 재림하실 우리 주 예수 그리스도 이름으로 간절히 기도드립니다. 아멘.

요한을 통해 하나님과 예수님을 이해하는 방법

자동차나 전자제품이 고장 나면 가장 고치기 좋은 데가 그것을 만든 곳에 가서 AS를 받는 것입니다. 그러면 어디에 문제가 있는지 바로 알 수 있고 즉시 고칠 수 있습니다. 사람도 삶을 살면서 여러 가지 문제가 발생합니다. 질병 문제, 인간관계의 문제 등 복잡하고 어려운 일들이 많지만 해결법을 잘 알지 못합니다. 오늘날 한국에 원로가 없어지고 아이들도 영악해져서 서로 관계 형성이 안 됩니다. 바로 앞에서 만나도 스마트 폰으로 대화를 한다고 하니 참 불행한 일입니다.

인간 세상에서 일어나는 일들은 하나님께 그 답이 있습니다. 하나님이 인간을 창조하셨기 때문입니다. 하나님께 답을 구하려면 하나님이 어떤 분이신지, 그 말씀의 뜻이 어떠한지 알아야 합니다. 그러나 인간은 하나님을 바로 알 수가 없습니다. 하나님을 아는 첫째 방법은 하나님을 가장 잘 설명하신 예수님을 아는 것입니다. 하지만 이 또한 우리의 기도나 삶의 수준에서 예수님과의 접촉점이 잘 없습니다. 모두 예수님을 짝사랑해서 설치는 사건입니다. 그래서 우리는 오늘 예수님의 제자였던 요한 사도를 통해 예수님을 이해하고자 합니다. 요한은 자기 스승인 예수님을

구속과 섭리

사랑했으므로 예수님을 깊이 알 수 있었기 때문입니다. 어떤 사람을 미워하고 싫어하면 그 사람을 전혀 알 수가 없습니다. 사랑해야 알 수 있는데, 사랑도 몇 단계를 넘고 넘어야 합니다. 사랑한다는 것은 가장 큰 에너지이지만 인간은 만남과 결혼으로 이어지는 이성적인 사랑만 알지 그 위의 아가페 사랑은 잘 알지 못합니다.

요한이 예수님을 설명한 방식

요한 사도는 3년 동안 예수님을 따라다니며 가까이서 생활하면서 그분을 사랑했으므로 예수님을 가장 깊이 알았습니다. 그리고 그리스와 로마 문화권에 예수님을 설명하고자 했는데, 미국에 가서 무언가를 설명하려면 반드시 영어로 해야 하고 미국 문화를 알아야 하는 것과 마찬가지로 그리스 로마권에 예수님을 설명하기 위하여 요한 사도는 그리스 로마 문명을 깊이 연구했습니다. 거기서 끌어낸 것이 '로고스' 개념입니다. 그리스 철학의 로고스, 파토스, 에토스는 수사학의 요소로써 진리를 복잡하고 논리적으로 설명하는 기술로 아주 유명했습니다. 요한은 예수 그리스도를 그리스 로마 세계에 알리기 위하여 그리스 철학의 개념을 활용하여 예수 그리스도를 설명했습니다.

사도요한을 알면 예수님을 알고 하나님도 알게 됩니다. 우리의 모든 실존적인 고통과 괴로움이 해결될 수 있습니다. 요한은 '사람이면서 하나님이신 예수님을 어떻게 설명할까?'를 고민하며 기도하던 중에 유대에 오신 예수님을 유대의 종교적 절기로 설명하고자 했습니다. 그래서 35개의 이적 중에 7가지를 뽑고 유대나라 4개의 절기를 참고해서 그 절기 때에 예수님의 능력 행하심으로 예수님을 설명했습니다.

예수님이 상담하신 두 사람의 차이

지난 설교에서는 요한이 유대나라의 문화와 제도로 예수님을 설명했다고 말씀드렸습니다. 인간 문화의 꽃이 결혼식인데, 갈릴리 가나의 결혼식에 예수님께서 가셨을 때 그분이 하나님이심을 나타내기 위해서 유대 문화의 결혼 제도 속에서 물로 포도주를 만드시는 이적을 나타내셨습니다. 그 후에 그 이적사건과의 연장선상에서 두 사람을 만나서 상담하셨다고 했습니다. 한 사람은 니고데모, 한 사람은 수가성 여인입니다. 당시 유대나라에서 최고의 스펙을 가진 니고데모를 만나서 상담하셨지만 니고데모는 말귀를 못 알아듣고 같은 말만 반복했습니다.

그다음은 유대나라의 달동네와 같은 사마리아의 최하층 수가성 여인이었습니다. 가난하고, 남편도 이리저리 옮겨 다니는 여자에게 누가 관심이나 있었겠습니까? 그러나 수가성 여인은 진리를 위한 준비가 되어 있었습니다. 예수님과의 상담 중에 4단계의 인식 발달 단계로 성숙해져서 마지막에는 메시아까지 고백하며 완성되었습니다.

종교는 3단계로 발전합니다. 1단계는 종파 단계로서, 자기가 믿는 것만 옳고 남의 것은 틀렸다고 생각하는 단계입니다. 남녀가 사랑해도 비슷한 단계를 거칩니다. 2단계는 종교입니다. 이 단계는 남의 종교도 인정해 줍니다. 마지막 단계는 인간화입니다. 그래서 예수님이 인간으로 오셨습니다. 말씀이 육신이 되신 것입니다. 몸을 통해 하나님의 영광을 나타내셨습니다. 우리도 그러해야 합니다.

구속과 섭리

수가성 여인의 단계적 변화

수가성 여인이 예수님을 만났을 때 처음에 보인 반응은 '유대인 남정네가 왜 내게 말하지?'라고 하는 종파 단계입니다. 그런데 생명의 말씀을 하시니까 그 말씀이 이해가 됩니다. 이때는 종교 단계입니다. 마지막으로 예수님이 "네 남편을 데려오라"고 하신 것은 인간화의 단계입니다. 그녀를 통해서 무시당하고 인간 취급 받지 못했던 달동네 사람들이 복음화되었습니다. 말씀을 통해서 은혜를 받고 메시아이신 예수님에 대해서 확실하게 고백하고 구원을 받는 놀라운 일이 일어났습니다. 그것이 오늘 본문 전의 이야기였습니다.

요한복음 5장부터는 유대나라의 중요한 절기에 능력을 행하시면서 말씀을 전하시는 내용입니다. 예를 들면 유대인들의 중요한 절기 중에 예수님이 38년 된 환자를 고치셨는데, 그날은 또한 안식일이었습니다. 5천 명의 사람들을 먹이시는 이적을 행할 때는 유월절이었습니다. 다음 설교에서는 유대나라 절기를 통해 예수님의 사역을 설명한 요한의 관점에 대해 말씀드리고자 합니다.

예수께서 배척당하다

43-45절 "이틀이 지나매 예수께서 거기를 떠나 갈릴리로 가시며 ◦ 친히 증언하시기를 선지자가 고향에서는 높임을 받지 못한다 하시고 ◦ 갈릴리에 이르시매 갈릴리인들이 그를 영접하니 이는 자기들도 명절에 갔다가 예수께서 명절중 예루살

렘에서 하신 모든 일을 보았음이더라"

"거기를 떠나"에서 '거기'는 사마리아입니다. 예수님의 말씀을 더 듣겠다고 사마리아 사람들이 예수님을 붙들었는데, 그곳을 떠나서 갈릴리로 가셨다는 말입니다.

예수님을 영접하지 않고 배척한 두 부류의 유대인들이 있었는데, 그 첫째는 예수님의 고향 사람들입니다. 저는 감사한 것이 고향 교회에서 말씀을 전하는 은혜를 받은 것입니다. 예수님은 고향에 가서 쫓겨났습니다. 예수님이 대단한 말씀을 하시니 "그의 아버지는 목수잖아. 그의 엄마도 알고 형제도 우리가 아는데 그의 능력이 도대체 어디서 온 거야?"라며 예수님을 배척했습니다[8]. 그래서 예수님께서 갈릴리로 가시기 전에 "고향에서는 높임을 받지 못한다"는 말씀을 하셨던 것입니다. 예수님을 배척한 두 번째 부류는 유대의 종교 지도자들입니다. 학벌도, 소속된 집단도 없는 예수님을 어떻게 메시아로 받아들이냐는 것입니다. 그러기에는 그들의 자존심이 너무 상했습니다.

46-47절 "예수께서 다시 갈릴리 가나에 이르시니 전에 물로 포도주를 만드신 곳이라 왕의 신하가 있어 그의 아들이 가버

---

[8]　마 13:53-58 "예수께서 이 모든 비유를 마치신 후에 그 곳을 떠나서。고향으로 돌아가사 그들의 회당에서 가르치시니 그들이 놀라 이르되 이 사람의 이 지혜와 이런 능력이 어디서 났느냐。이는 그 목수의 아들이 아니냐 그 어머니는 마리아, 그 형제들은 야고보, 요셉, 시몬, 유다라 하지 않느냐。그 누이들은 다 우리와 함께 있지 아니하냐 그런즉 이 사람의 이 모든 것이 어디서 났느냐 하고。예수를 배척한지라 예수께서 그들에게 말씀하시되 선지자가 자기 고향과 자기 집 외에서는 존경을 받지 않음이 없느니라 하시고。그들이 믿지 않음으로 말미암아 거기서 많은 능력을 행하지 아니하시니라"

나움에서 병들었더니 ∘ 그가 예수께서 유대로부터 갈릴리로
오셨다는 것을 듣고 가서 청하되 내려오셔서 내 아들의 병을
고쳐 주소서 하니 그가 거의 죽게 되었음이라"

예수님께서 다시 갈릴리 가나로 가셨는데, 이곳은 혼인 잔치가 있었던
곳이었습니다. '카나'는 '갈대'라는 뜻으로, 갈대가 자라는 곳입니다. 예수
께서 그곳에 오셨다는 말을 듣고 왕의 신하, 즉 고관대작이 급하게 예수
님을 찾아왔습니다. 그의 자식이 죽어 가고 있었기 때문입니다. "내 아들
의 병을 고쳐 주소서" 이것은 아버지의 마음입니다. 아들이 죽어 가고 있
으면 고관대작이라도 어쩔 수 없습니다. 그는 예수님이 많은 능력을 행
하신다는 소문을 듣고 왔습니다.

예수님께서 갈릴리 가나에 계시는데, 고관대작의 집은 가버나움에 있
었습니다. 두 지역 간의 거리는 34km입니다.

참 믿음이란?

48절 "예수께서 이르시되 너희는 표적과 기사를 보지 못하면
도무지 믿지 아니하리라"

지금 왕의 신하의 태도에 문제가 있습니다. 그 멀리서 예수님을 찾아온
것은 대단하지만 예수님이 누구신지는 관심 없고 치유능력만을 붙듭니
다. 예수님이 무슨 말씀을 하시든 "빨리 왕진해 주세요"라고만 말합니다.
그때 예수님은 "너희는 표적과 기사만 생각하고 나를 믿는구나"라고 말

씀하셨습니다. 예수님은 진리의 차원에서 냉담하십니다. 예수님 자체를 보고, 예수님의 말씀을 보고 믿어야 하는데, 예수님의 초능력만 보고 믿는 사람은 예수님이 인정하지 않습니다.

예수님은 사람이 당신에 대해서 어떻게 생각하는지를 보고 그에 맞추어서 말씀하십니다. 많은 사람이 예수님의 능력 행하는 것을 보고 믿었지만, 예수님은 그들의 믿음을 인정하지 않았습니다. 기적을 보고 믿으려는 것은 신앙의 초보입니다. 초능력과 기사를 행할 수 있는 예수님과 그분의 사랑을 보는 믿음이 있어야 합니다. 남자와 여자가 사랑을 해도 집안에 돈이 많고 학벌이 좋아서 사랑했다면 그것은 거짓된 사랑입니다. 그 사람 자체, 존재 자체에 대한 믿음과 사랑의 마음이 있어야 합니다.

"표적과 기사만 보고 믿는 것은 안 돼. 말씀과 예수님 자체를 사랑하고 믿어야 해"라는 것이 믿음의 핵심입니다. 그래야 예수님의 기적을 체험합니다. 예수님의 이적만 보고 믿으려는 사람은 결코 기적을 체험하지 못합니다.

> 49-50절 "신하가 이르되 주여 내 아이가 죽기 전에 내려오소서 ○ 예수께서 이르시되 가라 네 아들이 살아 있다 하시니 그 사람이 예수께서 하신 말씀을 믿고 가더니"

예수님께서 냉담하게 말씀하셔도 아이를 살려 달라고 매달리자 "가라 네 아들이 살아 있다"고 하셨습니다. 이곳은 34km 밖입니다. 양자역학적으로 '텔레포테이션(Teleportation)', 곧 예수님의 치료의 에너지가 공간 이동을 한 것입니다. 놀라운 것은 그 아버지가 예수님의 말씀을 믿고 마음에 안정을 얻었다는 것입니다. 그분의 말씀을 믿게 된 것입니다. 이 내용을 잘못하면 놓칠 수 있는데, 너무나 귀중한 내용입니다. 다윗처럼 춤이라도 춰서 강조해야 합니다. 표적과 기사가 아니라 말씀을 믿었다는 것입니다. 말씀을 완전히 믿으면 더 이상 질문이 없습니다. 믿고 나면 의문도 없고 사랑만 있습니다.

왕의 신하의 여유는 어디에서 왔는가?

> 51-52절 "내려가는 길에서 그 종들이 오다가 만나서 아이가
> 살아 있다 하거늘◦ 그 낫기 시작한 때를 물은즉 어제 일곱 시
> 에 열기가 떨어졌나이다 하는지라"

왕의 신하가 자기 집으로 내려가는데 무슨 일이 생략되어 있는지 생각해 봅시다. 그날 당일에 아버지가 내려가지 않고 갈릴리에서 하루 자고 갔습니다. 도대체 그의 여유와 느긋함이 어디에서 생겼을까요? "내 아들이 죽어 갑니다. 빨리 와 주세요"라고 하던 사람이 말씀을 믿고서는 하루 쉬고 천천히 갑니다. 말씀을 믿는 자는 이렇게 느긋해집니다. 걱정할 것이 없습니다.

본문에서 일곱 시는 우리 시간으로 오후 1시입니다. 아들이 그렇게 위험하다면 허겁지겁 바로 내려가서 "5시간 전에 나았습니다"라는 말을 들어야 하는데, 예수님의 말씀을 믿으니 다음 날 내려가며 "어제 오후 1시 정도에 나았습니다"라는 말을 듣습니다. 이 핵심을 찾아야 합니다.

오직 예수님과 말씀만 믿어야 한다

우리는 중력 하에 있으므로 손가락 하나 움직이는 데도 에너지가 듭니다. 기도하는 것에도 에너지가 듭니다. 예수님께서 왕의 신하에게 "네 아들이 나았다"고 말씀하셨을 때에도 그 말씀의 에너지가 34km를 갔을 것이고, 그 에너지에 의해 아들이 치유되었을 것입니다. 주님은 시간과 공간을 창조하신 분으로서 중력의 법칙에 지배받지 않기 때문에 말씀의 에너지가 시공간을 넘어 가는 것이 가능합니다. 요한사도는 이분이 하나님이심을 알고 치유 에너지의 공간 이동을 말했던 것입니다.

> 53-54절 "그의 아버지가 예수께서 네 아들이 살아 있다 말씀하신 그 때인 줄 알고 자기와 그 온 집안이 다 믿으니라 ○ 이것은 예수께서 유대에서 갈릴리로 오신 후에 행하신 두 번째 표적이니라"

그가 말씀을 믿었더니 능력이 나타나고 구원의 역사가 나타나고 결국 그 가정이 다 믿게 되었습니다.

오늘 말씀에 대한 주석을 찾아보니 "4장과 5장에 끼워 넣은 예수님의 간단한 치유 이적이다"라고 되어 있었습니다. 그러나 이것은 그렇게 간단한 것이 아니라 양자역학의 공간 이동입니다. 그리고 이 이적의 핵심은 말씀을 믿었다는 것이고, 예수님을 믿었다는 것입니다. 왕의 신하가 처음에는 예수님의 소문을 듣고 와서 기적을 구하는 수준이었으나 결국 예수님과 예수님의 말씀 자체를 믿는 수준이 되었습니다. 예수를 믿으면

구속과 섭리

부자가 되고 건강해진다는 것을 예수를 믿는 것과 연결시키는 것은 표적과 기사를 보고 믿는 수준입니다. 우리는 예수님 자체를 보고, 그분이 십자가에 죽으시고 부활하심을 믿어서 성령의 놀라운 역사를 체험해야 합니다. 왕의 신하도 그러한 믿음을 통해 그의 온 집이 구원을 얻었습니다.

결론입니다. 예수를 믿고 우리 삶에 축제가 회복되었습니까? 기쁨이 있습니까? 오늘 본문 말씀을 통해 우리는 과연 무엇을 믿고 있는지 돌아보아야 합니다. 오직 예수님과 말씀만 믿으라는 것이 본문 말씀의 메시지이며, 주님의 창조주 되심을 요한이 증거한 것입니다.

27

다윗의 죄와 압살롬의 죽음

2012. 7. 1.

사무엘하 18:1-7

"이에 다윗이 그와 함께 한 백성을 찾아가서 천부장과 백부장을 그들 위에 세우고 ◦ 다윗이 그의 백성을 내보낼새 삼분의 일은 요압의 휘하에, 삼분의 일은 스루야의 아들 요압의 동생 아비새의 휘하에 넘기고 삼분의 일은 가드 사람 잇대의 휘하에 넘기고 왕이 백성에게 이르되 나도 반드시 너희와 함께 나가리라 하니 ◦ 백성들이 이르되 왕은 나가지 마소서 우리가 도망할지라도 그들은 우리에게 마음을 쓰지 아니할 터이요 우리가 절반이나 죽을지라도 우리에게 마음을 쓰지 아니할 터이라 왕은 우리 만 명보다 중하시오니 왕은 성읍에 계시다가 우리를 도우심이 좋으니이다 하니라 ◦ 왕이 그들에게 이르되 너희가 좋게 여기는 대로 내가 행하리라 하고 문 곁에 왕이 서매 모든 백성이 백 명씩 천 명씩 대를 지어 나가는지라 ◦ 왕이 요압과 아비새와 잇대에게 명령하여 이르되 나를 위하

구속괴 섭리

여 젊은 압살롬을 너그러이 대우하라 하니 왕이 압살롬을 위하여 모든 군지휘관에게 명령할 때에 백성들이 다 들으니라 ◦ 이에 백성이 이스라엘을 치러 들로 나가서 에브라임 수풀에서 싸우더니 ◦ 거기서 이스라엘 백성이 다윗의 부하들에게 패하매 그 날 그 곳에서 전사자가 많아 이만 명에 이르렀고"

기도

구약의 여호와 하나님은 언약의 하나님으로서 약속을 지키면 복을 주시고, 약속을 지키지 않을 때는 벌과 심판을 준비하셔서 공평과 공의를 세우십니다. 거룩하신 아버지여, 아브라함을 통해서 하나님의 정의와 믿음의 역사를 우리가 배웠습니다. 또한 모세를 통해서 하나님께서 어떻게 세상과 구별된 신앙의 백성들을 구원하는가에 대해서도 깨닫습니다. 특별히 우리의 인간적인 롤 모델이라고도 할 수 있는 다윗에 대해서 본문을 통하여 은혜받고 있습니다. 다윗이 법궤와 하나님 말씀을 위하여 간절한 마음으로 울고 간구했을 때 하나님께서는 나단 선지자를 보내서 언약을 맺으시고 축복을 내렸습니다. 그 이후에 다윗이 밧세바 사건으로 범죄했을 때는 저주와 심판을 내리셨습니다. 사무엘하 12장 이후에 다윗은 용서되었지만 결국 벌은 다 받고 있음을 정확하게 기록하고 있습니다.

거룩하신 아버지여, 다윗을 통해서 하나님께서 우리에게 요구하시는 정의가 무엇인지 성경 본문을 통해서 깨닫게 해 주시옵소서. 우리를 위하여 십자가에 죽으시고 부활 승천하신 우리 주 예수 그리스도 이름으로 기도드립니다. 아멘.

포스트모더니즘 시대의 정의론

오늘은 우리 삶에 있어서 '하나님의 정의 문제'에 대해서 함께 생각해 보는 시간을 가지고자 합니다. 다음 이야기에 대해서 각자 판단해 보시기를 바랍니다.

마이클 샌델 교수가 이야기한 정의론의 내용 중에 이런 이야기가 있습니다. 1884년에 영국의 배 한 척이 바다를 항해하다가 폭풍우를 만나 침몰해 버렸습니다. 마지막에 구명정을 내려서 선장과 일등 항해사, 선원, 고아 소년 등 네 명이 탈출했는데, 영국에 돌아올 때는 세 명만 돌아왔습니다. 탈출 19일째 되는 날, 먹을 게 바닥나자 살아남기 위해서 나머지 세 명이 병든 고아 소년을 살해하고 먹어 버렸기 때문입니다. 그들은 구조되었으나 해변에 도착한 후 식인 사실이 밝혀지고 법적으로 구속되었습니다.

이는 19세기의 가장 유명한 재판 중 하나입니다. 영국에서는 이 사건 때문에 최대 다수의 최대 행복이라는 공리주의가 대두되었습니다. 영국 재판부가 3명 중 살인의 적극 가담자 2명에 대해서 교수형을 선고하자 많은 시민들이 나서서 살인죄가 아니라고 항의했습니다. 물론 윤리 도덕주의자들은 아무리 생존을 위해서라도 인간이 어떻게 그럴 수 있느냐고 비판했습니다. 그들은 교수형을 선고받았지만 그들에게 상당히 우호적이었던 당시 여론과 다른 복합적 요인들에 의해 두 사람은 수감된 지 6개월 만에 석방되었습니다.

표류기간 중 한 명이 희생자로 선택당하는 과정도 재판 기록에 다 나와 있습니다. 세 명은 집에 가족이 있는데 한 명은 가족도 없고, 또 어차피 병들어서 죽을 것 같으니까 세 명을 위해 한 명이 희생하는 것은 어쩔 수 없는 일이지 않느냐는 것입니다. 그래서 병든 소년은 결국 살해당했고, 나머지 세 명은 그 인육을 먹으면서 5일을 버티다 구조되어 살아나왔습니다.

현대를 포스트모더니즘 시대라고 하는데, 모더니즘과 포스트모더니즘이 섞여 있는 시대입니다. 과연 어떤 것이 가장 옳은 것인지 판단하기가 어려운 시대입니다. 이 시대에 사회정의와 공의는 무엇입니까? 또한 이 시대에 나타난 하나님의 정의는 어떤 것입니까? 우리는 저 세 명에 대해서 어떻게 재판할 것입니까? 사형입니까? 아니면 어쩔 수 없었던 일이라고 생각합니까?

사무엘서의 관점

오늘 본문 속 다윗의 기록도 너무 애매하고 복잡해서 저는 영적으로 무척 당황했습니다. 아브라함을 설교할 때는 신이 났습니다. 아브라함의 처음 수준이 우리와 비슷하면서도 점점 성장해 가기 때문입니다. 그런데 다윗의 설교를 하면 비통합니다. 점점 못해지기 때문입니다. 다윗이 계속 스마트하고 멋있기를 바라지만, 나이 든 사람이 계속 멋있는 것이 잘 안 됩니다. 그러나 결점이 많았던 다윗에 대해서 다시 생각하면 우리 삶의 새로운 아이디어와 힘을 얻을 수 있습니다. 우리는 사무엘서를 기록한 편집자 혹은 저자의 관점을 생각해야 합니다. 다윗을 생각하기보다 하나님을 진정으로 신앙했던 사무엘서의 저자가 어떻게 다윗의 삶을 읽고 풀어냈는지를 살펴야 합니다.

다윗의 범죄, 곧 우리아의 아내를 취하고 우리아를 살인한 죄로 인해 나라가 두 쪽이 났습니다. 다윗은 자신의 죄에 대해 회개했습니다. 하지만 나단 선지자는 "하나님께서 왕의 죄를 용서하셨지만 벌은 받아야 합니다"라고 하며 하나님의 공의와 공평을 말했습니다. 이는 오늘날 형법의 원리와도 같습니다. 지금도 누가 죄를 지어서 그 대상에게 잘못을 빌어도 벌금을 내거나 감방에서 살면서 대가를 지불해야 합니다. 사무엘하의 저자는 하나님을 그렇게 표현했습니다. 용서는 하시되 벌을 주시며 대가를 지불하게 하신다는 것입니다. 이것이 신명기 사학파의 핵심적인 관점입니다.

다윗의 고통

여러분은 세상에서 가장 큰 고통이 무엇이라고 생각합니까? 나단은 다윗에게 "칼이 네 집에서 떠나지 않고, 네 후궁들을 이웃이 빼앗아 이스라엘의 모든 백성 앞에서 잠자리를 같이할 것이다. 너는 끊임없이 고통과 괴로움을 당하리라"고 예언했습니다. 다윗은 누가 하나님의 심판을 대신해서 자기에게 벌을 줄 것인지 무척 궁금했을 것이며, 그에 대해 계속 생각했을 것입니다. 하나님은 다윗에게 벌을 줄 사람으로 그의 아들을 선택했습니다.

세상에서 가장 고통스러운 것이 부부가 만나서 계속 원수가 되어 가는 것입니다. 적과의 동침입니다. 그다음에는 자식과 원수가 되는 것이 엄청난 고통이고 심판입니다. 하나님은 다윗에게 "네가 너의 충성스런 신하 우리아를 죽였지? 이제 네 자식을 통해서 너를 철저히 벌하겠다"라고

구속과 섭리

하시는 것입니다. 요압이 돌격대로 앞에 나가라고 했을 때 자기가 죽는 줄도 모르고 앞으로 나갔던 사람이 우리아입니다.

아히도벨의 보복

압살롬이 쿠데타를 일으켜 나라가 두 쪽이 났습니다. 전쟁에서 가장 중요한 인물이 제갈공명과 같은 전략가입니다. 그런데 다윗의 전략가 아히도벨이 압살롬에게 가 버렸습니다. 아히도벨의 마음속에는 자기 손녀딸인 밧세바가 들어 있었습니다. 그는 다윗이 자기 손녀와 손녀사위인 우리아를 다루는 것을 보고 너무나 인간적으로 실망해서 압살롬에게 가 버렸습니다. 또한 이스라엘 백성 3분의 2가 압살롬 편에 섰습니다.

다윗이 그 소식을 듣자 울면서 도망갔는데, 그 과정에서 시므이가 나와서 온갖 조롱을 다했습니다. 하지만 다행히 다윗 편에서 아히도벨을 막을 수 있는 한 사람이 있었습니다. 바로 후새입니다. 후새가 다윗의 부탁을 받고 압살롬에게 거짓으로 항복해서 그 밑으로 들어갔습니다. 아히도벨은 압살롬을 코치해서 다윗에게 보복하고자 했습니다. 아히도벨은 "다윗은 지금 쫓기는 입장에서 정신이 없고 이제 나이도 많다. 그러니 바로 공격해서 요단강을 건너기 전에 끝내야 한다"라고 간단하게 생각했습니다.

압살롬이 아히도벨의 전략을 듣고 가만히 생각해 보다가 후새에게 또 묻습니다. 후새는 조금 더 있다가 군대를 정비해서 나가자는 의견을 냈습니다. 그런데 압살롬이 후새의 말을 들었습니다. 만약 압살롬이 아히도벨의 말을 듣고 다윗을 공격했더라면 다윗은 죽었을 것입니다. 하지만 후새의 말을 들어서 다윗이 살게 되었는데, 이런 일은 하나님께서 뒤에서 일하시는 것입니다. 후새는 다윗에게 사람을 몰래 보내서 "빨리 요단강을 건너소서"라고 했습니다. 참 아슬아슬합니다. 압살롬이 첩자를 잡으려 했지만 그들은 빈 우물 속에 숨어 있었고, 그 위에 곡식을 널어놓는 것으로 위장해서 잡히지 않았습니다. 다윗이 그 소식을 듣고 요단강을 건너서 에브라임까지 빨리 도망갔습니다.

에브라임 수풀 전투

다윗은 전략을 짜서 요압과 아비새, 잇대가 각각 이끄는 세 부대를 에브라임 수풀에 매복시켰습니다. 놀라운 것은 압살롬의 부대가 오합지졸이라는 사실입니다. 전략도 없이 마구잡이식으로 들어옵니다. 그리고 압살롬은 에브라임 수풀을 전혀 모르지만, 다윗은 사울에게 쫓겨 다니다 보니 그 지역을 환히 다 알고 있었습니다.

손자병법 10편이 지형편입니다. 지형을 알지 못하면 전쟁에서 이길 수가 없습니다. 압살롬은 에브라임 수풀의 지형에 대해 아무것도 모르는데, 그곳에 다윗의 용장들이 완벽하게 매복해서 기다리니 결국 거기서 압살롬 군대 2만 명이 몰살당해 버립니다.

아버지로서의 다윗

오늘의 핵심 포인트는 군대가 진을 치고 나갈 때의 다윗입니다. 다윗은 부끄럽고 미안해서 자기도 나가겠다고 했지만, 부하들이 나오지 말라고 말렸습니다. 지금 이 전쟁은 누가 옳으냐의 전쟁이 아니라, 다윗이 죽느냐 아들인 압살롬이 죽느냐 하는 전쟁이기 때문입니다. 아무런 명분이 없는 부자간의 전쟁일 뿐입니다.

다윗이 "그럼 나는 뒤에 있겠다"고 하면서 부하들에게 한 말이 중요합니다. "내 아들 압살롬이 철이 없어서 그러니 불쌍히 여기고 제발 죽이지는 말아라" 원어로 '나아르'가 '철이 없다'는 뜻입니다. 지금 아들과 아버지 중에 누가 죽는가의 심판의 상황 속에서 다윗은 이렇게 말합니다.

사무엘서의 편집자는 이렇게 아버지가 죽느냐, 아들이 죽느냐는 전쟁의 상황 속에 들어간 자체가 하나님의 벌이라고 이야기하고 있습니다. 아버지와 아들이 원수가 되어 둘 중에 하나는 반드시 죽어야 하는 이 상황이 너무 비참하지 않느냐는 것입니다. 그 상황에서 다윗은 아버지로서 "우리 아들을 좀 봐주라"고 부탁하고 있습니다.

압살롬의 죽음

에브라임 수풀에서 전쟁을 하는데 압살롬은 힘만 믿고 들어오다가 전멸하고 말았습니다. 다윗의 부하인 요압이나 아비새 등은 산전수전을 다 겪은 용사들입니다. 압살롬이 다윗의 부하들에게 쫓겨 가다가 상수리나무에 머리채가 걸려서 대롱대롱 매달리고 말은 밑에서 빠져나가 버렸습니다. 압살롬의 머리채가 나무에 걸린 채 매달려 있는 모습을 다윗 진지의 군인이 발견했습니다. 그가 요압에게 쫓아와서 그 상황을 전하자 요압은 "너는 압살롬을 안 죽이고 뭐했지? 그를 죽였으면 상을 받았을 것이다"라고 하였습니다. 하지만 그는 "제가 은 천 개를 받는다고 하더라도 그를 죽일 수는 없습니다. 왕이 죽이지 말라고 했잖아요"라고 대답했습니다.

사무엘서 저자가 이 이야기를 정확히 기록하고 있는데, 그 혜안을 알아야 합니다. 다윗은 지금 아들에게 쫓겨서 본인이 죽지 않으면 아들이 죽는 상황에 처해 있습니다. 그런데 자신의 부하들에게는 아들을 살려 달라고 하는 모순적인 태도를 취하고 있는 이 상황 자체가 하나님께 심판을 받고 있음을 나타내고 있습니다.

요압은 "너와 이야기할 시간이 없다"고 하며 창 3개를 가지고 가서 압살롬의 심장을 바로 찔렀습니다. 압살롬이 떨어지니 요압의 경호원 10명이 압살롬을 둘러싸고 쳐서 죽였습니다. 요압이 가진 3개의 창은 긴 창이 아닙니다. 심장을 찌르는 데 쓰는 것과 갈고리 모양으로 사람을 끌어 내리는 데 쓰는 것과 망치처럼 생긴 것도 있습니다. 그 창 3개로 압살롬을 찔러 죽였던 것입니다.

삼하 18:9-18 "압살롬이 다윗의 부하들과 마주치니라 압살롬이 노새를 탔는데 그 노새가 큰 상수리나무 번성한 가지 아래로 지날 때에 압살롬의 머리가 그 상수리나무에 걸리매 그가 공중과 그 땅 사이에 달리고 그가 탔던 노새는 그 아래로 빠져나간지라 ◦ 한 사람이 보고 요압에게 알려 이르되 내가 보니 압살롬이 상수리나무에 달렸더이다 하니 ◦ 요압이 그 알린 사람에게 이르되 네가 보고 어찌하여 당장에 쳐서 땅에 떨어뜨리지 아니하였느냐 내가 네게 은 열 개와 띠 하나를 주었으리라 하는지라 ◦ 그 사람이 요압에게 대답하되 내가 내 손

구속과 섭리

에 은 천 개를 받는다 할지라도 나는 왕의 아들에게 손을 대지 아니하겠나이다 우리가 들었거니와 왕이 당신과 아비새와 잇대에게 명령하여 이르시기를 삼가 누구든지 젊은 압살롬을 해하지 말라 하셨나이다 ○ 아무 일도 왕 앞에는 숨길 수 없나니 내가 만일 거역하여 그의 생명을 해하였더라면 당신도 나를 대적하였으리이다 하니 ○ 요압이 이르되 나는 너와 같이 지체할 수 없다 하고 손에 작은 창 셋을 가지고 가서 상수리나무 가운데서 아직 살아 있는 압살롬의 심장을 찌르니 ○ 요압의 무기를 든 청년 열 명이 압살롬을 에워싸고 쳐죽이니라 ○ 요압이 나팔을 불어 백성들에게 그치게 하니 그들이 이스라엘을 추격하지 아니하고 돌아오니라 ○ 그들이 압살롬을 옮겨다가 수풀 가운데 큰 구멍에 그를 던지고 그 위에 매우 큰 돌무더기를 쌓으니라 온 이스라엘 무리가 각기 장막으로 도망하니라 ○ 압살롬이 살았을 때에 자기를 위하여 한 비석을 마련하여 세웠으니 이는 그가 자기 이름을 전할 아들이 내게 없다고 말하였음이더라 그러므로 자기 이름을 기념하여 그 비석에 이름을 붙였으며 그 비석이 왕의 골짜기에 있고 이제까지 그것을 압살롬의 기념비라 일컫더라"

압살롬을 쳐서 죽인 후에는 시체를 구덩이에 던지고 돌무더기를 쌓았습니다. 성경이 이것을 기록하는 이유가 있습니다. 신명기 율법에 의하면 자기 아버지에게 불효하고 배반하면 나무에 달려 죽으며, 하나님의 약속을 어긴 사람은 여호수아 때의 아간처럼 죽여서 돌무더기를 쌓았습니다. 지금 요압이 그렇게 만들었던 것은 하나님의 심판대로 되었다는 것을 말하려는 것입니다.

이제 문제는 이 죽음을 어떻게 보고하느냐는 것입니다. 잘못 보고하면 큰일이 나는데, 이런 애매한 상황이 계속 이어지고 있음을 사무엘서 기자가 기록하고 있습니다.

하나님의 공의와 공평

다윗의 아들이 죽었다는 소식을 전하는 문제에 대해 성경이 특별히 짚는 이유가 있습니다. 사울의 죽음을 다윗에게 전하고 사울의 왕관까지 바친 아말렉 사람을 다윗이 죽였기 때문입니다. 또한 사울의 아들 이스보셋을 죽였다는 사람들도 다윗이 죽였습니다. 하나님의 기름 부음 받은 사람을 죽였기 때문입니다. 그래서 압살롬의 죽음을 보고하는 과정이 성경 속에 정밀하게 기록되어 있는 것입니다.

사무엘하를 기록한 편집자는 다윗이 자기 아들과 원수 되는 벌을 받은 이야기를 하면서, 그의 아들이 죽은 것에 대해 다윗의 부하들이 이러지도 저러지도 못하는 상황을 기록함으로써 다윗이 어떻게 벌을 받는지를 여실히 보여 줍니다. 이 싸움은 다윗이 죽느냐 압살롬이 죽느냐가 중요할 뿐, 명분이 없는 전쟁이었습니다. 그런데 압살롬이 죽었습니다. 이제 그것을 누가 보고해야 할까요?

삼하 18:19-33 "사독의 아들 아히마아스가 이르되 청하건대 내가 빨리 왕에게 가서 여호와께서 왕의 원수 갚아 주신 소

구속과 섭리

식을 전하게 하소서 ◦ 요압이 그에게 이르되 너는 오늘 소식을 전하는 자가 되지 말고 다른 날에 전할 것이니라 왕의 아들이 죽었나니 네가 오늘 소식을 전하지 못하리라 하고 ◦ 요압이 구스 사람에게 이르되 네가 가서 본 것을 왕께 아뢰라 하매 구스 사람이 요압에게 절하고 달음질하여 가니 ◦ 사독의 아들 아히마아스가 다시 요압에게 이르되 청하건대 아무쪼록 내가 또한 구스 사람의 뒤를 따라 달려가게 하소서 하니 요압이 이르되 내 아들아 너는 왜 달려가려 하느냐 이 소식으로 말미암아서는 너는 상을 받지 못하리라 하되 ◦ 그가 한사코 달려가겠노라 하는지라 요압이 이르되 그리하라 하니 아히마아스가 들길로 달음질하여 구스 사람보다 앞질러가니라 ◦ 때에 다윗이 두 문 사이에 앉아 있더라 파수꾼이 성 문 위 층에 올라가서 눈을 들어 보니 어떤 사람이 홀로 달려오는지라 ◦ 파수꾼이 외쳐 왕께 아뢰매 왕이 이르되 그가 만일 혼자면 그의 입에 소식이 있으리라 할 때에 그가 점점 가까이 오니라 ◦ 파수꾼이 본즉 한 사람이 또 달려오는지라 파수꾼이 문지기에게 외쳐 이르되 보라 한 사람이 또 혼자 달려온다 하니 왕이 이르되 그도 소식을 가져오느니라 ◦ 파수꾼이 이르되 내가 보기에는 앞선 사람의 달음질이 사독의 아들 아히마아스의 달음질과 같으니이다 하니 왕이 이르되 그는 좋은 사람이니 좋은 소식을 가져오느니라 하니라 ◦ 아히마아스가 외쳐 왕께 아뢰되 평강하옵소서 하고 왕 앞에서 얼굴을 땅에 대고 절하며 이르되 왕의 하나님 여호와를 찬양하리로소이다 그의 손을 들어 내 주 왕을 대적하는 자들을 넘겨 주셨나이다 하니 ○ 왕이 이르되 젊은 압살롬은 잘 있느냐 하니라 아히마아스가 대답하되 요압이 왕의 종 나를 보낼 때에 크게 소동하는 것을 보았사오나 무슨 일인지 알지 못하였나이다 하니 ○ 왕이 이르되 물러나 거기 서 있으라 하매 물러나서 서 있더라 ○ 구스 사람이 이르러 말하되 내 주 왕께 아뢸 소식이 있나이다 여호와께서 오늘 왕을 대적하던 모든 원수를 갚으셨나이다 하니 ○ 왕이 구스 사람에게 묻되 젊은 압살롬은 잘 있느냐 구스 사람이 대답하되 내 주 왕의 원수와 일어나서 왕을 대적하는 자들은 다 그 청년과 같이 되기를 원하나이다 하니 ○ 왕의 마음이 심히 아파 문 위층으로 올라가서 우니라 그가 올라갈 때에 말하기를 내 아들 압살롬아 내 아들 내 아들 압살롬아 차라리 내가 너를 대신하여 죽었더면, 압살롬 내 아들아 내 아들아 하였더라"

사독의 아들인 아히마아스가 요압에게 가서 "제가 빨리 뛰어가서 보고하겠습니다"라고 했는데, 요압은 다윗을 알기에 참으라고 했습니다. 사울과 그 아들을 죽였다고 보고한 사람이 다 죽었기 때문입니다. 지금 다윗은 누가 전쟁에 이겼는지는 관심이 없습니다. 자기 아들이 어떻게 되었는지에만 관심을 가지고 있습니다.

요압은 구스 사람을 불러서 다윗에게 보고하러 보냈습니다. 그런데 아히마아스가 자기도 가게 해 달라고 너무 간청해서 요압은 할 수 없이 그도 보내 주었습니다. 아히마아스의 걸음걸이가 더 빨라서 먼저 갔는데,

가보니 분위기가 이상함을 느꼈습니다. 다윗이 "내 아들은 어떻게 되었나?"라고 묻자 "제가 올 때 소란하긴 했는데 저는 잘 모르겠습니다"라고 거짓말을 하면서 뒤로 슬쩍 빠졌습니다. 이어서 구스 사람이 오더니 "왕의 모든 대적들이 그 청년과 같이 되기를 바랍니다"라고 보고했습니다.

그러자 다윗은 "내 아들아. 내 아들아. 차라리 내가 죽어야 했는데!"라면서 통곡했습니다. 도대체 이게 무슨 말입니까? 다윗의 앞뒤가 안 맞는 모순적인 태도를 성경은 정확하게 기록하고 있습니다. 이렇게 다윗은 아버지와 아들 간에 '네가 안 죽으면 내가 죽는' 극심한 고통을 겪고 있습니다. 아버지가 죽거나 아들이 죽는 이 처참한 상황이 바로 나단이 선포했던 하나님의 심판이었습니다. 지금 사무엘하를 통해 공의와 공평의 하나님이 어떤 분이신지 선포하고 있습니다. 회개하면 용서는 하시지만 그 대가로 심판은 다 받아야 합니다.

압살롬 사건은 다윗의 죄의 결과

아들과 아버지 사이의 권력 다툼으로 인한 비극은 세계 보편사에 여러 사례가 있습니다. 우리나라 조선시대에는 이성계와 이방원의 사례가 있습니다. 이성계의 첫째 부인이 한 씨인데, 한 씨와의 사이에 아들이 많았습니다. 그런데 강 씨를 새로 얻고 강 씨에게서 난 아들에게 왕권을 넘겨주려고 하니까 본처의 아들이 가만히 있지 않고 난을 일으킨 것이 이방원의 왕자의 난이었습니다. 결과적으로 아버지 이성계와 아들 이방원과의 전쟁에서는 아들이 이겼습니다. 성경의 다윗과 압살롬 사건에서는 아버지인 다윗이 이겼습니다. 누가 이겼든 이러한 싸움은 정치가 가진 더러운 비인간적인 측면입니다.

우리는 다윗이 왜 그렇게 고통스러운 사건을 겪게 되었는지를 생각해야 합니다. 밧세바가 우리아의 아내인 것을 알고 애초에 밧세바를 부르지 않았다면 이런 복잡한 사건이 일어나지 않았을 것입니다. 하나를 잘못해서 얼마나 복잡해졌습니까?

결론적으로 다윗의 처참한 심정과 그 상황은 하나님께 잘못한 범죄로 인해 받는 벌이었습니다. 신명기 사학파가 이것을 정확히 기록해 두었습니다. 본문 말씀을 통해 우리의 삶을 되돌아봅시다. 우리도 잘못하면 대가 지불을 하며 벌을 받아야 한다는 사실을 분명히 알아야 합니다.

구속괴 섭리

28

다윗의 레임덕

2012. 7. 8.

사무엘하 20:1-26

"마침 거기에 불량배 하나가 있으니 그의 이름은 세바인데 베냐민 사람 비그리의 아들이었더라 그가 나팔을 불며 이르되 우리는 다윗과 나눌 분깃이 없으며 이새의 아들에게서 받을 유산이 우리에게 없도다 이스라엘아 각각 장막으로 돌아가라 하매 ◦ 이에 온 이스라엘 사람들이 다윗 따르기를 그치고 올라가 비그리의 아들 세바를 따르나 유다 사람들은 그들의 왕과 합하여 요단에서 예루살렘까지 따르니라 ◦ 다윗이 예루살렘 본궁에 이르러 전에 머물러 왕궁을 지키게 한 후궁 열 명을 잡아 별실에 가두고 먹을 것만 주고 그들에게 관계하지 아니하니 그들이 죽는 날까지 갇혀서 생과부로 지내니라 ◦ 왕이 아마사에게 이르되 너는 나를 위하여 삼 일 내로 유다 사람을 큰 소리로 불러 모으고 너도 여기 있으라 하니라 ◦ 아마사가 유다 사람을 모으러 가더니 왕이 정한 기일에 지체된지라 。 다윗이 이에 아비새에게 이르되 이제 비그리의 아들 세바가 압살롬보다 우리를 더 해하리니 너는 네 주의 부하들을 데리고 그의 뒤를 쫓아가라 그가 견고한 성읍에 들어가 우리들을 피할까 염려하노라 하매 。 요압을 따르는 자들과 그렛 사람들과 블렛 사람들과 모든 용사들이 다 아비새를 따라 비그리의 아들 세바를 뒤쫓으려고 예루살렘에서 나와 。 기브온 큰 바위 곁에 이르매 아마사가 맞으러 오니 그 때에 요압이 군복을 입고 띠를 띠고 칼집에 꽂은 칼을 허리에 맸는데 그가 나아갈 때에 칼이 빠져 떨어졌더라 。 요압이 아마사에게 이르되 내 형은 평안하냐 하며 오른손으로 아마사의 수염을 잡고 그와 입을 맞추려는 체하매 。 아마사가 요압의 손에 있는 칼은 주의하지 아니한지라 요압이 칼로 그의 배를 찌르매 그의 창자가 땅에 쏟아지니 그를 다시 치지 아니하여도 죽으니라 요압과 그의 동생 아비새가 비그리의 아들 세바를 뒤쫓을새 。 요압의 청년 중 하나가 아마사 곁에 서서 이르되 요압을 좋아하는 자가 누구이며 요압을 따라 다윗을 위하는 자는 누구냐 하니 。 아마사가 길 가운데 피 속에 놓여 있는지라 그 청년이 모든 백성이 서 있는 것을 보고 아마사를 큰길에서 부터 밭으로 옮겼으나 거기에 이르는 자도 다 멈추어 서는 것을 보고 옷을 그 위에 덮으니라 。 아마사를 큰길에서 옮겨가매 사람들이 다 요압을 따라 비그리의 아들 세바를 뒤쫓아가니라 。 세바가 이스라엘 모든 지파 가운데 두루 다녀서 아벨과 벧마아가와 베림 온 땅에 이르니 그 무리도 다 모여 그를 따르더라 ◦ 이에 그들이 벧마아가 아벨로 가서 세바를 에우고 그 성읍을 향한 지역 언덕 위에 토성을 쌓고 요압과 함께 한 모든 백성이 성벽을 쳐서 헐고자 하더니 ◦ 그 성읍에서 지혜로운 여인 한 사람이 외쳐 이르되 들을지어다 들을지어다 청하건대 너희는 요압에게 이르기를 이리로 가까이 오라 내가 네게 말하려 하노라 한다 하라 ◦ 요압이 그 여인에게 가까이 가니 여인이 이르되 당신이 요압이니이까 하니 대답하되 그러하다 하니라 여인이 그에게 이르되 여종의 말을 들으소서 하니 대답하되 내가 들으리라 하니라 ◦ 여인이 말하여 이르되 옛 사람들이 흔히 말하기를 아벨에게 가서 물을 것이라 하고 그 일을 끝내었나이다 ◦ 나는 이스라엘의 화평하고 충성된 자 중 하나이거늘 당신이 이스라엘 가운데 어머니 같은 성을 멸하고자 하시는도다 어찌하여 당신이 여호와의 기업을 삼키고자 하시나이까 하니 ◦ 요압이 대답하여 이르되 결단코 그렇지 아니하다 결단코 그렇지 아니하다 삼키거나 멸하거나 하려 함이 아니니 ◦ 그 일이 그러한 것이 아니니라 에브라임 산지 사람 비그리의 아들 그의 이름을 세바라 하는 자가 손을 들어 왕 다윗을 대적하였나니 너희가 그만 내주면 내가 이 성벽에서 떠나가리라 하니라 여인이 요압에게 이르되 그의 머리를 성벽에서 당신에게 내어던지리이다 하고 ◦ 이에 여인이 그의 지혜를 가지고 모든 백성에게 나아가매 그들이 비그리의 아들 세바의 머리를 베어 요압에게 던진지라 이에 요압이 나팔을 불매 무리가 흩어져 성읍에서 물러나 각기 장막으로 돌아가고 요압은 예루살렘으로 돌아와 왕에게 나아가니라 ◦ 요압은 이스라엘 온 군대의 지휘관이 되고 여호야다의 아들 브나야는 그렛 사람과 블렛 사람의 지휘관이 되고 ◦ 아도람은 감역관이 되고 아힐룻의 아들 여호사밧은 사관이 되고 ◦ 스와는 서기관이 되고 사독과 아비아달은 제사장이 되고 ◦ 야일 사람 이라는 다윗의 대신이 되니라"

기도

천지의 주재시요 지극히 높으신 아버지 하나님, 오늘도 구별된 안식일을 통해서 하나님의 백성들을 모으시고 예수 그리스도의 이름으로 오시는 성령 안에서 본문 말씀에 은혜받게 하심을 감사드립니다. 믿음의 주요 또 온전케 하시는 주 예수를 바라보자는 말씀처럼 우리가 무엇을 하든지 항상 믿음의 주요 온전케 하시는 예수 그리스도를 바라보게 하시옵소서. 또한 구약의 많은 선지자들과 영웅들에 대한 역사 기록이 있지만 모두가 다 초월자이신 그리스도보다 높지 못함을 말씀을 통해 깨닫게 하여 주시옵소서.

오늘은 저희가 본문을 통해서 다윗을 깊이 알기를 원합니다. 이는 예수 그리스도를 더 아는 일이요 인간과 영웅을 숭배하지 않는 지식에 이르는 일인 줄 압니다. 오늘 본문 말씀인 사무엘하 20장의 말씀을 통해 큰 깨달음 주시기를 우리 주 예수 그리스도 이름으로 간절히 기도드립니다. 아멘.

다윗의 레임덕의 원인

'레임덕'이라는 말은 본문의 다윗 사건을 이해하는 데 있어서 대단히 중요한 개념입니다. '레임'은 본래 '다리를 저는', '절름발이'라는 뜻인데, 오리(duck: 덕)가 그 대상이므로 '뒤뚱거리다'라고 번역합니다. 그래서 '뒤뚱거리면서 걷는 오리'가 바로 '레임덕'입니다. 오리가 바로 걷지 못하고 뒤뚱거리면 나중에 병들어서 죽듯이 하나의 권력이 말기에 이르러 여러 가지 문제가 생기고 실수하는 때를 레임덕이라고 합니다. 이때 '권력누수 현상'이 생깁니다.

오늘 본문은 다윗의 레임덕에 관한 것입니다. 삼하 11장부터가 레임덕의 시작이었습니다. 다윗은 인간적으로는 영웅이었는데, 거의 모든 영웅의 말로처럼 여자 때문에 망하는 길을 걷습니다. 우리의 신앙은 항상 "믿음의 주요 우리를 온전케 하시는 주 예수를 바라보는 것"입니다. 예수님 외에는 다 똑같은 인간이므로 하나님께서는 다윗을 통해서 인간의 욕구와 죄를 다 보여 주시고 있습니다. 하나님을 부여잡고 나가면서 자기 좋은 것을 다 챙긴 사람이 다윗입니다. 이 영웅이 어떻게 망하는지 우리는 성경을 통해서 알아야 합니다.

다윗의 레임덕은 55세에 왔습니다. 밧세바 사건이 있은 후 회개하지 않고 무감각하게 있다가 나단 선지자의 지적을 받고 회개했습니다만 그 이후에도 그 젊은 여자를 통해서 자식을 4명이나 낳았습니다("예루살렘에서 그가 낳은 아들들은 이러하니 시므아와 소밥과 나단과 솔로몬 네 사람은 다 암미엘의 딸 밧수아의 소생이요" 대상 3:5). 다윗은 자식 문제에 있어 공평성과 정의로운 분별력이 없었습니다. 이런 다윗의 결점은 결국 압살롬과 아도니야가 쿠데타를 일으키는 빌미가 됩니다. 맏아들 암논은 이복 여동생인 다말에게 몹쓸 짓을 해서 동생 압살롬에게 죽었습니다.

압살롬이 반란을 일으켰지만 압살롬의 죽음 소식을 듣고 다윗이 "내 아들 압살롬아!" 하고 울다가 요압에게 "왕께서 자꾸 이러시면 사람들이 왕을 다 떠날 것입니다"라고 협박성의 된소리를 들었습니다. 다윗은 속으로 감정이 많이 상했지만 어쩔 수 없이 요압의 말을 듣고 군사들을 격려하기 위해 나갔습니다.

세바의 반란

다윗이 겪는 문제 중 첫째는 베냐민 지파와의 문제입니다. 다윗 전의 왕이 사울인데, 사울은 베냐민 지파였으므로 사실 다윗과 베냐민 지파와는 서로 원수일 수밖에 없습니다. 정식으로는 사울의 아들 요나단이 왕위에 올랐어야 하는데 다윗이 올랐기 때문입니다. 더구나 사울과 그의 아들들은 길보아 전투에서 모두 비참하게 죽었습니다. 그래서 베냐민 지파는 다윗을 못마땅하게 생각했고, 다윗의 정치활동 중에 베냐민 지파가 일으키는 문제가 많았습니다. 시므이, 세바 등은 모두 베냐민 지파입니다. 그들은 다윗이 사울 일가를 죽이고 스스로 왕이 되었다고 감정적으로 생각하므로 시간만 있으면 난을 일으키려고 했습니다.

결국 세바가 난을 일으켰습니다. 다윗은 압살롬이 죽은 후에 돌아오고 있는 중이었습니다. 이때 다윗을 편드는 사람들은 유다 지파뿐이었습니다. 다윗이 유다 지파였기 때문입니다. 베냐민 지파 외에 나머지 모든 지파는 중간에서 애매한 입장을 취하고 있었습니다.

구속과 섭리

세바가 일어나서 "우리는 다윗에게서 분깃이 없다"라고 말하면서 "통합 왕국 이전의 각각의 지파대로 돌아가자. 분열된 이스라엘의 장막으로 다 돌아가자"라고 했는데, 그때 다른 지파들은 "그러면 안 되지"가 아니라 세바의 말을 듣고 모두 세바를 따랐습니다. 결과적으로 유다 지파 외에는 다윗을 편드는 지파가 하나도 없었습니다.

요압의 반발

다윗은 이제 세바의 반란을 막아야 했는데, 압살롬의 군대장관을 했던 아마사를 자기의 군대장관으로 삼고자 합니다. 여기서 우리는 요압에 대한 다윗의 감정을 읽을 수 있습니다. 본래는 요압을 세워야 하는데 기분이 나쁘니까 요압은 밀어내고 아마사를 불러서 "세바의 난을 막아야 하니까 네가 가서 유다 지파 사람들을 규합한 후 3일 안에 돌아와라"고 했습니다. 아마사는 압살롬을 도운 일로 죽을 줄 알았는데 다윗이 좋게 말하니 즉시 승낙하고 임무를 수행하기 위해서 나갔습니다만 제대로 하지 못했는지 3일 안에 돌아오지 못했습니다.

지금 세바의 반란군의 힘이 커지는 상황이라 다윗은 지체할 수 없었습니다. 이때도 원래는 요압을 불러야 하는데 요압의 두 동생 중 아비새를 불렀습니다. 다른 한 명은 아사헬인데, 아사헬은 예전에 아브넬에게 죽어서 아비새만 남았습니다. 여기서도 다윗이 감정적으로 요압을 싫어하는 것을 읽을 수 있습니다. 그래서 다윗은 아비새를 불러서 "네가 책임지고 막아라"고 하면서 그를 보냈는데, 아비새가 갈 때 요압도 슬그머니 뒤에서 따라갑니다.

요압의 생각은 이것입니다. "내가 목숨을 걸고 이때까지 싸워 줬는데 이제 나를 밀어내고 아마사와 동생 아비새에게 대장을 시켜?" 그래서 그는 동생의 뒤에 따라 붙어서 함께 있다가 아마사를 끝장내기로 결심했습니다. 아마사가 다윗의 명령을 수행하지 못하고 실패해서 돌아오는 중에 요압을 만납니다.

아마사는 다윗의 이복누이의 아들이므로 요압과는 이종사촌간입니다. 당연히 "형님, 오랜만입니다" 하고 서로 인사할 것입니다. 그때 요압의 허리에 단검을 꼽고 있었는데, 아마사가 보는 앞에서 칼을 내려놓았습니다. 악수를 하는 것은 서로 내 손에 무기가 없다는 뜻을 표시하는 것입니다. 안심한 아마사는 요압과 반갑게 인사하는데, 요압은 숨겨 둔 칼을 가지고 아마사의 수염을 잡은 후 단번에 찔러 죽였습니다. 그리고 요압은 자기 마음대로 동생 아비새를 뒤로 물리고 자기가 앞서서 전쟁을 하러 갔습니다. 다윗은 백성들에게 배반을 받았고, 요압도 쫓아내려고 했지만 요압은 새로 세운 군대장관을 죽이고는 자기가 군대장관을 합니다. 이것이 다윗의 레임덕의 증거입니다.

지혜로운 여인

오늘 본문의 내용은 간단합니다. 요압이 세바를 공격하니까 세바가 국경선의 아벨이라는 성에 들어가 숨었습니다. 요압이 군대를 거느리고 공격을 시작할 때 그 성 위에서 한 여인이 요압에게 외쳤습니다.

18-19절 "여인이 말하여 이르되 옛 사람들이 흔히 말하기를

아벨에게 가서 물을 것이라 하고 그 일을 끝내었나이다 ◦ 나
는 이스라엘의 화평하고 충성된 자 중 하나이거늘 당신이 이
스라엘 가운데 어머니 같은 성을 멸하고자 하시는도다 어찌
하여 당신이 여호와의 기업을 삼키고자 하시나이까 하니"

요압은 성을 멸하려는 것이 절대 아니고, 다만 그 성에 세바라는 반란
군이 숨었으니 그 사람의 목만 요구하는 것이라고 말했습니다. 그러자
그 여인이 알았다고 한 후에 백성과 의논해서 세바를 잡아 그의 목을 베
어 던졌습니다. 요압은 세바의 목을 가지고 다윗에게 돌아왔습니다. 다
윗은 내키지 않았지만 결국 요압을 군대장관으로 임명하게 되고, 모든 시
스템이 재정비됩니다.

사무엘하에는 지혜로운 여인이라는 표현이 여러 번 나옵니다. 요압이
압살롬을 데리고 오기 위해서 지혜로운 여인을 통해 다윗에게 말하는 부
분이 있고, 오늘 본문에서 세바의 난을 평정하는 장면에서도 지혜로운 여
인의 활약이 나옵니다. 요압이 우리아를 죽게 한 후에 다윗이 말을 할 것
이라고 예상하는 내용에도 사사기에서 아비멜렉을 죽인 여인에 대한 이
야기가 나옵니다. 사무엘하 편집자가 이러한 여인들을 칭찬하는 글을 기
록한 이유는 "모든 여자가 다 밧세바와 같지는 않다"고 말하고자 함입니
다. 나라를 구하고 집과 성을 구하는 여자가 있다는 것입니다.

계속되는 시련과 회복, 다윗의 참회

다윗은 이후부터 계속해서 어려움을 겪습니다. 요압도 그의 말을 안 들

었지만 백성들도 그를 따르지 않습니다. 그런데 이해할 수 없는 일이 또 나옵니다. 다윗이 예루살렘 성으로 돌아와서 10명의 후처들을 밀실에 가두고 음식만 주고 부부관계를 하지 않았다고 기록된 것입니다.

이 내용에 대해서 학자들도 말이 많습니다. 다윗 왕이 나가고 압살롬이 들어왔을 때 후궁들에게 궁전을 지키라고 했다지만 사실 여자들이 지킬 수 있는 일이 아닙니다. 그들은 다윗 왕의 후처들이므로 압살롬에게는 어머니와 마찬가집니다. 그런데 압살롬이 와서 그 10명을 강간했습니다. 아버지의 후궁이니 압살롬의 요청에 순순히 응했을 리가 없습니다.

이런 일들이 여자로서는 어쩔 수 없는 것이었음에도 불구하고 다윗이 뒤에 돌아와서 이들을 모두 유폐시킨 것에 대해 전통적인 주경가들은 율법에 의하면 근친상간을 행한 10명의 후궁들은 사형시키거나 쫓아내야 하지만 다윗은 자기 죄에 대한 참회의 의미로 후궁들을 쫓아내지 않고 별실에서 지내게 한 것이라고 해석합니다.

다윗이 잘한 일도 많지만 많은 실수와 허점도 가지고 있는 사람이었습니다. 그러나 여기서 우리가 생각할 것은 "다윗이 왜 그러지?"가 아니라 '그럼에도 불구하고' 하나님을 높이는 그를 보아야 합니다. 또한 믿음의 주요 우리를 온전케 하시는 주 예수를 바라보는 것 외에는 답이 없음을 알아야 합니다. 그렇지 않으면 시험에 들 수 있습니다.

구속과 섭리

29
—

38년 된 병자를 고치시다

2012. 7. 15.
요한복음 5:1-18

"그 후에 유대인의 명절이 되어 예수께서 예루살렘에 올라가
시니라。예루살렘에 있는 양문 곁에 히브리 말로 베데스다라
하는 못이 있는데 거기 행각 다섯이 있고。그 안에 많은 병자,
맹인, 다리 저는 사람, 혈기 마른 사람들이 누워 물의 움직임을
기다리니。이는 천사가 가끔 못에 내려와 물을 움직이게 하
는데 움직인 후에 먼저 들어가는 자는 어떤 병에 걸렸든지 낫
게 됨이러라。거기 서른여덟 해 된 병자가 있더라。예수께서
그 누운 것을 보시고 병이 벌써 오래된 줄 아시고 이르시되 네
가 낫고자 하느냐。병자가 대답하되 주여 물이 움직일 때에
나를 못에 넣어 주는 사람이 없어 내가 가는 동안에 다른 사람
이 먼저 내려가나이다。예수께서 이르시되 일어나 네 자리를
들고 걸어가라 하시니。그 사람이 곧 나아서 자리를 들고 걸
어가니라 이 날은 안식일이니。유대인들이 병 나은 사람에게

이르되 안식일인데 네가 자리를 들고 가는 것이 옳지 아니하니라 ◦ 대답하되 나를 낫게 한 그가 자리를 들고 걸어가라 하더라 하니 ◦ 그들이 묻되 너에게 자리를 들고 걸어가라 한 사람이 누구냐 하되 ◦ 고침을 받은 사람은 그가 누구인지 알지 못하니 이는 거기 사람이 많으므로 예수께서 이미 피하셨음이라 ◦ 그 후에 예수께서 성전에서 그 사람을 만나 이르시되 보라 네가 나았으니 더 심한 것이 생기지 않게 다시는 죄를 범하지 말라 하시니 ◦ 그 사람이 유대인들에게 가서 자기를 고친 이는 예수라 하니라 ◦ 그러므로 안식일에 이러한 일을 행하신다 하여 유대인들이 예수를 박해하게 된지라 ◦ 예수께서 그들에게 이르시되 내 아버지께서 이제까지 일하시니 나도 일한다 하시매 ◦ 유대인들이 이로 말미암아 더욱 예수를 죽이고자 하니 이는 안식일을 범할 뿐만 아니라 하나님을 자기의 친 아버지라 하여 자기를 하나님과 동등으로 삼으심이러라"

기도

태초부터 생명의 말씀으로 아버지와 함께 계시다가 이 땅에 성육신하셔서 악하고 음란한 세상 속에서 하나님의 사람들을 사랑으로 불러 모아 말씀을 전하시고 십자가에 죽으시고 부활 승천하신 주님, 오늘도 장마 날씨 속에서 이렇게 모여서 삼위 하나님을 경외하는 것을 배웁니다. 주님을 사랑하고 믿는 것을 배우길 원합니다. 우리 하나님 성령께서 예수 그리스도를 고백하는 모든 생명들에게 임하셔서 오늘 말씀의 핵심 주제가 무엇인지를 확실히 깨닫고 하나님 앞에 온전한 사람으로 설 수 있는 지혜와 능력 주시옵소서. 우리를 위하여 십자가에 죽으시고 부활 승천하셨으며 재림하실 우리 주 예수 그리스도 이름으로 기도드립니다. 아멘.

의미 없는 종말론

마야에는《치람 바람》이라는 고대 예언서가 있는데, 그 예언서에 의하면 마야 달력을 기준으로 2012년 12월 21일이 인류 멸망의 날이라고 합니다. 앞으로 140일이 남았습니다. 세계에서는 이에 대해 걱정하는 사람들도 있지만 아무렇지 않게 생각하는 사람들도 많습니다. 마야 문명의 핵심은 놀라운 천문학 지식입니다. 그들은 마야 달력을 가지고 5천 년 주기로 태양의 지자기 운동으로 태양이 멸망했다가 다시 생성되는 것을 계산했습니다. 그 계산에 의하면 2012년 12월 21일에 새로운 태양의 주기가 시작된다고 합니다.

종말론은 누구나 다 좋아합니다. 그래서 마구 날짜를 갖다 붙이는데, 이것은 잘못입니다. 예전에도 제게 두 사람이 찾아와서는 억지로 저를 붙들고 기도하면서 1992년 10월 28일에 휴거될 것이라고 말했습니다. 저는 그들에게 "29일에 만납시다"라고 했는데, 29일에 길에서 만나니 제 얼굴을 외면하고 갔습니다. 1999년 12월 31일에도 세상이 끝난다는 말들이 있었지만 아무 일도 일어나지 않았습니다.

하나님의 시간과 인간의 시간은 다릅니다. 주님께서 그 날과 그 시는 천사도 모르고 아들도 모른다고 말씀하셨습니다. 금세기의 세 가지 유명한 종말론은 인간적인 숫자로 맞춘 것입니다. 당연히 이번에도 맞지 않

습니다. 이런 종말론은 성경을 모르는 사람들이나 정신적으로 황폐한 사
람들이나 좋아합니다.

요한이 예수님을 드러내는 방식

요한은 예수님이 하나님이심을 나타내기 위해 요한복음을 기록했습니
다. 하나님을 알고 싶으면 예수님을 통해서 알아야 하며, 예수님에 대해
서는 예수님의 제자로서 예수님을 정확하게 기록한 요한을 통해서 아는
방법이 있습니다.

요한은 첫째로 유대나라 종교 문화의 제도를 이용해서 예수님을 설명
했습니다. 그래서 갈릴리 가나 결혼식에서의 에피소드도 소개하는 것입
니다. 성전 정화 사건 후에는 예수님이 니고데모를 만나는 내용이 나옵
니다. 니고데모는 유대에서 아주 좋은 스펙을 가진 학자였지만 예수님의
말씀을 이해하지 못했습니다. 그다음에는 유대나라의 달동네나 마찬가
지인 사마리아의 수가성에서 하층민인 수가성 여인을 우물가에서 만나
는 장면이 나옵니다. 이스라엘이 사막지대이므로 우물에서 만나는 것은
아주 비밀스러운 사건이라는 의미입니다. 스펙이 좋은 니고데모는 예수
님을 이해하지 못하고 질문만 하고 끝났지만 수가성 여인은 인간 의식의
발달 단계를 다 거치고 성장해서 메시아이신 예수님을 고백했습니다.

요한은 예수님의 35가지 이적 중에 천지창조 7일을 생각해서 7가지만
뽑아 예수님이 하나님이심을 기록했습니다. 예를 들어 예수님이 왕의 신
하의 아들을 고치는 사건에서 예수님 역시 창조주 하나님이시라는 것을
말하고 있습니다.

4개의 절기를 선택하다

유대나라에는 많은 성회와 절기가 있는데, 그중 4가지만 뽑아서 절기의 참된 의미가 무엇인지 보여 주는 사건이 5장부터 12장까지입니다.

첫째, "그 사람이 곧 나아서 자리를 들고 걸어가니라 이 날은 안식일이니(요 5:9)" 유대나라의 안식일입니다. 안식의 진정한 의미는 무엇이고 왜 지켜야 하는지를 해석하고 있습니다.

둘째, "마침 유대인의 명절인 유월절이 가까운지라(요 6:4)" 유대 최고의 절기인 유월절에 예수님께서 능력을 행하시고 말씀을 전하셨습니다.

셋째, "유대인의 명절인 초막절이 가까운지라(요 7:2)"

넷째, "예루살렘에 수전절이 이르니 때는 겨울이라(요 10:22)"

예수님께서 절기를 통해 나타내신 모든 능력과 말씀이 요한 사도가 볼 때는 그가 하나님의 아들이요 하나님이시라는 증거라는 것입니다.

하나님의 말씀은 무조건 교회 다닌다고, 스스로 읽는다고 깨달아지지 않습니다. 예수 이름으로 오시는 성령이 오셔야 합니다. 말씀을 깨칠 기회가 가장 높을 때가 설교를 들을 때입니다. 그리고 말씀을 깨달았다면 가족이나 한국 사회에 예수님을 어떻게 설명해야 할지 고민해야 합니다. 세계 최고의 설교자들은 모두 성경 본문만을 이야기하고자 합니다.

38년 된 환자의 미신적 태도

예루살렘의 베데스다 못 옆에 앞을 못 보는 맹인, 다리를 저는 사람, 움직이지 못하는 중풍병자 등 난치병 환자들이 누워 있었습니다. 천사가 가끔씩 그 못에 내려와서 물을 움직이는데, 그때 환자들이 그 못에 들어가면 낫는다는 전설이 있기 때문입니다. 원어를 찾아보면 간헐 온천이라고 되어 있습니다. 물이 들어왔다가 빠졌다가 하는 것을 간헐천이라고 합니다. 베데스다 못에 온천의 물이 한 번씩 들어오면 물이 휘도는데, 그때 물이 붉어집니다. 온천수와 베데스다의 물이 합쳐지면 철분이 많아져서 그때 물에 들어가면 치료가 종종 일어났습니다. 그런데 최근에는 물도 들어오지 않았습니다.

예수님께서 가서서 보니까 한 환자는 병이 38년이나 되었습니다. 보통 오래된 것이 아닙니다. 38년 동안 누워서 다리를 쓰지도 못합니다. 병이 만성화된 줄 아시고 "네가 낫기를 원하느냐?"라고 물었습니다. 환자가 가장 원하는 것은 낫기를 원하는 것입니다. 그런데 그 환자가 낫기를 원한다는 말을 바로 하지 않습니다. 왜 그런지 잘 생각해 봐야 합니다.

7절 "병자가 대답하되 주여 물이 동할 때에 나를 못에 넣어
줄 사람이 없어 내가 가는 동안에 다른 사람이 먼저 내려가나
이다"

물이 언제 휘돌지 모릅니다. 또는 평생 안 돌 수도 있습니다. 그런데 막연하게 기다립니다. 이것은 마치 "돈만 있으면 되는데, 건강하기만 하면 되는데, 성격만 고치면 되는데"라며 현재 아무것도 하지 않고 막연하게 바라기만 하는 것과 비슷합니다. 지금 이 환자는 언제 동할지 모를 물만을 기다리며 38년이나 누워 있습니다.

예수님께서 "네가 낫고자 하느냐?"라고 물으면 "예, 낫기를 원합니다"라

구속과 섭리

고 대답하는 것이 정답입니다. 그런데 그 환자는 "나를 못에 넣어 줄 사람이 없습니다"라고 대답합니다. 병든 지 38년이나 되었고, 가족에 대한 언급도 없는 것을 보면 이 사람의 삶이 참 비참하고 거지가 되었음을 알 수 있습니다. 어느 날 물이 휘돌아도 일어날 수가 없으니 들어갈 수도 없습니다. 그런 지경에서 예수님이 낫기를 원하느냐고 묻는데, 낫기를 원한다고 바로 대답하지 않고 누가 넣어 줘야 한다고 엉뚱한 말만 합니다.

오늘날 성경학자들은 이것을 '미신'이라고 합니다. 뭐 이상한 것을 바라면서 평생을 산다는 것입니다. 그는 38년 동안 누워있으면서 다른 길을 하나도 찾지 않습니다. 오래 병들어 있으면 건강이 무엇인지도 모르고 자기가 무엇을 원하는지도 모릅니다.

38년의 영적 의미와 고침받은 사람의 태도

양문은 양을 팔고 사는 시장이고, '베데스다'는 히브리 원어로 은혜의 집이라는 뜻입니다. 은혜를 받아서 새로워질 수 있는 곳입니다. 양의 시장 옆에 참 양이신 예수님이 와서 말씀하시는데 이 환자는 예수님의 얼굴도 보지 않았을 것입니다. 뒷이야기를 보면 누가 자기를 고쳤는지도 모르니까 말입니다.

예수님께서 그에게 "일어나 네 자리를 들고 걸어가라"고 하셨습니다. 병이 치료되려면 반드시 조건이 있습니다. 내가 치료받고 싶은 열망이 있고 기도해야 합니다. 병원에도 가야 합니다. 그런데 이 사람은 자격이 없이 엉뚱한 말만 하는데, "일어나 네 자리를 들고 걸어가라"는 말이 들렸습니다. 그 말을 듣고 일어나니 일어나집니다. 그리고 자기가 누웠던 자리가 있어서 지고 갔습니다. 이 장면을 한번 생각해 봅시다. 미신적인 생각으로 평생 물이 휘도는 것만 생각하며 38년 동안 누워 있었는데 일어나네 자리를 들고 걸어가라고 해서 걸어가는 장면을 말입니다.

38년 된 환자는 영적인 관점에서 오래 신앙하면서도 성장이 없는 믿는 불신자를 의미합니다. 교회에 다니는 무신론자입니다. 출애굽 후 사막에서 38년을 휘돈 유대인들에 빗대어 유대인들의 성장 없는 삶을 의미하기도 합니다.

38년을 누워 있던 사람이 일어나 걷게 되었으니 너무 좋은 일입니다. 그런데 본인은 이것이 좋은 일인지 깨닫지도 못하고 예수님의 능력에 사로잡혀서 자리를 들고 갔습니다.

> 10-11절 "유대인들이 병 나은 사람에게 이르되 안식일인데 네가 자리를 들고 가는 것이 옳지 아니하니라 ○ 대답하되 나를 낫게 한 그가 자리를 들고 걸어가라 하더라 하니"

그런데 유대인들이 보니 그날이 안식일입니다. 38년간이나 누워 있던 병자의 병이 나은 것에 대해 축하하는 마음이 없고, 누워 있던 자리를 들고 걸었으니 안식일에 노동했다는 것만 지적하고 있습니다. 이 사람들은 생명이 살았음에 대해서 감사도 없고 기쁨도 없습니다.

> 11-13절 "대답하되 나를 낫게 한 그가 자리를 들고 걸어가라 하더라 하니 ○ 그들이 묻되 너에게 자리를 들고 걸어가라 한 사람이 누구냐 하되 ○ 고침을 받은 사람은 그가 누구인지 알

　　　　　　　　　　　　　　　구속과 섭리

지 못하니 이는 거기 사람이 많으므로 예수께서 이미 피하셨음이라"

그때 예수님은 군중들 속에 피하셨습니다. 우리 같으면 모두 모아서 집합시킨 후에 내가 38년 된 병자를 고쳤다고 소리를 높일 것인데, 예수님은 하나님의 일을 하신 것이니 숨으셨습니다. 그리고 나중에 성전에서 그 사람을 만나서 괜찮은지 물었는데, 그 사람은 예수님의 목소리를 듣고 누군지 알아보았습니다. 모든 병이 죄 때문에 생기는 것은 아니지만 그 사람은 죄 때문에 병이 생긴 것으로 보아야 합니다. 더한 것이 생기기 전에 죄를 짓지 말라고 예수님이 말씀하셨기 때문입니다. 그런데 이 사람은 38년 된 자기 병을 예수님이 고쳐 줘도 감사 하나 없고 오히려 유대인들에게 가서 "나를 고친 사람이 예수다"라고 고자질했습니다.

안식일을 회복하시다

17절 "예수께서 그들에게 이르시되 내 아버지께서 이제까지 일하시니 나도 일한다 하시매"

참 안식은 병도 없고 평안과 기쁨이 충만한 삶입니다. 그런데 38년 된 환자에게는 고통만 있었을 뿐 진정한 안식일이 없었습니다. 그래서 안식일에 그분이 와서 고쳐 주시고 안식일을 회복시켜 주셨습니다. 병자 본인은 갈망하지도 않고 기도하지도 않는데 예수님이 고쳐 주십니다. 이는 예수님이 하나님이심을 나타내는 것입니다.

요한복음 9장에는 날 때부터 소경이 있는데, 그는 예수님께 고침을 받은 후 예수님께 공손히 절하고 감사했습니다. 또한 유대인들이 그에게 고침 받은 경위를 따져 묻자 예수님 편을 들어서 대답했습니다. 그래서 그는 후에 주님을 만나 구원을 얻습니다. 그러나 오늘 본문 속 38년 된 병자는 구원이 되었는지 안 되었는지 본문에 없습니다.

이 사람의 삶을 통해 우리의 영성을 다시 돌아봐야 합니다. 우리도 예수님의 말씀을 듣고 신앙한다고 하면서 실제로는 믿음이 없이 미신처럼 막연한 희망만 가지고 있지는 않은지 말입니다. 병은 미신으로 치료되는 것이 아니라 예수님의 말씀에 대한 순종을 통해서 치료된다는 것, 그리고 감사함으로 구원받는다는 것이 5장 안식일 문제의 핵심 메시지입니다.

30

예수를 믿게 하는 증언

2012. 7. 22.
요한복음 5:30-47

"내가 아무 것도 스스로 할 수 없노라 듣는 대로 심판하노니 나는 나의 뜻대로 하려 하지 않고 나를 보내신 이의 뜻대로 하려 하므로 내 심판은 의로우니라 ◦ 내가 만일 나를 위하여 증언하면 내 증언은 참되지 아니하되 ◦ 나를 위하여 증언하시는 이가 따로 있으니 나를 위하여 증언하시는 그 증언이 참인 줄 아노라 ◦ 너희가 요한에게 사람을 보내매 요한이 진리에 대하여 증언하였느니라 ◦ 그러나 나는 사람에게서 증언을 취하지 아니하노라 다만 이 말을 하는 것은 너희로 구원을 받게 하려 함이니라 ◦ 요한은 켜서 비추이는 등불이라 너희가 한때 그 빛에 즐거이 있기를 원하였거니와 ◦ 내게는 요한의 증거보다 더 큰 증거가 있으니 아버지께서 내게 주사 이루게 하시는 역사 곧 내가 하는 그 역사가 아버지께서 나를 보내신 것을 나를 위하여 증언하는 것이요 ◦ 또한 나를 보내신 아버지께서 친히 나를 위하여 증언하셨느니라 너희는 아무 때에도 그 음성을 듣지 못하였고 그 형상을 보지 못하였으며◦그 말씀이 너희 속에 거하지 아니하니 이는 그가 보내신 이를 믿지 아니함이라◦너희가 성경에서 영생을 얻는 줄 생각하고 성경을 연구하거니와 이 성경이 곧 내게 대하여 증언하는 것이니라◦그러나 너희가 영생을 얻기 위하여 내게 오기를 원하지 아니하는도다◦나는 사람에게서 영광을 취하지 아니하노라◦다만 하나님을 사랑하는 것이 너희 속에 없음을 알았노라◦나는 내 아버지의 이름으로 왔으매 너희가 영접하지 아니하나 만일 다른 사람이 자기 이름으로 오면 영접하리라◦너희가 서로 영광을 취하고 유일하신 하나님께로부터 오는 영광은 구하지 아니하니 어찌 나를 믿을 수 있느냐◦내가 너희를 아버지께 고발할까 생각하지 말라 너희를 고발하는 이가 있으니 곧 너희가 바라는 자 모세니라◦모세를 믿었더라면 또 나를 믿었으리니 이는 그가 내게 대하여 기록하였음이라◦그러나 그의 글도 믿지 아니하거든 어찌 내 말을 믿겠느냐 하시니라"

기도

말씀이 육신이 되어 우리 가운데 거하시매 우리가 그 영광을 보니 아버지의 독생자의 영광이요 은혜와 진리가 충만하다고 요한사도는 예수 그리스도를 이와 같이 증언하고 선포했습니다. 거룩하신 아버지여! 오늘도

구속과 섭리

안식일에 우리를 모으셔서 하나님 이름을 부르게 하시고 또한 예수 그리스도의 사랑과 축복에 젖게 해 주심을 감사합니다.

지난주부터 요한복음 강의를 이어 가고 있습니다. 유대나라의 절기 중에 요한은 4가지 절기를 선택하고, 절기의 참 의미가 무엇인지를 깨닫게 하기 위하여 예수님이 안식일에 38년 된 환자를 고치신 사건을 소개하였습니다. 그 환자는 38년이라는 긴 세월 동안 고질병 속에 있었지만 미신적인 것에 사로잡혀서 자기가 진정으로 원하는 것이 무엇인지도 모르고 엉뚱한 대답만 하는 수준이었으며, 또한 예수 그리스도를 통해서 치료받고도 깨달음이 없이 유대인에게 가서 예수님을 고자질하는 수준이었습니다. 유대인들 역시 38년 된 환자가 고쳐진 것에 대해서는 관심이 없고 안식일 문제에만 매달려 있을 때, 예수님께서는 "아버지께서 일하시니 나도 일한다"는 말씀을 통해서 안식일에도 계속 선한 일을 하심을 보여 주셨습니다.

오늘 본문 말씀의 예수님에 대한 세 가지 증언을 통해서도 예수님이 태초에 하나님과 함께 계셨다가 역사 속에 오셔서 우리를 위하여 십자가에 죽으시고 부활 승천하셔서 우리를 구속하셨음을 다시 한번 확인할 수 있습니다. 오늘은 안식일입니다. 저희들이 일주일 동안 잘못한 것이 있으면 모두 다 회개해서 영혼이 맑아지게 하여 주시옵소서. 하나님 말씀을 받아들여서 우리의 삶의 수준이 나날이 성장해 나갈 수 있도록 아버지여 지혜와 능력 주시옵소서. 우리를 위하여 십자가에 죽으시고 부활 승천하신 우리 주 예수 그리스도 이름으로 기도드립니다. 아멘.

하나님, 성경, 세례요한이 예수님을 증언하다

본문 말씀에서 예수님을 증언한 기록이 세 가지가 있습니다. 그냥 보면 어디가 어디인지 잘 모르지만 설교를 잘 듣고 본문 말씀을 읽어 보면 정확하게 이해될 것입니다. '증언', '증거'라는 말이 오늘 본문 속에 12번이나 나옵니다. 증언은 어떤 사실에 대해 정확하게 자기가 체험하고 양심대로 말하는 것입니다. 법원에서 증인으로 채택되어 나올 때는 "거짓으로 증언하지 않겠다"라는 선언을 합니다. 거짓으로 증언하면 위증죄로 벌을 받습니다. 성경에서는 체험하고 깨달은 것을 진실하게 목숨을 걸고 증언하는 사람을 증인이라고 합니다.

본문에서는 누가 예수 그리스도를 증언할까요? 예수님이 하나님의 아들이시며 구속자임을 첫 번째로 증언한 사람은 세례요한입니다. 세상 죄를 지고 가는 하나님의 어린 양, 하나님의 아들, 전 인류를 구원할 자를 보라고 했습니다. 두 번째로 증언한 분은 하나님이십니다. 예수님이 제자들과 함께 변화산에 올라가셨을 때 "말할 때에 홀연히 빛난 구름이 그들을 덮으며 구름 속에서 소리가 나서 이르시되 이는 내 사랑하는 아들이요 내 기뻐하는 자니 너희는 그의 말을 들으라 하시는지라(마 17:5)"는 말씀이 있습니다. 하나님께서 하늘에서 증언하신 것입니다. 세 번째 증언은 성경 말씀입니다. 예수님께서 모세오경 속에 당신에 대한 증언이 있음을 말씀하시고 있습니다. 야곱의 유언에서 예수님에 대한 예언이 있습니다("규가 유다를 떠나지 아니하며 통치자의 지팡이가 그 발 사이에서 떠나지 아니하기를 실로가 오시기까지 이르리니 그에게 모든 백성이 복종하리로다" 창 49:10). 또한 발람의 예언도 있습니다("한 별이 야곱에게서 나오며 한 규가 이스라엘에게서 일어나서" 민 24:17). 이 별이 예수님이 탄생하기 전 베들레헴의 별입니다. 모세오경의 이러한 증언에도 불구하고 유대인들이 믿지 않음에 대해서 예수님께서 분노하시는 내용이 오늘 본문입니다.

> 30-35절 "내가 아무 것도 스스로 할 수 없노라 듣는 대로 심판하노니 나는 나의 뜻대로 하려 하지 않고 나를 보내신 이의 뜻대로 하려 하므로 내 심판은 의로우니라 ○ 내가 만일 나를 위하여 증언하면 내 증언은 참되지 아니하되 ○ 나를 위하여 증언하시는 이가 따로 있으니 나를 위하여 증언하시는 그 증언이 참인 줄 아노라 ○ 너희가 요한에게 사람을 보내매 요한이 진리에 대하여 증언하였느니라 ○ 그러나 나는 사람에게서 증언을 취하지 아니하노라 다만 이 말을 하는 것은 너희로 구원을 받게 하려 함이니라 ○ 요한은 켜서 비추이는 등불이라 너희가 한때 그 빛에 즐거이 있기를 원하였거니와"

세례요한은 참 빛이신 그리스도를 증거했습니다. 요한은 빛이 아니라 등불입니다. 등불은 오랫동안 켜 두면 꺼집니다. "등불은 꺼지지 않느냐? 하지만 나는 참빛이다"라고 예수님이 말씀하십니다. 그런데 예수님은 인간인 요한의 증거를 절대화하지 않습니다. 인간은 항상 변하기 때문입니다.

> 36-37절 "내게는 요한의 증거보다 더 큰 증거가 있으니 아버

지께서 내게 주사 이루게 하시는 역사 곧 내가 하는 그 역사
가 아버지께서 나를 보내신 것을 나를 위하여 증언하는 것이
요。또한 나를 보내신 아버지께서 친히 나를 위하여 증언하
셨느니라 너희는 아무 때에도 그 음성을 듣지 못하였고 그 형
상을 보지 못하였으며"

하나님이 예수님을 증거하신 것이 복음서에 크게 두 번 나옵니다. 세례
를 받으실 때와 제자들과 함께 변화산에 올라가셨을 때입니다.

39-40절 "너희가 성경에서 영생을 얻는 줄 생각하고 성경을
연구하거니와 이 성경이 곧 내게 대하여 증언하는 것이니라
。그러나 너희가 영생을 얻기 위하여 내게 오기를 원하지 아
니하는도다"

성경에서 영생을 얻는 줄 알고 성경을 연구하지만 실제로 성경은 예수
님에 대한 이야기를 합니다. 이 말씀은 "참 이상하다. 성경을 보면서도 나
를 모르는구나"라는 뜻입니다.

유대인들이 예수님을 믿지 않는 이유

45-47절 "내가 너희를 아버지께 고발할까 생각하지 말라 너
희를 고발하는 이가 있으니 곧 너희가 바라는 자 모세니라。
모세를 믿었더라면 또 나를 믿었으리니 이는 그가 내게 대하

구속과 섭리

여 기록하였음이라 ◦ 그러나 그의 글도 믿지 아니하거든 어
찌 내 말을 믿겠느냐 하시니라"

오늘은 예수님에 대한 증언 세 가지를 보았습니다. 세례요한, 아버지
하나님, 성경이 예수님을 증언하고 있습니다. 그러니 이제 문제가 있습
니다. 이것을 알면서도 왜 사람들이 믿지 않는가 하는 것입니다. 하나님
의 소리를 들어도 믿지 않고, 세례요한이 순교해도 믿지 않고, 성경이 그
리스도를 말해도 믿지 않음에 대해서 예수님이 말씀하시고 있습니다.

38절 "그 말씀이 너희 속에 거하지 아니하니 이는 그가 보내
신 이를 믿지 아니함이라"

이 말씀의 가장 핵심은 아버지께서 보내신 아들을 믿는 것입니다. 안
믿으면 하나도 모릅니다. 이해하는 것으로는 알 수 없고 사랑해야 알 수
있습니다. 사람에 대해서도 사랑의 마음을 가지면 그의 장단점을 다 알
게 됩니다. 하나님을 사랑하지 않으니까 예수를 믿지 못하고, 그래서 진
리에 대하여 바보들이 되었습니다. 아무것도 모르고 자기 영광만 취하
고, 또 서로의 영광을 취합니다. 서로의 영광만 취하니 하나님에 대해서
는 아무 관심이 없습니다. 자기 혼자 똑똑한 줄 알고 삽니다. 성경의 핵심
이 예수님이고 성경 속에 영생의 비밀이 있음에도 서로 자기 자랑하느라
아무리 읽어도 모릅니다. 그러니 진짜로 성경을 공부하자고 하면 바쁘다
는 핑계로 하지 않습니다.
유대인들은 모세를 가장 좋아하는데, 모세가 예수님에 대해서 기록했

습니다. 그런데도 유대인들은 실제로 하나님을 사랑하지 않으니 아무것도 모릅니다. 유대의 랍비들이 모여서 가장 많이 하는 것이 자기 자랑하고 서로 영광을 취하는 것입니다. 예수님은 랍비를 지적하면서도 우리에게 이 말씀을 하시고 있습니다. 우리에게 영안과 영적인 귀가 있다면 이 말씀을 들을 수 있어야 합니다. 내가 부족하고 문제가 많은 이유는 자기밖에 모르고 자기 영광을 취해서입니다.

결론입니다. 자기 자신만을, 서로의 영광만을 드러내는 데 올인하고 있다면 깨닫고 회개해야 합니다. 하나님과 예수님을 사랑하고 믿게 되면 다 알게 되는 비밀입니다.

31

다윗과 기브온족

2012. 7. 29.

사무엘하 21:1-14

"다윗의 시대에 해를 거듭하여 삼 년 기근이 있으므로 다윗이
여호와 앞에 간구하매 여호와께서 이르시되 이는 사울과 피
를 흘린 그의 집으로 말미암음이니 그가 기브온 사람을 죽였
음이니라 하시니라 ○ 기브온 사람은 이스라엘 족속이 아니요
그들은 아모리 사람 중에서 남은 자라 이스라엘 족속들이 전
에 그들에게 맹세하였거늘 사울이 이스라엘과 유다 족속을
위하여 열심이 있으므로 그들을 죽이고자 하였더라 이에 왕
이 기브온 사람을 불러 그들에게 물으니라 ○ 다윗이 그들에
게 묻되 내가 너희를 위하여 어떻게 하랴 내가 어떻게 속죄하
여야 너희가 여호와의 기업을 위하여 복을 빌겠느냐 하니 ○
기브온 사람이 그에게 대답하되 사울과 그의 집과 우리 사이
의 문제는 은금에 있지 아니하오며 이스라엘 가운데에서 사
람을 죽이는 문제도 우리에게 있지 아니하니이다 하니라 왕

이 이르되 너희가 말하는 대로 시행하리라 ◦ 그들이 왕께 아뢰되 우리를 학살하였고 또 우리를 멸하여 이스라엘 영토 내에 머물지 못하게 하려고 모해한 사람의 ◦ 자손 일곱 사람을 우리에게 내주소서 여호와께서 택하신 사울의 고을 기브아에서 우리가 그들을 여호와 앞에서 목 매어 달겠나이다 하니 왕이 이르되 내가 내주리라 하니라 ◦ 그러나 다윗과 사울의 아들 요나단 사이에 서로 여호와를 두고 맹세한 것이 있으므로 왕이 사울의 손자 요나단의 아들 므비보셋은 아끼고 ◦ 왕이 이에 아야의 딸 리스바에게서 난 자 곧 사울의 두 아들 알모니와 므비보셋과 사울의 딸 메랍에게서 난 자 곧 므홀랏 사람 바르실래의 아들 아드리엘의 다섯 아들을 붙잡아 ◦ 그들을 기브온 사람의 손에 넘기니 기브온 사람이 그들을 산 위에서 여호와 앞에 목 매어 달매 그들 일곱 사람이 동시에 죽으니 죽은 때는 곡식 베는 첫날 곧 보리를 베기 시작하는 때더라 ◦ 아야의 딸 리스바가 굵은 베를 가져다가 자기를 위하여 바위 위에 펴고 곡식 베기 시작할 때부터 하늘에서 비가 시체에 쏟아지기까지 그 시체에 낮에는 공중의 새가 앉지 못하게 하고 밤에는 들짐승이 범하지 못하게 한지라 ◦ 이에 아야의 딸 사울의 첩 리스바가 행한 일이 다윗에게 알려지매 ◦ 다윗이 가서 사울의 뼈와 그의 아들 요나단의 뼈를 길르앗 야베스 사람에게서 가져가니 이는 전에 블레셋 사람들이 사울을 길보아에서 죽여 블레셋 사람들이 벧산 거리에 매단 것을 그들이 가만히 가져온 것이라 ◦ 다윗이 그 곳에서 사울의 뼈와 그의 아

구속과 섭리

들 요나단의 뼈를 가지고 올라오매 사람들이 그 달려 죽은 자들의 뼈를 거두어다가 ○ 사울과 그의 아들 요나단의 뼈와 함께 베냐민 땅 셀라에서 그의 아버지 기스의 묘에 장사하되 모두 왕의 명령을 따라 행하니라 그 후에야 하나님이 그 땅을 위한 기도를 들으시니라"

기도

하늘과 땅과 자연과 사람을 지으신 아버지여, 오늘도 창조주 하나님을 예배하기 위하여 이 폭염 속에서도 저희가 모여서 예수 그리스도 이름으로 오시는 성령 안에서 주님의 말씀을 함께 은혜받고자 합니다. 하나님의 속성 중에 다윗의 말기에 일어났던 이 일에 관련하여 계시된 하나님의 이름은 여호와 하나님, 언약의 하나님이십니다. 하나님께서는 하나님과 인간 사이에서 맺은 모든 언약과 맹세는 영원하게 지켜야 한다는 것을 다윗을 통해서 확실히 보여 주고 있습니다.

언약의 하나님 안에서 우리가 맹세하고 언약했을 때는 오랜 시간이 흐르더라도 지킬 수 있는 결심을 오늘 말씀을 통해서 깨닫게 해 주시옵소서. 주님께서는 산상수훈인 마태복음 5장 34절부터 37절 말씀을 통하여 옳다, 아니다라는 말 외에는 하늘로도 땅으로도 맹세하지 말라고 하셨습니다. 그런데 본문에서는 이스라엘 민족이 하나님 앞에 맹세했고, 그 문제를 뒤에 어떻게 처리하는가를 성경은 기록하고 있습니다. 오늘 이 말씀을 통해서 언약의 하나님을 깨닫게 해 주시옵소서. 우리 주 예수 그리스도 이름으로 기도드립니다. 아멘.

예상 밖의 일 앞에서도 털털해질 수 있는 여유를 가지자

세상을 살면서 우리는 예상도 많이 하고 생각도 많이 합니다. 그러나 그러한 예상이나 생각이 너무나 많이 빗나갈 수 있음을 알아야 합니다. 예를 들어 이번 올림픽에서 박태환 선수가 수영에서 금메달을 딸 것이라고 예상했지만 중국의 쑨양에게 밀려서 은메달을 땄습니다. 또한 금메달은 따 놓은 당상이라고 여겼던 양궁 역시 동메달에 그쳤습니다. 이 말씀을 드리는 이유는 우리의 생각대로 되지 않는 세계에 대해서 그리스도 안에서 좀 털털해져야 한다는 것입니다. 다윗만 해도 얼마나 기대가 높은 인격자였는데 차도살인이라는 범죄를 저질러서 좋지 않은 말년을 살지는 아무도 예상하지 못했습니다.

오늘 설교의 핵심은 우리가 예상한 것이 그대로 안 되어도 좀 털털해지자는 것입니다. 교회와 단체와 개인이 착각하고 오해하는 것에 대해서 유일하게 깰 수 있는 것이 본문 말씀입니다. 성경 본문은 우리 생각과 상식과 전혀 관계가 없는 방향으로 흘러갑니다. 본문 말씀을 그대로 전하는 것이 자연적으로 설교가 됩니다. 그런데 재미있는 것은 본문 설교를 하면 재미 없어 하고 나중에는 본문 설교를 한 사람을 미워하기까지 합니다. 본문은 인간의 숨겨진 본질을 들추고 찌르기 때문입니다. 하지만 무엇보다 성경 본문을 바로 아는 것이 중요합니다.

기브온족이 여호수아를 속이다

이제 본문 말씀으로 들어가겠습니다. 다윗의 통치기간 중 어느 때에 3

구속과 섭리

년 동안 비가 오지 않았습니다. 요즘에는 비가 오지 않아도 그에 대비하여 물을 저축해서 사용하기도 하지만 다윗 시대에 3년 가뭄은 엄청난 고통이었습니다. 본문의 사건을 이해하려면 시공을 바꿔서 약 3천 년 전 유대나라의 상황을 생각하면서 말씀을 읽어야 합니다. 비가 오지 않으니 다윗이 언약의 하나님이신 여호와께 기도했습니다. 그러자 하나님께서 "기브온족이 사울에게 학살되어서 비가 안 온다"는 말씀을 주셨습니다. 그리고 다윗에게 그 문제를 해결하라고 하셨습니다. 오늘날에도 세계 속에서 인종 학살이 많이 일어나고 있는데, 그 시대에도 그런 일이 있었습니다.

기브온족은 이스라엘이 가나안에 들어가서 멸할 일곱 부족 중의 하나인 아모리족으로서 기브온에 사는 사람들이었습니다. 홍해 바다를 가르고 나온 유대민족의 출애굽 전승을 기브온족이 소문으로 들었습니다. 그들은 틀림없이 여호수아가 자기들을 말살시킬 것이라고 생각했습니다. 그래서 나이든 장로들이 머리를 씁니다. "이스라엘 민족은 하나님 앞에 약속만 하면 분명하게 지킨다. 그러니 쇼를 하자. 거지 옷을 입고 곰팡이 핀 떡을 가지고 가서 여호수아를 만나자. 어디서 왔냐고 하면 저 먼 곳에서 왔다고 하고, 그 증거로 너덜해진 옷과 곰팡이 핀 떡을 제시하자" 그래서 그들이 이스라엘 진영으로 와서 여호수아를 만나 "여호와께서 당신들과 함께 하는 것을 우리가 압니다. 강대한 이집트를 이기고, 홍해를 가르고, 가나안의 왕들을 정복한 일도 다 들었습니다. 우리는 당신들과 잘 지내기를 원합니다. 이제 당신들과 우리가 협약해서 서로 침입하지 말고 잘 지내기로 조약을 맺읍시다"라고 말했습니다.

기브온족에 속아 동맹을 맺고 맹세를 하다

기브온족의 제안에 대해 여호수아와 회중 족장들은 하나님께 물어보지도 않고 그들의 떡과 옷만 보고 판단해서 "우리는 서로 침범하지 않는다. 동맹이다. 친구다"라고 하나님을 사이에 두고 맹세해 버렸습니다. 그런데 조약을 맺은 지 3일 뒤에 정복하려는 성읍에 들어가니 거기에 기브온족이 있었습니다. 하지만 이미 하나님의 이름으로 맹세를 했기 때문에 그들을 칠 수가 없습니다. 여호수아가 기가 막혀서 "왜 우리를 속였느냐?"고 물으니 "이스라엘의 하나님이 함께하셔서 당신들이 이 땅을 정복하니 우리가 죽을 것이 뻔해서 목숨을 구하려고 할 수 없이 속였습니다"라고 대답했습니다. 이에 여호수아는 어쩔 수없이 "너희들은 영원히 성전에서 물을 긷고 장작 패는 일을 해라"고 하며 그들을 받아들였습니다. 이스라엘을 속였음에도 불구하고 기브온족은 영원히 이스라엘 민족이 되었습니다. 이스라엘 민족처럼 그들도 안식일을 지키고 원하면 할례도 하고 이스라엘 절기에도 참여하게 되었습니다.

그다음 장에 보면 가나안의 다섯 부족들이 모여서 자기들을 배반한 기브온족을 공격합니다. 그러자 기브온족이 여호수아에게 자기들을 구조해 달라고 도움을 요청하고, 여호수아가 들어가서 다섯 부족을 한 번에 멸망시킵니다. 하나님께서는 기브온이 이스라엘을 속이고, 여호수아와 족장들이 하나님께 기도하지 않고 기브온족과 협약을 맺은 상황조차도 가나안의 다섯 부족을 집결시켜서 한 번에 멸망시키는 전략으로 사용하셨습니다.

이 전쟁에서 유명한 일화가 있습니다. 전쟁에서 이스라엘이 한창 승기를 잡고 있는데, 어두워지면 적들을 다 치지 못하니까 여호수아가 "태양아, 머물러라"고 했는데, 실제로 태양이 23시간이나 지지 않고 머물렀습니다. 하나님께서 사람의 목소리를 듣고 그대로 행하신 것은 이 경우가 유일합니다.

맹세에 대한 다윗의 딜레마

비록 기브온족이 이스라엘을 속였지만 하나님의 이름으로 맹세했기 때문에 이스라엘은 기브온족과의 언약을 영원히 지켜야 했습니다. 그런데 사울 왕 때에 기브온족이 보기 싫다고 그들을 마구 학살했습니다. 기브온족의 고통과 원한이 사무쳤고, 그로 인해 3년간 비가 오지 않는 상황이 되었습니다. 그래서 하나님께서는 다윗에게 지혜를 주셔서 그 사람들과 만나게 하셨습니다. "내가 너희를 위하여 어떻게 하면 너희가 우리를 위해 복을 빌겠느냐?"라고 다윗이 묻자 그들은 "사울의 자손 일곱 명을 주세요. 그들을 기브온에서 목매달아 죽이겠습니다"라고 대답했습니다.

이런 것을 '탈리오법칙'이라고 합니다. 이에는 이, 눈에는 눈으로 보복하겠다는 것입니다. 이제 다윗의 문제는 사울 가문에서 일곱 명을 내줘야 한다는 것입니다. 하지만 다윗은 사울과 언약한 것도 있고 요나단과 언약한 것도 있습니다. 이 두 가지 언약을 어떻게 피하면서 사울의 자손을 내줘야 하는가에 대한 문제가 있습니다.

사울과 언약한 내용은 사무엘상 24장에 나옵니다. 사울이 다윗을 죽이려고 쫓는 중에 어느 날 피곤해서 동굴 속에 들어가서 쉬었는데, 그 동굴의 깊은 곳에 다윗과 그의 용장들이 있었습니다. 다윗의 장군들이 "기회가 왔습니다. 지금 사울을 죽입시다"라고 하였지만, 다윗은 하나님의 기름 부은 사람이라서 죽일 수 없다고 하고, 결국 사울의 옷자락만 베었습니다. 사울이 나간 후 다윗이 따라 나가서 "사울 왕이여, 오늘 굴에서 당신을 죽일 수 있었지만 그렇게 하지 않았습니다. 당신은 여호와의 기름 부음을 받은 사람이기 때문입니다. 그 증거로 당신의 옷자락만 베었으니 보소서"라고 외쳤습니다. 다윗의 말을 들은 사울은 "내 아들 다윗아"라고 울면서 자신의 잘못을 회개합니다. 그러면서 "내가 보니 결국에는 네가 이스라엘 왕이 될 것이다. 그때가 되었을 때 너는 나의 후손을 끊지 말 것을 하나님의 이름으로 맹세해라"고 했고, 다윗은 그렇게 맹세했습니다. 그러니 다윗은 이 맹세를 오늘 어떻게든지 잘 해결해 나가야 합니다.

사무엘상 20장에는 요나단과의 언약이 나옵니다. 사울은 초하루에 다윗과 사울의 가족이 모여서 식사할 때 다윗을 죽일 계획을 가지고 있었습니다. 다윗은 그 계획을 알고 그 자리에 가지 않고 요나단을 만났습니다. 요나단은 아버지 사울이 다윗을 죽이려 한다는 것을 믿지 않았으나 다윗이 요나단에게 "나는 그날 식사 자리에 가지 않고 들에 숨어 있을 테니 혹시 사울 왕이 내가 어디에 갔냐고 묻거든 베들레헴 집으로 갔다고 말해 다오. 그때 왕의 태도가 좋으면 나를 해할 의도가 없는 것이고 만약 왕이 화를 낸다면 나를 죽일 의도가 있는 것이다"라고 말하자 요나단은 아버지 사울 왕의 의중을 떠 보고 다윗에게 알려 주겠다고 약속했습니다. "아버지가 너를 꼭 죽이려고 한다면 내가 활을 쏜 후에 아이가 주우러 갈 때 '화살이 네 뒤에 있지 않느냐? 더 멀리 가면서 주워 와라' 하고 말하고, 그렇지 않다면 '화살이 네 앞에 있으니 오면서 주워 와라'고 하겠다"라고 전달 방법까지 약속했습니다.

　구속과 섭리

한편 요나단이 밥을 먹으러 가니 아버지 사울의 기분이 좋지 않습니다. 다윗을 죽이려고 했는데 오지 않으니 "이새의 아들은 왜 안 오느냐?"라고 요나단에게 물었는데, "베들레헴에 가서 제사를 지내야 된다고 해서 제가 보냈습니다"라고 하니 사울은 요나단의 엄마를 들먹이며 요나단에게 온갖 욕을 퍼부었습니다. "내가 죽고 나면 네가 왕이 되어야 하는데, 너는 쓸개가 빠졌는지 왜 자꾸 다윗 편을 드는 거야?"라며 화를 냈는데, 이 일로 요나단과 사울은 크게 싸웠고, 요나단은 사울이 다윗을 죽이려 한다는 사실을 완전히 알게 되었습니다. 이 사건을 통해 요나단과 다윗은 본인들과 각자의 후손까지 서로 하나님 안에서 보호하기로 언약했습니다.

다윗의 해결책

다윗은 사울과도 언약하고 요나단과도 언약했습니다. 그런데 지금 사울의 후손 중 일곱 명을 내주어야 될 입장이니 과연 어떤 사람을 내줘야 할까요? 지금 성경은 그것을 기록하고 있습니다. 다윗은 요나단의 아들 므비보셋은 빼고, 사울의 첩 리스바의 아들 두 명과 사울의 장녀 메랍의 아들 다섯 명을 더해서 일곱 명을 기브온 사람에게 내주었습니다. 그러자 기브온족이 일곱 명을 나무에 달아서 죽였습니다. 사울의 첩 리스바는 자신의 아들들이 죽자 슬피 울면서 아들들의 시체에 낮에는 공중의 새가 앉지 못하게 하고 밤에는 들짐승이 범하지 못하도록 그 자리를 지켰습니다.

다윗이 리스바의 일을 듣고는 불쌍한 마음이 생겼습니다. 그리고 사울과 요나단과 약속한 것도 생각나서 사울과 요나단의 뼈를 찾아오고 사울의 아들들의 뼈를 다 모아서 합장을 해 주었습니다. 그렇게 합장을 해 주고 나니까 드디어 비가 내렸습니다.

맺는말

이것은 현대인이 이해하기 힘든 내용입니다. 왜냐하면 이것은 3천 년 전의 이야기이기 때문입니다. 현대 문화의 관점에서는 말이 안 된다 싶지만 오늘 본문의 핵심은 여호수아와 기브온족과의 약속이 결국 지켜졌다는 것입니다. 언약의 하나님의 이름을 부르며 과거에 한 언약들과 현재의 약속을 다 지키는 다윗을 보여 주기 위해서 이 말씀이 기록되었습니다.

오늘날 우리도 하나님께 언약을 할 때가 있습니다. 교회에 열심히 나오겠다고 언약 기도를 한 사람도 있을 것이고, 헌금을 어떤 식으로 하겠다고 언약한 사람도 있을 것입니다. 때로는 언약한 것을 잊어버리기도 합니다. 그러나 오늘 다윗과 기브온족과의 언약 이행을 통해 우리 개인이 하나님 앞에 언약한 것이 있다면 반드시 지켜야 함을 알았습니다. 하나님께서는 그 언약을 지키는 사람에게 복을 주실 것입니다.

구속괴 섭리

32

무더위 속에 지친 영혼을 회복시키자

2012. 8. 5.

시편 19:7-10

"여호와의 율법은 완전하여 영혼을 소성시키며 여호와의 증
거는 확실하여 우둔한 자를 지혜롭게 하며 ◦ 여호와의 교훈
은 정직하여 마음을 기쁘게 하고 여호와의 계명은 순결하여
눈을 밝게 하시도다 ◦ 여호와를 경외하는 도는 정결하여 영
원까지 이르고 여호와의 법도 진실하여 다 의로우니 ◦ 금 곧
많은 순금보다 더 사모할 것이며 꿀과 송이꿀보다 더 달도다"

기도

언약의 하나님이신 여호와 하나님! 언약을 통해서 이스라엘 민족을 하
나님의 백성들로 먼저 삼으셨으며, 우리도 예수 그리스도의 십자가를 믿
음으로 말미암아 하나님의 백성이 되었습니다. 하나님께서는 하나님 백
성을 위하여 율법을 계시하셨고, 또한 이 모든 날의 마지막 날에 아들을

통해서 우리에게 구원의 역사를 베푸셨음을 이 무더위 속에서도 감사드립니다.

오늘은 다윗의 시편 말씀을 통해서 무더위 속에 죽은 우리 영혼을 어떻게 살릴지 묵상하고자 합니다. 예수 이름으로 오시는 성령 하나님, 우리의 지친 마음과 영혼을 위로하시고 강건한 몸을 주시옵기를 바랍니다. 오늘도 저희가 성경을 공부할 때 선지서의 신앙 양심들을 밝히 나타내며 지혜서의 모든 지혜들을 증거하고 나타낼 수 있도록 지혜와 능력 주시옵소서. 참석한 모든 심령들에게 만족할 만한 은혜를 주시고, 주님을 사모하지만 어쩔 수 없이 참석하지 못하는 성도들에게는 그들이 기도할 때 성령의 위로가 있게 하시며, 게으름 때문에 참석하지 못하는 교인들에게는 매를 쳐서 깨달음을 주시고 그들이 하나님 앞으로 나올 수 있도록 인도하여 주시옵소서. 우리를 위하여 십자가에 죽으시고 부활 승천하셨으며 재림하실 우리 주 예수 그리스도 이름으로 기도드립니다. 아멘.

카오스틱한 삶 속에서 지켜야 할 우리의 신앙

이번 올림픽에는 각 종목의 종주국들이 새로운 국가들에게 메달을 빼앗기는 현상들이 벌어졌습니다. 오늘도 보니 축구 8강전에서 영국이 우리나라에 졌습니다. 이는 거의 있을 수가 없는 일입니다. 그리고 펜싱은 프랑스가 최고인데 우리나라가 프랑스를 이겼습니다. 양궁도 원래는 영국이 종주국이지만 현재는 우리나라가 세계 최강입니다. 그런가 하면 태권도는 우리나라가 종주국인데 메달을 다른 나라에게 뺏기고 있습니다.

올림픽 경기처럼 우리 삶도 카오스틱해서 예상할 수 없습니다. 미래가

구속과 섭리

불안해서 자꾸 예측하고 싶지만 세상은 항상 예상외의 일이 터집니다. 신앙적으로도 예수님께서 먼저 된 자가 나중 되고 나중 된 자가 먼저 된 다는 말씀을 하셨습니다. 처음에 신앙을 잘하다가 뒤에 가서 신앙을 안 하는 사람들이 있습니다. 올림픽을 보면서 우리의 삶과 신앙도 잘못하면 저렇게 뒤집어질 수 있겠다는 생각을 했습니다. 우리의 신앙은 그렇게 되지 말아야 합니다. 처음에는 신앙을 잘했는데 나중에 주님 앞에 갔을 때 아무것도 한 것이 없어서는 안 될 것입니다. 우리 교회 역시 일제 강점기에 신사참배를 거부하는 영적 투쟁은 잘했지만 나중에 하나님 앞에 섰을 때는 꼴찌가 될 수도 있습니다.

여호와의 율법이 영혼을 살린다

이번 시간 설교의 주제는 '무더위 속에서 죽은 영혼을 살리자'입니다. 날씨가 너무 춥거나 더우면 기도도 잘 안 되고 혼자서 일방적으로 말하는 수준에 떨어집니다. 신앙이 녹고 영성이 녹습니다. 영혼이 녹으면 남는 것은 지친 마음뿐입니다. 무더위 속에서 지치지 않아야 합니다.

병원의 중환자실에 병문안을 하러 갈 때가 있습니다. 중환자실에 가 보면 환자들이 죽음과 삶의 경계선에서 힘겨운 싸움을 하고 있습니다. 여름의 무더위에 지쳐서 하나님도 생각나지 않고 기도도 잘 하지 않고 살면 영혼이 죽기 직전의 중환자실에 있는 것과 같이 됩니다. 그러니 오늘 말씀을 잘 들어서 영혼을 건강하게 살리기 바랍니다.

오늘 본문의 핵심 구절은 7절입니다.

"여호와의 율법은 완전하여 영혼을 소성시키며 여호와의 증 거는 확실하여 우둔한 자를 지혜롭게 하며"

폭염 속에서 죽은 영혼을 살리고 건강하게 하는 방법이 여호와의 율법 이라는 말입니다. 성경이 기록된 목적은 인류를 구원하기 위해서입니다. 인간을 구원하시려고 하나님께서 율법과 선지서와 제 문서들을 주시고 이 모든 날 마지막 날에는 아들이신 예수님을 보내셨습니다. 우리의 영 혼이 왜 죽는지에 대해서는 마태복음 4장으로 돌아가서 예수님의 시험을 통하여 생각해 보겠습니다.

예수님이 받으신 시험 셋

예수님이 시험을 받으신 세 가지와 예수님이 이 땅에 오셔서 특별계시 로 보여 주신 모든 모범적인 삶은 우리에게 있어 구원의 비밀이자 핵심입 니다. 예수님은 죄가 없으시므로 우리를 대신해서 시험의 정답을 삶으로 보여 주셨습니다. 사람이 떡으로만 사는 것이 아니고 하나님의 입에서 나오는 말씀으로 산다고 하셨습니다.

예수님이 받으신 첫 번째 시험은 돌로 떡을 만들라는 것이었는데, 이것 은 먹고사는 문제에 대한 것입니다. 영혼이 죽는 이유는 대체로 먹고사 는 문제, 즉 돈 때문입니다. 어느 날 나의 영혼이 죽어서 살펴보면 그 원 인이 돈입니다. 예수님께서 주리실 때 사탄이 와서 돌로 떡이 되게 하라 고 하였습니다. 하지만 예수님께서는 사탄의 시험에 대해서 "사람이 떡 으로만 살 것이 아니라 하나님의 입으로 나오는 말씀으로 살 것이다"라고

구속과 섭리

신명기 8장 3절 말씀으로 대답하셨습니다. 하나님이 창조하실 때 돌은 돌로 창조하셨으므로 돌로 떡을 만들 수 있다 하더라도 하지 않겠다는 것입니다.

두 번째, 사탄이 예수님을 성전 꼭대기에 세우고 뛰어내리라고 했습니다. "네가 하나님의 아들이면 뛰어내려라. 하나님이 천사를 보내서 네 발이 돌에 부딪치지 않게 할 것이다" 예수님이 원하지 않는 방식으로 사탄이 시험하고 있습니다. 예수님을 성전 꼭대기에 세운 것은 예수님을 종교 지도자로 세우고 최고의 능력을 행사하도록 하겠다는 것입니다. 예수님께서는 그 시험에 대해서도 "주 너의 하나님을 시험하지 말라"라고 토라인 신명기로 대답하셨습니다.

마지막 시험에서는 사탄이 아주 높은 산에 예수님을 데리고 가서 "십자가의 수난을 다 생략하고 내게 절만 해라. 그러면 세상을 다 줄게"라고 했습니다. 이것은 세상에서 가장 출세하는 것을 뜻합니다. 예수님께서 이 땅에 오신 것은 그가 하나님이 아들이시더라도 인간 구원을 위해 고통을 겪는 것인데, 사탄은 예수님에게 그런 고통을 겪을 필요 없이 자기에게 절하고 우상화만 하면 끝난다고 유혹하고 있습니다. 이에 예수님께서는 "사탄아 물러가라. 주 너의 하나님께 경배하고 다만 그를 섬기라고 하였느니라"고 역시 신명기 말씀으로 답하셨고 사탄은 떠났습니다. 예수님은 세 개의 시험 모두를 신명기 말씀으로 극복하셨습니다.

우리의 영혼이 죽는 이유

예수님이 받으신 시험의 본질을 깨달으면 우리는 완전하게 됩니다. 인간이 완전해지지 못하는 원인으로 그 첫째가 돈 문제입니다. 돈 문제가 해결되면 자기가 가장 대단하다는 자기 잘남과 자존심 문제가 있습니다. 마지막으로 세상에서 이름을 내고 명예를 추구하는 욕구가 있습니다. 이세 가지 때문에 우리의 영혼이 죽습니다. 중환자는 아무것도 못 하듯이 영적으로 중환자의 상태에 있으면 교회에 와도 아무것도 안 하고 항상 누가 해 줘야 하는 수준에 머무르게 됩니다. 오늘 본문에서는 토라인 율법을 통해 완전하게 되는 모습을 말하고 있습니다. 본문 말씀을 통해서 우리의 영혼이 돈, 자기 이익과 자기 잘남, 세상에서 출세하고자 하는 욕심 때문에 죽은 것은 아닌지 주님 앞에 회개해야 합니다.

여호와의 율법은 완전하여 영혼을 소성케 한다고 하였습니다. 예수님께서 신명기 말씀인 토라로 사탄의 시험에 모두 승리하셨으니 여호와의 율법은 완전하여 영혼을 소성케 하는 것을 증거하신 것입니다. 그러니 우리의 영혼이 죽었다고 생각될 때는 일찍 일어나서 하나님의 이름을 부르고 말씀을 암송하며 예수님을 통해서 우리의 영혼을 되살려야 합니다.

시 42:1 "하나님이여 사슴이 시냇물을 찾기에 갈급함 같이 내 영혼이 주를 찾기에 갈급하니이다"

이것은 고라 자손의 시인데, 고라 자손의 시 중 42, 43, 44편은 '하나님이여'라고 시작하는 간절한 기도입니다. 생명이 생존하기 위해서 가장 필요한 것이 물입니다. 사슴이 물을 마시고 싶은 간절한 마음처럼 우리에게 하나님을 찾고 말씀을 갈망하며 암송하는 마음이 있어야 합니다. 그런데 우리에게 그런 마음이 없습니다. 그것을 타락이라고 합니다.

우리의 영혼은 왜 죽거나 중환자실에 있는 수준일까요? 하나님 말씀에 대한 갈망이 없고, 돈과 먹는 것과 자기 자존심을 채우는 것만 갈망하고 있기 때문입니다. 이런 인간의 수준이기에 타락했다고 하며 우리의 영성이 죽고 빛바래져 버린 것입니다. 영성이 있는 사람은 어떤 경우에도 하나님을 사랑하고 말씀을 사랑하며 예수님 중심주의입니다.

맺는말

우리는 하나님께서 자기 형상대로 지으신 신비하고 건강하며 고귀한 존재입니다. 그런데 왜 돈밖에 모르고 자기 잘남과 이익과 명예밖에 몰라서 영혼이 죽고 바보같이 사는 걸까요? 이제 우리의 고귀한 영성을 회복합시다. 회복하는 방법은 예수님을 사랑하고 말씀을 사랑하는 것입니다. 새벽마다 하나님께 감사하고 찬양하고 웃으면서 대단한 삶을 살아냅시다.

33

해방과 감사절 기념 예배

2012. 8. 12.

시편 102:12-22

"여호와여 주는 영원히 계시고 주에 대한 기억은 대대에 이르리이다 ◦ 주께서 일어나사 시온을 긍휼히 여기시리니 지금은 그에게 은혜를 베푸실 때라 정한 기한이 다가옴이니이다 ◦ 주의 종들이 시온의 돌들을 즐거워하며 그의 티끌도 은혜를 받나이다 ◦ 이에 뭇 나라가 여호와의 이름을 경외하며 이 땅의 모든 왕들이 주의 영광을 경외하리니 ◦ 여호와께서 시온을 건설하시고 그의 영광 중에 나타나셨음이라 ◦ 여호와께서 빈궁한 자의 기도를 돌아보시며 그들의 기도를 멸시하지 아니하셨도다 ◦ 이 일이 장래 세대를 위하여 기록되리니 창조함을 받을 백성이 여호와를 찬양하리로다 ◦ 여호와께서 그의 높은 성소에서 굽어보시며 하늘에서 땅을 살펴 보셨으니 ◦ 이는 갇힌 자의 탄식을 들으시며 죽이기로 정한 자를 해방하사 ◦ 여호와의 이름을 시온에서, 그 영예를 예루살렘에서 선포하게 하려 하심이라

구속과 섭리

○ 그 때에 민족들과 나라들이 함께 모여 여호와를 섬기리로다"

기도

하나님께서 영광 중에 나타나셨고, 죽이기로 정한 자를 해방시키시고 그 이름을 하나님이 일으키실 것이라고 시편 102편은 말하고 있습니다. 이 말씀을 믿습니다. 오늘도 저희가 모여서 하나님께 예배드리고자 합니다. 해방의 성경적인 의미는 무엇이며, 우리가 무엇을 해야 하는지, 또한 오늘 맥추절 감사를 통하여 삶에서 우리가 어떤 원망과 불평들을 하고 있었는지 깨닫게 하시옵소서. 특별히 예수님께서 치료하신 놀라운 영심신의 치료가 오늘날도 이루어지고 있음에 대해서 말씀을 드리고자 합니다. 성령 하나님께서 예수 그리스도 이름으로 오셔서 우리 모든 남은 자들의 마음속에 성경적인 해방이 무엇인지 확실히 깨닫는 시간이 되게 해 주시옵소서. 우리를 위하여 십자가에 죽으시고 부활 승천하신 우리 주 예수 그리스도 이름으로 기도드립니다. 아멘.

시온산 교회의 영적 투쟁에 대한 자부심을 가지자

시편 102편은 4월 25일[9]과 8월 16일[10]의 기념 예배에 반드시 읽는 말씀

---

9) 4월 25일은 일제 강점기에 신사참배와 동방요배에 반대하며 영적 투쟁을 벌였던 경주 시온산 교회의 창립 기념일이다. - 편집자 주
10) 신사참배와 동방요배를 거부하는 시온산 교회 박동기 목사 이하 교인들 33인이 일본 경찰에 체포되어 사형을 당할 예정이었으나 8월 15일에 해방되어 8월 16일에 감옥에서 나온 날을 기념하는 날이다. - 편집자 주

입니다. 과거 일제 강점기 때 영적 투쟁을 벌였던 우리 교회의 역사를 그대로 기록하고 있기 때문입니다. 세계의 어떤 교회도 수난을 받고 죽이기로 정한 자들이 해방된 교회는 없습니다. 그러므로 우리는 성경적으로 자부심을 가져야 합니다. 오늘 해방 기념으로 말씀드리는 것은 우리 교회는 성경적으로 투쟁해서 다 이루었다는 점입니다. 우리 교회는 필요충분조건을 다 갖추었기 때문에 재림을 대망하고 있으면 됩니다. 그다음은 하나님이 하실 것입니다.

우리 교회는 사람도 적고, 교회 구성도 현대식이 아니라 구식입니다. 1세대 교인들은 모두 돌아가셨고 2세대들도 이제 나이가 많습니다. 게다가 새로운 젊은 사람들도 많이 오지 않습니다. 하지만 세속적인 가치로 교회를 판단하면 안 됩니다. 우리의 신앙 선배들이 투쟁한 모든 내용은 어느 교회보다 성경적으로 옳았기 때문입니다. 믿음으로는 최고의 교회입니다. 그러니 세속적으로 말씀도 없이 경영학과 심리학적 수법으로 사람의 마음만 뺏는 교회와 비교해서 "우리 교회는 왜 이렇지?"라고 실망하지 맙시다. 지금은 조용하지만 하나님께서 긍휼히 여기시면 세계에서 와서 우리 교회의 역사를 연구할 것입니다.

이제는 여러분 모두 생각을 바꿔서 "우리는 준비를 다 했으니 하나님께서 시온산 교회를 긍휼히 여기실 때를 기다리고 있다"라는 영적인 자부심을 가져야 합니다. 교회에 사람이 없다고 실망할 것이 아니라 한 명이 천 명과도 같은 신앙적 무게를 가지고 있다고 생각하면 됩니다. 제가 태극권을 배우러 중국에 다닐 때 중국 사람들이 "왜 한국은 '대한'이라고 하나? 한국이 얼마나 작은데?"라고 하였지만, 이번에 올림픽을 보면서 '大'자를 붙일 자격이 있다는 생각이 들었습니다. 마찬가지로 우리 교회 역

구속과 섭리

시 교회는 작지만 믿음의 역사는 어느 교회보다 큽니다.

오늘 67회 해방 기념일의 핵심은 우리의 투쟁이 성경에 근거해 있다는 것입니다. 그러니 우리는 확신을 가지고 교회를 지키고 부흥시키면서 주님 오실 때까지 우리가 해야 할 일들을 해 나가면 됩니다.

감사절에 알아야 할 감사의 지혜

두 번째로 감사절에 대한 말씀을 드립니다. 우리는 감사로 열리는 세계를 알고 있어야 합니다. 감사하지 않아서 망하는 사람들이 많습니다. 특히 원망하지 말아야 합니다. 이번 감사절의 핵심은 원망하지 말자는 것입니다. 부모는 자식을, 자식은 부모를, 남편은 부인을, 부인은 남편을 원망하지 말아야 합니다. 서로 원망하니까 삶이 너덜너덜해졌습니다.

이스라엘 민족의 역사를 보면, 그들은 시간만 있으면 하나님을 원망했습니다. 장정 60만이 출애굽해서 원망하다가 광야에서 다 죽고 출애굽 1세대 중에 여호수아와 갈렙, 두 사람만 가나안에 들어갔습니다. 그 두 사람은 하나님을 믿고 감사했습니다. 저도 살면서 어떤 어려움이 오면 일단 기도하고 감사부터 합니다. 그리고 얼마 있다가 뒤돌아보면 모든 것이 잘 되어 있음을 발견합니다. 하나님의 사람의 특징은 원망하지 않는 것입니다. 감사하는 사람입니다.

어떤 사람이 몇십억의 복권에 당첨되었는데 자기 부인에게는 한 푼도 안 주고 돈 빌리러 다니게 하고, 자기 혼자 돈을 다 썼다고 합니다. 그리고는 5년 만에 자살했다는 뉴스를 보았습니다. 거액의 복권에 당첨되면 이혼하는 사람들이 많다고 합니다. 이는 감사가 없는 사람에 대한 사탄의 계략입니다. 공짜심리와 탐욕을 조장해서 인간을 잡아가는 방식입니다. 믿는 사람들은 이러한 사탄의 계략에 넘어가서 어리석은 삶을 살면 안 될 것입니다.

34

예수 그리스도의 족보

2012. 8. 19.
마태복음 1:1-25

"아브라함과 다윗의 자손 예수 그리스도의 계보라 ○ 아브라함이 이삭을 낳고 이삭은 야곱을 낳고 야곱은 유다와 그의 형제들을 낳고 ○ 유다는 다말에게서 베레스와 세라를 낳고 베레스는 헤스론을 낳고 헤스론은 람을 낳고 ○ 람은 아미나답을 낳고 아미나답은 나손을 낳고 나손은 살몬을 낳고 ○ 살몬은 라합에게서 보아스를 낳고 보아스는 룻에게서 오벳을 낳고 오벳은 이새를 낳고 ○ 이새는 다윗 왕을 낳으니라 다윗은 우리야의 아내에게서 솔로몬을 낳고 ○ 솔로몬은 르호보암을 낳고 르호보암은 아비야를 낳고 아비야는 아사를 낳고 ○ 아사는 여호사밧을 낳고 여호사밧은 요람을 낳고 요람은 웃시야를 낳고 ○ 웃시야는 요담을 낳고 요담은 아하스를 낳고 아하스는 히스기야를 낳고 ○ 히스기야는 므낫세를 낳고 므낫세는 아몬을 낳고 아몬은 요시야를 낳고 ○ 바벨론으로 사로잡혀 갈 때에 요시야는 여고냐와 그의 형제들을 낳으니라 。 바벨론으로 사로잡혀 간 후에 여고냐는 스알디엘을 낳고 스알디엘은 스룹바벨을 낳고 。 스룹바벨은 아비훗을 낳고 아비훗은 엘리아김을 낳고 엘리아김은 아소르를 낳고 。 아소르는 사독을 낳고 사독은 아킴을 낳고 아킴은 엘리웃을 낳고 。 엘리웃은 엘르아살을 낳고 엘르아살은 맛단을 낳고 맛단은 야곱을 낳고 。 야곱은 마리아의 남편 요셉을 낳았으니 마리아에게서 그리스도라 칭하는 예수가 나시니라 。 그런즉 모든 대 수가 아브라함부터 다윗까지 열네 대요 다윗부터 바벨론으로 사로잡혀 갈 때까지 열네 대요 바벨론으로 사로잡혀 간 후부터 그리스도까지 열네 대더라 。 예수 그리스도의 나심은 이러하니라 그의 어머니 마리아가 요셉과 약혼하고 동거하기 전에 성령으로 잉태된 것이 나타났더니 。 그의 남편 요셉은 의로운 사람이라 그를 드러내지 아니하고 가만히 끊고자 하여 。 이 일을 생각할 때에 주의 사자가 현몽하여 이르되 다윗의 자손 요셉아 네 아내 마리아 데려오기를 무서워하지 말라 그에게 잉태된 자는 성령으로 된 것이라 。 아들을 낳으리니 이름을 예수라 하라 이는 그가 자기 백성을 그들의 죄에서 구원할 자이심이라 하니라 。 이 모든 일이 된 것은 주께서 선지자로 하신 말씀을 이루려 하심이니 이르시되 。 보라 처녀가 잉태하여 아들을 낳을 것이요 그의 이름은 임마누엘이라 하리라 하셨으니 이를 번역한즉 하나님이 우리와 함께 계시다 함이라 。 요셉이 잠에서 깨어 일어나 주의 사자의 분부대로

행하여 그의 아내를 데려왔으나 ◦ 아들을 낳기까지 동침하지
아니하더니 낳으매 이름을 예수라 하니라"

기도

자기 백성을 저희 죄에서 구원하시기 위하여 이천여 년 전에 유대나라
에 오신 예수님. 그 이름을 경외하며 특별히 예수 그리스도를 이 땅에 보
내 주신 하나님의 구속사적인 사랑을 우리가 깨닫기를 원합니다. 예수님
의 삶은 현실 속에서 우리 삶의 내용과 다르기 때문에 우리는 예수님을
이해할 수 없습니다. 그런데 성령 하나님께서 오셔서 예수님을 우리 삶의
중심으로 고백하게 하시니 그것이 참으로 신비스러움에 감사드립니다.

아브라함과 다윗의 자손인 예수 그리스도에 대해서 오늘 다시 설교하
는 것은 우리의 구원과 완성이 예수님을 깊이 아는 데 있으며, 말씀을 사
랑하고 실천하는 것에 있음을, 말씀의 능력 안에 있음을 알고 한 번 더 복
습하기 위함입니다. 성령 하나님께서 각자의 마음속에, 현실 속에 함께
하셔서 예수는 과연 하나님의 아들이시요 우리 죄를 구속하시는 하나님
이심을 분명히 깨닫게 하여 주시옵소서. 우리를 위하여 십자가에 죽으시
고 부활 승천하셨으며 재림하실 우리 주 예수 그리스도 이름으로 기도드
립니다. 아멘.

들어가는 말

우리는 항상 교회의 부흥과 성장을 위해 기도하는데, 그 핵심은 예수

그리스도입니다. 예수 그리스도를 더 깊이 알고, 그분의 모든 삶을 깨우쳐서 그분의 자취를 따를 때 하나님께서 교회에 많은 사람을 보내실 것입니다. 두 번째 핵심은 말씀입니다. 말씀이 우리 안에 역사하도록 해서 새로운 생명들을 불러내야 합니다.

오늘은 본문을 통해서 '마태는 예수를 어떻게 설명했는가?', '마태가 생각한 예수는 누구인가?'에 초점을 맞추어 말씀을 풀어 가겠습니다. 특히 우리 시온산 교회는 하나님의 말씀을 지키기 위해 투쟁한 역사를 가진 교회로서, 다시 예수님의 깊이를 알고 그 자취를 따라야 합니다. 다시 말씀으로써 능력과 봉사를 회복해야 합니다.

사복음서의 1장 1절이 가진 함의

예수님에 대해서 기록한 것이 사복음서인데, 1장 1절을 알면 그 복음서의 목표와 방향을 알 수 있습니다. 마태복음 1장 1절에는 "아브라함과 다윗의 자손 예수 그리스도의 계보라"라고 되어 있습니다. 마가복음은 바로 "하나님의 아들 예수 그리스도의 복음의 시작"이라고 합니다. 누가는 "우리 중에 이루어진 사실에 대하여 많은 연구와 자료와 만남을 통해서 예수님이 어떤 사람이라는 것을 데오빌로 각하에게 써서 보냅니다"라는 편지 형식으로 글을 썼습니다. 요한은 "태초에 말씀이 계시니라"라고 하며 예수님께서 태초에 하나님으로 함께 계셨음을 선포합니다. 이처럼 1장 1절이 가진 놀라운 함의에 대해서 알고 있어야 합니다.

족보를 통해 나타나는 마태의 의도

예전에는 우리나라 사람들이 인사할 때 서로의 성과 이름을 말하면 "본관이 어딥니까?"라고 묻고, 예를 들어 "밀양입니다"라고 하면 "파는 어느 파입니까?"라고 묻곤 했습니다. 이는 족보로 서로 인사하는 법입니다. 마태도 먼저 족보로 예수님을 설명하고 있습니다. 족보 설명을 통해 마태가 예수를 어떻게 생각했는지 그 의도를 알아야 합니다.

아브라함은 유대 민족에게 있어서 최고의 조상입니다. 아브라함은 유대인이면서 세계적인 사람입니다. 그를 통해 모든 민족이 복을 받을 것이라고 하나님께서 말씀하셨습니다. 그리고 국내적으로 가장 영웅은 다윗입니다. 마태는 그래서 아브라함, 다윗, 예수의 계보를 중요하게 생각했습니다. 당시 마태가 목표로 하는 청중은 유대인들이었습니다. 유대인들에게 "우리 최고의 조상이 아브라함이고 최고의 영웅이 다윗인데, 그 아브라함과 다윗의 맥으로 오신 분이 예수가 아니냐?"라고 예수를 설명하고자 하는 것입니다.

그런데 재미난 것은 족보를 맞추다 보니 잘 안 맞는다는 사실입니다. 족보에서 장자 순으로 내려오는 것이 직계이고 좌우로는 방계인데, 마태는 직계와 방계를 구분하지 않고 쓰고 있습니다. 현대인은 족보 이야기를 하면 관심이 없지만 우리에게는 예수를 이해하기 위한 방법으로 필요합니다.

게마트리아 해석법

히브리어는 각 자음마다 그에 해당하는 숫자가 있습니다. 예컨대 히브리어 알파벳 중에서 '알렙'은 수소라는 뜻이고 해당 숫자는 1입니다. 이런 식으로 '다비드'라는 사람의 이름이 가지는 수를 계산하면 각각 4, 6, 4의 숫자가 되고, 이를 다 합치면 14가 됩니다. 이것은 히브리어의 알파벳이 나타내는 숫자의 의미를 풀어서 성경을 해석하는 수비학(數祕學)으로써 '게마트리아'라고 하며, 카발라 문학에서 비밀스럽게 전수하는 내용입니다. 14는 신성의 수인 7의 배수니 마태는 이를 왕의 계보에 맞추려고 합니다. 그런데 잘 안 맞습니다. 그래서 마태는 아브라함부터 예수님까지의 족보 중 생략할 것은 생략하면서 각각 14대로 맞춥니다. 이런 마태의 의도가 '게마트리아'입니다. 이 방법이 무조건 진리이고 옳다는 것이 아니라 예수님을 설명하기 위한 마태의 방법으로 이해하면 좋습니다.

유대 역사에서 문제가 있는 여자들을 족보에 넣은 이유

> 17절 "그런즉 모든 대 수가 아브라함부터 다윗까지 열네 대요 다윗부터 바벨론으로 사로잡혀 갈 때까지 열네 대요 바벨론으로 사로잡혀 간 후부터 그리스도까지 열네 대더라"

14대가 세 번 반복되어 모두 42대입니다. 3을 곱하는 이유는 3이 신의 수이기 때문입니다. 예수님이 어떤 분인지 설명하기 위해 마태는 자기의 독특한 편집 방법으로 이야기하고 있습니다. 그리고 이스라엘 왕들 중에 남유다 왕들 17명의 이름이 있는데, 원래는 20명이지만 마태가 3명은 생략했습니다. 또한 마태는 이방인이거나 범죄 한 여자를 4명이나 족보 속에 포함시켰습니다. 이는 유대인들이 가장 싫어하는 부류의 사람들입니다.

족보 중에 아브라함과 다윗 사이에서 처음으로 범죄 한 사람이 유다인데, 그는 다말에게서 베레스를 낳았습니다. 다말은 유다의 며느리입니다. 시아버지인 유다가 약속을 지키지 않는다고 다말이 성전의 창기로 변장해서 자기 시아버지와 낳은 아들이 베레스입니다. 이는 요즘 세상에서도 있을 수 없는 이야기입니다. 그런데 마태는 예수님의 족보에 이 여자를 넣어 두었습니다. 그렇기 때문에 이 족보는 일반적인 족보로 읽으면 안 됩니다. 두 번째로 나오는 라합은 여리고 성에서 여호수아의 정탐꾼을 숨겨 준 창녀입니다. 그런데 예수님의 족보에 들어 있습니다. 세 번째로 나오는 룻은 모압 여자입니다. 모세의 율법에 의하면 모압 사람은 여호와의 총회에 영원히 못 들어온다고 되어 있습니다. 그리고 네 번째로는 다윗과 간통해서 재혼한 밧세바가 나옵니다.

마리아는 14대씩 족보를 기록한 이후 16절에 나옵니다. 이것은 예수님이 마리아와 요셉이 함께 낳은 아들이 아니라는 뜻입니다. 예수님은 성령에 의해 잉태되어 마리아의 몸을 빌려 이 땅에 오셨다는 것이 성경의 관점입니다. 예수님의 족보 속에 나오는 여자들 모두가 정상적인 방식으로 자식을 낳은 여자들이 아닙니다. 그런데 마태는 예수 그리스도의 족보 속에 이 여자들을 포함시켰습니다. 유대인들은 이런 여자들이 족보에 포함된 것을 부끄러워하고 싫어합니다. 그러나 마태는 "예수님께서 이 땅에 오신 것은 죄인들을 구원하시기 위해서다. 인간에게 잘난 것이 뭐가 있나? 죄인들도 회개하고 예수님께 오면 하나님의 사랑 속에서 살아간다"고 외치기 위해 이렇게 기록한 것입니다.

마태의 관점 - 죄인을 구속하러 오신 예수님

마태의 놀랍고도 신비로운 관점을 알고 있어야 합니다. 왜 마태는 예수님을 이렇게 설명했을까요? 족보에서 자기 마음에 안 드는 사람은 다 쳐내 버리고, 야곱에게 열두 아들이 있었는데도 유다지파만 언급했습니다. 그는 하나님의 구속사적인 사랑을 말했던 것입니다. 결론적으로 예수님이 이 땅에 오신 목적은 모든 인류를 구원하기 위해서입니다.

유대인은 430년 동안 이집트에서 종질하고 70년 동안 바벨론에서 포로생활을 했습니다. 오늘날에도 우리는 돈에 종이 되고, 자기 고집과 지식과 성격에 종이 되어서 삽니다. 이런 것을 죄라고 합니다. 주님께서는 자기 백성을 저희 죄에서 구원하기 위해서 오셨습니다. 복의 근원인 아브라함의 세계를 믿음으로 회복하기 위해서 오신 것입니다. 신앙생활을 하면서도 우리는 자꾸 죄를 짓습니다. 죄를 지으면 무언가에 포로가 되어 포로생활을 합니다. 그러니 빨리 회개해서 종살이에서 풀려나야 합니다. 특히 안식일은 반드시 지켜야 합니다. 안식일에는 꼭 예배를 드리고, 약속한 헌금이 있다면 약속을 지켜야 합니다. 우리는 예수님을 더 깊이 사랑하고 연구해야 합니다. 말씀을 암송하고 말씀대로 살아서 개인적으로도 또한 교회적으로도 부흥의 길을 가야 합니다.

35

마가복음 속의 그리스도

2012. 8. 26.
마가복음 1:1-3

"하나님의 아들 예수 그리스도의 복음의 시작이라 ○ 선지자
이사야의 글에 보라 내가 내 사자를 네 앞에 보내노니 그가
네 길을 준비하리라 ○ 광야에 외치는 자의 소리가 있어 이르
되 너희는 주의 길을 준비하라 그의 오실 길을 곧게 하라 기
록된 것과 같이"

기도

'카도쉬' 하나님은 우리에게 거룩함을 요구하시는 하나님이십니다. 하
나님이 거룩하시기 때문입니다. 카도쉬 하나님 이름을 부르면서 체바오
트 하나님의 이름을 같이 부름으로 말미암아 우리의 영심신이 항상 하나
님 안에서 온전한 삶을 살아낼 줄 믿습니다. 거룩하신 아버지여, 오늘 우
리가 예수님의 구속사적인 관점과 생명의 말씀을 알기 위하여 이 자리에

35. 마가복음 속의 그리스도   339

왔습니다. 폭염 때문에 녹고 약해졌던 영심신을 강건케 하는 시간 되게 하시며, 특별히 마가가 설명하는 예수 그리스도를 우리도 이해할 수 있도록 이 시간에 지혜와 능력 주시옵소서. 우리를 위하여 십자가에 죽으시고 부활 승천하신 우리 주 예수 그리스도 이름으로 기도드립니다. 아멘.

3대 경전을 회복하자

새벽 4시 40분에 나가서 하늘을 보니 겨울 육각형의 별자리가 아주 아름답게 빛났습니다. 이스라엘에서는 겨울 육각형을 성소의 모형으로 봅니다. 그 안에 쌍둥이좌가 있고, 그 옆에 빛나는 별이 금성입니다. 금년 가을은 겨울 육각형 안에 금성과 목성이 빛나는 것으로 시작됩니다. 목성은 마차부의 카펠라 옆에서 빛나고 있습니다. 저는 새벽에 하늘을 보며 감사했습니다. 이는 일찍 일어나는 사람의 복입니다.

'하나님의 말씀', '자연과 하늘', '우리 몸'은 3대 경전입니다. 이 경전을 회복하지 않으면 속되고 악하고 음란한 세상 속에서 타고난 대로 살아야 합니다. "너희는 눈을 높이 들어 누가 이 모든 것을 창조하였나 보라 주께서는 수효대로 만상을 이끌어 내시고 그들의 모든 이름을 부르시나니 그의 권세가 크고 그의 능력이 강하므로 하나도 빠짐이 없느니라(사 40:26)"라는 말씀처럼 우리가 영성을 회복할 때 하늘의 별자리와 자연의 아름다움을 보고 회복해야 합니다.

어제 저녁에는 오랜만에 달을 보았습니다. 예수님이 빛이시니 우리도 빛을 봐야 합니다. 그래서 태양도 보고, 달도 보고, 별도 봐야 합니다. 내일은 모두 일찍 일어나서 하늘나라의 지성소를 보고 말씀을 외우며 감사하는 하나님의 사람들이 됩시다.

우리 교회가 부흥하는 길, 개인과 가정이 안정되는 길, 또한 사회와 국가가 건강해지는 가장 큰 비결은 두 가지입니다. 첫째는 예수 그리스도를 정확히 아는 것입니다. 두 번째는 생명의 말씀을 알아서 매일매일 말씀으로 우리의 영심신이 충만해지는 것입니다. 그러면 우리의 모든 삶이 복될 것입니다.

예수님을 바로 알아야 완성된다

지난주에는 아브라함부터 시작되는 예수님의 족보에 대해서 말씀드렸습니다. 예수님이 태어나신 후 복음이 기록된 시기는 1세기입니다. 1세기에 기록된 책에서 가장 중요한 것은 1장 1절로써 그 책의 방향과 목표가 1장 1절에 압축되어 있습니다.

마태는 그의 책 1장 1절에서 예수를 "아브라함과 다윗의 자손"이라고 소개하고 있습니다. 아브라함은 글로컬한 사람으로서 그로 인해 전 세계의 민족이 복을 받는 놀라운 사람입니다. 그를 통해 믿음의 단계적인 성장이 이루어졌기 때문입니다. 다윗은 이스라엘의 영웅적인 인물이었고, 그는 인간적인 실수도 많았지만 인간의 분수를 알고 하나님께 회개하고 기도한 사람이었습니다. 마태는 족보를 통해 예수님은 아브라함과 다윗의 후손으로서 유대인의 왕으로 오셨다고 설명했습니다.

인류가 지금까지 오랜 역사를 이어와도 예수님을 정확히 이해한 사람이 거의 없습니다. 인간은 자기밖에 모르고 성적인 대상으로서의 이성밖에 모르도록 되어 있기 때문입니다. 그럼에도 불구하고 우리가 말씀과 예수를 알면 위대함을 창조할 수 있습니다. 그래서 예수를 알아야 하는데, 아는 것같이 보여도 실제 삶을 보면 예수를 모르는 사람들이 대부분입니다.

마가는 어떻게 하면 예수님을 설명할 수 있을까 하는 고민을 했습니다. 예수님께서 죽은 사람을 살리는 기적을 보여 줘도, 난치병 환자를 고쳐 줘도, 보리떡 다섯 개와 물고기 두 마리로 5천 명을 먹여 줘도 "아이고, 고맙습니다" 하고는 끝인 수준의 인간에게 어떻게 예수를 설명해야 할까 하는 것입니다. 우리도 친구나 가족에게 자신을 설명할 때 참 말이 안 통하고 답답하다고 생각될 때가 많이 있지 않습니까? 예수님도 "돈을 우상화시켜서 돈에 매여 살고, 병에 매여 살고, 성격의 심각성에 매여 사는 인간! 인간은 왜 이 모양 이 꼴로 별 볼 일 없이 사는 것인가?" 하고 인간에 대한 답답함에 가슴을 치셨습니다.

예수님의 고민을 알고 예수님만 바로 알면 우리는 완성됩니다. 그런데 예수를 모르니 타고난 유전자 정보대로만 반복하고 가정환경에서 배운 대로만 삽니다. 그 이상의 삶이 없습니다. 많은 생물학자들의 연구가 인간은 '스스로 자살하는 동물'이라는 것입니다. 타고난 유전자대로, 환경대로, 자기식대로 살아갈 뿐입니다.

메시아의 비밀

오늘 우리는 마가의 고민을 생각해 봐야 합니다. 찬송가 '예수 더 알기 원함은'은 예수님의 무한한 속성 중에서 하나라도 알자는 내용입니다. 나를 위해 구속해 주신 것, 내 죄를 위해 죽으신 것, 그 하나라도 알자는 것입니다. 예수님의 신적 무한 차원 안에서 사랑은 가장 낮은 단계입니다. 그런데 인간은 그 사랑조차도 모르니 다른 것은 설명할 수가 없습니다.

> 막 9:9 "그들이 산에서 내려올 때에 예수께서 경고하시되 인
> 자가 죽은 자 가운데서 살아날 때까지는 본 것을 아무에게도
> 이르지 말라 하시니"

예수님께서 죽은 자를 살리고 병을 고치고 먹여 줘도 예수님이 어떤 분이신지 모르니까 새로운 방법을 쓰십니다. 이를 '메시아의 비밀'이라고 합니다. 인간적으로 부모도 자식이 너무 답답할 때 "내가 뭘 먹고 저 자식을 낳았지? 아이고, 답답해라. 내가 죽어야 깨달을까?"라고 하는데, 예수님께서도 "내가 십자가에 죽고 피를 흘려야 너희들이 알겠나?"라는 답답한 마음을 가지고 계십니다.

좀 온화한 방식으로 변화산에서 차원을 바꿔서 엘리야와 모세와 대화하신 후에도 그 내용의 핵심은 "내가 십자가에 피 흘려 죽고 부활해야만 혹시 나를 알 수 있겠나?"입니다. 가장 지독한 방법을 쓰십니다. 예수님이 누구인지 아무리 증거해도 안 되니까 예수님이 그 방법을 쓰시는 것입니다. 이를 '메시아의 비밀'이라고 합니다. 그래서 변화산에서 제자들과 함께 내려올 때도 인자가 죽은 자 가운데서 살아날 때까지는 본 것을 아무에게도 이르지 말라고 당부하셨습니다. 차라리 이렇게 드라마틱하게 말씀하시는 것입니다.

예수님에 대한 마가의 소개 – '하나님의 아들 예수 그리스도'

우리도 신앙하면서 예수를 알고 믿는 척합니다. 그러나 예수님을 바로 알고 믿으려면 복음서에 기록된 예수 그리스도를 이해한 후 자신만의 고유한 예수님과의 만남이 있어야 합니다. 교회의 부흥도 예수 그리스도와 말씀이 없으면 아무 의미가 없습니다. 인간은 진리가 아닌 것에 더 열광하고 모이게 되어 있습니다. 인간의 원죄 때문입니다.

마태는 족보를 통해 아브라함과 다윗의 자손으로 오신 예수님을 유대인들에게 설명했으나 마가는 1장 1절에서 예수님을 바로 '하나님의 아들'이라고 선포합니다. 이 말은 히브리식으로 '상속자' 혹은 '표현대리자'라는 뜻입니다. 법에도 임의대리, 법정대리, 표현대리라는 용어가 있는데, 이를테면 부모가 가게에 아이를 보냈을 때 가게에서 아이를 부모가 보낸 것으로 여기고 이것저것 챙겨 주는 것이 표현대리입니다. 예수님의 모든 말씀과 행위는 하나님의 뜻이라는 의미입니다.

'예수'라는 이름은 이스라엘에서 매우 평범하고 흔한 이름입니다. 이 이름이 의미하는 것은 예수님이 인간적으로는 나자렛 촌의 목수의 아들로서 평범한 사람이라는 뜻입니다. 그런데 '그리스도'는 히브리어 구약성경의 '메시아'를 헬라어로 번역한 말입니다. 오늘날에도 시골에서 평범하게 지내는 사람이 세계적 인물이라고 한다면 믿을 사람이 잘 없을 것입니다. 하물며 예수님 당시에 나자렛은 모두가 무시하던 깡촌이었는데, 그 깡촌 출신의 사람이 인류를 구원할 메시아라고 하니 말도 안 된다고 반발했습니다. 그래서 '예수'를 '그리스도'라고 표현하는 데 있어 엄청나게 많은 박해와 순교가 있었습니다. 갈릴리 요셉의 아들 예수가 어떻게 인류를 구원할 자인가를 증명하는 것에 많은 어려움이 있었던 것입니다.

그러나 마가는 이런 복잡한 고민을 다 없애고 "하나님의 아들 예수 그리스도"라고 바로 표현했습니다. 바울은 하도 반대가 많으니 머리를 써서 "그리스도 예수"라고 바꿔 말했습니다. 복음은 유전과 환경의 영향에 국한된 인간의 삶을 극복할 수 있는 소식입니다. 예수 그리스도란 목수인 예수님이 바로 인류를 구원할 자이고, 자살적인 삶을 극복하게 할 수 있는 놀라운 사람이라는 뜻입니다.

구약에 예언된 메시아가 곧 예수 그리스도이시다

> 막 1:2 "선지자 이사야의 글에 보라 내가 내 사자를 네 앞에 보내노니 그가 네 길을 준비하리라"

마가복음 1장 2절의 내용은 이사야서가 아니라 말라기 3장 1절에 나오는 내용입니다. 이 때문에 신학자들 사이에 말이 많았습니다. 그러나 이것에 대해서는 일반적인 선지자를 대표하는 사람이 이사야이니 마가가 이사야의 이름을 빌어서 말라기서의 글을 인용한 것이라고 이해하면 되겠습니다. 말라기서 4장에서 새로운 세상이 이루어지기 전에 반드시 선지자 한 사람을 보내겠다고 하는데, 그 선지자는 엘리야와 같은 사람이라고 했습니다. 엘리야 다음에는 주님이 오시도록 되어 있고, 그 인용을 마가가 하고 있습니다.

이사야서에서는 엘리야 같은 선지자가 온 후에 주의 길을 예비하는 내용이 나옵니다. 이사야 40-55장까지는 바벨론 포로에서 돌아와서 천년국으로 가는 과정을 묘사합니다. 마가가 그 내용을 인용해서 "엘리야, 곧 광야의 길을 예비하는 사람이 온다고 했듯이, 그가 온 후에 구약에서 말한 그리스도가 올 것이다"는 말을 전하려는 것입니다.

> 막 1:3 "광야에 외치는 자의 소리가 있어 이르되 너희는 주의 길을 준비하라 그의 오실 길을 곧게 하라 기록된 것과 같이"

3절에서 세례요한이 나옵니다. 그가 엘리야와 같은 믿음을 가진 자이고, '주'가 곧 메시아라고 마가는 말하고 있습니다. 새로운 종말론적 구원자가 온다는 것입니다. 그런데 그 사람을 아무도 이해하지 못합니다. 그래서 마가는 '메시아의 비밀'을 말합니다. 예수님도 전략을 쓰셨다는 것입니다.

인간의 본질을 아는 지혜

인간은 잘해 주면 분수를 모릅니다. 인간의 본질이 그렇습니다. 성공하고 삶이 풍요로워지면 유전자적으로 망하도록 되어 있습니다. 한 예로 부모나 형제에게 잘해 주면 그들이 돌보아 줄 것으로 생각하지 말아야 합니다. 도리어 더 내놓으라고 합니다. 은혜를 입은 사람일수록 배반하게 되어 있습니다. 그것을 모르면 세상에 이럴 수가 있느냐고 분노하지만 인간의 유전자를 알면 분노할 일이 없습니다. 섭섭하게 해서 원수가 되는 일보다 잘해 줘서 원수가 되는 경우가 더 많습니다. 기본적으로 성경의 가르침을 분명히 알고 있어야 합니다.

구속과 섭리

예수님께서도 한 방법을 쓰신 것이 이적을 행하신 뒤에 아무에게도 알리지 못하게 하신 것입니다. 먹을 것을 주면 먹을 것만 받으러 따라다니는 수준이고, 난치병을 고치고 죽은 자를 살려도 고친 자에 대한 감사나 의식이 없는 경우가 대부분입니다. 인간은 풍요나 성공을 누릴 유전자가 없습니다. 신명기 말씀이 계속 말하는 것이 이것입니다. 지혜롭다는 것은 이런 것을 다 안다는 말입니다.

예수님 한 분만 이해하려고 전력투구하는 사람이 되면 우리 교회는 진정한 부흥을 이룰 수 있습니다. 예수님과 말씀에 따라 하나님이 부흥시키시는 것이지, 그 외의 방식으로 부흥하는 것은 가짜입니다. 예수님이 십자가에 죽으시고 부활하신 이 사건 하나만 우리의 가슴에 가지고 있어야 합니다. 우리는 죄의식이 많아서 하루에도 온갖 생각을 다하고 힘이 빠집니다. 그때 그분이 나를 위해 십자가에 죽으셨으며, 사망권세를 이기고 부활하셨음을 생각하면 바로 힘이 납니다.

맺는말

중요한 핵심을 다시 요약하겠습니다. 우리는 마가의 마음이 되어야 합니다. 또한 예수님의 마음이 되어야 합니다. 제자들은 3년을 따라다녔지만 예수님을 이해하는 것에 실패했습니다. 예수님께서 십자가에 죽으셨을 때 주변에 한 명도 없었다는 사실을 기억합시다. 마가복음은 모든 제자들이 처음부터 끝까지 예수님을 이해하는 데 실패했다고 보고합니다. 예수님의 말씀을 듣고 예수님께 난치병이 치료된 자가 예수님을 모르는 것도 인간의 유전자적인 면에서는 정상입니다.

결국 '메시아의 비밀'이 예수님께서 인간에게 당신을 이해시키려는 최고의 방법이었습니다. 제자들에게 당신에 대한 함구령을 내리시고 마지막에 블록버스터 급으로 반전을 터뜨리셨습니다. 능력이 있는 사람이 힘없이 죽어 가는 모습은 모든 인류에게 너무나 놀라운 사건이었습니다. 아들이시더라도 십자가 수난을 당하는 모습에서 우리의 영혼과 마음은 충격을 받습니다. 그리고 예수님의 이름을 부름으로써 구원을 얻을 수 있음을 비로소 알게 되었습니다. 이것을 위하여 예수님의 십자가의 죽으심과 부활이 있는 것입니다.

우리도 개인과 교회의 발전을 위해 예수 그리스도를 이해해 봅시다. 사랑해 봅시다. 믿어 봅시다. 이 땅에 사람으로 태어나서 가장 좋은 것이 예수님의 십자가의 죽으심과 말씀과 삶을 이해하는 것입니다. 이것은 너무 큰 축복입니다. 예수를 믿는 자는 인간 삶에 있어서 흔들리지 않습니다.

36

누가복음 속의 그리스도

2012. 9. 2.

누가복음 1:1-4

"우리 중에 이루어진 사실에 대하여 ∘ 처음부터 목격자와 말씀의 일꾼 된 자들이 전하여 준 그대로 내력을 저술하려고 붓을 든 사람이 많은지라 ∘ 그 모든 일을 근원부터 자세히 미루어 살핀 나도 데오빌로 각하에게 차례대로 써 보내는 것이 좋은 줄 알았노니 ∘ 이는 각하가 알고 있는 바를 더 확실하게 하려 함이로라"

기도

태초부터 계신 생명의 말씀이신 주님. 오늘도 우리가 삼위하나님께 영광 드리기 위하여 가까이서 멀리서 이 자리에 모였습니다. 악하고 음란한 현실 속에서 저희를 구분하여 이와 같이 하나님께 예배드리게 하신 은혜에 먼저 감사하게 하여 주시옵소서. 또한 감사 이후에 열리는 세계 속에서 특별히 "말씀이 육신이 되어 우리 가운데 거하시매 우리가 그 영광을 보니 아버지의 독생자의 영광이요 은혜와 진리가 충만하더라"는 예수 그리스도에 대한 고백을 더욱 깊이 알기를 원하옵니다. 예수 그리스도의 이름으로 오시는 성령 하나님께서 오셔서 우리의 모든 삶에 감사와 기쁨과 거룩한 지혜가 넘칠 수 있게 하여 주시옵소서. 우리를 위하여 십자가에 죽으시고 부활 승천하셨으며 재림하실 우리 주 예수 그리스도의 이름으로 기도드립니다. 아멘.

교회 부흥의 내용이 중요하다

우리 교회가 계속 소망하는 것 중의 하나가 부흥하는 것입니다. 그런데 교회의 발전과 부흥은 하나님 말씀과 예수 그리스도 이외의 것으로 해서는 안 됩니다. 하나님이 부흥시키는 교회가 있고 사람이 부흥시키는 교회가 있습니다. 부흥해서 양적으로 성도들의 수가 많다고 그 교회가 옳다고 생각해서는 안 됩니다. 물론 너무 적어도 문제입니다만 중요한 것은 말씀이 선포되는가, 예수 그리스도가 깊이 고백되고 밝혀지는가에 초점을 맞추어야 합니다. 우리는 하나님이 부흥시키는 참 교회를 목표로 나아가야 합니다. 경영학이나 심리학 이론을 활용하여 영성이 없는 젊은 사람들을 많이 모아서 자랑하고 잘 믿는 것처럼 보이는 것을 조심해야 합니다. 설교를 듣고 집에 가면 본문 말씀이 깊이 이해되어야 합니다. 지금 세상은 신문에서도 보지만 너무 악하고 음란합니다. 그리스도 안에서 잘 살펴나가야 합니다.

사복음서의 저자들이 소개하는 예수 그리스도의 특징

예수 그리스도를 더욱 깊이 알자는 주제로 사복음서를 설교하고 있습니다. 신약 성서는 역사적으로 로마의 1대 황제 아우구스투스(B.C.31-A.D.14)부터 도미티아누스(A.D.81-96)까지 연결되어 기록되었습니다. 성경을 볼 때 너무 영적인 의미만 찾을 것이 아니라 역사적 연대도 알고 있어야 합니다.

마태는 예수 그리스도를 유대인의 왕이요 아브라함과 다윗의 후손으로 오신 분이라고 설명했습니다. 헬라어로 마태는 '하나님의 선물'이라는 뜻이고, 마가는 '빛이 비치다'라는 뜻입니다. 마가는 "하나님의 아들 예수 그리스도의 복음의 시작이라"고 마가복음을 시작하면서 예수님은 하나님의 아들로서 죄에서 우리를 구원하러 오신 완전한 분으로 소개합니다. 또한 이사야 40장부터 55장까지의 내용을 밑그림으로 해서 "새로운 시대가 이분을 통해 열린다. 바벨론에 잡혀갔다 돌아와서 유대가 회복되듯이 인간 역사가 이분을 통해 회복된다"라고 주장했습니다. 주후 1세기 당시 헬라 문화권에서는 모든 책을 기술할 때 제일 앞 절에 그 책의 핵심을 넣어 두었습니다. 그래서 서문만 잘 읽으면 그 책의 의도와 방향과 내용을 다 알 수 있습니다.

진정한 복음은 예수 그리스도라고 소개하는 누가

이번 시간의 주제는 누가가 소개하는 예수 그리스도입니다. 마태는 세무 공무원이었고, 마가는 대단한 재력가였습니다. 마가의 직업은 현대식으로 말하면 벤처 사업가 정도라고 할 수 있습니다. 누가의 직업은 의사였습니다. 사복음서 저자 중에 최고의 그리스어로 문장을 쓴 사람이 누가입니다. 1세기에 쓴 글인데 표준어로 정확하게 썼습니다. 학자들은 누가복음을 고대의 문장 중 최고로 꼽습니다.

로마의 황제들 중에는 "나는 신의 아들이다"라고 말했던 이들이 있습니다. 〈쿼바디스 도미네〉라는 영화를 보면 네로 황제가 나올 때 여 사제들이 "신의 아들. 우리에게 빛을 주는 자"라며 찬양하는 장면이 나옵니다. 로마 당시에는 황제의 칙령과 말이 헬라어로 '유앙겔리온', 즉 '복음'이었습니다. 신의 아들인 로마 황제 안에서 모든 나라가 경제적으로 풍성해지고 새로운 평화의 세계를 연다는 것입니다.

그런데 황제들에 대한 예찬을 누가가 거꾸로 뒤엎습니다. '로마 황제는 가짜다. 나자렛에서 난 예수 그리스도가 진짜로 복음을 전하는 자이고 인류를 구원할 자이다'라는 메시지가 누가복음의 핵심입니다. 누가복음을 읽을 때는 로마 황제 11명을 알고 있어야 합니다. 황제가 한 말이나 칭송받은 것을 뒤집으면 복음이 됩니다. '황제는 신의 아들이 아니다. 한 많은 사람의 자식일 뿐이다. 황제는 권력 추구자이며 평화를 가져올 수 없다'

예수님 당시의 연대를 정확하게 기록한 누가

> 눅 2:1 "그 때에 가이사 아구스도가 영을 내려 천하로 다 호적하라 하였으니"

'가이사 아구스도'는 아우구스투스 시저(케사르)를 가리킵니다. 이때 예수 그리스도가 유대 땅 베들레헴에 태어나셨습니다.

> 눅 3:1-2 "디베료 황제가 통치한 지 열다섯 해 곧 본디오 빌라
> 도가 유대의 총독으로, 헤롯이 갈릴리의 분봉 왕으로, 그 동
> 생 빌립이 이두래와 드라고닛 지방의 분봉 왕으로, 루사니아
> 가 아빌레네의 분봉 왕으로, ○ 안나스와 가야바가 대제사장
> 으로 있을 때에 하나님의 말씀이 빈 들에서 사가랴의 아들 요
> 한에게 임한지라"

'디베료'는 '티베리우스 시저'를 가리킵니다. 황제의 이름 뒤에 붙는 '시
저'는 존귀한 자, 신의 아들이라는 뜻입니다. 누가는 역사적으로 어느 황
제 때 예수님이 태어났고, 어느 황제 때 예수님이 활동하셨다고 정확히
기록합니다. 티베리우스(A.D.14-37) 15년이라고 기록했으니 A.D. 29년
부터 예수님이 공생애를 시작했다는 뜻입니다. 그때 유대 총독은 본디오
빌라도(A.D.26-36)이고, 갈릴리와 베뢰아는 헤롯 안디바(B.C.4-A.D.39)
가 다스리고 있었으며, 기타 지방들은 헤롯 빌립 2세(B.C.4-A.D.34)가
다스렸습니다. 누가의 역사 기록이 너무나 분명합니다.

> 눅 1:1 "우리 중에 이루어진 사실에 대하여"

이 '사실'은 예수 그리스도에 대한 역사적 이야기입니다. 누가가 이를
기록하기 위해서 곳곳에 가 보니 목격자들이 있고, 이미 마태와 마가가
기록해 놓은 것이 있어서 참고했습니다. 누가가 복음서를 쓸 때는 신약

이 거의 다 완성되어 있었습니다.

　네로(A.D.54-68)가 31살에 죽었는데, A.D.64년에 바울이 네로에게 순교당했습니다. 바울은 죽기 전에 복음서를 다 기록했습니다. 따라서 누가는 마태, 마가와 바울의 서신들을 다 참고한 것입니다. 그러니까 처음부터 자세히 연구하여 당시 로마 황제는 누구이고 총독은 누구인지 모두 자세히 기록한 후에 예수님의 역대기를 기록했던 것입니다.

　그리고 그 기록물을 데오빌로에게 보냈습니다. '데오빌로 각하'라고 표현한 것으로 봐서 그는 로마의 고관대작으로 추측할 수 있습니다. 헬라어로 '데오 필로스'는 '신을 사랑하는 자'라는 뜻입니다. 그에게 복음의 내력을 다 설명하겠다는 것입니다. 데오빌로가 설교를 듣고 은혜는 받았는데, 예수님에 대해서 역사적으로 정확하게는 몰랐습니다. 그래서 그에게 누가가 편지로 보낸 것입니다. 데오빌로가 실제로 누구인지는 중요한 것이 아니고, 단지 로마의 고관대작에게 너희 황제 누구 때 이런 일이 있었다고 누가가 이야기하고 있다는 것입니다.

누가복음의 시대적 배경이 되는 로마 황제들의 역사

　누가는 A.D.68-70년 사이에 복음서를 기록했습니다. 누가와 동시대 사람으로서 로마 제국 오현제 시대의 역사가이자 정치가인 가이우스 수에토니우스(Gaius Suetonius)라는 사람이 있습니다. 그는 율리우스 카이사르, 아우구스투스, 티베리우스, 칼리굴라, 클라우디우스, 네로, 갈바, 오토, 비텔리우스, 베스파시아누스, 티투스, 도미티아누스까지 12명의 로마 황제들의 전기가 수록된《황제 열전》의 저자입니다. 로마 황제들의 세세

한 에피소드까지 모두 기록되어 있습니다.

누가복음 3장에 나오는 티베리우스는 로마 제국을 안정적으로 통치했습니다. 그런데 5대 황제인 네로가 등극해서 자기 식대로 마음대로 통치하면서 로마 제국이 엉망이 됩니다. 이것을 영화화한 것이 〈쿼바디스 도미네〉입니다. 네로에 대해 갈바 장군이 반란을 일으켜 6대 황제가 됩니다. 9대 황제인 베스파시아누스는 그의 아들 둘이 모두 황제가 됩니다. 첫째 아들이 10대 티투스이고, 둘째 아들이 11대 도미티아누스입니다. 기독교인들이 가장 고생한 시기가 이 시기입니다.

아버지 황제인 베스파시안이 로마의 장군일 때 유대의 반란을 정벌했고, 아들 티투스는 예루살렘 성전을 불태웠습니다. 그 후 유대인들이 마사다 요새로 도망가서 끝까지 투쟁했지만 베스파시안 황제가 로마 군단을 보내어 완전히 멸망시켰습니다. 티투스 다음으로 그의 동생 도미티아누스가 황제가 되었는데, 그때 요한계시록이 쓰여졌습니다.

도미티아누스 이후 로마는 오현제 시대로 들어가서 100년 동안 태평성대를 누렸습니다. 오현제란 다섯 명의 현명한 황제들이라는 뜻인데, 네르바, 트라야누스, 하드리아누스, 안토니누스 피우스, 마르쿠스 아우렐리우스가 그들입니다. 네르바는 황제 자리를 놓고 권력 투쟁과 내란이 발생하지 않도록 유능한 사람을 양자로 맞아들인 뒤 일찌감치 후계자로 선포하는 제도를 만들었습니다. 트라야누스는 활발한 정복 전쟁으로 로마 역사상 가장 넓은 영토를 확장했고, 하드리아누스는 영토를 안정적으로 관리했습니다. 중국 청나라에는 이와 비슷한 왕들로 강희, 옹정, 건륭이 있었고, 우리나라는 고구려 때 광개토왕, 장수왕, 문자왕이 있었습니다.

로마의 오현제 시대에 들어서는 아들에게 황제 자리를 넘겨주지 않고 황제가 양자로 지명한 사람을 충분히 교육시켜 그를 황제로 세웠습니다. 즉 혈통이 아니라 능력에 의해 황제가 된 것입니다. 그래서 오현제는 모두 전 황제의 아들이 아닙니다. 이때가 팍스 로마나(로마의 평화) 시대로 로마의 전성기라고 할 수 있습니다.

그런데 인간은 성공하고 풍요로워지면 그것을 관리하지 못하고 대개 망하는 길로 들어섭니다. 로마가 망조로 들어서게 된 것이 5현제의 마지막 마르쿠스 아우렐리우스 이후부터입니다. 영화 〈로마제국의 멸망〉에서는 마르쿠스 아우렐리우스가 양아들이자 딸의 연인인 리비우스에게 왕위를 물려주려고 하였으나 이를 알아챈 아들 코모두스의 부하들이 마르쿠스 아우렐리우스에게 독이 묻은 사과를 먹여 독살하고 코모두스가 왕위에 오르는 것으로 나옵니다[11]. 코모두스는 역대 최악의 무능한 황제로 로마제국의 몰락을 이끕니다.

맺는말

오늘은 누가복음의 배경이 되는 로마 황제들의 역사에 대해서 살펴보았습니다. 역사에 대한 지식을 앎으로써 성경 본문에 대한 이해가 더 깊어질 수 있기를 바랍니다.

이제 결론입니다. 교회의 부흥과 발전을 위해 돈 문제나 다른 문제를 이야기할 때가 아닙니다. 예수를, 복음을 얼마나 깊이 아는지가 중요합니다. 하나님 말씀을 암송하면서 내 삶 속에, 내 몸속에 얼마나 체화시키느냐가 중요합니다. 이것이 부흥의 길이고 하나님이 원하시는 길입니다.

---

11) 실제 역사에서는 마르쿠스 아우렐리우스가 아들을 후계자로 키우려고 일찍부터 마음을 먹었고, 코모두스가 15살이 되었을 때 공동 황제로 만들었다. - 편집자 주

37
—
싯딤과 가데스 바네아

2012. 9. 9.
여호수아 3:1-6

"또 여호수아가 아침에 일찍이 일어나서 그와 모든 이스라엘 자손들과 더불어 싯딤에서 떠나 요단에 이르러 건너가기 전에 거기서 유숙하니라 ◦ 사흘 후에 관리들이 진중으로 두루 다니며 ◦ 백성에게 명령하여 이르되 너희는 레위 사람 제사장들이 너희 하나님 여호와의 언약궤 메는 것을 보거든 너희가 있는 곳을 떠나 그 뒤를 따르라 ◦ 그러나 너희와 그 사이 거리가 이천 규빗쯤 되게 하고 그것에 가까이 하지는 말라 그리하면 너희가 행할 길을 알리니 너희가 이전에 이 길을 지나보지 못하였음이니라 하니라 ◦ 여호수아가 또 백성에게 이르되 너희는 자신을 성결하게 하라 여호와께서 내일 너희 가운데에 기이한 일들을 행하시리라 ◦ 여호수아가 또 제사장들에게 말하여 이르되 언약궤를 메고 백성에 앞서 건너라 하매 곧 언약궤를 메고 백성에 앞서 나아가니라"

기도

살아 계시는 엘하이 하나님. 오늘도 저희를 모아서 예수 그리스도를 깊이 알게 하심을 감사드립니다. 또한 생명의 말씀을 깨달을 수 있는 장소와 만남을 주심에 감사드립니다. 오늘은 살아 계신 하나님의 이름인 엘하이 하나님을 부르며, 모세의 후계자인 여호수아가 싯딤을 떠나 가나안을 향해 가는 중에 요단강을 건너는 사건에 대한 말씀을 공부하고자 합니다. 모세가 기도의 사람이라면, 여호수아는 행동하는 사람이었습니다. 하나님께서는 여호수아에게 일어나서 요단을 건너라고 하셨습니다. 여호수아는 순종해서 요단을 건너고 31명의 가나안의 왕들과 전쟁을 해서 이겼습니다.

거룩하신 아버지여, 우리 개인이나 가족이나 교회 앞에도 요단강이 있습니다. 그 앞에서 갖가지 이유를 대면서 타락하고, 늙고, 병들고, 죽어가고 있습니다. 거룩하신 하나님 아버지여, 일어나 요단을 건너라고 여호수아에게 명령하셨을 때 여호수아가 실제로 행동해서 성공하는 모습을 보고 우리도 그리스도 안에서 행동할 수 있는 것은 행동하고, 말할 것은 말해서 주님 앞에서 확실한 삶을 살 수 있도록 주께서 인도해 주시옵소서. 우리를 위하여 십자가에 죽으시고 부활하신 우리 주 예수 그리스도 이름으로 기도드립니다. 아멘.

세 번의 때

사람에게는 일생에 세 번의 때가 있다고 합니다. 첫 번째 때는 타고난

구속과 섭리

것에서 옵니다. 예컨대 영국 황실의 왕자는 계속 황실에서 왕자로 삽니다. 또 부잣집에서 태어난 사람은 태어날 때부터 이미 부자로 결정이 되어 있습니다. 두 번째 때는 환경에서 옵니다. 어릴 때 헤어져 각각 다른 가정환경에서 자란 일란성 쌍둥이가 10-20년 후에 완전히 다른 삶을 살아가는 예가 있습니다. 세 번째 때는 열심히 노력하는 것에서 옵니다. 노력한 사람과 하지 않은 사람은 나중에 엄청난 차이가 납니다. 오늘 서두에서 때를 말하는 이유는 개인이나 가정이나 교회도 '때'라는 것이 있기 때문입니다. 때를 놓치지 않아야 하는데, 대부분 놓쳐 버립니다.

이스라엘 백성의 첫 번째 때 - 가데스 바네아

본문에서 여호수아와 이스라엘 백성들은 지금 싯딤에 머물고 있습니다. 싯딤에서 하나님이 약속하신 가나안에 들어가려면 반드시 요단강을 건너야 합니다. 우리도 가나안처럼 우리에게 이상적이고 행복한 곳을 가려면 개인마다 건너야 할 요단강이 있습니다. 여호수아가 싯딤에서 요단강을 건너듯이 우리도 건너야 합니다.

여호수아는 하나님의 리더십을 구체적으로 실현한 사람입니다. 그리고 믿음의 사람입니다. 믿음은 놀라운 능력입니다. 여호수아는 이집트 노예의 고통스러운 삶에서 벗어나는 것이 믿음이라는 것을 알고, 모세를 따라 출애굽해서 광야길 40년을 휘돌면서도 한 번도 믿음을 잃은 적이 없습니다.

이스라엘 민족이 애굽의 종질에서 벗어나서 하나님이 약속하신 가나안에 들어가기 위한 첫 번째 때가 왔습니다. 그것은 출애굽한 지 한 달이 되지 않은 시간에 온 때였습니다. 수많은 이스라엘 백성이 가데스 바네아에 도착했으며, 거기에서 하나님이 축복하신 가나안에 갈 수 있었습니다. 그러면 바로 들어가야 합니다. 그런데 이스라엘 백성은 하나님의 말씀과 명령에도 불구하고 가나안에 들어가기 전에 12명의 정탐꾼을 보내서 그들이 파악하고 온 이후에 결정하자고 하였습니다[12]. 바로 들어가야 하는데 들어가지 않습니다. 행동할 때 행동하고 말할 때 말해야 하는데 그러지 않은 것입니다.

드디어 12명이 정탐을 끝내고 돌아왔습니다. 10명은 "땅은 좋은데 성도 크고 견고하며 거인들도 많아서 우리가 들어가면 그들에게 죽을 것입니다"라고 하였고, 여호수아와 갈렙은 "하나님께서 그 땅을 주신다고 말씀하셨으니 믿음으로 들어갑시다"라고 하였습니다. 투표 결과 10대 2로 가나안에 들어가지 않기로 했습니다. 그리고 누가 들어가자고 하면 모세고 누구고 간에 돌로 치겠다는 태세로 백성들이 돌을 집어 들었습니다. 이것이 '중우정치'의 폐해입니다. 여호수아와 갈렙은 우리가 인간적으로는 불가능하지만 하나님이 말씀하셨으니 들어가자고 했으나 대부분의 사람들은 하나님의 말씀을 듣지 않았습니다. 그러자 하나님께서 노하셔서 12명의 정탐꾼이 들어가 있던 시간이 40일이므로 광야에서 40년을 헤매라고 명하셨습니다.

여호수아와 갈렙이 믿음으로 들어가자고 했지만, 모두가 들어가지 말

---

12) 신 1:21-22 "너희의 하나님 여호와께서 이 땅을 너희 앞에 두셨은즉 너희 조상의 하나님 여호와께서 너희에게 이르신 대로 올라가서 차지하라 두려워하지 말라 주저하지 말라 한즉○ 너희가 다 내 앞으로 나아와 말하기를 우리가 사람을 우리보다 먼저 보내어 우리를 위하여 그 땅을 정탐하고 어느 길로 올라가야 할 것과 어느 성읍으로 들어가야 할 것을 우리에게 알리게 하자 하기에"

자고 결정했으므로 결국 그들은 광야에서 40년을 휘돌게 되었습니다. '가데스 바네아'는 '거룩한 장소'를 의미합니다. 즉 '거룩한 곳'에서 가나안 땅으로 바로 들어가야 했습니다. 인간적으로는 아니라고 생각이 되더라도 하나님께서 명령하셨으니 믿고 들어가야 합니다. 살다보면 "그때 그렇게 말해야 했다" 또는 "그때 그렇게 행동해야 했다"라고 후회할 때가 많습니다. 그래서 지옥에 가면 "~걸"이라고 말하는 사람이 많다고 합니다. "그때 돈 낼걸", "그때 예배드릴걸", "그때 생명적으로 살걸", "그때 말씀 한 자라도 더 볼걸" 이스라엘 백성도 그와 같았으므로 결국 40년을 휘돌게 되었습니다.

바알 브올 사건

가데스 바네아나 싯딤의 공통점은 모두 오아시스라는 것입니다. 이 말은 가나안에 들어가서 잘못하면 고생스럽고 위험에 처할 수 있는데 그냥 여기서 머물자는 생각에 빠질 수 있음을 의미합니다. 우리의 신앙도 마찬가집니다. 때에 따라 움직일 것은 움직이고 말할 것은 말해야 하는데, 움직이지 않고 경계선에 딱 서 있는 경우가 많습니다.

싯딤에서 이리로 가면 모압이고 저리로 가면 가나안입니다. 가나안에 들어가려면 요단강을 건너야 합니다. 그런데 그때 모압의 왕이 발락이었습니다. 이스라엘 민족이 싯딤에 머물러 있으니까 꾀를 내었습니다. 그냥 바알신을 섬기자고 하면 이스라엘 민족이 절대 안 하므로, 여자들을 뽑아서 먼저 성적으로 접근시켰습니다. 어떻게든지 성적으로 타락시키면 바알신을 섬기게 된다는 전략이었습니다. 이스라엘 여자를 사귀려면 여러 율법이 많아서 골치 아픈데, 모압 여자는 바로 사귀고 만날 수가 있으니 발락 왕이 많은 여자들을 뽑아서 이스라엘 젊은 청년들을 유혹하게 했습니다. 그렇게 하여 술을 마시고 춤을 추면서 바알 신에게 예배를 드리게 했습니다. 이것이 민수기 25장의 '바알 브올' 사건입니다. 바알은 '남편', '주인'이라는 뜻이고, 브올은 지명입니다. 이 사건에 2만 4천 명이나 관련이 되었고, 관련된 사람은 전염병이 돌아서 모두 죽었습니다.

싯딤에서 계속 머물러 있는 이유는 거기가 오아시스이기 때문입니다. 먹을 것이 많고 풍요롭습니다. 가데스 바네아에서 들어가지 않았다가 광야에서 40년을 휘돌며 고생했는데, 이제 또 가나안에 들어가면 가나안 민족들과 전쟁하면서 고생할 것이 뻔하니 고생하기 싫다는 마음입니다. 하나님께서 아브라함을 부르실 때도 아브라함이 티그리스와 유프라테스, 두 개의 강을 건넜습니다. 물리적인 강이지만 영적인 뜻이 큽니다. 4백년 종살이하던 이스라엘 민족도 홍해를 건넜습니다. 누구에게나 건너야 할 강이 있습니다. 핵심은 반드시 건너야 할 강은 빨리 건너야 한다는 것입니다. 그렇지 않으면 바알 브올 사건처럼 경계선에 머물러 있다가 타락하고 맙니다.

하나님께서 여호수아에게 일어나 요단을 건너라고 하셨을 때 여호수아는 하나님의 말씀을 듣고 그대로 요단강을 건너서 성공했습니다. 저는 하나님을 믿고 가장 감사하는 것이 때를 놓치지 않았다는 것입니다. 때를 놓치지 않으면 시간을 지배할 수 있습니다. 때와 시간을 놓치지 않으면 그리스도 안에서 자기 삶을 주도할 수 있습니다.

구속과 섭리

좌로나 우로나 치우치지 않았던 여호수아의 균형 감각

어떤 신학자는 사람이 불완전하게 창조된 이유는 그렇지 않으면 교만해서 신이 되려는 욕심에 쌓일까 봐 그렇다고 주장합니다. 사람 중에는 말을 잘하는 유전자가 있어서 행동할 것도 말로 하는 사람이 있습니다. 하루에 100마디 정도의 말을 하는 것이 정상이라면, 어떤 사람은 한마디도 안 하는 사람이 있고 어떤 사람은 300마디를 하는 사람이 있습니다. 말을 많이 하면 귀가 막히고 눈빛도 이상해집니다. 100마디를 말해야 하는데 300마디를 하니, 행동해야 할 것이 200마디의 말로 가 버리고 행동을 하지 않습니다. 그래서 말이 많은 사람은 신뢰할 수 없습니다. 지나치게 말을 하면 행동하지 않기 때문입니다. 말을 적당히 하는 사람은 행동도 적당히 합니다. 그런가 하면 어떤 사람은 말하지 않고 행동만 합니다. 말하지 않고 행동을 하니 나중에는 괜히 했다는 원망만 남습니다. 그건 그 사람의 잘못입니다. 여호수아는 좌로나 우로나 치우치지 말라고 가장 균형된 말을 했습니다. 이는 말씀을 중심으로 하였기 때문입니다. 그는 말씀을 중심 삼아 균형된 감각을 가지고 하나님의 리더십을 나타냈습니다.

여호수아의 관점에서 가데스 바네아와 싯딤을 생각해 봅시다. 그는 가데스 바네아에서 믿음으로 들어가자고 주장했습니다. 믿음은 능력입니다. 믿을 수 없는 이유가 너무 많고 믿음이 생기지 않더라도 하나님의 말씀이 그렇다면 그 말씀을 따라야 하는 것이 중요합니다. 그리고 말과 행동 사이에 균형을 잡아야 합니다. 말하지 않고 행동하는 사람은 나중에 분한 마음이 생기고, 말하지 않아야 하는데 말하는 사람은 행동하지 않는다는 것을 잘 알고 있어야 합니다. 여호수아는 말과 행동의 균형 감각으로 하나님의 리더십을 나타낸 사람이고 세상 속에서 믿음의 역사를 산 사람입니다.

먼저 물속에 발을 넣었을 때 요단강이 갈라짐

하나님께서 여호수아에게 "일어나 요단강을 건너라"고 하시고 언약궤로부터 2천 규빗, 곧 900미터 정도를 떨어져서 따라가도록 하셨습니다. 제사장이 언약궤, 즉 법궤를 매는 순간이 출발하는 때입니다. 그전에 백성들은 자신을 정결히 준비해야 하며, 그러면 하나님께서 큰 기적을 베푸실 것이라고 하였습니다. 그러자 인간으로서 생각할 수 없는 일이 일어났습니다.

하나님께서 여호수아에게 "법궤를 멘 제사장들이 요단강 앞에 서면 물이 갈라질 것이다"라고 말씀하시지 않았습니다. 여기가 핵심입니다. 이때는 봄이라서 겨울에 헤르몬산 등의 눈이 녹아 요단강의 물이 넓고 깊이 흐르며 범람하는 때입니다. 물이 그만큼 많고 빨리 흐르는데도 제사장들이 일단 물속에 발을 넣어야 요단강이 갈라집니다. 우리가 상상도 할 수 없는 내용입니다. 우리는 먼저 물이 갈라져야 한다고 생각하고, 물이 갈라지기를 기다립니다. 이성적으로 그렇게 생각합니다. 그러나 이성은 능력이 아닙니다. 뇌가 그만큼 착각을 하는 것입니다. 뇌는 고집쟁이로, 엉뚱한 것을 계속 고집합니다. 이성적으로 판단할 때는 요단강이 먼저 열려야 건너간다고 생각하듯이 교회의 부흥에 대해서도 '말씀 중심, 예수님 중심으로 한다고 부흥하나? 돈이 있어야 부흥하지'라는 생각에 빠져 있는 사람들이 많습니다.

　세상에서의 장사도 마찬가지로 "손님이 와야 투자하지"라고 하면 그 가게는 가망이 없습니다. 저의 집 근처 식당들이 거의 장사가 잘 안 되는데 유일하게 잘되는 곳이 한 곳 있습니다. 예전에 그 식당에 갔을 때 부부간에 싸우고 있었는데, 부인이 하는 말이 "저 양반이 장사도 안 되는데 국화 100만 원어치를 사서 심고 나무도 300만 원을 들여서 심었어요"라고 했습니다. 하지만 남편은 생각이 달랐습니다. 장사가 안 될 때 더욱 식당을 깨끗하게 리모델링해서 준비해야 된다는 것입니다. 그러더니 현재는 유일하게 그 식당에만 손님들이 많습니다. 우리 교회도 앞으로 교인들이 많이 오면 무엇을 한다는 분들이 있는데, 그리스도 안에서 우리가 해야 할 것은 미리 준비해서 새로운 세대에게 끊임없이 전도해야 합니다.

요단강을 건넌 징표를 세우다

　여호수아가 요단강을 건널 때 살아계신 '엘 하이' 하나님을 불렀습니다. 지금 살아 계셔서 역사하신다는 뜻입니다. 제사장들의 발이 물에 '들어가자' 요단강이 갈라졌습니다. 믿고 물속에 들어갔을 때 강이 열렸음이 중요합니다. 하나님께서 여호수아에게 "살아 계신 하나님이 이루신 이 놀라운 일을 전 인류에게 전해라. 이스라엘의 지파 수대로 강에서 돌 열둘을 주워서 유숙하는 곳에 가져다 놓아라"고 하셨습니다. 이스라엘 민족은 가장 교육을 잘하는 민족입니다. 길갈에 돌 열둘을 쌓은 후 세월이 흘러서 이 사건을 경험하지 못한 후손들이 "할아버지, 이 돌들이 뭐지요?"라고 질문하면, "요단강을 건널 때 하나님이 명하셔서 강이 갈라지고 우리가 요단을 건넜다" "증인이 있어요?"라고 하면 "이 돌들이 증인이다"라고 말하라고 하셨습니다. 또한 요단강 안의 법궤가 머문 자리에도 큰 돌을 쌓게 하셨습니다. 백성들이 강을 다 건너고 나니까 물이 다시 모여들어 흘렀습니다. 여호수아는 이 모든 기록을 돌에 새기고 하나님의 살아 계심을 영원히 나타냈습니다.

개인과 가정과 교회의 싯딤을 떠나자

여호수아를 통해 우리가 알아야 할 것은 무엇입니까? 우리의 가데스 바네아는 무엇입니까? 정말 하고 싶은데 돌아선 때가 없습니까? "병 때문에 안 된다. 돈 때문에 안 된다. 성격 때문에 안 된다. 누구 때문에 안 된다" 라고 돌아서는 것은 그것이 바로 그 사람의 가데스 바네아입니다. 그래서 우리 삶이 복잡하게 휘돌며 고생하는 것입니다.

우리의 싯딤은 무엇입니까? 축복의 땅에 가기 위해서는 반드시 요단강을 건너야 하고, 요단강을 건너기 위해서는 싯딤을 떠나야 합니다. 거기서 안주하며 이럴까 저럴까 하다가는 타락하고 영성이 파괴됩니다. 누구에게나 개인적인 싯딤이 있습니다. 저 역시 하나님 앞에 개인적인 싯딤이 없도록 많이 노력합니다. 가정의 싯딤이 있고 교회의 싯딤이 있습니다. 시온산 교회가 예수님과 말씀보다 과거에 투쟁한 역사만 생각하는 것은 시온산 교회의 싯딤입니다. 부흥과 발전을 위해 하나님의 말씀을 사랑하고 체회하지 않는 것이 싯딤입니다. 그래서 가정적으로도 불행하고 힘든 것입니다. 우리 개인과 가정과 교회의 싯딤을 넘어 요단강을 건너자는 것이 오늘의 메시지입니다.

구속과 섭리

38

—

승천복음

2012. 9. 16.

사도행전 1:1-11

"데오빌로여 내가 먼저 쓴 글에는 무릇 예수께서 행하시며 가르치시기를 시작하심부터 ◦ 그가 택하신 사도들에게 성령으로 명하시고 승천하신 날까지의 일을 기록하였노라 ◦ 그가 고난 받으신 후에 또한 그들에게 확실한 많은 증거로 친히 살아 계심을 나타내사 사십 일 동안 그들에게 보이시며 하나님 나라의 일을 말씀하시니라 ◦ 사도와 함께 모이사 그들에게 분부하여 이르시되 예루살렘을 떠나지 말고 내게서 들은 바 아버지께서 약속하신 것을 기다리라 ◦ 요한은 물로 세례를 베풀었으나 너희는 몇 날이 못되어 성령으로 세례를 받으리라 하셨느니라 ◦ 그들이 모였을 때에 예수께 여쭈어 이르되 주께서 이스라엘 나라를 회복하심이 이 때니이까 하니 ◦ 이르시되 때와 시기는 아버지께서 자기의 권한에 두셨으니 너희가 알 바 아니요 ◦ 오직 성령이 너희에게 임하시면 너희가 권능을 받고 예루살렘과 온 유대와 사마리아와 땅 끝까지 이르러 내 증인이 되리라 하시니라 ◦ 이 말씀을 마치시고 그들이 보는데 올려져 가시니 구름이 그를 가리어 보이지 않게 하더라 ◦ 올라가실 때에 제자들이 자세히 하늘을 쳐다보고 있는데 흰 옷 입은 두 사람이 그들 곁에 서서 ◦ 이르되 갈릴리 사람들아 어찌하여 서서 하늘을 쳐다보느냐 너희 가운데서 하늘로 올려지신 이 예수는 하늘로 가심을 본 그대로 오시리라 하였느니라"

기도

말씀이 육신이 되어 이 땅에 오셔서 사랑으로 더러운 귀신을 쫓아내시고 모든 병과 모든 약한 것을 고치시고, 우리를 끝까지 사랑하셔서 십자가에 죽으시고 무덤에 장사되어 3일 계시고, 부활하셔서 40일 동안 하나님 나라 일을 말씀하시면서 믿는 제자들에게 찾아가시고, 보여 주시고, 힘을 주시고, 마침내는 승천하신 주님. 오늘 우리가 사도행전 말씀을 통해서 주님이 승천하기 전의 40일과 승천에 대한 귀한 말씀과 사실을 전하고자 합니다.

예수 그리스도의 이름으로 오시는 성령께서 오셔서 태풍의 영향 속에 있는 우리의 영심신을 위로하시고, 격려하시고, 힘주셔서 예수님께서 우리를 위하여 십자가에 죽으셨고 부활하셨으며 40일 동안 하나님나라 일을 부탁하시고 감람산에서 승천하신 그 내용에 대해서 우리가 한 번 더 깊이 생각할 수 있는 귀한 시간이 될 수 있게 하여 주시옵소서. 우리를 위

구속과 섭리

하여 십자가에 죽으시고 부활 승천하신 우리 주 예수 그리스도의 이름으로 기도드립니다. 아멘.

사복음서의 핵심 요약

교회의 부흥은 예수 그리스도를 깊이 알고 말씀을 체회하는 것에서 시작합니다. 그래서 4복음서를 계속 설교하고 있습니다. 마태복음은 유대인의 왕으로서 아브라함과 다윗의 자손으로 오신 예수 그리스도를 소개하며 참 왕은 예수 그리스도임을 강조하고 있습니다. 마가는 하나님의 아들이신 예수 그리스도의 복음의 시작이라고 하면서, 더러운 귀신을 말씀으로 쫓아내시고 모든 약한 것과 병을 사랑으로 고치신 분으로 예수님을 소개합니다. 요한은 로마와 그리스의 로고스 개념을 활용하면서 너무나 신비로운 예수 그리스도에 대해서 그분을 사랑해서 깨우친 내용들을 설교했습니다. 누가는 로마의 티베리우스나 아우구스투스 같은 황제가 평화를 가져오는 자가 아니며, 예수 그리스도가 진정한 왕이고 평화이자 예수 그리스도의 말씀이 복음이라고 하면서 로마 황제와의 역사적 비교를 통해 예수를 소개했습니다.

승천하신 예수님

사도행전의 '사도'는 예수님께 직접 배운 사람을 말하는데, 오늘날은 '제자'라고 합니다. 그래서 사도행전은 제자행전입니다. 우리도 예수 그리스도를 배우고 말씀을 암송하고 고백한 내용이 있고 그것을 기록했면 그것은 우리들의 행전입니다. 행전이라는 말도 요즘은 잘 사용하지 않습니다. 쉽게 말해 '사도들의 이야기'입니다.

오늘 본문에서 가장 중요한 것은 승천하신 예수님입니다. 예수님께서 부활하신 후에 40일 동안 많은 제자들을 스스로 찾아가셔서 하나님 나라 일을 말씀하시고 격려하셨습니다. 40일 후에 예수님은 제자들이 보는 앞에서 감람산에서 승천하셨습니다. 제자들이 한참 쳐다보고 있는데, 올라가시는 모습이 구름에 가려졌습니다. 그래서 더욱 보려고 하니까 옆에 천사 두 사람이 서서 "갈릴리 사람들아, 어찌하여 하늘을 쳐다보느냐? 올라가신 분은 그대로 다시 오신다"라고 하였습니다. 이는 재림을 말하는 것입니다. 승천과 짝으로 알아야 하는 것이 재림입니다. 예수님이 승천하신 후 하나님의 보좌 오른편에서 하나님의 재림의 시간을 기다리고 계십니다.

사도행전은 왜 승천을 중요한 핵심으로 삼을까요? 사복음서 중 승천 내용이 기록된 것은 누가복음이 유일하고 마태복음과 마가복음, 요한복음에는 놀랍게도 승천에 대한 기록이 없습니다. 단지 요한복음은 "너희는 마음에 근심하지 말라 하나님을 믿으니 또 나를 믿으라 내 아버지 집에 거할 곳이 많도다 그렇지 않으면 너희에게 일렀으리라 내가 너희를 위하여 거처를 예비하러 가노니"라고 간접적으로 말씀하시는 장면이 나옵니다. 누가는 승천하신 예수는 재림하실 예수라고 말합니다. 승천을 믿으면 재림에 대해서도 깨어서 준비하며 살아야 합니다.

'유일하신 하나님이 하늘에 올라가셨다'는 말이 '알라 샤마임'입니다. 하나님 이름은 대체로 72가지가 계시되었는데, '알라'는 유일하다는 뜻으로 하나님의 여러 이름들 중 하나입니다. 그런데 마호메트가 그것만 가지고

구속과 섭리

가서 '알라신'이라고 했습니다. 성경 신구약을 통틀어서 세 사람이 승천했는데, 그 첫째가 에녹, 둘째는 엘리야, 셋째가 예수님입니다. 재림의 때가 되어 예수님이 오시면 우리도 많은 사람들과 함께 하늘로 올라갈 수 있습니다.

승천의 기록 1: 에녹

> 창 5:24 "에녹이 하나님과 동행하더니 하나님이 그를 데려가시므로 세상에 있지 아니하였더라"

에녹이 하나님과 동행하였다고 했는데, 노아도 하나님과 동행한 사람이었지만 에녹만 하늘에 올라갔습니다. 예수님이 올라가실 때 천사 두 사람이 옆에 섰다고 했는데, 이 두 사람에 대해서 알려면 하늘나라의 비밀을 알아야 합니다. 에녹이 하나님과 동행했음을 영어로는 "walked with God"라고 번역했습니다. '하나님과 함께 살았다. 하나님의 마음으로 살았다. 하나님과 마음이 같았다'는 뜻으로 이해하면 될 것입니다. 하나님과 마음이 같은 에녹은 승천했습니다. 우리는 사람의 마음이고, 한번씩은 짐승보다 못한 마음이 될 때도 있습니다.

에녹의 아버지가 야렛인데, '야렛'은 하늘에서 내려온 사람이라는 뜻입니다. 에녹은 하나님께 전 삶을 드린 사람, 즉 하나님께 다 봉헌되었다는 뜻입니다. 에녹의 아들 므두셀라의 이름은 창과 방패라는 뜻이기도 하고 그가 죽을 때 심판이 온다는 뜻이기도 합니다. 노아는 휴식이라는 뜻입니다.

에녹은 살아생전에도 하늘로 올라갔는데 그때 본 것을 기록한 책이 에녹서로서 외경으로 전해지고 있습니다. 에녹이 자고 있는데, 방이 빛나고 있어서 놀라 침상에서 일어나니 키가 크고 황금빛으로 빛나는 두 사람이 있었습니다. 그들은 가브리엘과 미카엘 천사인데, 요즘 말로 해서 "에녹아, 하나님께서 너에게 전 태양계를 여행시키라고 하셨다. 열흘 후에 올 테니까 집안사람들 전부에게 우주여행을 한다고 전해라. 그리고 절대 다른 사람이 따라오면 안 된다. 너를 데리고 올라갈 때 보는 사람도 있으면 안 된다"라고 했습니다. 그래서 에녹이 집안 식구들에게 이 소식을 전했는데, 이 소문이 마을에 다 전해져서 자기들도 데려가 달라고 하는 사람들이 나왔습니다. 하지만 에녹은 그럴 수 없다고 했습니다. 열흘이 지나서 준비하고 있으니 하늘에서 천마와 같은 수레가 내려왔습니다. 동네 사람들 중에 에녹을 붙들고 따라가고 싶다는 사람들이 있어서 에녹이 "내 옆에 있으면 마차가 올라갈 때 불에 타 버린다"라고 했지만 말을 듣지 않고 옆에 있었습니다. 드디어 하늘에서 우주선이 내려왔고, 에녹은 타고 올라갔지만 옆에 있는 사람들은 모두 불에 타 죽었습니다. 에녹은 지구를 벗어나 금성과 목성을 지나고 천왕성과 혜왕성까지 지나갔습니다. 오늘날 천문학자가 에녹서를 보니 현대에 밝혀진 우주의 모습과 많이 비슷하더라고 했습니다.

에녹서를 외경, 곧 경전 외의 책이라고 한 이유는 당시에 이런 내용은 이해할 수 없는 말도 안 되는 이야기라고 생각했기 때문입니다. 위경, 곧 누가 지은 이야기로 분류하기도 합니다. 그러나 현대에 와서 우주여행을 할 때 많이 참고하는 책이 에녹서입니다.

구속과 섭리

승천의 기록 2: 엘리야

두 번째로 승천한 사람은 엘리야입니다. 그는 바알신을 섬기는 제사장들을 다 죽이고 용기백배 했는데, 이세벨이 죽이려고 하니 호렙산으로 도망가 있었습니다. 엘리야가 호렙산에서 의기소침해 있자 하나님께서 엘리야에게 오셔서 "네가 왜 그러느냐?"고 하셨고, 산에 서라고 하시더니 태풍이 지나가고 불이 나고 지진이 날 때에도 하나님이 계시지 않았지만, 아주 세미한 음성 속에 계셨습니다. 엘리야는 하나님의 능력과 무한하심만을 생각했는데, 풀잎 하나 흔들리는 것 같은 세미한 삶 속에 하나님이 계심을 깨달았습니다. 하나님께서는 엘리야에게 "가서 하사엘에게 기름을 부어 아람의 왕이 되게 하고 엘리사를 선택해서 제자를 삼으라"고 하셨습니다. 엘리사를 찾아가니 그는 농사꾼으로서 밭을 갈며 일하고 있었습니다. 엘리야가 엘리사에게 겉옷을 던지니 엘리사는 농기구를 태워 소를 삶아서 다 나눠주고 엘리야를 따라갔습니다.

그 이후의 일들은 생략하고, 어느 날 엘리야가 엘리사에게 "하나님께서 나를 데려가실 것인데 너는 여기에 있으라"고 말했습니다. 하지만 엘리사는 끝까지 따라가겠다고 했습니다. 에녹의 이야기와 비슷합니다. 처음에는 하나님께서 길갈로 부르신다고 하며 길갈로 갑니다. 출애굽 이후 중요한 장소들을 다 지나갑니다. 그다음에는 벧엘(하나님의 집)로 가고 하신다고 하며 엘리사에게 또 따라오지 말라고 했습니다만 그래도 엘리사는 따라갈 것이라고 말합니다. 그다음에는 하나님의 군대 장관이 여호수아에게 나타난 여리고로 부르신다고 해서 갔습니다. 엘리사는 또 따라갑니다. 성경에 보면 따라오지 말라는 말과 끝까지 따라가는 이야기가 계속됩니다. 엘리사는 끊임없이 엘리야를 따라갑니다. 그리고 마지막 장소인 요단에 이르렀는데, 요단을 건너고 나니 갑자기 회리바람이 불며 둘을 갈라버리고 엘리야가 하늘로 올라갔습니다.

엘리야가 올라가기 전에 엘리사에게 "네가 제자로서 원하는 것이 무엇이냐?"라고 물었습니다. 엘리사는 "스승님보다 2배나 능력이 있기를 원합니다"라고 대답했습니다. 불에 탈 수도 있는데 이런 요구를 하는 것이 대단합니다. 이에 엘리야는 "네가 나의 승천하는 장면을 보면 그 능력이 생길 것이다"라고 말합니다. 성경이 참 재미있습니다. 이전에는 따라오지 말라고 하다가, 뒤에 와서는 승천 장면을 봐야 2배의 영감을 얻을 수 있다고 합니다. 엘리야가 승천하면서 외투를 던져 주었습니다. 엘리사가 돌아오면서 요단강 앞에 섰는데, 요단강이 흘러서 지날 수 없자 "엘리야의 하나님은 어디 계시나이까?"라고 기도하며 엘리야의 외투로 요단강을 치니까 갈라졌습니다. 그래서 그는 돌아왔고, 예수 그리스도의 모형이될 만큼 많은 기적을 행했습니다. 신학자들은 실제로 엘리사가 엘리야보다 두 배의 일을 했다고 말합니다.

승천의 기록 3: 예수님

세 번째로 승천한 사람은 예수님입니다. 예수님은 부활 후 바로 하늘로 올라가신 것이 아니라 이 땅에서 40일 동안 계시며 10여 차례나 제자들을 만나셔서 하나님 나라 일을 말씀하시고 복음 전도에 대한 부탁을 하셨습니다. 제자들의 생각에는 예수님이 안 가시면 좋지만, 예수님은 내가 가는 것이 유익하다고 말씀하셨습니다. "내가 가야 보혜사 성령이 오

구속과 섭리

신다", "주님, 저희가 말씀도 못 깨닫고 메모도 못 했는데요?", "괜찮다. 그분이 오시면 모든 것을 가르치시고 생각나게 하실 것이다" 예수님이 승천하시고 성령 하나님께서 오셔서 교회 시대를 열었습니다. 오늘날 교회의 활동은 성령 하나님의 역사입니다. 예수님은 지금 하나님 오른편에 계시며 재림의 날을 기다리고 계십니다.

맺는말

우리는 예수 그리스도를 더 깊이 알아야 합니다. 예수 그리스도께서 승천하시기 전 40일 동안 이 땅에서 일하셨듯이 우리도 일해야 합니다. 우리도 영적으로 예수님과 함께 십자가에 죽고 부활했다면 바로 승천하는 것이 아니라 하나님 나라의 일을 해야 합니다. 일제 강점기에 시온산 교회에 역사하신 예수님을 가정과 사회에 알리고 세계에 알리는 일을 해야 합니다.

엘리사는 요단강 앞에서 "엘리사의 하나님"이 아니라 "엘리야의 하나님은 어디 계십니까?"라고 했습니다. 우리도 '과거 일제 강점기 때부터 우리 부모님들과 신앙의 선배들과 함께하신 하나님! 우리 교회가 부흥하기를 바랍니다. 예수님을 깊이 알고 하나님의 말씀을 암송하고 나가겠습니다'라는 마음을 가져야 합니다. 그러면 요단강이 갈라지듯이 부흥하고 발전할 수 있습니다. 먼저 사도행전의 유명 성구부터 암송을 합시다. 그리고 우리도 에녹이나 노아처럼 하나님의 마음과 합하는 삶을 살아서 승천할 수 있다는 신앙을 가지고 있어야 합니다.

39

다니엘처럼 기도하자

2012. 9. 23.

다니엘 2:17-24

"이에 다니엘이 자기 집으로 돌아가서 그 친구 하나냐와 미사엘과 아사랴에게 그 일을 알리고 ◦ 하늘에 계신 하나님이 이 은밀한 일에 대하여 불쌍히 여기사 다니엘과 친구들이 바벨론의 다른 지혜자들과 함께 죽임을 당하지 않게 하시기를 그들로 하여금 구하게 하니라 ◦ 이에 이 은밀한 것이 밤에 환상으로 다니엘에게 나타나 보이매 다니엘이 하늘에 계신 하나님을 찬송하니라 ◦ 다니엘이 말하여 이르되 영원부터 영원까지 하나님의 이름을 찬송할 것은 지혜와 능력이 그에게 있음이로다 ◦ 그는 때와 계절을 바꾸시며 왕들을 폐하시고 왕들을 세우시며 지혜자에게 지혜를 주시고 총명한 자에게 지식을 주시는도다 ◦ 그는 깊고 은밀한 일을 나타내시고 어두운 데에 있는 것을 아시며 또 빛이 그와 함께 있도다 ◦ 나의 조상들의 하나님이여 주께서 이제 내게 지혜와 능력을 주시고 우리가 주께 구한 것을 내게 알게 하셨사오니 내가 주께 감사하고 주를 찬양하나이다 곧 주께서 왕의 그 일을 내게 보이셨나이다 하니라 ◦ 이에 다니엘은 왕이 바벨론 지혜자들을 죽이라 명령한 아리옥에게로 가서 그에게 이같이 이르되 바벨론 지혜자들을 죽이지 말고 나를 왕의 앞으로 인도하라 그리하면 내가 그 해석을 왕께 알려 드리리라 하니"

기도

하늘에 계신 하나님! 오늘도 저희가 하나님의 말씀을 묵상하며, 말씀의 은혜 속에 들어가기를 원합니다. 인간은 타락된 속성 때문에 말씀을 들어도 깨닫지 못하고, 고생해도 알지 못하고, 죽을 고비를 당해야 겨우 깨우치는 수준입니다. 하물며 그런 지경까지 당해도 깨우치지 못하는 사람들도 있습니다. 그래서 예수님이 이 땅에 오셨으며, 그분이 십자가에 죽으시고 부활하심으로 말미암아 모두에게 깨우칠 수 있는 시간을 주셨습니다. 또한 부활하신 후에는 40일 동안 계시면서 제자들을 찾아서 하나님 나라 일을 말씀하시면서 권면하시고 격려하시고 명령하시고 인도하셨습니다.

우리 각자가 예수님을 따라 말씀을 깊이 알고 체회해서 하나님 안에서 영적 깃발을 세우기를 원합니다. 우리 교회 또한 하나님에 의한, 하나님이 원하시는 방법으로 인도되기를 원합니다. 그래서 저희가 하나님 말씀에 귀를 기울이고 예수 그리스도의 삶을 더 깊이 알고자 노력합니다. 예수 그리스도의 이름으로 오시는 성령 하나님께서 우리의 마음을 감동시키셔서 말씀을 듣는 중에 놀라운 체험을 하게 하시고, 자기 죄가 무엇인지 깨달아 회개하게 하시고, 자기의 역할과 소임이 무엇인지를 알아서 그리스도 안에서 믿고 최선 다하는 삶을 살 수 있도록 함께 해 주시옵소서. 우리를 위하여 십자가에 죽으시고 부활 승천하셨으며 재림하실 우리 주 예수 그리스도 이름으로 기도드립니다. 아멘.

감사의 비밀

어제는 추분이었습니다. 가을에 감사하면 감사가 넘치는 계절이 되고, 불평하면 불평이 넘치는 계절이 됩니다. 모두 감사하는 가을이 되기를 바랍니다.

우리는 우리 자신이나 교회에 대해서 실망을 금치 못하면서도 인간적인 희망을 가지고 있습니다. 교회가 부흥하기 위해서는 신구약 말씀을 '그리스도 안에서' 통달해야 합니다. 우리의 문제가 무엇인지 깨닫고 주님과 함께 하나님 나라를 위해서 최선을 다해야 합니다.

이번 시간에는 다니엘을 소개하겠습니다.

> 단 6:4 "이에 총리들과 고관들이 국사에 대하여 다니엘을 고발할 근거를 찾고자 하였으나 아무 근거, 아무 허물도 찾지 못하였으니 이는 그가 충성되어 아무 그릇됨도 없고 아무 허물도 없음이었더라"

구약에서 완벽한 여러 사람 중에 한 사람이 다니엘입니다. 성경에서 말하는 가장 완전한 사람으로서 아무 허물이 없다고 기록되어 있습니다. 다니엘은 하나님의 이름을 부르면서 찬송하는 사람이었습니다.

불신자와 믿는 사람을 구별하는 법이 있습니다. 불신자는 감사할 일이 있어야 감사합니다. 그런데 평생 감사할 일이 없습니다. 평생 불만만 가득 차서 서로 원망하면서 노쇠 되고 별 볼 일 없는 삶을 삽니다. 하나님의 비밀 중 하나는 감사하지 않으면 전혀 감사할 일이 생기지 않는다는 것입니다. 감사할 일이 생기는 마스터 키는 '감사'입니다. 하나님께서는 우리가 감사하면 감사할 일이 넘치게 해 놓으셨고, 불평하면 불평할 일이 넘치게 해 놓으셨습니다. 하나님께서 이것을 현실의 비밀로 덮어 놓으셨습니다.

저는 무조건 감사의 마음을 가지기 때문에 실제로 모든 일이 감사합니다. 예컨대 오늘 새벽에 일어나서 하늘에 있는 겨울 육각형 별자리를 보았는데, 별을 보며 이사야 40장 26절 말씀을 외웠습니다(너희는 눈을 높이 들어 누가 이 모든 것을 창조하였나 보라 주께서는 수효대로 만상을 이끌어 내시고 그들의 모든 이름을 부르시나니 그의 권세가 크고 그의 능력이 강하므로 하나도 빠짐이 없느니라). 그리고 완벽한 겨울 하늘을 보면서 감사했습니다.

하나님이 창조하신 놀라운 첫째 비밀은 감사하는 자는 항상 감사할 일이 많고, 감사가 창조된다는 것입니다. 불평하는 사람은 평생 불평하면서 불행하게 삽니다. 불신자란 꼭 교회에 다니지 않는 사람을 지칭하는 것만은 아닙니다. 믿는 사람 중에도 불신자가 많습니다. 그것도 흉악한 불신자가 많습니다. 감사도 온전한 감사를 해야 합니다. 의심하지 않는 감사, 하나님의 말씀을 믿는 감사를 해야 합니다. 감사란 우리가 진정으로 깨우쳐서 하나님께 드리는 것입니다. 즉 신령과 진정으로 감사드리는 것입니다. 그 후에 교회 공동체 안에서 헌금할 사람은 헌금을 하고, 기도할 사람은 기도를 하고, 청소할 사람은 청소해야 합니다.

두 번째 비밀은 세상을 살면 누구든지 어려움을 겪는다는 것입니다. 그러면 일반적으로 '아이고, 내 팔자야' 하면서 한탄하든지 '저 사람은 나보다 못한데 내가 왜 이런 일을 당하지? 해도 해도 너무하다'라고 생각합니다. 그러나 어려움은 보편적인 것으로 모든 사람에게 있습니다. 믿는 사람은 어려움이 오면 새로운 세계가 열리게 되어 있습니다. 그런데 어려움이 올 때 불평하면 그는 믿는 사람이 아닙니다. 어려움이 오면 하나님께서 내게 새로운 세계를 보여 주시려는가 보다 하면서 감사하고 찬송하는 사람이 바로 다니엘이었습니다.

오늘 본문 속 다니엘의 기도를 봅시다. 다니엘은 지금 목숨이 곧 달아날 위기 상황에 처했습니다. 그러나 그때 다니엘은 하나님께 감사했습니다. 너무 놀랍습니다. 우리는 다니엘에게서 세상에 대한 하나님의 비밀이자 절대 원칙을 배워야 합니다. 다니엘처럼 하나님 이름을 부르면서 감사하는 사람이 되어야 합니다.

느부갓네살의 꿈

먼저 다니엘의 상황을 이해하는 것이 중요합니다. 1장은 다니엘의 생애의 시작입니다. 주전 605년에 신바벨론의 느부갓네살에 의해서 바벨론 유폐의 역사가 있었습니다. 이스라엘 민족은 우상을 섬기다가 바벨론에 멸망해 잡혀갔습니다. 느부갓네살은 이스라엘의 귀족 중에서 아주 똑

구속과 섭리

똑한 아이들을 뽑아 가서 3년 동안 연수시켰습니다. 왕이 국제적인 정치를 할 때 오늘날의 싱크탱크와 같은 두뇌집단으로서 자기들의 의견을 말하도록 한 그룹이었습니다. 그 그룹에 다니엘이 있었습니다.

어느 날 황제 느부갓네살이 너무 놀랍고 두려운 악몽을 꾸었습니다. 그래서 자기가 이제까지 키운 바벨론의 모든 술객들과 점성학자들을 다 오라고 해서 "내가 밤에 꿈을 꿨는데, 너희들은 내 꿈의 내용을 말하고, 그 꿈을 해석해라. 내가 괴로워서 못 살겠으니 빨리 말하라"고 했습니다. 바벨론의 학자들에게는 날벼락 같은 일이라 너무 당황스러웠습니다. 모두가 "신이 아니고서야 왕이 무슨 꿈을 꿨는지 어떻게 알 수 있습니까? 우리는 모릅니다"라고 대답했습니다. 그러자 느부갓네살은 근위대장 아리옥을 불러서 "이 사기꾼들을 다 죽여라"고 명령하며 바벨론의 모든 지혜자들도 다 죽이라고 했습니다. 다니엘 그룹이 속한 국제화를 위해 뽑은 팀도 다 죽이라는 것입니다. 아리옥이 부하들을 데리고 칼을 들고 바벨론의 모든 점성학자와 술객들을 죽이려고 나가는데 다니엘이 붙들었습니다. 그리고 아리옥의 손을 잡고 겸손하게 말했습니다. "그 꿈을 내가 해석할 테니 잠시만 멈춰 주세요. 저를 왕 앞으로 인도해 주세요" 다니엘은 이제 그 꿈이 무엇인지도 말하고 해석해야 합니다.

어려움이 닥쳤을 때 다니엘은 어떤 태도를 취하는가?

다니엘의 용기가 대단합니다. 다니엘은 꿈의 내용을 전혀 모릅니다. 오직 하나님을 믿는 믿음 하나뿐이었습니다. 다니엘은 친구 세 명에게 이런 일이 일어났다고 말해 주고 하나님께 기도하자고 하였습니다. 다니엘은 먼저 하늘에 계신 엘라흐 하나님께 기도했습니다. 다니엘의 기도에서 우리는 하나님의 이름으로 기도하는 것을 배워야 합니다. 여호수아도 "엘 하이, 살아계신 하나님"이라고 불렀습니다. 다니엘은 상황마다 다르게 하나님의 이름을 불렀습니다. 그리고 지혜와 능력을 받고 싶었기 때문에 지혜와 능력의 근원이 하나님께 있음을 찬양했습니다. 만약 어떤 사람이 병을 고치고 싶다면, 라파 하나님의 이름을 부르면서 병을 완전히 없앨 수 있는 하나님을 찬양해야 합니다. 내가 경제적으로 도움을 받고 싶다면 경제의 원리를 지으신 하나님을 찬양하며 기도해야 합니다.

성경에 기록은 없지만 행간의 흐름으로 유추해 보건대 다니엘이 세 친구에게 기도하자고 한 후 집으로 돌아와서 하나님께 간절히 기도했을 것입니다. 그러자 하나님께서 다니엘에게 느부갓네살이 무슨 꿈을 꿨는지 환상으로 다 보여 주셨습니다. 그리고 다니엘은 지혜와 능력을 주신 하나님께 감사했습니다.

다니엘서 2장 후반부에 가면 다니엘이 느부갓네살 앞에 섭니다. 그리고 느부갓네살이 꾼 거대한 신상에 대한 꿈을 말하고 그 꿈의 의미를 하나하나 해석했습니다. 그 후 다니엘은 바벨론의 최고 엘리트로 대접받았습니다. 오늘 다니엘의 기도를 통해 배워야 하는 것이 있습니다. 만약 다니엘이 보통 사람의 생각을 가졌다면 처음 황제의 명령이 떨어졌을 때 "하나님 아버지! 저는 어릴 때 부모님 밑에서도 자라지 못하고 이렇게 강제로 바벨론에 잡혀 왔습니다. 그것도 고통스러운데 이제 죽게 되었습니다. 내 팔자가 왜 이렇습니까? 하나님을 안 믿는 바벨론 사람들은 잘만 되네요"라고 불평하고는 죽었을 것입니다.

어려운 일을 겪을 때 우리의 정상적인 반응은 감사나 기도를 하지 않습니다. 이런 반응이 정상이긴 하지만 그대로 두면 재앙이 됩니다. 우리의 유전자를 바꿔야 합니다. 성경이 보물인 이유는 유전자를 바꾸는 방법을 기록해 놓았기 때문입니다. 다니엘은 지혜와 능력을 주신 하나님께 감사하고 찬송했습니다.

모든 생명이 겪는 보편적 어려움을 인정하고 감사로 극복하자

우리는 세상 속에서 보편적으로 다 어려움을 겪습니다. 문제는 어려움을 당하면 꼭 나만 그런 것 같다는 것입니다. 행복하면 자기만 그런 것 같고, 불행해도 자기만 그런 것 같습니다. 자식이 애를 먹이면 남의 자식은 안 그런 줄 압니다. 하나님께서 인간에게 보편적인 어려움을 주신 것은 인간은 고난과 어려움을 겪어야 하나님을 알기 때문입니다. 최근에 지구 안의 모든 동물들과 식물들의 일대기를 찍은 다큐 방송을 보았는데, 방송을 보며 느끼는 것은 생명들 중에 고생을 안 하는 생명이 없다는 것입니다. 거북이 한 마리가 알을 까러 올 때도 포식자들이 전부 기다리고 있습니다. 100마리 중에 10마리 정도가 겨우 살아 나와도 바다에 들어갈 때 또 황새들이 기다리고 있습니다. 그런데 그 작은 거북이가 겨우 살아 태평양으로 들어가서는 지구를 한 바퀴 돕니다.

모든 생명은 예외가 없이 어려움을 겪게 되어 있습니다. 나만 어려운 줄 알거나, 또 좋을 때는 나만 좋은 줄 알지만 그렇지 않다는 것을 알아야 합니다. 우리가 어려울 때 하나님 이름을 부르며 기도하고 감사와 찬송을 합시다. 다니엘은 어려울 때 "왜 내가 이런 어려움을 겪습니까?"라고 한 것이 아니라 감사했습니다. 결국 그 어려움 때문에 다니엘은 국무

총리가 되었습니다. 바벨론 최고의 사람이 되었습니다. 우리는 어려움을 겪을 때 성장하는지 퇴보하는지 생각해 봅시다. 하나님의 사람은 어려움이 올 때마다 더욱 성장하고 완성되게 되어 있습니다. 오늘은 이 메시지가 너무 커서 다른 이야기는 하지 않고 밥의 뜸을 들이듯이 이 이야기만 계속 해야겠습니다.

다니엘의 기도의 결과

기도할 때 내가 받고 싶은 것의 근원을 찬양해야 합니다. 다니엘은 지혜와 능력을 원했으므로 "지혜와 능력의 근원이신 하나님 아버지께 감사와 찬송을 드립니다" 하고 기도했습니다. 바벨론의 모든 박수와 술객과 학자와 점성가들이 꼼짝없이 죽게 되었는데, 다니엘이 왕의 앞에 가서 "왕께서는 꿈에 큰 신상을 보았습니다. 그 머리는 금이고, 가슴은 은이고, 배와 넓적다리는 동이고, 종아리는 쇠이고, 발은 일부는 쇠, 일부는 흙으로 되어 있습니다. 갑자기 뜨인 돌이 날아오더니 금 신상을 쳐서 전부 먼지로 만들어 버렸습니다"라고 말했습니다. 그리고 해석까지 합니다. "금 머리는 왕(바벨론)입니다. 그다음에 왕을 뒤이어 왕보다 못한 다른 나라가 일어날 것이요(메디아와 페르시아), 셋째는 놋 같은 나라가 일어나서 온 세계를 다스릴 것이며(헬라제국), 넷째는 강하기가 쇠 같은 나라가 나와서 모든 나라를 부서뜨릴 것이며(로마), 다섯째 나라는 쇠와 진흙이 섞인 것처럼 다른 민족과 서로 섞일 것이나 그들이 피차에 합하지 아니할 것입니다(유럽). 그 이후에 메시아가 옵니다"

이 말을 듣고 느부갓네살이 놀라서 뛰어 내려와 다니엘 앞에 엎드렸습

구속과 섭리

니다. 이 일로 10대 때 잡혀갔던 다니엘이 바벨론 최고의 지혜와 능력을 가진 자가 되면서, 바벨론의 모든 나이든 학자들도 살리는 놀라운 일이 벌어졌습니다. 그 근원은 다니엘의 기도였습니다. 다니엘은 왜 하나님을 원망하지 않았을까요? 그는 하나님의 법칙을 알고 있었기 때문입니다. 신자가 배워야 할 최고의 비밀은 위기가 닥칠 때 다니엘처럼 기도하는 것입니다.

어려운 일이 있을 때는 하나님 이름을 부르면서 기도해야 하는데 기도하지 않고 자기 생각대로 끝까지 살다가 삶에서 막장 드라마를 계속 쓰는 사람들이 있습니다. 이것이 우리 일반인들의 수준입니다. 그러나 이제는 달라집시다. 하나님 이름을 높이고 감사 찬양하며 모든 주권이 하나님께 있음을 말합시다. 그러면 하나님께서 바로 해결해 주십니다. 물론 대충 감사하거나 자기 분수를 모르면 바로 해 주시지 않을 때도 있습니다. 자녀도 올바로 키우고 싶다면 하나님께 맡기고 하나님의 사람으로 키우면 됩니다. 그러면 스스로 알아서 공부를 합니다. 어떤 교육학자는 "자식을 제발 포기하세요"라고 말합니다. 자녀에게 나의 기대치를 넣어서 마치 아바타처럼 이렇게 저렇게 해야 된다고 생각하면 위험천만합니다. 사춘기가 되면 억눌린 자아가 전부 터져 나옵니다.

다니엘의 세 번의 기도

다니엘의 큰 기도가 다니엘서 2장, 6장, 9장에 걸쳐서 세 번 나옵니다. 이번 시간에는 주로 첫 번째 기도에 대해서 말씀드렸습니다. 그런데 다니엘서 6장에 나오는 다니엘의 기도도 너무 놀랍습니다.

페르시아의 다리오 왕 때 다니엘이 총리로 있었는데, 다니엘이 흠 잡을 곳 없이 완벽하니 고관대작들이 다니엘을 질투해서 죽이려고 계획을 세웠습니다. 돈이나 여자 문제로 다니엘의 흠을 잡을 수는 없으나 그들이 보기에 다니엘의 결점이 딱 하나 있었습니다. 매일 예루살렘을 향해 하루 3번 기도하는 것입니다. 우리도 하나님의 능력의 역사를 믿고 싶으면 다니엘처럼 하루에 적어도 3번은 기도해야 합니다. 춥다고 안방에서 대충 기도하지 말고 마당에 나와서 제대로 해야 합니다. 편하게 안방에 앉아서 대충 기도하고는 "내 기도는 안 들어 주신다"라는 말을 하지 맙시다. 회개 기도도 안 하고 자기 식대로 기도하고는 불평하지 맙시다.

고관대작들이 다니엘을 질투해서 다리오 왕에게 가서 "왕이시여, 나라를 새롭게 했으니 약속을 하나 합시다. 오늘부터 한 달 동안 아무도 다른 신이나 사람에게 무엇을 구하지 못하게 합시다. 만약 그렇게 하면 사자 굴에 넣읍시다"라고 제안하였고, 다리오 왕은 그들의 의도도 모르고 조서에 도장을 찍었습니다. 그러나 다니엘은 그 조서에 왕의 도장이 찍힌 것을 보고도 창문을 열고 예루살렘을 향해 기도했습니다. 그러자 파파라치들이 바로 가서 "사로잡혀 온 유대인 중 한 사람인 다니엘이 기도했습니다" 하고 증거를 댔습니다. 다리오 왕은 '내가 속았구나. 이것들이 이만큼 못된 줄 몰랐다'라고 생각했지만, 할 수 없이 다니엘을 사자 굴에 넣었습니다. 그러나 사자들은 다니엘을 향해 입을 벌리지 않았습니다. 새벽에 다리오가 굴 입구에 가서 다니엘을 부르니 다니엘이 멀쩡한 모습으로 나오면서 "하나님께서 천사들을 보내어 사자들의 입을 봉하셨습니다"라고 말했습니다. 그러자 다리오가 "나를 속인 것들을 다 불러라"고 해서 그들을 사자 굴에 넣으니 사자들에 의해 공중에서 다 찢겨져 땅에 떨어질 것

구속과 섭리

도 없었습니다.

　9장의 기도에서 다니엘은 자기의 잘못과 조상들의 잘못을 자복하며 전 인류를 위해 기도합니다. 그래서 하나님께서는 가브리엘 천사를 통해서 전 인류의 비밀인 70주 교리를 알려 주시고 남북전쟁과 이스라엘 민족의 장래를 축복의 차원에서 보여 주셨습니다.

다니엘서 전체 개요

　다니엘서 2장은 느부갓네살 왕의 꿈에 대한 다니엘의 해석이고, 3장에서는 느부갓네살이 꿈에서 금 신상을 보았으니 실제로 금 신상을 만들어서 절하게 했는데 다니엘의 세 친구들이 절하기를 거부하는 내용이 있습니다. 이때 다니엘에 관한 내용은 없는데, 학자들은 다니엘이 그때 바벨론 전국을 돌며 총리가 되었음을 선포하고 다닌 것으로 봅니다.

　4장에서는 느부갓네살이 꿈에서 큰 나무를 보았는데, 하늘의 순찰자가 내려와서 그 나무를 자르고 그루터기를 사슬로 묶는 꿈을 꾸었습니다. 다니엘이 해석하기를 느부갓네살이 7년간 짐승처럼 살 것이라고 하였고, 실제로 그대로 되는 내용이 나옵니다. 5장에서는 느부갓네살의 아들인 벨사살 왕이 잔치를 베푸는데 벽에 손이 나타나서 '메네 메네 데겔 우바르신'이라고 적는 내용이 나옵니다. 다니엘이 이에 대해 "달아 보고 달아 봐도 너는 자격이 안 되니 죽으리라"고 해석했는데, 그날 밤에 다리오 왕의 공격으로 벨사살은 죽고 바벨론이 멸망했습니다.

　6장은 앞에서 말씀드린 다리오 왕 때의 사자굴 이야기입니다. 7장과 8장은 4개의 큰 짐승들의 환상과 4개의 나라, 숫양과 숫염소의 환상에 대한 내용입니다. 9장은 다니엘의 중보기도와 70주 교리에 대한 내용이고, 10장은 우바스 순금 띠를 띤 사람을 만나서 계시를 듣는 내용이 나옵니다. 11장은 남방 왕과 북방 왕의 전쟁에 대한 내용이고, 12장은 많은 사람을 옳은 데로 돌아오게 한 자는 별과 같이 영원토록 빛나리라는 하나님의 놀라운 약속이 나옵니다. 이렇게 다니엘서 전체 내용을 알고 엘라흐 하나님을 부르면서 기도해 봅시다. 그러면 바로 응답해 주십니다.

다니엘은 어떠한 어려움에도 절대 양보하지 않고 목숨을 걸고 기도했습니다. 우리가 시간이 없어서, 또는 추워서 기도를 하지 않거나 대충 하는 것은 인간의 실존 상황을 몰라서 그런 것입니다. 우리의 삶을 변화시키는 방법은 예수 이름으로 기도하는 것, 그리고 성경을 통달하는 것입니다.

40

—

다윗이 창조의 비밀을 발견하다

2012. 9. 30.

시편 139:13-16

"주께서 내 내장을 지으시며 나의 모태에서 나를 만드셨나이다 ∘ 내가 주께 감사하옴은 나를 지으심이 심히 기묘하심이라 주께서 하시는 일이 기이함을 내 영혼이 잘 아나이다 ∘ 내가 은밀한 데서 지음을 받고 땅의 깊은 곳에서 기이하게 지음을 받은 때에 나의 형체가 주의 앞에 숨겨지지 못하였나이다 ∘ 내 형질이 이루어지기 전에 주의 눈이 보셨으며 나를 위하여 정한 날이 하루도 되기 전에 주의 책에 다 기록이 되었나이다"

기도

우리 생활 속에 함께하시는 주님, 지난 폭염 속에서도 우리를 보호하여 주심에 감사드립니다. 이제 좋은 가을을 맞아서 추석이라는 명절 속

40. 다윗이 창조의 비밀을 발견하다   389

에 있습니다. 거룩하신 아버지여, 그리스도를 알고 하나님을 아는 추석이 되게 해 주시옵소서. 구별된 성도로서 이런 절기를 지나면서도 창조주 하나님에 대한 감사를 잊지 말게 하시며, 예수 그리스도 안에서의 구속의 역사와 성령 하나님의 놀라운 헌신을 알고 더욱 성숙된 그리스도인으로 온전케 하여 주시옵소서.

시편 139편은 다윗이 성령에 감동되어 하나님께서 창조하신 창조의 내용들을 노래하고 있습니다. 우리를 누가 창조하였는지에 대해 많은 이론들이 있습니다. 창조론, 진화론, 지적 설계론, 불가지론 등의 이론들을 우리가 알기는 하되 하나님께서 우리를 창조하셨음에 대한 분명한 신앙고백이 있게 하시고, 그 고백으로 말미암아 우리에게 주어진 복과 기쁨과 감사와 찬송을 다 누릴 수 있도록 주님, 함께해 주시옵소서.

아버지여, 또한 우리 교회가 부흥하기를 원합니다. 교회가 부흥하기 위해서는 우리가 하나님 말씀을 더욱 사랑해서 신구약을 통달해야 할 줄로 압니다. 이는 그리스도 예수를 깊이 아는 것이며 그분의 사랑과 구속의 사역을 깨닫는 길입니다. 우리는 심리학이나 경영학을 활용한 표면적인 부흥을 원하지 않습니다. 한 사람이라도 하나님 말씀을 사랑하고 예수님을 깊이 아는 진정한 영적 부흥을 원합니다. 성령 하나님께서 오늘 예배를 주관하시고 피치 못할 사정 때문에 오지 못하는 하나님의 원석들이 어디 있든지 하나님 사랑하게 하시고 기도하게 하시며, 명절 잘 보내고 또다시 만나서 함께 교회를 발전시킬 수 있도록 주님 함께해 주시옵소서. 우리 주 예수 그리스도의 이름으로 기도드렸습니다. 아멘.

감사의 비밀

불신자와 믿는 사람의 가장 큰 차이는 무엇일까요? 불신자는 감사할 일이 있어야 감사하고, 그냥 감사하라고 하면 이상하게 생각합니다. 하지만 믿는 사람은 먼저 감사하고, 그로 인해 열리는 세계에 대해서 또 감사하고 그 결과를 확인하며 살아갑니다. 하나님의 백성으로서 가장 중요하게 생각할 것은 감사하고 사느냐, 원망하면서 불행하게 사느냐, 이 두 가지입니다. '나는 행복하다'라고 생각하면 행복해지고, '나는 행복하지 않다'라고 하면 자기 충족적 예언이 되어 행복하지 않습니다. 이것은 우리의 이성으로는 언뜻 이해하기 쉽지 않지만 실로 놀라운 세계입니다.

저는 하나님 안에서 가장 기쁜 것이 감사를 배운 것입니다. 저는 새벽부터 감사하고, 저녁에 잘 때도 감사하고, 시간만 있으면 춤을 춥니다. 추석에도 감사하면 들판이 황금색으로 보이지만 감사하지 않으면 똥색으로 보입니다. 감사할 일이 없어도 감사함으로 놀라운 축복의 세계를 체험하는 것이 바로 믿는 사람입니다. 특히 지나온 과거에 대해서 감사해야 합니다. 우리의 마음은 원망하고 비판하고 비난하기가 쉽게 되어 있지만 항상 감사해야 함을 깨우쳐야 합니다. 성경이 우리에게 이야기하는 것은 항상 하나님께 감사하라는 것입니다.

믿는 사람의 두 번째 비밀은 하나님 신앙을 잘하려면 어려운 일이 오게 되어 있다는 것입니다. 하나님은 우리의 수준을 따지시기 때문입니다. "부자가 되고 싶습니다"라고 하면 "자격이 있는지 보자"라고 하면서 시험이 오는데, 그러면 다 도망가고 포기해 버립니다.

주의 책이 무엇인가?

오늘 본문 말씀은 간단하면서도 아주 심오합니다.

> 14절 "내가 주께 감사하옴은 나를 지으심이 심히 기묘하심이
> 라 주께서 하시는 일이 기이함을 내 영혼이 잘 아나이다"

다윗은 인간적으로 문제가 많았지만 그럼에도 불구하고 하나님 영광
을 위해 기도하고 감사하고 회개했습니다. 반면에 사울은 감사하지 않고
회개하지 않았습니다. 사람도 잘못했을 때 회개하는 유형이 있고 계속
고집부리는 유형이 있습니다. 하나님은 사람이 죄를 지어도 회개하는 사
람에게 역사하십니다.

다윗은 성령 감동 안에서 시편 139편을 노래하며, 창조의 비밀을 말했
습니다. 1절부터 다윗은 하나님께서 내가 생각하고 말하고 행동하는 것
을 다 아신다고 하면서 하나님의 전지성을 노래합니다("여호와여 주께서
나를 살펴보셨으므로 나를 아시나이다" 시 139:1). 그다음에는 전능성을
노래합니다("주께서 내가 앉고 일어섬을 아시고 멀리서도 나의 생각을
밝히 아시오며 나의 모든 길과 내가 눕는 것을 살펴보셨으므로 나의 모든
행위를 익히 아시오니" 시 139:2-3). 하나님께서는 능치 못한 일이 없다는
것입니다. 그리고 13절에서 "주께서 내 내장을 지으시며"라고 자기를 창
조하신 내용을 고백합니다. 태초에 하나님께서 인간을 창조하셨는데 어
떤 식으로 창조하셨는지, 지음 받은 우리는 어떤 생각으로 살아가야 하는
가에 대한 고백이 오늘 본문 말씀의 내용입니다.

구속과 섭리

그런데 그 고백 중에 너무나 놀라운 말이 있습니다.

> 16절 "내 형질이 이루어지기 전에 주의 눈이 보셨으며 나를
> 위하여 정한 날이 하루도 되기 전에 주의 책에 다 기록이 되
> 었나이다"

"주의 책"은 현대적으로 해석하면 유전자를 말하는 것이며, 인간은 이미 프로그래밍 되어 있다는 뜻입니다. 즉 눈에 쌍꺼풀이 있을지 없을지, 어떤 성격일지, 아침형 인간일지 저녁형 인간일지, 몇 살에 어떤 병이 날지도 태어나기 전에 이미 주의 책에 다 기록이 되어 있다는 말입니다. 그것이 즉 '유전자'입니다. 하나님께서 이러한 조건들을 미리 결정해서 인간의 유전자 속에 넣어 놓았다는 것인데, 이것을 다윗이 알았다는 것이 너무나 놀랍습니다.

한편 예레미야는 '주의 책'에 대해서 건강하지 못한 잘못된 삶은 흙에 글을 쓰는 것과 같다고 보았습니다. 바람이 불면 다 지워진다는 것입니다. 모세는 하나님 앞에 경건하게 살면 주의 책에 기록해서 복을 주시고, 그렇지 않으면 주의 책에서 빼고 벌을 주신다고 말했습니다. 말라기는 여호와를 경외하고 최선으로 사는 사람을 주의 책에 기록한다고 했습니다.

제1 창조의 원리 - 유전자

제가 여기에 벽돌을 하나 가져왔습니다. 벽돌로 집을 지으려면 수만 장의 벽돌이 필요합니다. 마찬가지로 우리 인체도 세포라는 벽돌로 지어져

있습니다. 인체 속에 60조 개의 세포가 있습니다. 그 세포 안에 핵이 있고, 핵 안에 염색체라는 것이 있고, 그 안에 유전자가 실타래처럼 시계 반대 방향으로 꼬여 있습니다. 실처럼 감겨 있는 것을 풀어내면 거기에 유전자 기록이 다 들어 있습니다. 사람마다 염색체를 46개 가지고 있으며, 하나의 쌍으로 되어 있습니다. 하나님의 문자인 A, G, C, T 라는 DNA의 염기가 정보화 되어 이중으로 꼬여 있습니다.

염색체 46개 중 22쌍은 상염색체이고, 2개는 성염색체입니다. 성염색체 중에서 남자는 XY이고, 여자는 XX입니다. 그래서 남자와 여자가 다릅니다. 남자가 가진 Y 염색체는 아주 작은데, Y는 거의 자기를 자랑하는 정보입니다. 그래서 남자가 그리스도를 믿고 겸손한 것은 거의 불가능합니다. 여자는 음식이 아까워서 먹다가 살이 잘 찌고, 남과의 비교 의식이 강합니다. 그것은 유전자 정보 때문입니다.

생명으로 태어나면 그 사람의 전 삶이 주의 책, 즉 유전자로 기록되어 있습니다. 그런데 다윗이 성령 안에서 유전자의 비밀을 다 봤는데, 시간이 설정된 것처럼 어느 때가 되면 유전자에 입력된 내용이 발생됩니다. 창세기 1장에서 하나님이 인간을 창조하셨는데, 창조의 원리를 다윗이 깨우친 것입니다. 각자가 주의 책을 46권씩 가지고 있습니다. 세포 하나 속에 그만큼 많은 정보가 들어 있습니다.

프랜시스 S. 콜린스(《신의 언어》, 《생명의 언어》 저자)와 세계적인 석학들이 모여서 인간 유전자를 읽어 냈는데, 이것이 제1 창조의 원리입니다. 저는 한 번씩 재채기를 크게 하는데, 그런 유전자도 있다고 합니다. 그만큼 우리의 모든 정보들이 유전자에 기록되어 있습니다. 다윗은 성령 안에서 하나님이 인간의 오장육부를 어떻게 지으셨는지, 그 오장육부가 어떻게 기능하는지를 보았습니다. 파충류뇌, 포유류뇌, 신포유류뇌 등 인간의 뇌도 어떻게 구성되어 있는지를 보았습니다.

요즘 인기 있는 것 중의 하나가 '유전자 검사'입니다. 이번 추석에 가족들을 만나면 집안 병력을 조사해서 조부모님들이 어떻게 돌아가셨는지 알아봅시다. 유전자 두 가닥 중에 한 가닥은 부계이고, 다른 한 가닥은 모계입니다. 결국 아버지, 어머니의 삶이 자식에게 거의 이어집니다. 그래서 부모의 체질과 삶을 연구해야 합니다.

다윗이 인간 영심신의 놀라운 정보들을 보았는데, 태어나기 전부터 그 정보들이 다 기록되어 있더라는 것입니다. 이러한 제1 창조의 원리를 다윗이 시편 139편에서 말했습니다.

제2 창조의 원리 – 예수 그리스도 안에서의 재창조

이 내용에 이어 두 번째로 생각할 핵심은 우리는 예수 그리스도를 통해서 재창조의 역사에 들어갈 수 있다는 것입니다. 참 놀라운 일입니다. 그리스도 예수의 십자가의 죽으심을 믿고 그리스도 예수와 말씀을 근본으로 해서 새로운 창조의 원리로 사는 사람은 자신의 유전자 정보를 바꿀 수 있습니다. 자연 상태 그대로 살면서 '바뀌지겠지?'라고 생각하면 바뀌지 않습니다. 자연적으로 진화해서 바뀌려면 3백만 년이 걸립니다. 그러나 창조주 하나님의 이름을 부르고 감사 찬송하면 유전자가 바뀝니다.

우리는 하나님의 말씀과 예수 그리스도 안에서 새롭게 될 수 있습니다.

고후 5:17 "누구든지 그리스도 안에 있으면 새로운 피조물이라 이전 것은 지나갔으니 보라 새 것이 되었도다"

　재창조의 유전자는 예수 유전자입니다. 우리는 예수 유전자를 가지고 사랑으로 살 수 있습니다. 진리의 삶을 살 수 있습니다. 믿고 최선으로 살 수 있습니다. 이것이 예수를 통한 제2 창조의 원리입니다. 이제 우리의 유전자가 어떻다는 것을 알았다면 예수 그리스도를 믿고 최선을 다합시다. 예수님은 창조주 하나님입니다. 그분을 사랑하고 살면 우리의 유전자가 바뀝니다. 병들 것도 안 들고, 불행할 일도 불행해지지 않습니다. 예수 그리스도를 통해서 말입니다.

　최근에 예방의학 전문가 듀크 존슨의 책 《옵티멀 헬스 레볼루션(The Optimal Health Revolution)》을 읽었습니다. 이 책의 저자 듀크 존슨은 본래 응급실 의사였습니다. 하루는 부인과 딸이 있는 젊은 남자가 응급실에 실려 왔는데, 응급조치를 하다가 죽었습니다. 듀크 존슨은 환자의 부인에게 미안하다고 울었습니다. 그리고 미리 병을 예방하면 응급실에 오지 않을 수 있는데 왜 이런 상황이 되는가에 대한 회의감에 응급실 의사를 그만두고 예방의학으로 전공을 바꾸었습니다.

　우리도 그리스도 안에서 가난과 불행과 병을 다 예방할 수 있습니다. 그리스도 예수로 인해 최고의 삶을 살 수 있습니다. 그러나 그리스도 없이 우리의 유전자와 병력을 돌아보면 불행할 수밖에 없습니다. 다윗은 주께서 나를 창조하셨다고 말하며 "나를 지으심이 심히 기묘하심이라"고 고백합니다. 사람을 창조하신 원리는 신의 비밀이라 인간으로서는 도저히 알 수가 없다는 것입니다.

　그다음으로 말씀드린 것이 그리스도 안에서의 새로운 창조입니다. 우

　　　　　　　　　　　　　　　　　　　구속과 섭리

리는 그리스도 안에서 믿음으로 유전자에 입력된 우리의 운명을 다 바꿀 수 있습니다.

맺는말

신앙인으로서 우리가 가장 가고 싶은 곳은 천국입니다. 하나님은 어떻게 계시고 천사들의 존재는 어떤지 정말 궁금합니다. 그런 의식을 가지고 74세의 리들리 스콧 감독이 영화 〈프로메테우스〉를 만들었습니다. 지구의 인간을 만든 자들이 누구이며 어떻게 만들었는지 궁금해서 만나러 가는 내용입니다. 주인공 일행이 고대 문명에 공통적으로 나타나는 동일한 패턴의 별자리를 발견하고 별자리 속의 행성으로 갑니다. 앉아서 기다리는 것이 아니라 창조주를 만나 보자는 것입니다. 우리 식으로 말하면 예수님을 만나러 가는 것입니다. 물론 영화에서는 잘못 갔지만, 용기 있는 시도를 그린 영화입니다.

결론입니다. 우리는 이제 그리스도 예수 안에서 무엇이든지 할 수 있고 예수님의 말씀을 통해 무엇이든지 이루어 낼 수 있습니다. 천지를 창조하신 것이 바로 말씀이기 때문입니다. 우리도 이제 '말'은 그만 좀 하고 '말씀'을 합시다. 우리 자신에게 말씀을 체화시킵시다. 그러면 재창조될 것입니다. 그리스도 안에서!

41

고린도 교회와 예수 그리스도

2012. 10. 7.
고린도전서 1:1-9

"하나님의 뜻을 따라 그리스도 예수의 사도로 부르심을 받은
바울과 형제 소스데네는 ◦ 고린도에 있는 하나님의 교회 곧
그리스도 예수 안에서 거룩하여지고 성도라 부르심을 받은
자들과 또 각처에서 우리의 주 곧 그들과 우리의 주 되신 예
수 그리스도의 이름을 부르는 모든 자들에게 ◦ 하나님 우리
아버지와 주 예수 그리스도로부터 은혜와 평강이 있기를 원
하노라 ◦ 그리스도 예수 안에서 너희에게 주신 하나님의 은
혜로 말미암아 내가 너희를 위하여 항상 하나님께 감사하노
니 ◦ 이는 너희가 그 안에서 모든 일 곧 모든 언변과 모든 지
식에 풍족하므로 ◦ 그리스도의 증거가 너희 중에 견고하게
되어 ◦ 너희가 모든 은사에 부족함이 없이 우리 주 예수 그리
스도의 나타나심을 기다림이라 ◦ 주께서 너희를 우리 주 예
수 그리스도의 날에 책망할 것이 없는 자로 끝까지 견고하게

구속과 섭리

하시리라 ◦ 너희를 불러 그의 아들 예수 그리스도 우리 주와
더불어 교제하게 하시는 하나님은 미쁘시도다"

기도

천지의 주재시요 지극히 높으신 하나님 아버지! 오늘도 하나님의 백성
인 저희들을 모아서 예수 그리스도를 더욱 깊이 알게 하시고, 생명의 말
씀을 깨닫게 하시며, 사랑할 수 있는 자리로 인도해 주심을 감사드립니
다. 날씨가 이제 추워지고 있습니다. 그리스도 예수 안에서 지혜와 능력
을 가지고 좀 더 하나님을 열심히 섬겨서 강건해질 수 있게 하옵소서. 그
래서 한 번이라도 더 예수님 이름을 부르고, 한 번이라도 더 찬송하며, 한
번이라도 더 감사하며, 한 번이라도 더 말씀을 암송할 수 있도록 은혜 베
풀어 주시옵소서.

특별히 오늘은 사도바울이 2차 전도여행에서 개척한 고린도교회에 대
해서 은혜받고자 합니다. 고린도교회는 현대 사회와 비슷한 문제를 가지
고 고민하고 괴로워했으며, 바울은 그 문제에 대해서 그리스도 안에서 명
확한 답변을 하고 있습니다. 주님, 오늘 말씀을 통해 고린도교회의 모든
문제를 깨닫고 우리의 삶 속에서 바른 생명의 길로 갈 수 있도록 지혜와
능력 주시옵소서. 우리를 위하여 십자가에 죽으시고 부활 승천하셨으며
재림하실 우리 주 예수 그리스도 이름으로 기도드립니다. 아멘.

바울과 브리스가 아굴라 부부의 고린도 교회 개척

이번 시간 설교의 핵심은 고린도전서를 이해하는 것입니다. 성도님들이 집에 돌아갔을 때 고린도전서를 처음부터 끝까지 읽어서 쭉 이해되면 오늘의 만남은 성공적입니다. 고린도(Corinth)는 그리스의 도시이며, '뿔'이라는 뜻입니다. 신약의 바울 서신은 총 13권으로서, 가장 먼저 쓴 서신은 갈라디아서이고, 두 번째가 데살로니가전후서, 그다음이 고린도전서입니다.

고린도교회는 바울과 브리스가 아굴라 부부가 개척했습니다. 브리스가 아굴라 부부는 아주 충성된 사람들로서, 사도행전 18장에 그 내용이 정밀하게 기록되어 있습니다. 바울의 1, 2, 3차 전도 여행이 성경에 기록되어 있는데, 두 번째 여행 중에 고린도로 가게 되었습니다. 당시 클라우디우스 황제가 로마의 유대인들에게 추방령을 내렸는데, 그때 브리스가 아굴라 부부가 로마에서 추방되어 고린도에 있을 때 바울과 만났습니다. 그 부부와 바울은 천막장사로 직업이 같았습니다.

한편 고린도는 올림픽에 준하는 세계적인 육상경기의 도시였으며, 당시에는 천막에서 모든 선수들이 지내야 했으므로 천막 장사가 아주 잘되었습니다. 바울은 브리스가 아굴라 부부와 18개월 동안 함께 지내며 고린도에서 천막을 짜서 팔았습니다. 그리고 선교자금을 마련해서 전 아시아와 스페인까지 전도를 하고자 했습니다. 그 근거가 되는 말씀이 사도행전 18:1-3입니다.

"그 후에 바울이 아덴을 떠나 고린도에 이르러 ○ 아굴라라 하

구속과 섭리

는 본도에서 난 유대인 한 사람을 만나니 글라우디오가 모든 유대인을 명하여 로마에서 떠나라 한 고로 그가 그 아내 브리스길라와 함께 이달리야로부터 새로 온지라 바울이 그들에게 가매 ◦ 생업이 같으므로 함께 살며 일을 하니 그 생업은 천막을 만드는 것이더라"

고린도의 타락상

고전 1:2 "고린도에 있는 하나님의 교회 곧 그리스도 예수 안에서 거룩하여지고 성도라 부르심을 받은 자들과 또 각처에서 우리의 주 곧 그들과 우리의 주 되신 예수 그리스도의 이름을 부르는 모든 자들에게"

바울이 고린도에 교회를 세웠는데 뒤에 가서 문제가 많이 터집니다. 이래서는 안 되겠다 싶어서 바울이 편지를 쓴 것이 고린도전서입니다. 고린도는 원래 아가야 지방에서 가장 큰 도시였는데 로마에 저항했다가 B.C.146년에 루기오 무미오가 이끄는 로마인들에 의해 멸망되었습니다. 저항을 너무 강하게 했기 때문에 다시는 못 일어나도록 완전히 황폐화시켰습니다. 그 후 B.C.44년에 줄리어스 시저(Gaius Julius Caesar)가 고린도는 중요하고 큰 도시니까 부흥시켜야겠다고 해서 재건되었습니다. 퇴역한 로마 군인들과 자유민을 고린도에 이주시키고 중요한 센터들을 지어서 고린도를 군사적 상업적 요충지로 만들고자 계획했습니다. 그래서 고린도는 다시 부흥했습니다.

고린도는 동서의 모든 무역 상선들이 잠시 들어와서 물건을 가져가고 내려놓는 기항지의 역할을 하며 돈을 엄청 벌어서 상업과 행정의 중심지가 되었습니다. 그런데 이들이 경제적으로 부유하게 되자 타락하기 시작합니다. '성공, 그 이후의 삶'에 대한 유전자 정보가 인간에게는 없기 때문입니다. 타락하면 남자는 대개 여자를 밝히고 여자는 남자를 밝힙니다. 고린도에서는 미(美)와 사랑을 가장 큰 가치로 여겼고, 그래서 사랑과 미의 여신인 아프로디테 신전을 크게 세웠습니다. 외국에서 들어오고 나가는 배들의 상권을 장악하고, 신전에서는 젊은 여자 1000명을 고용해 놓고 장사를 했습니다. 이렇게 고린도는 근원적으로 타락하기 시작했습니다. 이런 지역에 바울이 들어가서 복음을 전파했습니다. 그러니 얼마나 문제가 많았겠습니까? 고린도 사회의 타락성이 교회까지 흘러들어 왔습니다.

사랑과 능력에 대한 오해

이런 역사적 문화적 배경을 가진 고린도 교회에 바울이 편지를 보냈습니다. 고린도 교인들의 문제는 교회에서 연애질만 한다는 것입니다. 하나님의 사랑을 말하니 남녀 간의 사랑과 혼동하는 것입니다. 그래서 바울이 개념 정리를 해 줘야겠다고 해서 정리한 것이 고린도전서의 사랑장입니다. 사랑에 대한 오해를 지적하고 사랑의 개념을 바로 가르쳐 줍니다. 올바른 사랑이 없으면 어떤 것을 하더라도 모두 헛되다고 합니다.

그다음에 고린도 교회가 가장 좋아한 것이 똑똑해지는 것입니다. 그리스식의 웅변으로 남자가 당당하게 이야기하는 것을 좋아했습니다. 그들

구속과 섭리

이 볼 때 바울의 말은 청산유수를 뛰어넘어서 폭포수와 같았습니다. 바울이 평소에는 말이 어눌했지만 설교할 때는 달변이었습니다. 그래서 "바울의 말 잘하는 은사를 나도 받아야지"라고 하면서 모두가 바울 흉내를 내고 은사를 받겠다고 나서니 그런 것이 아니라 예수 그리스도의 십자가의 죽으심을 믿음으로 능력이 생기는 것이며 성령 안에서 은사가 9가지로 정해져 있다고 12장에서 말합니다.

고전 12:8-10 "어떤 사람에게는 성령으로 말미암아 지혜의 말씀을, 어떤 사람에게는 같은 성령을 따라 지식의 말씀을, ◦ 다른 사람에게는 같은 성령으로 믿음을, 어떤 사람에게는 한 성령으로 병 고치는 은사를, ◦ 어떤 사람에게는 능력 행함을, 어떤 사람에게는 예언함을, 어떤 사람에게는 영들 분별함을, 다른 사람에게는 각종 방언 말함을, 어떤 사람에게는 방언들 통역함을 주시나니"

고전 1:8-9 "주께서 너희를 우리 주 예수 그리스도의 날에 책망할 것이 없는 자로 끝까지 견고하게 하시리라 ◦ 너희를 불러 그의 아들 예수 그리스도 우리 주와 더불어 교제하게 하시는 하나님은 미쁘시도다 ◦ 형제들아 내가 우리 주 예수 그리스도의 이름으로 너희를 권하노니 모두가 같은 말을 하고 너희 가운데 분쟁이 없이 같은 마음과 같은 뜻으로 온전히 합하라"

성령이 주시는 아홉 가지 능력 외에는 은사가 아니라 테크닉이라고 합니다. 또한 당시에 온갖 마술도 유행하니까 오직 성령 안에서의 능력이어야 한다고 말합니다. 저는 주님께서 제게 본문 말씀을 깨닫게 해 주심을 감사합니다. 그리스도를 믿음으로써 그리스도와 하나님의 영광을 높이기 위해 은사를 주시는데, 고린도 교회의 교인들은 부유함과 똑똑함만 바라고 있었습니다. 그리고 그들이 아무리 생각해도 못 믿을 것이 죽은 자의 부활입니다. "바울이 사기를 치는 것이 아니냐?"라는 것입니다. 그래서 바울은 성령 안에서 고린도전서 15장을 기록하며 "부활이란 이런 것이다"라고 말합니다. 놀라운 것은 예수님의 부활을 목격한 사람 중에 지금 살아 있는 사람도 많다고 바울이 전합니다. 그래서 바울의 서신은 초창기 복음서로 분류됩니다.

고린도전서 각 장별 내용 요약

고린도전서 1장에서 4장까지는 교회 안의 분쟁에 대한 내용입니다. 예수가 십자가에 죽고 부활했다고 하니까 그것을 이해하지 못해서 바울의 제자들까지 의심하자 바울이 1-4장에 걸쳐서 변증합니다. 고린도교회는 복음을 오해한 교회입니다. 예수님도 서기관들에게 "너희가 성경을 오해했다. 성경을 항상 읽는데도 그 정도 수준밖에 안 되느냐?"라고 하셨습니다. 두 번째로는 고린도교회에 성적 타락에 의한 퇴폐와 우상숭배의 문화가 들어왔습니다. 아버지가 새엄마를 얻었는데, 아버지가 죽고 장성한 아들이 새엄마와 살면서 교회에 버젓이 나오니 이럴 수가 있느냐고 바울이 말합니다. 고린도전서 5장의 이야기입니다. 음행과 우상숭배가 만연한 가운데, 교회 안에서는 품격이 있어야 하고 성적 타락의 문화를 배척해야 함을 바울이 계속 강조합니다. 이 사람들이 우상을 얼마나 좋아하는가 하면, 아픈 부위를 치료의 신인 아스클레피오스 신전에 갖다 바치면 낫는다는 생각에 환처를 조각해서 신전에 봉헌 제물로 바칠 정도였습니다.

6장에는 고린도 교회 안에서 다툼이 일자 서로 화해도 안 하고 로마 법정에 소송을 거는 내용이 나옵니다. 그래서 바울이 믿는 사람은 그리스도 안에서 서로 화해해야 한다고 말합니다. 그 외에도 교회 내에 여러 난제들이 있었습니다. 7장에서는 결혼에 대한 이야기를 하고 8장에서는 우상에게 바친 제물을 어떻게 처리할 것인가에 대한 이야기를 합니다. 12장은 성령의 은사에 대해서, 13장은 사랑에 대해서, 15장은 그리스도의 부활에 대해서, 16장에서는 헌금을 예루살렘에 보내는 문제를 이야기하고 첫 번째 편지의 끝을 맺습니다.

참된 부흥의 의미

인간은 일반적으로 어느 정도 성공하면 타락의 속성 때문에 망하는 길로 들어섭니다. 고린도전서 1장에서 16장까지 기록된 고린도교회의 문제는 현대 교회의 문제입니다. 그래서 고린도 교회를 현대적인 교회라고 말합니다.

> 고전 15:58 "그러므로 내 사랑하는 형제들아 견실하며 흔들리지 말고 항상 주의 일에 더욱 힘쓰는 자들이 되라 이는 너희 수고가 주 안에서 헛되지 않은 줄 앎이라"

주님의 십자가에 죽으심을 믿고 어렵지만 그리스도 안에서 절제하고 사는 것이 옳은 신앙입니다. 그는 하늘나라 책에 기록되고 최고의 복을 누릴 것입니다. 하나님 말씀은 그냥 듣고 흘려버리는 것이 아니라 진정으로 이해하고 사랑해서 읽어야 진정한 교인이자 하나님의 사람입니다. 교회만 나온다고 해서 다 하나님의 사람이 아닙니다. 교회의 부흥과 발전도 하나님이 원하시는 것을 함으로써 이루어져야 할 것입니다. 그래서 말씀과 그리스도로 말미암아 부흥하겠다는 것이 우리 교회의 목표입니다.

42

—

아모스와 여로보암 2세

2012. 10. 14.

아모스 1:1-2

"유다 왕 웃시야의 시대 곧 이스라엘 왕 요아스의 아들 여로보암의 시대 지진 전 이년에 드고아 목자 중 아모스가 이스라엘에 대하여 이상으로 받은 말씀이라 ○ 그가 이르되 여호와께서 시온에서부터 부르짖으시며 예루살렘에서부터 소리를 내시리니 목자의 초장이 마르고 갈멜 산 꼭대기가 마르리로다"

아모스 선지자가 북이스라엘로 가다

이번 시간에는 구약의 아모스서를 이해하고자 합니다. 지금부터 3천여 년 전, 곧 주전 8세기는 아시리아라는 제국이 크게 팽창하면서 중근동을 태풍처럼 휩쓸었던 때입니다. 그런데 태풍이 오기 전의 고요함처럼 중근동이 조용할 때가 있었는데, 그때가 아모스서의 배경입니다.

아모스 1장 1절에서 "여로보암의 시대"라고 했는데, 여로보암이라는 이름은 '백성들의 수가 많다'라는 뜻입니다. 북이스라엘 1대 왕의 이름도 여로보암인데, 아모스서의 왕은 북이스라엘 13대 왕인 여로보암 2세입니다. 또한 아모스에 대해서는 "드고아의 목자"라고 소개합니다. 한 사람은 왕이고, 한 사람은 양을 치는 목자이며 농사꾼입니다. 완전히 양극입니다.

아모스의 이름은 '하나님 앞에 짐을 지다', '하나님 앞에 빚이 있다'라는 뜻입니다. 드고아는 베들레헴에서 10km가량 떨어져 있는 도시입니다. 아모스의 첫째 직업은 양치기인데, 요즘도 드고아에서 양들을 키운다고 합니다. 드고아의 양들은 양들 중에서도 가장 못난 양들인데, 털은 아주 좋아서 상업용으로 많이 키운다고 합니다. 아모스는 또한 뽕나무를 키우고 무화과 농사도 지었습니다. 그러던 중에 어느 날 하나님께서 아모스를 불러 "아모스야, 북이스라엘의 벧엘에 가서 여로보암에게 내 말을 전해라"고 하셨습니다. 그래서 그는 분연히 일어났습니다. 양치기 목동이자 뽕나무와 무화과를 키우던 농사꾼이 하나님의 말씀을 전하기 위해 북이스라엘로 갔습니다.

아모스 1장에서는 여덟 나라의 멸망에 대해서 예언합니다. 그리고 이스라엘의 과거, 현재, 미래에 대한 심판과 계시를 선포합니다. 아모스는 목동이요 농사꾼인데, 신학자들은 아모스서가 구약 중에서도 뛰어난 아름다운 문체라고 평가합니다. 그리고 당시 국제 문제의 근원까지 잘 알고 있으니 아모스가 역사학에도 아주 밝은 사람이라고 봅니다.

여로보암 시대의 총체적 타락

당시 여로보암은 북이스라엘 역사에서 가장 정치적으로 안정되고 부강했던 때의 왕이었습니다. 인간은 부유해지고 성공하면 그것을 어떻게 사용할지 모릅니다. 지난 시간에 말씀드렸던 고린도는 동서무역으로 성공했기 때문에 타락했습니다. 특히 그들은 종교적으로 타락해서 하나님을 신앙하지 않고 우상을 섬겼습니다. 돈에 대한 부정부패와 성적 타락이 심했습니다. 고린도만큼 타락했던 때가 구약에서는 아모스 시대의 여로보암 2세 때입니다. 주변 강대국들은 내분에 휩싸여 있었고, 이스라엘은 부강해졌습니다.

그러자 여로보암도 제사장들도 하나님 신앙을 안 해도 잘만 되는 것 같아서 여호와 신앙을 버렸습니다. 그런 가운데 빈익빈 부익부로 못사는 사람은 계속 못살고, 잘사는 사람은 계속 잘사는 양극 현상이 일어났습니다. 가난한 자와 힘없는 자가 신 한 켤레 값에 팔리는 형편이 되었습니다. 이렇게 여로보암 시대는 총체적으로 타락했습니다.

여름 과일 환상의 의미

> 암 8:1-3 "주 여호와께서 내게 이와 같이 보이셨느니라 보라 여름 과일 한 광주리이니라 ◦ 그가 말씀하시되 아모스야 네가 무엇을 보느냐 내가 이르되 여름 과일 한 광주리니이다 하매 여호와께서 내게 이르시되 내 백성 이스라엘의 끝이 이르렀은즉 내가 다시는 그를 용서하지 아니하리니 ◦ 그 날에 궁전의 노래가 애곡으로 변할 것이며 곳곳에 시체가 많아서 사람이 잠잠히 그 시체들을 내어버리리라 주 여호와의 말씀이니라"

하나님께서는 하나님의 종인 선지자에게 계시하지 않은 것은 하나도 실행하지 않으십니다. 그래서 아모스에게 환상을 보여 주셨는데, 하나님이 보여 주신 환상이 다섯 가지입니다. 첫 번째 환상이 메뚜기 떼, 두 번째가 불, 세 번째가 다림줄, 네 번째가 여름 과일, 다섯 번째가 부서지는 문설주 환상입니다.

이 중에서 여름 과일 환상에 대해 잠시 말씀드리겠습니다. 하나님께서 아모스에게 여름 과일 한 광주리를 보여 주시며 "네가 무엇을 보느냐?"라고 물었습니다. 아모스가 "여름 과일입니다"라고 대답하니, 하나님께서 "과일은 몸에 좋은 항노화제이니 먹어라"고 하시는 것이 아니라 "지금 국제적으로 잠시 안정되어 있으니 하나님을 버리고도 잘 먹고 잘살 수 있을 것처럼 여로보암이 착각하는 것 같은데 현재의 평안은 여름 과일과 똑같다. 여름 과일은 맛있으나 금방 썩는다"라고 놀라운 말씀을 하십니다.

여름에 더위 먹었을 때 수박이나 참외 같은 과일들이 몸에 얼마나 좋은지 모릅니다. 그런데 본문의 핵심은 여름 과일들이 오래가지 못한다는 것입니다. 하나님께서 아모스에게 "지금 이스라엘이 잘되는 것 같지만 나를 버리고 말씀을 버리고 부흥하는 것은 여름 과일과 같다. 얼마 있지 않으면 망할 것이다"라고 말씀하시는 것입니다.

인간이 하나님 없이 부유해지고 성공하면 승자의 저주에 걸려서 여름 과일처럼 빨리 망하는 경우가 허다합니다. 복권에 당첨된 사람이 몇 년이 채 못 되어 망하게 된 경우를 기사를 통해 접하게 되는데, 자기가 피땀 흘리지 않은 돈은 아주 조심해야 합니다. 위험천만합니다. '돈'이 바짝 일어서면 '독'이 됩니다. 성경의 가장 중요한 원리가 자기가 벌지 않은 돈에 대해서 조심해야 한다는 것입니다. 자기가 벌지 않은 돈은 자기 것이 아

구속과 섭리

님다. 부유한 가정의 부모가 자녀에게 돈을 가르치지 않으면 자녀들은 부모의 돈만 바라보다가 무능해져서 망합니다. 부모들은 자녀들에게 말씀을 가르치고 하나님을 섬기며 열심히 사는 법을 가르쳐야 합니다. 아모스 당시 이스라엘 민족이 그렇게 하지 않았기 때문에 결국 망해 버렸습니다.

아모스가 북이스라엘에 와서 하나님의 계시를 전하니 모두 나서서 "이 평화로운 시대에 무슨 말이냐? 헛소리하지 마라"고 하였지만 얼마 있지 않아서 아시리아가 내려와 이스라엘을 완전히 초토화시켰습니다.

사회적 정의가 실종된 이스라엘

주전 8세기 여로보암 때 북이스라엘이 풍요롭지만 망할 수밖에 없는 '승자의 저주'와 '풍요의 저주'를 외친 사람이 아모스와 호세아 선지자입니다. 호세아 선지자는 가정의 타락과 하나님의 사랑을 이야기했습니다. 부요한 사회에서 여자가 사치 때문에 가출하고 남의 남자를 따라가서 창녀가 되는 이야기가 호세아서에 나옵니다. 아모스는 정치와 종교의 타락을 이야기했습니다. 남쪽 유대에 대해서는 이사야와 미가가 말씀을 선포했습니다.

우리는 생활 속에서 말씀을 깨달아야 합니다. 세상을 살다가 궁금하면 성경을 찾아보는 수준이 되어야 합니다. 경제적으로 부유해지고 성공하면 호세아서와 아모스서와 고린도전서를 찾아봐야 합니다. 이 말씀들의 근거는 신명기입니다.

아모스는 드고아의 목자인데, 드고아는 '박수를 치다'라는 뜻입니다. 그런데 학자들이 지금 드고아에 가 보니 유대의 거친 광야에 불과하고 황량해서 박수 칠 일이 없습니다. 그런데 하나님의 일이란 모를 일입니다. 그런 곳에서 박수가 나오니 말입니다.

아모스가 가장 강조한 것은 사회적 정의입니다. 당시 이스라엘은 정치 경제가 타락해서 사회적으로 극단적 양극 현상이 일어났습니다. 모두가 하나님 앞에 의롭지 못하고 말씀을 버렸으면서 예물로 소를 잡고 예배는 계속 드렸습니다. 그러니 하나님께서 "가난하고 힘없는 자들이 신 한 켤레에 팔려 가며 고통스럽게 살고 있다. 너희가 사회적 정의는 행하지 않으면서 제사는 무슨 제사냐? 제발 소도 잡지 말고 내 성전에 오지 마라"고 하십니다. 이사야도 이와 같은 내용을 선포했습니다("소를 잡아 드리는 것은 살인함과 다름이 없이 하고 어린 양으로 제사드리는 것은 개의 목을 꺾음과 다름이 없이 하며 드리는 예물은 돼지의 피와 다름이 없이 하고 분향하는 것은 우상을 찬송함과 다름이 없이 행하는 그들은 자기의 길을 택하며 그들의 마음은 가증한 것을 기뻐한즉" 사 66:3). 이런 사람들은 제발 성전에 모이지 말라고 합니다. 자기를 정당화하려고 예배를 드리지 말라는 것입니다.

사회적 정의가 실현되지 않는 것은 한국 사회도 마찬가집니다. 강남스타일이라는 노래가 있지만, 한국에서 제일 잘산다는 강남을 가면 먹는 것과 입는 것과 성형 문화만 판을 칩니다. 인형처럼 성형해서 다니면서 강남스타일이라고 합니다.

아모스가 벧엘에 가서 예언하다

북이스라엘의 여로보암 2세 시대에 정치와 종교가 유착해서 부하게 잘 지내는 장소가 '하나님의 집'이라는 뜻의 벧엘 성전이었습니다. 그래서 하나님이 아모스에게 벧엘에 가서 예언하라고 명령하셨습니다.

> 암 7:10-17 "때에 벧엘의 제사장 아마샤가 이스라엘의 왕 여로보암에게 보내어 이르되 이스라엘 족속 중에 아모스가 왕을 모반하나니 그 모든 말을 이 땅이 견딜 수 없나이다◦ 아모스가 말하기를 여로보암은 칼에 죽겠고 이스라엘은 반드시 사로잡혀 그 땅에서 떠나겠다 하나이다◦ 아마샤가 또 아모스에게 이르되 선견자야 너는 유다 땅으로 도망하여 가서 거기에서나 떡을 먹으며 거기에서나 예언하고◦ 다시는 벧엘에서 예언하지 말라 이는 왕의 성소요 나라의 궁궐임이니라◦ 아모스가 아마샤에게 대답하여 이르되 나는 선지자가 아니며 선지자의 아들도 아니라 나는 목자요 뽕나무를 재배하는 자로서◦ 양 떼를 따를 때에 여호와께서 나를 데려다가 여호와께서 내게 이르시기를 가서 내 백성 이스라엘에게 예언하라 하셨나니◦ 이제 너는 여호와의 말씀을 들을지니라 네가 이르기를 이스라엘에 대하여 예언하지 말며 이삭의 집을 향하여 경고하지 말라 하므로◦ 여호와께서 이와 같이 말씀하시기를 네 아내는 성읍 가운데서 창녀가 될 것이요 네 자녀들은 칼에 엎드러지며 네 땅은 측량하여 나누어질 것이며 너는 더

러운 땅에서 죽을 것이요 이스라엘은 반드시 사로잡혀 그의
땅에서 떠나리라 하셨느니라"

여로보암 시대에 벧엘에서는 제사장들에 의해 부정부패가 극에 달했습니다. 유대 드고아 사람인 아모스가 벧엘의 제사장 아마샤에게 하나님의 계시를 전하니 아마샤가 바로 여로보암에게 보고를 하는데, 아모스를 모반자라고 합니다. 현대식으로 말하면 빨갱이라는 뜻인데, 정신병자에다 이단이며, 모반자라고 모는 것은 사실과 진실을 은폐하는 방식입니다.

아마샤가 아모스에게 분개해서 "아모스야, 너의 집은 유대가 아니냐? 네 집구석에나 갈 일이지 여기는 선지자가 없어서 네가 왔느냐?"라고 합니다. 벧엘에 선지자가 없으니 하나님께서 아모스를 보내신 것이 아니겠습니까? 그러자 아모스는 아마샤에게 "네 마누라는 창녀가 될 것이고 네 자식들은 다 죽을 것이다. 그리고 너는 사로잡혀가서 더러운 땅에서 죽을 것이다"라고 선포했습니다. 아마샤는 실제로 앗수르에 잡혀가서 죽었습니다. 이런 말을 들었으니 아마샤는 얼마나 아모스가 미웠겠습니까?

사회적 정의가 실종된 이스라엘, 그리고 한국 사회

아모스의 사회적 정의에 대한 메시지를 생각하며 우리 개인부터 하나님 앞에 정의로운지 돌아봅시다. 또한 우리 교회가 역사와 사회 앞에 정의로운지 돌아봅시다. 최근에 젊은 세대를 대상으로 한 설문 조사에서 공평, 정의, 경제 중에 무엇이 가장 중요하냐는 질문을 했더니 모두가 경

제가 중요하다고 대답했다고 합니다. 우리의 후손들은 정의고 뭐고 필요 없이 돈만 있으면 된다는 생각을 하고 있다는 것입니다. 그래서 지금 한국은 부패공화국이 되어 사회적 정의가 없습니다. 초등학교에서는 스승의 권위가 떨어지고, 가정에서도 교육이 안 되기 때문에 이런 현상이 발생하는 것입니다.

하나님께서는 여로보암과 그 당시의 세대가 여름 과일과 같다고 하셨습니다. "지금과 같은 태평함이 영원할 줄 알지? 지금 아시리아가 팽창하고 있는데, 얼마 있지 않으면 아시리아가 쳐들어올 것이고 너희들은 그들에 의해 다 밟혀 죽을 것이야"라고 하십니다. 지금 한국 사회도 벧엘의 제사장 아마샤와 비슷하다고 많은 학자들이 말합니다. 하나님 말씀을 버린 한국의 대형교회는 아마샤의 교회입니다.

맺는말

아모스의 정의를 통해서 우리는 하나님만이 정의라는 것을 깨달아야 합니다. 하나님을 바로 신앙해야 정의롭습니다. 말씀을 사랑해야 정의롭습니다. 그러니 우리는 말씀과 예수님을 사랑하면서 열심히 나아가야 합니다. 아모스 5장을 노래한 복음성가가 있습니다. 공의를 물같이 흐르게 하라는 것은 희생자가 없도록 하라는 것입니다. 정의를 하수같이 흐르게 하라는 것에서 물은 생명적인 삶을 살라는 뜻입니다. 강은 평화를 상징합니다. 정의로우면 별로 이득이 없을 수도 있습니다. 우리 교회처럼 차츰차츰 쇠해질 수도 있습니다. 하지만 개인이든 교회든 끝까지 정의를 지키고 살아가야 합니다.

43

묘성과 삼성을 창조하신 분

2012. 10. 21.

아모스 4:13-5:8

"보라 산들을 지으며 바람을 창조하며 자기 뜻을 사람에게 보이며 아침을 어둡게 하며 땅의 높은 데를 밟는 이는 그의 이름이 만군의 하나님 여호와시니라 ∘ 이스라엘 족속아 내가 너희에게 대하여 애가로 지은 이 말을 들으라 ∘ 처녀 이스라엘이 엎드러졌음이여 다시 일어나지 못하리로다 자기 땅에 던지움이여 일으킬 자 없으리로다 ∘ 주 여호와께서 이와 같이 말씀하시되 이스라엘 중에서 천 명이 행군해 나가던 성읍에는 백 명만 남고 백 명이 행군해 나가던 성읍에는 열 명만 남으리라 하셨느니라 ∘ 여호와께서 이스라엘 족속에게 이와 같이 말씀하시기를 너희는 나를 찾으라 그리하면 살리라 ∘ 벧엘을 찾지 말며 길갈로 들어가지 말며 브엘세바로도 나아가지 말라 길갈은 반드시 사로잡히겠고 벧엘은 비참하게 될 것임이라 하셨나니 ∘ 너희는 여호와를 찾으라 그리하면 살리

라 그렇지 않으면 그가 불 같이 요셉의 집에 임하여 멸하시리
니 벧엘에서 그 불들을 끌 자가 없으리라 ∘ 정의를 쓴 쑥으로
바꾸며 공의를 땅에 던지는 자들아 ∘ 묘성과 삼성을 만드시
며 사망의 그늘을 아침으로 바꾸시고 낮을 어두운 밤으로 바
꾸시며 바닷물을 불러 지면에 쏟으시는 이를 찾으라 그의 이
름은 여호와시니라"

신문사와의 인터뷰[13]

매일신문의 기자를 만나 인터뷰를 했습니다. 기자가 제게 궁금해하는
점이 있었고, 제가 이해시키고자 하는 것이 있었습니다. 그런데 감사하
게도 기자는 이미 닥터 그레이슨을 취재한 분이었습니다. 현재 시온산
교회의 목표가 무엇인지 물었고, "일제 강점기 때는 신사참배와 동방요배
를 반대하며 싸웠고, 지금은 사회정의와 민족의 정기를 세우는 교회로 나
아가려고 합니다"라고 대답했습니다. 일제 강점기 때 신사 참배를 행했
던 한국 교회의 문제에 대해 어떻게 생각하느냐는 질문에는 "신사참배 문
제는 하나님 앞에 회개하고 이제는 하나님 영광을 위해 모두가 다 나아가
야 합니다. 개인이나 단체나 공평과 공의가 있는 사회가 되어야 하지 않
겠습니까?"라고 대답했습니다. 다음 주에 신문에 나오는데, 사진을 스무
번도 넘게 찍었습니다. 가만히 서서 찍으니 촌스럽다고 해서, 남의 성당
앞까지 가서 찍었습니다.

---

13) "'민족 정기 바로 세우기' 代 이은 목회 활동"이라는 제목으로 매일신문에 인터뷰 기사가 게재됨
    (2012. 10. 22.). - 편집자 주

해방 이후에 우리 교회가 고생한 이야기를 하니까 "교단들이 일종의 마녀사냥처럼 몰았네요?"라고 기자가 말했습니다. 신사참배와 동방요배를 했던 교회들이 우리 교회를 이상하게 몰았지만, 이제는 모든 것이 밝혀지는 때입니다. 우리가 원하는 부흥과 발전은 예수 그리스도를 얼마나 아는가와 그의 자취를 따르는 삶에서 나옵니다. 그 외의 것은 가짜입니다. 하나님의 말씀을 통해 부흥해야 합니다. 말씀을 듣고 싶은 사람, 말씀을 들어야 하는 사람이 모이는 교회가 참 교회입니다.

아도나이 체바오트

아모스가 외친 하나님의 이름이 있습니다. 원어로는 '아도나이 엘로헤 체바오트 쉐모'입니다. 선지자들마다 외치는 하나님의 이름들이 있는데, 주전 8세기의 이사야, 미가, 호세아, 아모스와 같은 예언자들은 거의 '체바오트 하나님(만군의 하나님)'의 이름을 불렀습니다. 그 이름을 부르게 되면 하나님은 우주를 창조하셨을 뿐 아니라 우주의 질서와 균형을 잡으시고 주관하시는 분임을 깨닫게 됩니다.

믿는 사람들은 하나님의 이름을 바로 알아야 합니다. 그 이름을 부르면 우리의 양심과 마음속에 하나님의 마음을 깨닫게 하십니다. 옳지 못한 것에 대해서 아모스처럼 바른말을 할 수 있게 됩니다. 그냥 착하기만 해서는 안 됩니다. 하나님의 이름을 부르며 말씀을 알고 예수를 알면서 착해야 합니다. 우리가 정의롭고 하나님 앞에 공평과 공의를 지키려면 아도나이 체바오트 하나님의 이름을 불러야 합니다. 그분이 오셔야 우리 마음속에 정의로움이 생깁니다. 체바오트 하나님은 공평과 공의를 지키

구속과 섭리

는 놀라운 균형 감각을 주며, 모두를 생명적이게 하고 예수 그리스도 앞으로 인도하십니다.

> 암 4:13 "보라 산들을 지으며 바람을 창조하며 자기 뜻을 사람에게 보이며 아침을 어둡게 하며 땅의 높은 데를 밟는 이는 그의 이름이 만군의 하나님 여호와시니라"

바람을 지으시고 산을 창조하신 분의 이름이 만군의 하나님입니다. 요즘은 하늘이 청명하고 아름답습니다. 자연은 하나님을 닮아서 균형적입니다. 추운 겨울이 있으면 더운 여름이 있고, 여름에 비가 많이 왔다면 가을에 맑은 날이 옵니다. 전체적으로 평형을 이루는 것입니다. 이것이 자연의 가장 큰 원리이며, "묘성과 삼성을 지으신 분"의 균형입니다.

목동인 아모스는 밤에 별들을 보며 모든 별의 균형을 잡으시고 조절하시는 분이 누구인가, 그분이 바로 '아도나이 체바오트'라는 말을 합니다. 오늘 같은 날 밤에 이 이름을 부르면 우리의 마음과 영혼이 달라집니다. 그 마음으로 아모스서나 이사야서를 보면 깨달을 수 있습니다. 하나님의 이름을 부르고 최선으로 살면 하나님께서 아모스의 마음을 주실 것입니다.

묘성과 삼성의 신비를 지으신 분은 하나님이시다

오늘 저녁부터 묘성을 꼭 봐야 합니다. 묘성은 플레이아데스 성단입니다. 이 묘성을 하나님께서 지으셨다고 아모스가 고백합니다. 묘성 밑에 황소자리가 올라오고, 밤 11시 정도 되면 오리온자리가 올라옵니다. 이 별들을 보고 아모스처럼 '아도나이 체바오트'라고 하나님의 이름을 부를 때 우리의 삶이 달라지고 우리의 마음이 달라짐을 체험할 수 있습니다. 불의한 마음이 고쳐지고 정의로운 사람이 됩니다. 정의롭고 정직해야 하나님의 말씀을 알고 예수를 알게 됩니다.

플레이아데스 성단은 원래 800개 정도의 별이 있는데, 망원경으로 관찰 가능한 것이 40개 정도이고, 우리 눈으로는 6-7개만 보입니다. 그리스 신화에서는 플레이아데스 성단이 거인 아틀라스와 바다의 요정 플레이오네 사이에서 태어난 일곱 자매들이라고 합니다. 동양에서는 플레이아데스 성단의 모양이 좀생이와 비슷하다고 묘성이라고 불렀습니다. 그러나 성경적으로 묘성은 하나님을 찬양하는 합창대입니다. 늦가을과 초겨울을 찬양하는 악대들입니다. 플레이아데스나 오리온자리의 별들은 지구에서 몇백에서 몇천 광년의 거리에 위치해 있습니다.

아모스 시대에 사람들이 이 별들을 보고 우상화해서 말도 안 되는 이야기를 만들어서 앞에서 춤을 추기도 했기 때문에 아모스는 "저 별들은 체바오트 하나님이 창조하신 것이다. 너희들이 하나님을 모르고 우상을 섬겨서 전부 불의하게 되었다. 공평과 공의를 지키지 않고 타락했다"라고 선포하는 것입니다. 그들의 마음속에도 창조주 하나님에 대한 인식과 사랑이 생기도록 애쓰고 있습니다.

> 욥 38:31 "네가 묘성을 매어 묶을 수 있으며 삼성의 띠를 풀 수 있겠느냐"

욥이 이론적으로 자기 경험을 극대화해서 잘난 척을 하며 많은 말을 하니 하나님께서 욥에게 "그래, 욥아 네가 그렇게 똑똑한 척을 하는데, 내가 질문할 테니 대답해 봐라. 네가 묘성을 포도송이처럼 묶을 수 있느냐? 오리온좌의 허리에 있는 세 개의 띠를 풀 수 있느냐?" 욥은 대답하지 못합니다. 창조주 하나님의 초월적인 관점을 말씀하시는 것입니다. 우리는 이런 놀라운 지혜를 하나님의 이름을 부르면서 깨달을 수 있습니다.

아모스서를 통해 우리 마음속에 정의감이 일어나고 균형 감각이 생겨야 합니다. 먹고만 산다고 해서 사는 것이 아닙니다. "할 말을 하지 않아도 잘 지내겠지", "기도 한 번 빼먹어도 괜찮겠지?" 또는 "이불 속에서 기도해도 되겠지?"라고 하는 것은 안 됩니다. 자연을 보면 여름에 장마가 좀 길었어도 철저하게 원래대로 돌아갑니다. 이러한 자연을 지으신 하나님인데 대충 넘어가지 않으십니다. 당시 여로보암 2세 때 어렵다가 부유해지니까 하나님 신앙 안하고 타락해서 나쁜 짓을 하고 가난한 자를 신한 켤레에 팔면서도 "예배만 드리면 되지", "헌금만 하면 되지", "양 좋은 것만 잡으면 되지"라고 하니까 하나님은 "꼴도 보기 싫다. 성전에 오지 마라. 예배드리지 마라. 먼저 네 마음속이 정의로워야지"라고 하시는 것입니다.

이 땅에 오신 하나님의 모습

더 놀라운 것은 만군의 여호와의 이름으로 사람의 모습으로 이 땅에 오신 사건이 세 번이나 성경에 기록되어 있다는 것입니다. 첫 번째는 여호수아가 여리고성 앞에서 만난 사람입니다. 그는 체바오트 하나님의 이름으로 보내어진 여호와의 군대 대장입니다.

> 수 5:13-14 "여호수아가 여리고에 가까이 이르렀을 때에 눈을
> 들어 본즉 한 사람이 칼을 빼어 손에 들고 마주 서 있는지라
> 여호수아가 나아가서 그에게 묻되 너는 우리를 위하느냐 우
> 리의 적들을 위하느냐 하니 ◦ 그가 이르되 아니라 나는 여호
> 와의 군대 대장으로 지금 왔느니라 하는지라 여호수아가 얼
> 굴을 땅에 대고 엎드려 절하고 그에게 이르되 내 주여 종에게
> 무슨 말씀을 하려 하시나이까"

이스라엘이 가나안을 공격할 것을 사단이 미리 알고 여리고 사람들을
조종해서 인간으로서는 정복이 불가능한 철벽성을 만들어놨습니다. 인
간적으로는 너무 자신이 없어서 여호수아가 기도했습니다. 그랬더니 장
대한 사람이 칼을 들고 여리고성 앞에 섰습니다. 그를 본 여호수아의 첫
말이 "누구 편입니까?"였습니다. 그랬더니 그가 "여호와의 군대 대장으로
이제야 왔노라"고 대답했습니다. 만군의 하나님의 이름의 계시가 구약의
군대 대장으로 이 땅에 임한 것입니다.

> 단 10:5-6 "그 때에 내가 눈을 들어 바라본즉 한 사람이 세마
> 포 옷을 입었고 허리에는 우바스 순금 띠를 띠었더라 ◦ 또 그
> 의 몸은 황옥 같고 그의 얼굴은 번갯빛 같고 그의 눈은 횃불
> 같고 그의 팔과 발은 빛난 놋과 같고 그의 말소리는 무리의
> 소리와 같더라"

구속과 섭리

다니엘에게 우바스 순금 띠를 띤 옷을 입은 사람이 왔는데, 종말론적 전쟁을 계시하는 분으로서 아도나이 체바오트 하나님입니다. 허리에 맨 순금 띠는 삼성의 허리띠를 상징합니다. 오리온자리의 모양을 해석하는 것은 문화마다 다릅니다. 나비라고 하는 문화도 있고, 동양에서는 절구라고 합니다. 그러나 성경적 관점에서는 제사장의 옷으로 봅니다. 허리띠를 띠고 보석들을 붙인 양 어깨와 발의 모양인 것입니다. 다니엘서에서는 우바스 순금 띠를 강조합니다.

참고로 경주의 삼릉에 가면 전체 모양이 삼성의 허리띠와 똑같습니다. 삼국유사에 의하면 삼릉 옆 계곡 이름이 삼성 계곡인데, 별자리와 한자가 똑같습니다. 삼성 계곡의 바위 속에서 비파 소리가 나는 곳을 비파암이라고 하는데, 그 자리가 지금도 있습니다.

> 계 1:12-16 "몸을 돌이켜 나에게 말한 음성을 알아 보려고 돌이킬 때에 일곱 금 촛대를 보았는데 ○ 촛대 사이에 인자 같은 이가 발에 끌리는 옷을 입고 가슴에 금띠를 띠고 ○ 그의 머리와 털의 희기가 흰 양털 같고 눈 같으며 그의 눈은 불꽃 같고 ○ 그의 발은 풀무불에 단련한 빛난 주석 같고 그의 음성은 많은 물 소리와 같으며 ○ 그의 오른손에 일곱 별이 있고 그의 입에서 좌우에 날선 검이 나오고 그 얼굴은 해가 힘있게 비치는 것 같더라"

일곱 금 촛대는 북두칠성을 상징합니다. 요한 계시록의 모습은 종합적인 것인데, 이 역시 아도나이 체바오트 하나님의 현현으로 봅니다.

맺는말

우리의 모든 목표와 내용은 예수님과 말씀 중심이어야 합니다. 교회의 부흥과 발전도 마찬가집니다. 우리 모두 오늘 저녁부터 아도나이 체바오트 이름을 부르며 묘성을 바라보고 삼성을 바라봅시다. 삼성이 새벽에 떠오르면 여름이고, 밤에 떠오르면 겨울이며, 한밤중이면 포도를 수확하는 8-9월입니다.

설교를 요약하겠습니다. 전 우주를 창조하시고 균형과 평형으로 조율하시는 분을 아모스가 묘성과 삼성을 지으신 분이라고 고백했습니다. 그분이 이 땅에 오셨습니다. 아도나이 체바오트 하나님의 이름으로 여호와의 군대 대장이 여호수아 앞에 나타났고, 다니엘서에서는 우바스 정금 띠를 띤 사람으로 오셨고, 신약에서는 부활하신 예수님이 그와 같습니다.

이러한 내용들을 생각하면서 묘성과 삼성을 창조하신 하나님을 찬양합시다. 그럼으로써 하나님께서 우리에게 역사할 수 있도록, 하나님께서 우리에게 말씀할 수 있는 사람이 되어야 할 것입니다.

44
—

현대인에게 신명기는 왜 필요한가?

2012. 10. 28.

신명기 1:1

"이는 모세가 요단 저쪽 숩 맞은편의 아라바 광야 곧 바란과
도벨과 라반과 하세롯과 디사합 사이에서 이스라엘 무리에게
선포한 말씀이니라"

이스라엘의 근원은 말씀이다

하나님께서 이스라엘 민족을 특별히 선택하셔서 말씀을 맡기셨습니
다. 하지만 인간은 항상 쓸데없는 생각이 많음을 아시므로 신명기 말씀
을 넣은 상자를 머리 앞에 두고, 손이 항상 좋지 않은 일을 하므로 팔뚝에
도 말씀을 감아서 암송하게 하셨습니다[14]. 그리고 기도할 때는 기도복을

---

14) 신 6:4-9 "이스라엘아 들으라 우리 하나님 여호와는 오직 유일한 여호와이시니 ◦ 너는 마음을
다하고 뜻을 다하고 힘을 다하여 네 하나님 여호와를 사랑하라 ◦ 오늘 내가 네게 명하는 이 말
씀을 너는 마음에 새기고 ◦ 네 자녀에게 부지런히 가르치며 집에 앉았을 때에든지 길을 갈 때에
든지 누워 있을 때에든지 일어날 때에든지 이 말씀을 강론할 것이며 ◦ 너는 또 그것을 네 손목
에 매어 기호를 삼으며 네 미간에 붙여 표로 삼고 ◦ 또 네 집 문설주와 바깥 문에 기록할지니라"

입게 하셨습니다. 몇 해 전에 이스라엘에 여행을 갔는데, 관공서에 들어가려고 하니까 기도하고 들어가라고 하면서 기도도 그냥 해서는 안 되고 1달러에 기도숄(탈리트)을 빌려서 입고 해야 한다고 했습니다. 그래서 기도숄을 빌리러 가니까 이번에는 유대인이 아니라고 빌려주지도 않았습니다. 그러니 들어갈 수가 없었습니다.

이스라엘 사람들은 철저하게 이런 규례를 지키면서 생활하는데, 그 근거가 신명기 6:4-9 말씀입니다. 우리나라는 봄이 되면 대문에 '입춘대길'이라고 써서 붙이는데, 이스라엘 사람들은 메주자(문설주)에 엘사다이 하나님을 히브리어로 써서 붙여 놓습니다.

모세의 유언

신명기서는 4천 년 전의 기록인데 왜 현재 우리에게도 신명기가 필요할까요? 신명기 1장 1절의 모세가 선포한 말씀이라는 말은 원어로 '엘레 핫데바림(이것들은 말씀들이다)'입니다. 모세는 죽기 전에 세 번 유언을 했는데, 그 유언한 내용이 말씀이라는 뜻입니다. 모세가 이 유언을 했을 때가 120세였습니다.

나이가 들수록 멋있어지는 사람이 있고, 나이가 들수록 밉상이 되는 사람이 있습니다. 그리스도 안에서 우리는 나이가 들수록 멋있어져야 합니다. 나뭇잎이 빛, 이산화탄소, 물을 가지고 광합성을 할 때면 잎이 참 싱싱하고 푸릅니다. 그런데 가을이 되면 태양빛과 수분이 모자라므로 잎을 떨어뜨리기 위해서 색을 바꿔서 노화시킵니다. 자연은 노화되어도 단풍색이 참 아름답습니다. 앞으로 우리 교회도 "나이가 들어도 멋있는 사람

구속과 섭리

들을 구경하러 그 교회에 가자"는 말을 들어야 합니다.

120세가 된 모세, 인류 역사에서 가장 멋있는 사람이 된 모세는 과연 무슨 이야기를 했을까요? 우리는 죽을 때 과연 어떤 유언을 할까요? 모세는 모압 평야에서 가나안으로 들어가기 직전에 유언한 후 모압 평야의 느보산에 올라가서 하나님 앞으로 갔습니다. 모세는 유언으로 세 번 설교를 했는데, 그의 설교를 듣는 청중은 새로운 신세대들이었습니다. 모세는 그 신세대들에게 어떤 유언을 했을까요? 이것이 이번 설교의 포인트입니다.

모세의 일대기

모세의 전 일대기를 간단하게 요약하겠습니다. 모세는 40세 주기로 풀면 됩니다. 모세는 40세 때 유대민족으로서의 자기 정체성을 회복하기 위해서 나갔다가 유대인을 억압하는 이집트 사람을 죽이고 유대인끼리 싸울 때 간섭하다가 살인자로 몰려서 미디안 광야로 도망갔습니다. 이집트 왕자에서 살인자가 되어 미디안으로 도망간 것이 모세 인생의 제1기입니다. 제2기인 40세에서 80세까지는 미디안의 추장 이드로의 딸과 결혼해서 아들을 하나 낳고 처가살이를 하며 양을 쳤습니다. 처가살이는 정말 힘든 것인데, 미디안 광야에서 양을 치면서 40년을 보냈습니다. 모세는 양 한 마리 잃지 않은 최고의 목자였습니다.

모세가 80세가 되었을 때 하나님께서 모세를 부르셨는데, 시내산의 불이 붙은 떨기나무에서 하나님의 사자가 나온 이야기를 잘 알 것입니다. 〈십계〉라는 영화에 보면, 믿음이 있는 십보라가 시내산을 보면서 하나님이 산에 계시다고 말하니까 모세가 "그분이 계시는지, 또 계신다면 왜 노예들의 울부짖음을 외면하시는지 물어보겠다"라고 말하며 산에 올라가고 싶어 하는 장면이 나옵니다. 이것이 모세의 신앙의 시작입니다. 우리의 유전자와 똑같습니다.

하나님께서 "이집트 파라오에게 가서 내 민족을 해방시켜라"고 했을 때 모세는 거절합니다. "하나님, 이제까지 침묵하시고 430년간 우리 민족이 죽어 가도 가만히 계시다가 갑자기 가라고 하십니까? 이집트 파라오 제국이 어떤 곳인지 아시지 않습니까? 저는 못 갑니다" 하나님께서 모세의 손을 문둥이로 만들었다가 고쳐도 못 간다고 버텼습니다. 성경의 역사에서는 하나님께서 가라고 하실 때 "네, 가겠습니다. 목숨을 걸겠습니다"라는 이야기가 별로 없습니다. 예레미야도 "저는 말도 잘 못하고 철부지입니다. 못 갑니다"라고 했습니다. 모세는 하나님의 명령을 거절하다가 나중에는 죽을 것 같으니까 어쩔 수 없이 파라오에게 갔습니다. 모세는 왜 하나님께서는 기도를 안 들어 주시는가에 대한 의심으로 출발했습니다. 모세는 마지막까지 자기가 갈 수 없는 이유를 댔습니다. 눌변이라서 말을 잘 못한다는 것입니다. 그러자 하나님께서는 "말쟁이인 네 형 아론을 데리고 가라"고 하셨습니다. 행이 앞서는 사람은 원래 말을 잘 못합니다.

이후 80세에서 120세까지가 제3기입니다. 모세의 일대기는 태어나서 40세까지 왕자 수업을 받은 후 살인자로 쫓기고, 다시 80세까지 준비 기간을 보냈습니다. 준비기간도 엄청나게 깁니다. 하나님께서 이스라엘 민족을 맡기기 전에 양부터 쳐 보라고 맡겼는데, 양을 목자로서 잘 치니까 "이제 내 민족을 맡겨도 되겠다"는 것입니다. 모세는 이스라엘 민족을 이끌고 홍해를 건너는 놀라운 일을 하고 마지막으로 가나안에 들어가기 전

구속괴 섭리

에 하나님께 "너는 가나안에 들어갈 수 없다. 멀리서 보기만 해라"는 말씀을 듣고 죽었습니다.

신명기 1-4장 : 과거를 기억하라

신명기에서 하나님의 시간은 3단계의 시간으로 되어 있습니다. 먼저 1-4장은 과거로, "내가 이스라엘 민족을 어떻게 세웠다"는 내용입니다. 그리고 5-12장은 현재이며, 율법을 주시는 내용입니다. 이후 34장까지는 율법을 지키면 어떤 복을 받는다는 것에 대한 설명입니다. 이것이 신명기 내용의 특징입니다.

1-4장에서는 모세가 과거를 기억하는데, "내가 잘나갔었다"가 아니라 어려웠을 때의 이야기를 합니다. "매일 한 명씩 죽어 가는 처참한 노예생활을 할 때, 하나님께서 너희를 불러서 자유를 주지 않았느냐?"라고 과거를 상기시킵니다. 유대의 랍비들은 과거를 잊지 않고 하나님의 은혜를 기념하기 위해 돌아온 길을 보면서 거꾸로 걷는 일을 행합니다. "하나님 앞에 오기 전, 네 과거가 어땠느냐?"라는 것을 상기하는 것입니다. "너희들은 지금 너희가 대단한 존재인 줄 알지만 너희들은 과거에 노예였고 죽을 수밖에 없는 인간이었다. 그런데 믿고 이만큼 좋아졌잖아? 그런데 만약 가나안에 들어가서 율법을 지키지 않고 오만해지면 너희들은 망할 것이다"라고 말합니다. 인간 유전자의 가장 큰 결점이 은혜를 모르는 것입니다. 못난 과거를 덮어 버리려고 합니다. 그러나 너희들은 원래 이런 사람이라는 것이 신명기 1-4장의 내용입니다. 이는 120세 모세의 놀라운 지혜입니다. 우리가 모세를 알아야 하는 이유가 여기에 있습니다.

스탠퍼드 대학에서 강의한 바 있는 세계적인 경영학자 짐 콜린스의 대표적인 연구가 '기업은 왜 오래가지 못하는가?'에 대한 문제입니다. 그는 유명한 기업들도 40-50년이 지나면 거의 망하는데, 망하는 공식이 있다고 말합니다. 첫째는 성공한 후 오만해집니다. 둘째는 자기의 분수와 능력과 관계없이 문어발식으로 마구 확장합니다. 셋째는 위기가 오면 옛날에도 극복했다는 과거의 성공만 생각하면서 위기가 왔음을 절대 인정하지 않고 고집을 부립니다. 우리는 그 지혜를 신명기에서 확인할 수 있습니다.

신명기 5-6장: 율법의 근본정신을 알고 행하면 복된 삶이다

신명기 5장 이후에 가면 하나님께서 계속 말씀하는 것이 "이 민족에게 말해라. 너희가 가나안 땅에 들어가면, 포도밭도 너희가 경작하지 않았고 성도 짓지 않았는데도 너희가 그것을 다 차지할 것이다. 그런데 그때 너희는 과거를 잊고 교만해져서 자기가 최고인 줄 알고 자기를 섬길 것이다"라는 것입니다. 자기를 섬기는 것은 우상을 섬기는 것과 같습니다. 자기가 최고라서 아무 말도 안 듣습니다. 하나님은 말씀을 위해 인간에게 은혜를 주셨는데, 인간이 그것을 모르고 고집만 부리고 자기 식대로 살면 결국 망하고 맙니다.

이스라엘 민족이 가나안에 들어가서 얻은 것은 모두 하나님의 은혜로 된 것이지 자신들의 능력이 아닙니다. 그런데 풍요로워지니까 하나님의 율법을 지키지 않습니다. 남자는 풍요로워지면 여자를 밝히고 돈놀이를 하고, 여자들은 사치스러워지고 아무 걱정 없이 안일해져서 먹고 수다만 떱니다. 하나님께서는 이렇게 모두가 타락해서 망할 것을 미리 아시고 말씀하시는 것입니다.

미국이 문제도 많지만 현재 세계 제일 강국인 이유가 있습니다. 청교도 정신, 즉 말씀이 근본이기 때문입니다. 겉으로 보이는 사람들이 미국의 기반층이 아닙니다. 가장 중심에 청교도 정신을 가진 기반층이 있습니다. 지난 시간에도 말씀드렸지만 성숙하다는 것은 세상에 공짜가 없다는 것을 아는 것입니다. 내가 대가를 지불하지 않았는데 누가 돈을 주면 안 받아야 합니다. 그런가 하면 돈을 쓰지는 않고 아끼기만 하는 구두쇠도 잘못입니다. 다른 사람에게 대접도 하지 않고 아끼고 벌벌 떠는 것도 잘못이고, 분수에 맞지 않게 평평 쓰는 것도 잘못입니다.

하나님이 주신 율법에 대한 이야기가 신명기 6장에서도 계속 이어집니다. 이집트의 피라미드에는 포도가 그려져 있지만, 이스라엘 성전에는 석류가 그려져 있습니다. 유대인들은 석류가 613개의 씨앗을 가지고 있다고 생각했는데, 이것은 곧 율법의 개수인 613개에 해당합니다. 그래서 그들은 석류를 중요시합니다. 구약의 십계명이나 율법은 현대인에게 잘 안 맞는데, 그것은 하나님의 뜻이 "율법을 지키라"는 것이 아니라 "율법을 뛰어넘는 삶을 살라"는 것이기 때문입니다. 하나님 외에 아무도 섬기지 말라는 것은 하나님만 섬기면 우주에서 네가 최고이고 네가 네 자신을 스스로 조율할 수 있는데 왜 우상을 섬겨서 바보가 되느냐는 뜻입니다. 그래서 율법을 주신 것입니다. 모세는 하나님의 율법을 말하면서 "너희는 노예였지만 이 율법을 지키고 그 정신을 알고 살면 너희는 세계 최고의 민족이 된다"라고 합니다. 너무나 놀라운 해방의 복음이고 대자유의 복음입니다.

모세와 아케나톤

신 6:10-12 "네 하나님 여호와께서 네 조상 아브라함과 이삭과 야곱을 향하여 네게 주리라 맹세하신 땅으로 너를 들어가게 하시고 네가 건축하지 아니한 크고 아름다운 성읍을 얻게 하시며 ○ 네가 채우지 아니한 아름다운 물건이 가득한 집을 얻게 하시며 네가 파지 아니한 우물을 차지하게 하시며 네가 심지 아니한 포도원과 감람나무를 차지하게 하사 네게 배불리 먹게 하실 때에 ○ 너는 조심하여 너를 애굽 땅 종 되었던 집에서 인도하여 내신 여호와를 잊지 말고"

예수님은 신명기 말씀으로 광야에서의 유혹을 극복하셨습니다. '모세'라는 이름은 물에서 건졌다는 뜻입니다. 최근에 모세에 대한 새로운 연구가 많이 나오고 있습니다. 그런데 이집트에 모세와 유일신 사상이 똑같은 파라오가 있었습니다. 고대 이집트 제18왕조의 파라오인 '아케나톤'입니다. 이집트의 모든 파라오들이 다신교를 신앙했는데, 오직 아케나톤만이 유일신을 섬겼습니다. 그는 이집트의 모든 다신교 신전을 파괴하고 유일신을 섬기라고 주장했습니다. 아케나톤이 섬긴 신의 이름은 "아톤"인데, 태양신이라는 뜻입니다. 오늘 모세가 부른 하나님의 이름은 '아도나이 엘로헤누', 즉 '우리의 하나님 여호와'입니다.

120세가 된 모세의 놀라운 통찰력을 봅시다. 그는 인류 역사에서 최고의 사람으로서, 신학자들은 '모세의 오딧세이'라는 말도 합니다. 모세가 여행하면서 깨달은 것을 기록했다는 것입니다.

맺는말

　신명기를 통해 우리 개인과 각 가정이 그리스도 안에서 생명의 말씀을 사랑하기를 바랍니다. 주님께서는 "하나님을 사랑하고 네 이웃을 네 몸과 같이 사랑하라"는 말씀으로 구약을 완성해서 말씀하셨습니다. 신명기 말씀을 통해서 예수 그리스도와 말씀을 체화하면 놀라운 삶을 살아 낼 수 있습니다.

45

바울의 '어리석은 자의 변명'

2012. 11. 4.

고린도후서 1:1

"하나님의 뜻으로 말미암아 그리스도 예수의 사도 된 바울과
형제 디모데는 고린도에 있는 하나님의 교회와 또 온 아가야
에 있는 모든 성도에게"

고린도 교회에 문제가 발생함

사도바울은 1차, 2차, 3차 전도여행을 했는데, 2차 전도여행 중에는 성
도들에게 부담을 주지 않기 위하여 브리스가 아굴라 부부와 함께 고린도
에서 18개월 동안 천막을 짜서 번 돈으로 경비를 마련하여 하나님의 말씀
을 전했습니다. 그래서 고린도 교회가 개척되었는데, 바울은 18개월 동
안 고린도 교회를 개척한 후 다시 전도여행을 떠났습니다.

그런데 전도여행을 하는 중에 글로에가 와서 고린도 교회에 큰 문제가
생겼음을 전했습니다. "사도님, 큰일 났습니다. 고린도 교회 성도들이 파

를 나눠서 '나는 아볼로파다', '나는 바울파다', '나는 예수파다'라고 합니다. 그리고 성도들이 문제가 있으면 교회에서 의논하지 않고 로마 법정에 고발을 해서 교회가 시끄럽습니다. 그리고 음행하는 사람이 많은데, 심지어 자기 새엄마와 사는 사람도 있습니다. 말을 복잡하고 어렵게 하며 웅변 잘하는 사람들이 인기를 얻고, 은사에 대해서도 온갖 오해들이 많습니다. 그러니 은사에 대해서도 정리 좀 해 주세요. 또 사랑을 말하니 많이 모이기는 하는데, 하나님의 사랑은 깨닫지 못하고 남녀의 사랑밖에 생각하지 않습니다. 그래서 사랑의 개념 정리도 필요합니다. 그리고 예수님이 십자가에 죽으시고 부활했다고 하니까 '부활이 어디 있어? 말도 안 되는 소리 하지 마라'는 사람도 있어서 매우 시끄럽습니다" 이런 문제들에 대해 답을 한 편지가 고린도전서입니다.

말씀은 일상입니다. 우리 실존 생활 속에서 말씀의 공감이 일어나야 합니다. 드라마보다 복음이 본질적으로 더 재미있습니다.

복음을 거부하며 바울을 공격하는 고린도 교인들

바울이 편지를 써서 디도에게 주고 고린도 교회에 그 내용을 말해 주라고 했습니다. 디도가 고린도 교회에 가서 설명을 했는데, 바울의 말을 듣고 "우리가 잘못되었다"라고 하는 사람은 일부이고, 많은 사람들은 복음이 마음에 찔리고 자존심 상하니까 "바울은 거짓말쟁이다"라고 하며 바울을 공격했습니다. 바른말을 하는 복음이 듣기 싫은 것입니다. 사람들은 일반적으로 바른말을 듣기 싫어합니다. 그리고 어떤 이유로든 복음을 거부합니다.

고린도는 경제적으로 성장하고 부유해져서 타락했습니다. 인간은 성장과 풍요로움을 제대로 사용하지 못하기 때문입니다. 자기 욕심대로 탐욕스러워져서 병들거나, 사고 나거나, 가정이 파괴되거나, 인간관계가 이상하게 되어서 끝납니다. 이것이 우리 유전자의 한계입니다.

고린도 교회에도 이러한 영향이 들어와 문제가 심화되었는데, 바울을 공격한 사람들이 내세운 표면적 이유로는 첫째, 바울의 외모를 트집 잡았습니다. "외모가 뭐 그렇게 생겼어? 대머리에 키도 작고, 걸음걸이도 이상해" 복음이 싫으니까 복음을 전한 바울의 외모를 공격하며 트집을 잡는 것입니다. 두 번째는 이방인 전도입니다. 바울이 유대인 외에 이방인에게 복음을 전한다고 하니까 "바울은 이방인을 좋아하는군. 아마 이방인과 섞인 혼혈인가 보다. 부모 중에 이방인이 있는 것 같다"라고 비난합니다. "유대인도 다 구원 못 하면서 뭘 이방인에 대한 구원이야? 바울 사도라는 사람 자기가 이방인이구나?"라는 것입니다. 세 번째는 바울이 예수 그리스도만 전하니까 다른 것은 모르는 무식쟁이라는 것입니다. "예수밖에 모르고 다른 것은 아는 것이 없구나?" 그 외에도 "자기가 나서서 당당하게 오지, 제자나 보내고 바울은 비겁하다", "바울이 사도라고? 예수님의 열두 제자 중에 바울이 어디에 있어? 자기 혼자 다메섹에서 예수님을 봤다고 하고 자칭 사도라고 하는 것 아냐?"라는 비난이 일어났습니다. 그러니 복음의 내용인 바울의 편지를 듣지도 말고 보지도 말자고 바울에 대해서 공격했습니다.

바울을 공격하는 이유는 사실은 하나님의 말씀인 진리와 진실한 말이 싫기 때문입니다. 인간이 얼마나 본질적으로 문제가 많은지는 예수님을 어떻게 대우했는지를 보면 알 수 있습니다. 예수님이 우리의 구속자이며 구원자라고 하니 예수님께 이를 갈면서 자존심 상한다고 모여서 십자가에 달았던 것입니다. 우리는 본질적으로 말씀을 싫어합니다. 실제적으로 자신에게 도움이 되는 것을 싫어합니다.

저는 바둑을 좋아하는데, 바둑을 통해 인간의 본질을 읽을 수 있기 때문입니다. 재밌는 것은 바둑의 기초적인 원리만 아는 상태에서 바둑을 두라고 하면 꼭 자기가 죽는 수만 둡니다. 그래서 인간은 본질적으로 하나님과 말씀, 예수 그리스도가 없으면 망하게끔 되어 있습니다. 고린도후서 속의 사람들을 봅시다. 그들은 복음이 싫으니까 "바울의 외모가 왜 그래?", "그 사람이 왜 사도지? 열두 제자가 있는데?"라며 온갖 트집을 잡는 것입니다.

바울의 변명

그래서 바울은 화가 났고, 고린도후서 11장에서 자기의 자서전과 같은 변명을 시작합니다.

> 고후 11:22-33 "그들이 히브리인이냐 나도 그러하며 그들이 이스라엘인이냐 나도 그러하며 그들이 아브라함의 후손이냐 나도 그러하며 ○ 그들이 그리스도의 일꾼이냐 정신 없는 말을 하거니와 나는 더욱 그러하도다 내가 수고를 넘치도록 하고 옥에 갇히기도 더 많이 하고 매도 수없이 맞고 여러 번 죽을 뻔하였으니 ○ 유대인들에게 사십에서 하나 감한 매를 다섯 번 맞았으며 ○ 세 번 태장으로 맞고 한 번 돌로 맞고 세 번

파선하고 일 주야를 깊은 바다에서 지냈으며 ◦ 여러 번 여행하면서 강의 위험과 강도의 위험과 동족의 위험과 이방인의 위험과 시내의 위험과 광야의 위험과 바다의 위험과 거짓 형제 중의 위험을 당하고 ◦ 또 수고하며 애쓰고 여러 번 자지 못하고 주리며 목마르고 여러 번 굶고 춥고 헐벗었노라 ◦ 이 외의 일은 고사하고 아직도 날마다 내 속에 눌리는 일이 있으니 곧 모든 교회를 위하여 염려하는 것이라 ◦ 누가 약하면 내가 약하지 아니하며 누가 실족하게 되면 내가 애타지 아니하더냐 ◦ 내가 부득불 자랑할진대 내가 약한 것을 자랑하리라 ◦ 주 예수의 아버지 영원히 찬송할 하나님이 내가 거짓말 아니하는 것을 아시느니라 ◦ 다메섹에서 아레다 왕의 고관이 나를 잡으려고 다메섹 성을 지켰으나 ◦ 나는 광주리를 타고 들창문으로 성벽을 내려가 그 손에서 벗어났노라"

이에 대해 신학자들은 '어리석은 자의 자기변명'이라고 제목을 붙였습니다. "그들이 히브리인이냐 나도 그러하며"라는 말은 어머니도 히브리인이고, 아버지도 히브리인이라는 뜻입니다. "내가 이방인이 구속사 안에 들어와야 한다고 주장하니까 나의 부모가 이방인이라고? 내 부모는 모두 히브리인이야"라고 말하는 것입니다. 바울이 이렇게 말하는 이유는 부모의 한쪽이 히브리인이 아닌 헬라인들이 있기 때문입니다. 디모데가 그런 경우입니다.

"나보고 예수만 말하는 무식쟁이라고 하는데, 나는 어릴 적부터 구약의 모든 말씀을 암송하며 유대인이 받는 교육을 다 받았고, 유대인의 랍비

구속과 섭리

교육자인 가말리엘 문하에서 6년이나 랍비 교육을 받았어. 즉 나는 배울 것을 다 배운 랍비이고 최고의 바리새교인이야. 그런 나에게 무식하다고?"라는 말을 합니다. 바울이 깨닫고 보니까 세상 속에서 그리스도 외에는 이야기할 것이 없었습니다. 그래서 예수 그리스도만 이야기하는데 무식쟁이라고 말하니까 "내가 무식쟁이라고? 나 공부 많이 했어"라고 자기의 이력을 말하는 것입니다. 그리고 사도가 아니라는 말에도 "내가 사도가 아니라고? 내가 다메섹에서 말을 타고 가는데, 부활하신 예수님이 '바울아, 바울아'라고 나를 부르셔서 말에서 떨어졌다. 내가 '누구십니까?'라고 물으니 '나는 부활한 예수다. 네가 왜 나를 핍박하느냐?'라고 하셨다. 일어나니 눈이 안 보여서 같이 가던 사람들이 내 손을 잡고 성으로 들어갔다. 그리고 주님께서 아나니아를 통해 눈에 안수 기도를 해 주셨다"라고 자신이 사도의 자격을 갖추었음을 설명합니다.

그리스도를 위한 바울의 수난

바울은 이렇게 '어리석은 자의 변명'을 "원하건대 너희는 나의 좀 어리석은 것을 용납하라 청하건대 나를 용납하라(고후 11:1)"로 시작합니다. "복음을 위해 나 자신을 하나도 말하지 않았더니 사실은 복음이 싫으니까 나의 신상 털기를 하는구나! 내가 사도가 아니라고?"라며 반론을 펴는 것입니다. 그리고 예수 그리스도를 위해 목숨을 걸고 다니는데 어떻게 사도가 아니냐고 하며 그동안 겪었던 고생들, 즉 옥에도 갇히고 채찍에 맞은 이야기들을 합니다. 유대인은 사람을 때릴 때 40대 넘게 때리면 안 됩니다. 그래서 한 번 맞을 때 최대치가 39대입니다. 그것을 다섯 번 맞았으니까 195대를 맞은 것입니다. 그 채찍은 끝에 동물 뼈를 넣어서 한 대만 맞아도 졸도할 정도로 아픕니다.

> 고후 11:25-27 "세 번 태장으로 맞고 한 번 돌로 맞고 세 번 파선하고 일 주야를 깊은 바다에서 지냈으며 。 여러 번 여행하면서 강의 위험과 강도의 위험과 동족의 위험과 이방인의 위험과 시내의 위험과 광야의 위험과 바다의 위험과 거짓 형제 중의 위험을 당하고 。 또 수고하며 애쓰고 여러 번 자지 못하고 주리며 목마르고 여러 번 굶고 춥고 헐벗었노라"

바울이 이렇게 변명하지 않았다면 우리는 바울을 알 수 없었을 것입니다. 바울이 "내가 비천에 처할 줄도 알고 풍부에 처할 줄도 알아"라는 말도 했는데, 먹을 것이 있으면 감사하며 먹고 길을 가다가 먹을 것이 없으면 "주님께서 금식하라고 하시는가 보다"하면서 지내 왔다는 것입니다. 그런데 "아직도 날마다 내 속에 눌리는 일이 있으니 곧 모든 교회를 위하여 염려하는 것이라"고 합니다. 교회들을 완성시키고 주님 앞에 인도하는 것이 바울이 가장 갈망하는 일이라는 것입니다.

그러면서 "내가 부득불 자랑할진대 내가 약한 것을 자랑하리라"고 합니다. "예수 그리스도 때문에 내가 약한 것이라도 자랑을 해야겠다. 내가 정직하게 말하는데, 다메섹의 왕이 나를 잡으려 했을 때 성벽에서 광주리를 타고 도망갔다"라는 말을 합니다. 이렇게 바울은 복음을 위해서 자기변증을 합니다. "나는 그리스도를 위해 죽음도 불사하고 다니는 사람인데, 복음을 바로 말해 주니 외모가 어떻다는 둥, 공부를 안 했다는 둥, 사도가

구속과 섭리

아니라는 둥 온갖 말을 다 하는구나"라고 그리스도를 위해 자기변명을 하면서 '어리석은 자의 설교'를 한 것입니다. 자랑해도 복음을 위해서 하고, 겸손해도 복음을 위해서 한다고 합니다.

맺는말

요약합니다. 우리의 부흥은 오직 그리스도와 말씀 안에서 이루어져야 합니다. 바울이 2차 전도여행에서 18개월 동안 고린도에 머물면서 전도하여 고린도 교회를 세웠습니다. 그러나 고린도 교회는 무역으로 부유해져서 타락한 도시의 영향을 받아 성적으로 타락하고, 모든 것을 로마법에 의존했고, 사랑과 부활도 자기 식대로 오해해서 문제가 생겼습니다. 글로에가 와서 바울에게 이 모든 문제들을 전해 줬고, 바울이 답을 써서 보내니까 고린도 교회의 교인들이 감사하는 것이 아니라 바울을 온갖 식으로 트집 잡고 비난했습니다. 그래서 바울이 고린도후서를 통해 '어리석은 자의 변명'을 한 것입니다.

우리는 하나님의 말씀을 사랑해서 생활화해야 합니다. 어려운 일이 있을 때 성경을 찾아보고 성경의 내용을 가지고 예수 이름으로 기도하면 우리 문제를 해결해 주시면서 말씀이 진리이고 그분이 계심을 바로 증명해 주십니다.

46

호세아가 선포한 말씀

2012. 11. 11.

호세아 1:1

"웃시야와 요담과 아하스와 히스기야가 이어 유다 왕이 된 시
대 곧 요아스의 아들 여로보암이 이스라엘 왕이 된 시대에 브
에리의 아들 호세아에게 임한 여호와의 말씀이라"

국제정세에 무지한 채 흥청망청하고 있는 이스라엘

이스라엘의 13대 왕 여로보암 2세 때 국내는 경제적으로나 정치적으
로 안정적이었지만, 국제 정세에 무지해서 곧이어 다가올 위험을 감지하
지 못했습니다. 이스라엘 민족들은 부유해지고 군사력도 강해지자 오만
해졌습니다. 왕부터 시작해서 제사장과 지도자 계층이 부패하게 되었고,
얼마 있지 않아서 아시리아에 망하게 되는데도 그것을 전혀 알지 못했습
니다. 그저 현재의 풍요함과 안정이 자기들의 복인 줄 알고 흥청망청하
며 살았습니다.

구속과 섭리

남자들의 타락에 대해 선포한 사람은 아모스 선지자입니다. 정의를 오줌과 똥과 쓰레기처럼 만든 남자들은 회개하지 않으면 반드시 망할 것이라고 선포했습니다. 가정의 해체와 여자의 타락을 선포한 사람은 호세아 선지자입니다. 우리는 자본주의 속에서도 근원과 과정이 잘못되어서 부흥되는 것은 거부해야 합니다. 교회 역시 하나님의 말씀과 예수 외의 것으로 부흥하는 것은 거부해야 합니다.

주전 8세기의 국제 정세에서 유대나라가 깜짝 놀란 일이 있습니다. 유대나라 위에는 아람이 있고 그 뒤에는 아시리아 제국이 있는데 갑자기 아람이 비틀거리면서 약해졌기 때문입니다. 그러자 북이스라엘의 여로보암 2세는 웬 떡이냐 싶어 아람을 공격해서 수도인 다메섹을 빼앗아 버렸습니다. 그리고 옆에 있는 암몬과 모압도 쳐서 이스라엘 국경선을 크게 넓혔습니다. 군사적인 팽창을 통해서 동서남북으로 무역이 확장되니까 흥청망청하며 도덕적 기강이 해이해지고 곧 총체적인 부정이 왔습니다.

우리는 개체로 있으면서 항상 부분만 알고 전체를 모릅니다. 당시에 아람이 이스라엘에 진 이유는 아시리아가 팽창하면서 국경선 싸움에서 아람이 아시리아에 밀리고 군사력이 소진되었기 때문입니다. 아람 위에는 중근동에서 가장 잔인하고 강한 아시리아가 있으면서 디글랏 빌레셀 왕이 제국주의로 팽창하고 있고, 남쪽에서는 이집트의 제25왕조가 정비를 하고 다시 나서려고 하는데도 이스라엘은 모르고 있습니다. 서쪽에는 크레타 섬에서 이주해 온 블레셋인들이 있고 동쪽에는 암몬과 모압이 있는데, 이들이 아시리아에 의해서 하나씩 잠식되고 망하고 있었습니다. 그런데도 이스라엘만 이것을 모르고 있었습니다.

호세아의 세 자녀의 이름들

호세아서를 성경대로 이야기하면 세상적으로는 참 희한한 이야기가 됩니다. 결혼할 때 좋은 사람이 중매를 서 주면 참 좋습니다. 누가 주례를 서느냐가 중요한 것이 아니라 누가 중매를 서느냐가 중요합니다. 어떤 시골에 순진해서 여자 손목도 못 잡은 총각이 있었는데, 그가 호세아입니다. 어느 날 하나님께서 호세아를 불러 "네가 결혼을 해야겠는데, 내가 중매를 서겠다"고 하셨습니다. 하나님이 중매를 선다는 것은 너무 좋은 일입니다. 그런데 하나님께서 "음란한 바람쟁이인 고멜이라는 여자가 있는데, 너는 그 여자와 결혼해야 한다"고 하셨습니다. 이는 인간적으로 이해할 수가 없는 일입니다. 하지만 호세아는 선지자이니 할 수 없이 "네, 결혼하겠습니다"라고 해서 결혼했는데, 아마도 근방에는 "순진한 남자가 음란한 여자와 결혼한단다"라고 파다하게 소문이 났을 것입니다.

남들이 손가락질을 하거나 말거나 어쨌든 호세아와 고멜이 결혼해서 아들을 낳았습니다. 하나님께서 그 아들의 이름을 '이스르엘'이라고 하라고 하셨습니다. '이스르엘'은 '사방으로 흩어진다'는 뜻입니다. 그리고 두 번째로 딸을 낳았는데, 하나님께서 딸의 이름을 '로루하마'로 하라고 하셨습니다. '로루하마'는 '긍휼히 여김을 받지 못하는 자'라는 뜻으로써, '루하마'는 사랑한다는 뜻이고, '로'는 아니라는 뜻입니다. 이어서 셋째로 또 아들을 낳았는데, 하나님께서 그 아이의 이름은 '로암미'로 하라고 하셨습니다. '암미'는 백성, '로'는 부정의 뜻이니까 '내 백성이 아니다'라는 말입니다. 참 기가 막힙니다.

집 나간 고멜을 호세아가 찾으러 가다

이렇게 호세아와 고멜이 가정을 이루어 살고 있었는데, 어느 날 호세아가 일하고 집에 오니 아이들이 울고 있습니다. "엄마 어디 갔니?"라고 호세아가 물으니 "어떤 아저씨들이 와서 이야기하더니 엄마가 짐을 싸고 가버렸어요"라고 합니다. 성경 본문에 생략된 행간의 이야기를 상상해 본 것입니다. 호세아가 생각하니 기가 막힙니다. 어디 갔는지 찾아도 없습니다. 호세아는 할 수 없이 혼자 자식 셋을 데리고 살았습니다. 호세아가 남자로서 얼마나 분하고 억울했겠습니까? 고멜을 만나면 당장 이혼하리라 생각했을 것입니다.

하나님께서는 고멜을 음란한 여자라고 하셨습니다. 그 여자를 통해 주전 8세기 여로보암 2세 당시 이스라엘의 사회상을 반영하고 있는 것입니다. 여자는 배운 것도 없고 몸만 펄펄합니다. 세상을 살아 보니 '사랑도 필요 없고 돈이 있어야 한다'고 생각했습니다. 그래서 "양털 줄게", "떡도 줄게", "돈도 줄게"라고 하니까 요즘 말로 포주를 따라가서 창녀 짓을 하는 것입니다. 사치스럽고 골 빈 여자입니다. 이것저것 하고 싶은 것을 다 하면서 사치를 부리다 보니 빚을 크게 져서 꼼짝 못하게 되었습니다. 그때 하나님께서 호세아에게 네 여자를 안 찾을 거냐고 하셨습니다. 호세아가 "하나님, 제가 착실하게 농사지어서 아이를 키우고 살았는데 그 여자가 도망갔습니다"라고 했지만 하나님께서는 그래도 여자를 찾아오라고 하셨습니다.

호 3:1-2 "여호와께서 내게 이르시되 이스라엘 자손이 다른 신을 섬기고 건포도 과자를 즐길지라도 여호와가 그들을 사랑하나니 너는 또 가서 타인의 사랑을 받아 음녀가 된 그 여자를 사랑하라 하시기로 ◦ 내가 은 열다섯 개와 보리 한 호멜 반으로 나를 위하여 그를 사고”

하나님께서 호세아에게 고멜을 찾으러 가라고 하셨는데, 세상에 그런 여자를 찾을 남자는 하나도 없습니다. 자기는 바람을 피워도 자기 부인이 바람을 피웠다고 하면 남자들은 끝입니다. 본문에서 “사랑하라”는 말의 원뜻은 ‘인간 간의 사랑, 성적 욕망’입니다. 돈만 주면 좋아서 그런 짓거리를 하다가 노예가 된 여자를 데리고 와서 다시 사랑하고 살아야 한다는 것입니다. 지금 호세아의 마음이 어떻겠습니까? 하지만 하나님께서 찾아오라고 하시니 할 수 없이 갔는데, 호세아가 고멜에게 가자고 하니 주변에 건장한 남자들이 나와서 빚부터 갚으라고 합니다. 여자가 사치를 위해 이것저것 사다가 빚을 크게 졌기 때문입니다. 본문에 그 값도 나옵니다. 은 열다섯 개와 보리 한 호멜 반입니다. 하나님께서 호세아에게 그런 여자를 위해 돈을 주고 찾아와서 데리고 살라고 하십니다.

호 3:3 “그에게 이르기를 너는 많은 날 동안 나와 함께 지내고 음행하지 말며 다른 남자를 따르지 말라 나도 네게 그리하리라 하였노라”

“이제 다른 남자를 따르지 마시오. 나도 당신에게 그리하겠소. 나는 다른 여자를 안 보는데, 당신은 왜 다른 남자를 보시오?”라고 호세아가 고

구속과 섭리

멜에게 말합니다. 호세아는 남자로서의 감정과 자존심이 다 꺾였습니다. 호세아가 남자로서의 고통과 괴로움으로 하나님께 울부짖지 않았겠습니까? 본문에는 없지만 고멜 사건이 주는 상징과 문맥의 흐름으로 볼 때 "호세아야, 네가 나의 괴로움을 알겠느냐? 너의 아내 고멜이 다른 남자와 딴 짓을 하는데, 돈까지 줘 가면서 그를 데리고 온 네 마음이 꼭 나와 같다. 네 마음이 내 마음이고 네 여자 고멜이 지금 이스라엘 민족과 똑같다. 약간만 좋아지면 우상을 섬기고, 내가 심판하고 구원해서 데리고 오면 또 도망가서 돈의 노예가 되어 종살이를 하고 있다. 전체를 모르고 부분만 생각하며 불행해지는 것이 고멜과 같다. 알겠느냐?"라고 말씀하시지 않았을까 싶습니다. 이에 호세아는 하나님의 뜻을 바로 깨닫습니다.

하나님은 구원하시고 사랑으로 용서하십니다. "제발 이스라엘 민족에게 하나님의 말씀을 전해라. 단, 사랑으로 전하고 달래라. 회개하지 않고 또 우상을 섬기더라도 찾아와서 잘 지내야 한다" 이것을 깨닫고 분노해서 한 선포가 호세아서입니다. 부분만 알고 전체는 모른 채 경제적으로 부흥하여 잘 먹고 잘 살기만 하면 영이 죽습니다. 이것이 아주 중요합니다. 오늘날 우리 개인뿐 아니라 사회와 많은 교회들의 영이 다 죽었습니다. 말씀 없이 다른 것으로 모이면 그것은 부흥이 아니라 하나님께서 망하게 하는 전략입니다. 데살로니가후서에 그런 내용이 있습니다("이러므로 하나님이 미혹의 역사를 그들에게 보내사 거짓 것을 믿게 하심은 ◦ 진리를 믿지 않고 불의를 좋아하는 모든 자들로 하여금 심판을 받게 하려 하심이라" 살후 2:11-12).

호세아 가정의 사건을 통해 드러나는 하나님의 사랑

'독재를 하다'와 '자기밖에 모른다'는 같은 뜻입니다. 자기 밖에 모르면 세상이 어떻게 돌아가는지 모릅니다. 여로보암 2세 당시 이스라엘 민족은 내적 안정에 취해 국제사회가 어떻게 돌아가는지도 모른 채 아시리아도 무시하고 이집트도 무시했습니다. 아람과 블레셋, 모압과 암몬을 치며 영토를 조금 넓히자 교만해져서 타락했습니다.

남자의 타락은 여자를, 특히 불행한 여자를 어떻게 대우하는지를 보면 압니다. 여자의 타락은 가정과 자식을 보면 압니다. 하나님께서는 호세아의 가정을 통해서 가정이 해체되는 원인을 보여 주셨습니다. 고멜은 한 가정을 파괴시키기도 하였지만, 전 이스라엘의 영적인 상태를 말해 줍니다. 가출해서 자기 마음대로 살았는데 결국 노예가 되었습니다.

하나님의 사랑을 말하기 위해 호세아가 이 모든 것을 이야기하고 있습니다. 하나님께서 이스라엘 민족을 얼마나 사랑하시는지 호세아와 고멜 사건을 통해서 말씀하시고 있는 것입니다. 가정의 위기와 해체를 우리는 기도하고 막아야 합니다. 참고로 어떤 신학자들은 "하나님이 호세아에게 진짜로 그렇게 말씀하셨을까?"라고 합니다. 순진한 호세아가 결혼을 해서 보니 그런 여자여서 호세아 스스로 자기 상황을 그렇게 해석한 것이 아닌가 하는 것입니다. 그만큼 기가 막힌 이야기입니다.

우리는 예수 그리스도의 십자가의 죽으심 앞에 회개해야 합니다. 말씀 아닌 것에 열중하지 말고 말씀으로 돌아와야 합니다. 그러면 고멜이 바뀝니다. 자식들의 이름도 바뀝니다. 호세아 자식들의 이름은 이중적 의미가 있습니다. '이스르엘'은 사방으로 흩어진다는 부정적인 뜻이지만,

'곳곳에 씨를 뿌린다. 말씀을 파종한다'는 좋은 뜻도 있습니다. '로루하마' 는 '로'를 빼면 '나의 사랑하는 딸'로 의미가 바뀝니다. '로암미'도 '로'를 빼 면, '이스라엘은 내 백성이다'로 바뀝니다. 호세아서를 통해 말씀을 알고 깨달으면 그와 같은 사람이 되고 가정이 된다는 것입니다.

가정이 해체되지 않고 부부간에 잘 지내기 위해서는 서로 노력해야 합 니다. 예수님께서는 이 땅에 오셔서 "일남일녀를 창조했다"고 하시면서 남자의 갈빗대에서 여자를 창조하셨다는 말씀을 인용하지 않으셨습니 다. 남자를 무시하는 여자, 여자를 무시하는 남자가 되지 말고, 생명을 돈 으로 판단하지 말고, 서로 존중하는 마음을 가져야 합니다.

47

—

교회는 그리스도의 몸이다

2012. 11. 18.

에베소서 4:7-16

"우리 각 사람에게 그리스도의 선물의 분량대로 은혜를 주셨
나니 ∘ 그러므로 이르기를 그가 위로 올라가실 때에 사로잡
혔던 자들을 사로잡으시고 사람들에게 선물을 주셨다 하였도
다 ∘ 올라가셨다 하였은즉 땅 아래 낮은 곳으로 내리셨던 것
이 아니면 무엇이냐 ∘ 내리셨던 그가 곧 모든 하늘 위에 오르
신 자니 이는 만물을 충만하게 하려 하심이라 ∘ 그가 어떤 사
람은 사도로, 어떤 사람은 선지자로, 어떤 사람은 복음 전하
는 자로, 어떤 사람은 목사와 교사로 삼으셨으니 ∘ 이는 성도
를 온전하게 하여 봉사의 일을 하게 하며 그리스도의 몸을 세
우려 하심이라 ∘ 우리가 다 하나님의 아들을 믿는 것과 아는
일에 하나가 되어 온전한 사람을 이루어 그리스도의 장성한
분량이 충만한 데까지 이르리니 ∘ 이는 우리가 이제부터 어
린 아이가 되지 아니하여 사람의 속임수와 간사한 유혹에 빠

구속과 섭리

져 온갖 교훈의 풍조에 밀려 요동하지 않게 하려 함이라 ◦ 오
직 사랑 안에서 참된 것을 하여 범사에 그에게까지 자랄지라
◦ 그에게서 온 몸이 각 마디를 통하여 도움을 받음으로 연결
되고 결합되어 각 지체의 분량대로 역사하여 그 몸을 자라게
하며 사랑 안에서 스스로 세우느니라"

그리스도 안에서 권리를 누리고 의무를 행하자

에베소는 오늘날 터키에 위치해 있습니다. 에베소서의 핵심은 '하나님
을 믿는 그리스도 안에 있는 사람들은 누릴 것도 누리고, 의무로서 해야
할 일도 하자'는 것입니다. 믿는다고 하면서 누리는 것도 못 누리고, 할
일도 하지 않는 사람들이 많습니다. 주님이 보실 때는 착한 농땡이들만
모인 것과 비슷합니다. 바울이 3차 여행 때 3년이나 머물렀던 에베소 교
회에 계속 편지하는 내용이 "제발 35가지를 누리자"는 것입니다. 에베소
1장에서 4장까지 에베소 교회에 35가지의 누리는 내용을 말합니다. '그리
스도 안'이라는 말이 13번 나옵니다.

우리는 그리스도 안에서 죄 사함을 받았습니다. 예수를 믿고도 죄인이
라고 하는 것은 실제로는 예수를 믿지 않는 것입니다. 그분의 십자가에
죽으심을 믿으면서도 나는 죄인이라고 자꾸 말하면 안 됩니다. 다만 우
리는 인간이기 때문에 부족하다는 말은 할 수 있습니다. 주님은 우리를
만세전에 부르시고 은혜를 주시고 그리스도 안에서 새로운 삶을 살게 하
셨습니다. 우리가 마음먹고 노력하고 기도하면 무엇이든지 얻을 수 있습
니다. 예수를 믿는다고 하면서 나는 죄인이고 못한다는 말만 자꾸 하는

것은 예수가 아니라 자기를 믿는 사람입니다. 사람으로는 할 수 없어도 하나님은 무엇이든지 하실 수 있습니다.

행복과 감사도 훈련해야 한다

요즘 행복에 대한 말들을 많이 하는데, 행복도 훈련해야 합니다. 감사하는 삶도 훈련해야 합니다. 우리가 잘 모르면 감사할 일이 생기도록 기다리기만 합니다. 그러면 평생 감사하지 못합니다. 믿는 사람이 최고로 행복한 사람인데, 행복 훈련을 하지 않습니다. 일어나자마자 "행복합니다", "감사합니다"라고 말하면 하루 종일 행복합니다. 일어나자마자 웃고 감사하고 "이보다 좋은 삶이 어디 있나?"라고 말하면 그렇게 삽니다. 행복도 훈련해야 하고 건강도 훈련해야 합니다. 인간은 다 자기는 특별한 사람이고 훈련하지 않아도 잘할 것 같이 생각하지만 그것은 오해입니다.

하나님께서는 감사하는 자에게 감사할 일이 생기게 하십니다. 하나님은 행복하다고 말하는 사람을 행복하게 하십니다. "나는 부족하지만 예수님 안에서 무엇이든지 할 수 있다"고 말하는 사람은 무엇이든지 다 이룹니다. "내게는 왜 이렇게 문제가 많이 생기지?"라고 말하는 사람은 사실 거의 자기가 문제를 만드는 것입니다. "이렇게 되지 싶다"고 말하면 그렇게 됩니다. "세상에 복이라는 게 있나? 나만 그런 것도 아니고 주위 사람들도 다 그렇더라"고 하는 사람은 평생 고통스럽고 외롭습니다. 의사들의 연구에 의하면 "행복하다", "감사하다"라는 말을 자주 하는 사람과 "오늘도 어떻게 살지?", "죽지 못해서 살지"라고 푸념하는 사람의 삶을 추적 관찰한 결과, 전자의 사람들은 행복하고 건강하게 사는 반면에 후자의 사람들은 얼마 있지 않아서 다 병들고 가정에 문제가 생긴다는 것을 발견했습니다.

이러한 설교를 들을 수 있는 것이 그리스도 안에서의 복입니다. "내게 능력 주시는 자 안에서 무엇이든지 할 수 있다"고 말하는 사람은 정말 무엇이든지 할 수 있습니다. 부족하지만 하나님의 말씀 안에서, 부족하지만 십자가에 돌아가신 예수님 안에서 할 수 있습니다.

그리스도 안에서의 35가지 권리

본문에서 바울은 "만물을 충만하게 하려 하심이라"고 고백하며, 그렇게 고백하고 믿는 사람의 삶에 안 되는 것이 있겠느냐는 말을 합니다. 그리고 35가지 영적 복의 리스트를 작성합니다.

바울이 말하는 내용의 핵심은 그리스도 안에서 누릴 수 있는 영적 권리 중 35가지를 가르쳐 주겠다는 것입니다. 그 35가지가 바울이 에베소 교회에 하는 말입니다. 우리는 부족하지만 그리스도 안에서 최고의 사람이 될 수 있도록 부르셨으며 새사람으로 살게 하셨습니다. 돈보다 더 중요한 것이 말씀이고, 영적인 복입니다. 믿는 사람이 그리스도 안에서 누릴 수 있는 영적 복이 사실은 무한한데 우선 35가지만 말한다는 것입니다. 에베소서 1장에서 4장까지 바울이 말하는 내용을 '권리'라고 합니다.

교인의 의무

그런데 권리가 있으면 반드시 '의무'가 있습니다. 4장 이후부터 35가지의 의무를 말합니다. 오늘 본문은 의무 중의 의무인 "교회를 똑바로 관리하라"는 내용입니다. 에베소 교회에서 목사, 장로, 집사를 세우니 그것이 감투라고 생각해서 자기 자랑만 하고 예수를 말하지 않았습니다. 즉 "내가 깨달으니 어떻다"라는 식으로 권위를 세우는데, 바울은 말도 안 된다는 것입니다. 교회는 예수 그리스도의 몸으로서, 예수님을 목표로 하여 예수님의 영광과 사랑과 인격을 나타내기 위한 것이지, 너희들 자신을 자랑하고 너희들 생각대로 하는 것은 교회가 아니라는 말을 바울이 하고 있습니다.

그래서 바울이 강조하는 것이 "제발 교회부터 똑바로 하자"는 것입니다. 교회의 목표는 그리스도의 몸을 세우는 것입니다. 모든 성도가 그리스도 안에서 손이 되고 발이 되고 위장이 되고 발가락이 되어서 그리스도의 몸인 교회를 세우는 것입니다. 그러니 지금 바울이 에베소 교회에 하는 말이 "제발 예수 그리스도와 말씀 외의 다른 것으로 교회를 운영하지 말라"는 것입니다. "교회는 말씀이 육신이 되신 그분의 인격, 총괄적이고 통합적인 사랑의 인격자인 예수 그리스도를 나타내는 곳인데, 왜 직분이 감투인 줄 알고 네 식대로 하느냐?"라고 지적합니다.

"그리스도 안에서 경건함을 가지고 성장해라. 성숙하라. 완성되라"고 바울이 계속 말합니다. 그리고 가정을 똑바로 지키는 것에 대해서도 의무로서 말합니다. 그 외에도 남자와 여자는 어떻게 구별되고 존중해야 되는지, 자녀는 어떻게 교육시키고, 영적인 전쟁은 어떻게 해야 하는가에 대해 5-6장에서 말합니다. 귀신과 가신(家神), 공중권세 잡은 자들과 싸우는 법을 알아야 한다는 것입니다.

바울이 말하는 그리스도 안에서의 35가지의 누림을 하나도 못 누리면 믿는 사람이 아닙니다. 누릴 수 있는 힘과 능력도 없고 깨닫지도 못하면 오늘 다 회개하고 깨달아야 합니다. 또한 35가지의 의무도 말하는데, 그 많은 의무 중에 교회를 바로 세워야 한다는 것이 오늘 본문 말씀입니다. 우리 교회도 목회서신과 헌법에 따라서 원칙적으로 교회를 운영해 나가야 합니다.

그리스도 안에서 누림과 의무를 잘 이행하는 성숙한 신앙인이 되자

그리스도 안에서 우리가 부름 받고 누릴 내용이 35가지나 되는데, 아직도 스스로 죄인이라고 하고 못한다고 하고 지혜롭지 못하고 능력도 없는 것은 말이 안 됩니다. 그리스도 안에 있는 사람은 그럴 수 없습니다. 나는 행복하지 않다고 생각하십니까? 행복도 훈련해야 합니다. 감사할 일이 없다고 생각하십니까? 감사도 훈련해야 합니다. 이것이 하나님이 주신 '자유의지'입니다.

제가 예수님을 너무나 좋아하고 사랑하는 이유가 저는 타고난 기질이 약하고 죄의식도 많은데 그분이 십자가에 죽으심으로 말미암아 저를 사자처럼 살게 하시고 지혜롭게 하셨습니다. 그분으로 말미암아 그렇게 되었습니다. 저는 그렇게 되도록 새벽부터 훈련합니다.

그리고 35가지 의무가 있습니다. 그 내용들이 "교회를 똑바로 세워라", "새사람이 되어라", "영적 전쟁을 해라", "가정을 잘 지켜라"입니다. 우리 교회가 부흥할 수 있는 근원은 말씀과 예수밖에 없습니다. 이 교회는 그리스도의 몸입니다. 하나님께서 일을 시키기 위해 목사, 전도사, 장로, 집사를 세운 것이지 감투가 아닙니다. 그리스도를 위해 봉사하는 교회이고, 그리스도의 몸을 세우는 교회라는 것을 잘 알고 있어야 합니다.

맺는말

우리 교회는 과거 일제 강점기 때부터 오랫동안 영적 투쟁을 중심으로 교회를 이끌어 왔습니다. 그러다 보니 교인들을 돌보는 데 소홀했으며, 저부터 죄송하다는 말을 드립니다. 앞으로는 다 같이 의논해서 돌봄에도 힘을 써야 합니다. 교회는 능력 주시는 자 안에서 가난하고 불행한 자들을 돌볼 수 있어야 합니다. 그와 같은 교회가 진정한 교회입니다. 우리도 그리스도 안에서 교회를 바로 세워야 합니다.

48

우리도 예수님처럼 감사할 수 있을까

2012. 11. 25.

마태복음 11:25

"그 때에 예수께서 대답하여 이르시되 천지의 주재이신 아버
지여 이것을 지혜롭고 슬기 있는 자들에게는 숨기시고 어린
아이들에게는 나타내심을 감사하나이다"

지난 설교 복습

오바마가 재선된 후 사람들에게 나와서 엄지와 새끼손가락은 펴고 나
머지 가운데 세 손가락은 주먹을 쥔 모습을 들어 보였습니다. 한국에서
는 전화하겠다는 의미로 이런 손 표시를 하는데, 오바마가 이렇게 한 것
은 하와이에서는 이 표시가 "만나서 반갑습니다"라는 의미이기 때문입니
다. 이렇게 문화에 따라 보디랭귀지의 의미가 다릅니다. 이번 시간에 생
각해 볼 '감사'의 의미도 우리식이 아니라 성경적으로 이해해야 합니다.

지난 시간에는 믿는 사람이 얼마나 많은 복을 누릴 수 있는지에 대해서

말씀드렸습니다. 바울이 에베소 교회에 보내는 편지를 통해 믿는 사람이 누릴 수 있는 35가지의 복을 말했습니다. 바울은 또한 "다 누리게 되어 너무 감사하면 이제 의무를 다해라"고 하면서, 의무도 35가지로 규정해서 말했습니다. 우리는 과연 예수 그리스도를 믿고 몇 가지 정도의 복을 누리고 있습니까? 저는 꼽아 보니 20가지 정도였습니다. 많이 누리는 것입니다. 바울은 35가지를 말했는데, 그 외에도 무한하게 누릴 수 있어야 합니다.

감사의 참 의미를 알아야 한다

'감사하다'는 히브리어로 '야다'라고 합니다. "여호와께 감사하라(시 107:1)"는 원어로 "야다 아도나이"입니다. 성경의 감사는 '내가 이렇게 잘 살도록 해 주셔서 감사하다'가 아니라, 존재 자체로서 삼위 하나님께 감사하는 것입니다. 그분께서 천지창조를 하셔서 우리를 인간으로 태어나게 하셨습니다. 새나 말이 아니라 인간으로 태어나게 하심에 먼저 감사 드려야 합니다. 우리의 모든 감사의 목표와 방향은 '삼위하나님에 대한' 감사입니다. 이것이 감사의 가장 중요한 핵심입니다.

그리고 예수 그리스도를 통해 우리를 구속하셨으므로 우리의 모든 기질과 한계를 극복할 수 있는 비밀을 알게 되었습니다. 그래서 두 번째로는 예수님의 성육신과 십자가에 죽으심과 부활하심에 감사해야 합니다. 세 번째로는 예수님의 이름으로 오시는 성령 하나님께 감사해야 합니다. 이 감사만 하루에 세 번 하면 모든 문제가 해결됩니다. 하나님은 필요하신 것이 하나도 없습니다. 하지만 우리는 많습니다. 그래서 하나님께서

구속괴 섭리

는 우리가 원하는 것을 이루어 주시는 방식으로 하나님이심을 증명하십니다. 오늘은 "야다 아도나이"라고 서로 인사해봅시다. "여호와"라고 하나님의 이름을 바로 말하면 안 됩니다.

이스라엘 민족의 세 번의 절기와 감사의 본래적 의미

오늘의 주제는 '우리도 이 땅에 살면서 예수님처럼 감사할 수 있을까?'라는 것입니다. 우리는 우리식대로 감사합니다. 그래서 우리의 감사는 뒤에 아무런 능력이 없습니다. 예수님의 감사를 배워야 합니다. 똑같은 감사 같지만 그 결과는 완전히 다르기 때문입니다. 예수님의 감사는 놀랍고 탁월한 세계를 열고 기적을 일으키시는 감사입니다. 우리는 감사를 외치면서도 왜 변화가 없는지, 왜 아무 일도 안 일어나는지, 왜 하나 마나 한 감사인지, 이번 시간에는 이것을 한번 검증해 봅시다.

출 23:14 "너는 매년 세 번 내게 절기를 지킬지니라"

하나님께서 모세에게 매년 세 번의 절기를 지켜야 한다고 하셨는데, 그 세 번의 절기가 17절까지 나옵니다. 오늘 기억할 것은 감사의 본래적 의미입니다. 이스라엘 민족이 1년에 세 번 절기를 지켜야 하듯이, 우리도 예수님처럼 최고로 살려면 하루에 적어도 세 번은 감사해야 합니다. 새벽에 일어났을 때, 낮에, 저녁 기도에서 감사해야 합니다.

이스라엘 민족은 첫째 절기로 유월절을 반드시 지켜야 했습니다. '이집트의 홍해를 가르고 나왔는데 먹을 것이 없더라'가 아니라 '하나님께서 종 되었던 우리를 자유인이 되게 하셨고, 감사하며 살 수 있게 하셨다'라고 그 은혜에 감사하며 지내는 것이 유월절의 의미입니다. 우리의 감사가 효과가 없는 것은 성경이 가르친 원래 의미의 감사가 아니기 때문입니다. "여호와께 감사하라(시 107:1)"는 것은 하나님께서 어떻게 행하셨음에 대한 감사입니다. 우리는 하나님께 감사해야 합니다. 시편 107편 1절 이후부터 하나님의 성품이 고백됩니다. 그는 사랑이시며 그 인자하심이 창조 때부터 태말까지 영원하신 분이니 그 하나님을 찬양해야 한다는 내용입니다. 이스라엘의 두 번째 절기는 맥추절이고, 세 번째 절기는 수장절입니다. 오늘 우리 교회의 감사 주일은 가을걷이를 한 후 '하나님께서 나를 축복하셨다'는 마음으로 하나님께 감사하는 날입니다. 이스라엘은 그들의 농사 절기에 따라 하나님께 감사합니다.

출애굽기 23장에서 말하는 원래의 감사의 의미를 알면 참으로 복됩니다. 앞에서도 말씀드렸지만 원래 감사의 의미는 첫째가 '하나님께 대한 감사'이며, 둘째는 '예수 그리스도에 대한 감사', 셋째는 '성령 하나님에 대한 감사'입니다. 우리는 자기 멋대로 감사하면서 효과는 극대로 보려 하는데, 주님의 감사를 알고 그 내용을 배워서 올바른 감사를 해야 합니다.

예수님의 첫 번째 감사: 갈릴리 전도 실패 후

놀랍게도 예수님은 벳새다와 고라신과 가버나움 전도에 실패하셨습니다. 그렇게 많은 표적과 기사를 행하셨는데도 믿는 사람이 없었습니다. 그런데 더 놀라운 것은 실패했음에도 예수님은 "다 아버지의 뜻이다"라고 하시며 감사하신다는 것입니다. 예수님은 사랑하면서 최선을 다하셨기 때문입니다. 최선을 다한 사람만이 자기의 실패를 인정합니다. 최선으로 전력투구했다면 실패해도 아무런 스트레스를 안 받습니다. 아버지의 뜻이기 때문입니다. 그러니 포기해도 괜찮습니다. 열심히 최선을 다했으니까 괜찮습니다. 하지만 그때의 상황은 요즘으로 치면 어떤 사람이 사업을 시작했다가 망했는데, 폐업 기도를 하는 것과 비슷합니다. 예수님은 지금 폐업했는데 감사 기도를 하시는 것입니다. 모두 아버지 뜻이기 때문입니다. 예수님 기도의 특징은 열심히 최선으로 했을 때 안 되더라도 "아버지의 뜻입니다. 저는 할 일을 다 했어요" 하고 감사하는 것입니다.

깡패 같은 도시 가버나움에 주님은 분노까지 하셨습니다. 가버나움은 예수님의 선교 센터였습니다. 베드로와 야고보의 집도 전부 가까이 있었습니다. 그런데 그곳에서 큰 능력을 행하시고 말씀을 전했는데도 모두 듣지 않습니다. 어떤 사람은 오만해서 안 듣고, 어떤 사람은 어렵다가 돈좀 벌었다고 안 듣고, 어떤 사람은 성경에 금지규정이 많으니까 자기 멋대로 살려고 예수를 안 믿습니다. 우리가 첫째로 예수님께 배워야 할 것은 최선을 다하고 안 되었을 때에도 감사하는 것입니다. 전도도 최선을 다했으나 안 될 때는 아버지의 뜻이라는 것입니다. 우리는 이 진실에 도달하는 삶을 살아야 합니다. 이것은 자기 정당화가 아닙니다.

예수님의 두 번째 감사: 오병이어

예수님이 능력이 있다고 소문이 나니 사람들이 따라다녔는데, 어느 날은 도시락도 하나도 준비하지 않고 남자만 5천 명이 따라왔습니다. 부인들과 아이들도 있었을 것이므로 이들을 합치면 총 1만 명도 넘는다고 봐야 할 것입니다. 예수님이 말씀을 다 전하시고 보니 때가 되었는데 먹을 것이 아무것도 없습니다. 그때 예수님은 제자 교육을 시키기 위해 빌립을 시험하셨습니다. 빌립은 현대인과 비슷한 계산쟁이입니다. 주님께서 빌립에게 "어디서 떡을 사서 이 사람들을 먹이겠느냐?"라고 하시자 빌립이 "사람들에게 조금씩만 나눠 준다 하더라도 이백 데나리온의 떡이 부족할 것입니다"라고 대답했습니다. 당시 하루 품삯이 1데나리온이니 200데나리온이면 아주 많은 돈입니다. 그러니 빌립이 지금 말하고자 하는 것은 그런 많은 돈이 있어도 이 많은 사람들을 먹이기에는 부족하다는 뜻입니다. 그때 안드레가 주님께 한 아이가 보리떡 다섯 덩어리와 구운 생선 두 마리를 가지고 있다고 말씀드렸습니다. 주님은 그것을 가져오라고 하시고 모인 군중들을 질서를 잡아 앉게 하셨습니다. 그리고는 '감사 기도'를 하셨습니다.

예수님께서는 인간의 한계와 모든 '유한성' 앞에서 기도하셨습니다. 그것도 감사 기도를 하셨습니다. 인간은 큰 어려움과 한계를 만나면 하나님을 원망하고 "그러면 그렇지"하면서 끝내 버립니다. 인간은 결국 하나님을 믿지 않기 때문입니다. 안 되는 것은 기도하면 되고, 결국 안 된다고 하더라도 그것은 하나님께 달린 일인데, 인간은 끝까지 혼자서 막장 드라마를 씁니다. 감사 기도를 해야 할 때인데, "이래도 안 되고 저래도 안 되는데 내가 어떻게 하라고?" 하고는 끝납니다. 하지만 예수님은 거기서 감사 기도를 하십니다.

인간이 진실해지면 자기가 할 수 없는 것과 안 되는 것을 압니다. 세상이 얼마나 살기 어려운지 알게 됩니다. 인간은 정직해질수록 '된다, 안 된다'에 대한 분명한 깨달음이 있습니다. 그런데 진실하지 않으니 원망만

하고, 자기가 안 된다고 하나님도 못 하시는 줄 압니다. 우리는 좋을 때 기도하고, 안 좋을 때는 기도하지 않습니다. 인간이 할 수 있는 것과 할 수 없는 것이 있는데, 망하려면 꼭 할 수 없는 것에 매달립니다. 하지만 '사람으로는 할 수 없지만 하나님은 무엇이든지 하실 수 있다는 것'이 중요하고, 이것이 예수님의 두 번째 감사 기도의 핵심입니다.

보리떡 다섯 개와 물고기 두 마리를 두시고 축사하셨다고 했는데, '축사'라는 말은 '축복하시고 감사하시다'라는 뜻입니다. 아무것도 없는데 축복하고 감사하셨다는 것입니다. 예수님께서 축사하신 후 "나눠 주라"고 하셨습니다. 인간이 할 수 없는 것에서 출발하는 것이 바로 믿음입니다. 자기를 믿는 것이 아니라 하나님을 믿는 것입니다. 공짜 심리와 욕심에서가 아니라 진실하게 기도하는 것입니다. 어렵다는 말의 그다음이 있어야 하는데, 그것이 감사 기도입니다. 감사 후에는 무엇을 도와야 할까에 대한 헌신이 있어야 합니다. 우리는 예수 그리스도를 믿는 사람입니다. 자기를 믿는 것을 포기하고 그분을 믿어야 합니다. 할 수 없다는 막다른 골목에서 그분의 이름을 부르며 감사 찬송해야 합니다.

예수님의 세 번째 감사: 나사로의 죽음 앞에서

예수님의 친구 사랑하는 나사로가 병들어 죽었습니다. 예수님은 그 시체가 누운 곳에 가서서 감사 기도를 하셨습니다. 세상에 이런 일이 있을 수 없습니다. 장례 치른 곳에 가서 모두가 슬피 우는데 감사 기도하면 큰일 날 수도 있습니다. 나사로가 죽고 이제는 썩어 가면서 냄새까지 나는데, 그 죽음 앞에서 예수님은 "아버지여 감사합니다"라고 하셨습니다. 우리는 병들고 어려울 때 빨리 나으려고 기도하지만, 병들었을 때 고치는 기도는 그저 하나님께 감사하는 것입니다. 자꾸 자기 문제를 이야기하지 말고 그저 감사하는 것입니다. 그리고 하나님의 교회를 위해 헌신하는 것입니다. 우리 교회가 약하지만 그것을 깊이 인정하고 예수님처럼 감사 기도해야 합니다.

죽은 나사로는 염을 해서 동굴에 넣어 놓았습니다. 예수님께서는 이미 죽은 나사로의 무덤에 가서 감사 기도를 하셨습니다. 우리는 병들고 어려우면 감사 기도는 하지 않고 불평 기도만 합니다. 오히려 어렵고 불행할 때 감사 기도를 하면서 자기 부족이 무엇인지를 고해야 합니다. 예수님이 자기 부족을 말하지 않은 것은 그분은 자기 부족이 없기 때문입니다. 예수님은 우리에게 모범을 보이시려고 기도하신 것입니다. 우리도 죽음 앞에서 감사 기도를 할 수 있을까요? 어렵고 힘든 일이 있을 때 감사 기도를 할 수 있을까요? 주님께서는 나사로의 죽음 앞에서 "너 믿으면 하나님의 영광 보리라"고 말씀하셨습니다. 이제 감사의 차원을 열어 봅시다. 믿으면 영광을 본다고 하셨습니다. 기도가 영광을 보게 합니다.

저도 하려는 일들 중 많은 일들이 어려워서 항상 기도합니다. 무엇을 하려고 하면 항상 자기 자신부터 엇박자입니다. 예컨대 내일 일찍 일어나서 뭐 해야지 하면 바로 못 일어납니다. 그리고 남자나 여자는 어떤 이상적인 여성상과 남성상이 있어서 서로 평생 싸우면서 고치려고 하지만, 결국 마지막에 가면 하나도 안 변했다는 것만 알게 됩니다. 결혼해서 살면서 남편들의 가장 큰 오해가 자기식대로 부인을 길들일 수 있다고 생각하는 것인데, 하나님께서 창조하실 때 내분비 호르몬을 반대로 흐르게 해 놓으셔서 그것은 불가능합니다. 옛날 고사에 어떤 사람이 부인을 마음대

구속과 섭리

로 못 해서 너무 답답해하니 한 지혜자가 와서 "네가 황소의 목을 안고 휘어 봐라"고 하면서 "황소의 목을 휘게 할 수 있다면 네 부인도 길들일 수 있을 것이다"라고 말했습니다. 그것은 안 된다는 말입니다. 하나님께서 창조하신 생명은 절대 자기식대로 이래라 저래라 해서는 안 됩니다. 우리 모두 자기 한계가 무엇인지 알고 감사 기도합시다.

설교 요약

예수님께서 감사를 통해 여신 세계는 하나님만이 하실 수 있는 일입니다. 죽은 자가 사는 것, 오병이어의 기적 등 그 모든 예수님의 기도는 '인간은 할 수 없는데 하나님만이 하실 수 있음'을 우리에게 계시하신 것입니다. 그러니 기도할 때 하나님을 믿어야 합니다. 자기를 믿으면 아무것도 안 됩니다. 오늘 이것 하나만 배워 가도 개인적으로 천지가 개벽합니다. 삶이 달라집니다.

오늘 설교를 요약하겠습니다. 첫째로 실패했음에도 감사하시는 예수님입니다. 다 아버지의 뜻이라고 하셨습니다. 아버지를 믿고 기도했으니 잘 되든지 안 되든지 그것은 아버지 뜻이라는 것입니다. 그분은 안 된다고 화내고 절망하지 않았습니다. 우리는 기도할 때 우리의 공로로 기도하면 안 됩니다. 즉 "제가 뭐 했지 않습니까?", "우리 교회가 과거에 이런 일들을 했지 않습니까?"라는 식으로 기도해서는 안 된다는 말입니다.

둘째로 오병이어의 기적입니다. 보리떡 다섯 개와 생선 두 마리는 한두 사람의 식사밖에는 안 되는 양입니다. 그런데 그것으로 오천 명이 넘게 먹었습니다. 상식적으로는 말도 안 되는 이야기입니다. 여기서 핵심은 불가능한데도 감사하며 기도했다는 것입니다. 만약 우리가 그런 상황에 있다면 돈 따지고 사람 따지면서 무조건 안 된다고 했을 것입니다. 예수님을 아는 사람은 그래서는 안 됩니다. 예수님처럼 "제가 열심히 해 보겠습니다"라고 해야 합니다.

세 번째는 나사로의 죽음 앞에서 감사 기도 하신 것입니다. 이 사건이 의미하는 것은 죽음과 병과 불행과 사고 앞에서도 감사 기도해야 한다는 것입니다. 그럼으로써 우리는 예수께서 이 땅에 오셔서 보여 주신 하나님의 놀라운 기적의 세계를 볼 수 있고 체험할 수 있습니다.

우리는 자기도 모르게 자기를 우상화해서 스스로를 믿습니다. 그러면서 "역시 안 되네", "뭐 없네" 하면서 살아갑니다. 그래서는 안 됩니다. 오직 삼위 하나님을 믿어야 합니다. 앞으로 우리 교회가 나아가는 일에 있어서도 모두가 예수님의 감사 기도를 배워서 모든 문제를 타개해 나가야 할 것입니다.

49
—
제자들에게 할 일을 분부하시다

2012. 12. 2.

마태복음 28:16-20

"열한 제자가 갈릴리에 가서 예수께서 지시하신 산에 이르러 ○ 예수를 뵈옵고 경배하나 아직도 의심하는 사람들이 있더라 ○ 예수께서 나아와 말씀하여 이르시되 하늘과 땅의 모든 권세를 내게 주셨으니 ○ 그러므로 너희는 가서 모든 민족을 제자로 삼아 아버지와 아들과 성령의 이름으로 세례를 베풀고 ○ 내가 너희에게 분부한 모든 것을 가르쳐 지키게 하라 볼지어다 내가 세상 끝날까지 너희와 항상 함께 있으리라 하시니라"

설교 복습

예수님이 승천하시기 직전에 제자들과 모든 믿는 자들에게 명령하셨습니다. 예전에는 '명령'이라고 표현했는데, 요즘 신학에서는 부드럽게 '위임'이라고 표현합니다.

지난 시간에는 예수님처럼 감사하자는 말씀을 드렸습니다. 예수님은 전도에 실패하셔서도 아버지의 뜻이라고 감사하셨고, 인간적인 마지막 한계에서 기도하셨습니다. 나사로의 죽음 앞에서 기도하셨고, 보리떡 다섯 개와 물고기 두 마리 앞에서도 기도하셔서 기적을 일으키셨습니다. 진실하고 정직한 사람은 무엇이든지 열심히 합니다. 그리고 자기가 할 수 있는 것과 할 수 없는 것을 알게 됩니다. 진실하지 않으면 다른 사람들의 의견을 무조건 따라가거나, 실패할 수밖에 없는 일을 합니다.

우리는 예수 그리스도의 십자가의 죽으심과 부활을 통해 부름을 받은 생명들입니다. 부름 받은 사람에게는 반드시 권리와 의무가 있습니다. 왜 우리가 하나님의 말씀을 듣기 위해서 교회에 왔는지, 교회의 목적은 무엇인지에 대하여 개념 정리를 분명하게 해야 합니다. 우리는 예수님의 십자가의 죽으심을 통해서 구속받은 사람들입니다. 그러니 예수님의 명령과 말씀을 따라서 순종하고 살아야 합니다. 이 원칙에 어긋나는 일들이 너무 많기 때문에 거듭 강조를 드리는 바입니다. 우리는 예수님의 십자가의 죽으심과 부활을 통해, 즉 예수 생명을 통해 참 생명을 얻은 사람들입니다. 생명은 반드시 목표로 세운 것에 대해서 권리와 의무를 가지고 일하는 자입니다.

예수님의 첫 번째 명령: 가서 제자 삼으라

예수님은 세 가지를 명령하셨는데, 그 첫 번째 명령이 "가서 제자 삼으라"입니다. 그 대상은 모든 민족입니다. "모든 민족을 제자로 삼으라. 하늘과 땅과 사람에 대한 모든 구속과 구원의 권세를 내게 주셨다"라고 하셨습니다. 마태복음 4장에서 시험받으실 때는 십자가에 죽으시고 부활하시기 전이니까 마귀가 온 세상을 보여 주면서 "내게 절만 하면 이 모든 것을 주겠다"고 했습니다. 성경에 의하면 이때는 하늘과 땅과 세상의 모든 권한이 마귀에게 속해 있었습니다("그 때에 너희는 그 가운데서 행하여 이 세상 풍조를 따르고 공중의 권세 잡은 자를 따랐으니 곧 지금 불순종의 아들들 가운데서 역사하는 영이라" 엡 2:2). 이 세상의 실제적 주권자는 하나님이시지만 창조하신 생명들의 영적 성숙을 위하여 마귀에게 잠시 세상 권한을 준 것인데, 마귀는 자기가 세상의 권세를 실제적으로 가진 것으로 오해하고 생명들을 속입니다. 그리고 예수님께 자기에게 절만 하면 이 권세를 다 주겠다고 유혹했습니다.

그러면 마귀가 노리는 힘은 무엇입니까? 바로 사망권세입니다. 그리고 현실 속에서 먹고 사는 돈 문제입니다. 사탄은 돈 문제와 죽음 문제를 가지고 모든 생명들을 수준 없게 살도록 만듭니다. 예수님이 십자가에 죽으시기 전이고 공생애 시작 때이니 사탄이 그 권세를 가지고 있는 것입니다. 예수님이 시험 받으실 때는 전 현실 세계가 사탄의 권한 아래에 있어서 마귀, 즉 사탄이 돈 문제와 사망권세로 사람들을 협박하면서 사람들이 진실하게 살지 못하게 하는 것입니다.

마태복음이 이야기하는 원리를 확실히 알고 있어야 합니다. 예수님은 "이제 내가 십자가에 죽고 부활해서 사망권세를 이겼다. 그러므로 아버지께서 내게 권한을 다 일임하셨다"고 했습니다. 무조건 믿는 것이 아니라 말씀을 따라서 확실하게 알고 있어야 합니다. 예수님 안에서 그분의 말씀에 순종하고 살면 세상을 이깁니다. 돈의 심각성을 이길 수 있습니다. 죽음의 권세를 이길 수 있습니다.

예수님께서는 "가서 제자 삼으라. 모든 민족을!"이라고 말씀하셨습니다. 유대의 랍비들은 유대인 남자 외에는 교육을 시키지 않습니다. 그런데 예수님께서는 유대인 외에도 모든 민족을 제자로 삼으라고 하셨습니다.

예수님의 두 번째 명령: 세례를 베풀라

예수님의 두 번째 명령은 "모든 민족을 제자 삼은 후에 아버지와 아들과 성령의 이름으로 세례를 주어라"는 것입니다. 구약에는 아버지와 아들과 성령의 이름으로 주는 세례가 없었습니다. 세례 요한이 와서 처음으로 물로 세례를 베풀었고, 성령으로 세례를 주시는 예수님을 소개했습니다.

예수님의 세 번째 명령:
내가 너희에게 분부한 모든 것을 가르쳐 지키게 하라

예수님의 세 번째 명령은 "내가 말한 모든 것을 가르쳐 지키게 하라"는 것입니다. 가장 먼저 가르칠 것은 예수 그리스도의 공생애와 산상수훈 등의 말씀입니다. 그분은 공생애 동안 35가지 이적을 일으키시면서 기적을 행하실 때마다 말씀을 하셨습니다. 예수님의 공생애에 행하신 일들과 말씀들을 가르쳐 지키게 해야 하는데, 먼저 가르치는 것부터 쉽지가 않습니다. 반복해서 가르쳐야 하기 때문입니다.

가르칠 때 잘 듣기는 하는데 행하지 않는 사람이 있고, 행하기는 하는데 뜻도 모르고 자기 식대로 행하는 사람이 있습니다. 인간의 뇌가 이렇

구속과 섭리

게 되어 있습니다. 행함을 안 가르치면 평생 배우기만 하다가 끝납니다. 선교사들의 기록에 보면, 순교 각오하고 싸우라고 하면 잘 싸우기는 하는데 왜 싸우는지 모르는 사람, 예수를 가르치면 말만 잘하고 행하지 않는 사람이 있다고 합니다. 가르침도 반복적으로 지속적으로 해야 합니다. 유년기와 10대 때에도 가르치고, 기다렸다가 20대, 30대, 40대, 50대, 60대에도 계속 가르쳐야 합니다. 그런데 가르치면 듣기 싫어서 "또 설교하나? 설교 좀 그만해라"고 합니다. 가르치면 양심에 찔리니까 싫어하는 것입니다.

하지만 또 가르치기만 해서는 안 됩니다. 주님께서 "가르쳐 지키게 하라"고 하셨기 때문입니다. 그런데 행하게 하는 일은 엄청나게 어려워서 대부분 행하지 않거나 자기 식대로 행합니다. 요즘 뇌 생리학을 공부해 보니 사람의 뇌 자체가 그렇게 되어 있습니다. 뇌 자체가 편한 것만 추구해서 듣는 것만 좋아하고 행함은 싫어합니다. 그런가하면 뇌의 다른 유형은 뜻도 모르고 자기 식대로 행하는 것은 좋아하는데 듣기는 싫어합니다. 인간을 변명하자는 것이 아니라 인간 자체의 문제를 잘 알고 있어야 하기에 이 말씀을 드립니다.

한 번 더 강조합니다만, 무엇을 가르치느냐가 중요합니다. 오직 예수님과 말씀만을 가르쳐야 합니다. 인간은 일반적으로 예수님을 가르치지 않고 자기 자랑하고 자기 지식을 가르치라고 하면 침을 튀기면서 가르칩니다. 자기를 드러내고 자기 잘난 것을 이야기할 때는 피곤해하지도 않습니다. 그런데 예수님과 말씀을 가르치는 것은 싫어합니다. 자식들에게도 예수님과 말씀을 가르쳐 보면 마음을 상하게 해서 그만 두고 싶습니다. 자식들과의 관계에서 가장 어려운 것이 예수님을 가르치고, 행동하게 하는 것입니다. 교회에 처음 오는 신도들에게는 교리를 가르치기도 하지만 결국 말씀을 가르쳐야 합니다. 말씀을 가르치지 않으면 사람에게 별로 도움이 되지 않습니다. 말씀을 배우러 온 생명에게 말씀이 아닌 다른 것을 가르치는 것은 그 생명에게 죄를 짓는 것입니다.

예수님의 명령을 지켜 행하자

"내가 너희에게 분부한 모든 것을 가르쳐 지키게 하라 볼지어다 내가 세상 끝날까지 너희와 항상 함께 있으리라" 예수님께서 이렇게 약속하시고 승천하셨습니다. 모든 성도는 그리스도의 몸으로서, 그리스도의 몸을 바로 세우는 것이 교회의 일입니다. 따라서 우리는 예수님을 높이기 위해서 이 자리에 왔고, 예수 그리스도의 몸을 세우기 위해서 직임을 맡았습니다. 그러므로 예수님이 우리에게 명령하신 것을 지켜내야 합니다. 예수님은 제자들에게 "가서 제자 삼으라"고 말씀하셨습니다. 그런데 그 전에 밑그림으로 제자들에게 3년간의 훈련을 시키셨습니다. 그 후에 다른 사람을 제자 삼으라고 하셨습니다. 그리고 "아버지와 아들과 성령의 이름, 삼위하나님의 이름으로 세례를 주어라", "가르쳐지키게 하라"고 말씀하셨습니다. 이 순서를 잘 알고 있어야 합니다.

오직 말씀과 예수님만 가르쳐야 하는데, 다른 것을 가르치는 것을 이단이라고 합니다. 그런데 인간은 예수님 가르치는 것을 싫어하고 대신 자기를 가르칩니다. 말씀 가르치는 것이 싫고 자기 말 하는 것을 좋아합니다. 말에서 한 단계 더 나아가면 대화를 하는 것인데, 대화하는 것도 싫어하고 자기 말만 실컷 하다가 가 버리는 사람이 많습니다. 말이 많은 사람

구속과 섭리

이 항상 다른 사람보고 말이 많다고 합니다. 자기 말만 실컷 하고 가는 것을 '말 치매'라고 합니다.

"모든 민족을 제자 삼으라. 아버지와 아들과 성령의 이름으로 세례를 주어라. 가르쳐 지키게 하라" 예수님의 이 간단한 명령을 우리에게 적용해 봅시다. 각 가정에서는 가정 예배를 꼭 드려야 합니다. 말씀을 읽으면서 함께 기도해야 합니다. 부부는 오래 같이 살아서 서로의 결점을 잘 압니다. 그리고 그 결점을 포용하기 힘듭니다. 그러나 서로의 결점을 포용하고 용서해야 합니다. 우리 모두 십자가에 죽으신 주님의 사랑 안에서 잘못을 용서받았기 때문입니다. 모든 민족에게 하기 전에 우리는 먼저 자기 자신에게, 그리고 가족부터 가르쳐서 교회에 나오도록 해야 합니다. 하나님의 말씀과 그리스도를 통해 새로워져야 합니다. 먼저 "너와 네 집이 구원을 얻으리라"는 말씀이 이루어져야 하기 때문입니다. 예수님께서 우리에게 위임하신 것을 확실히 이루어 나가야 합니다.

50

아하스왕 때 임마누엘이 예언되다

2012. 12. 9.

이사야 7:14

"그러므로 주께서 친히 징조를 너희에게 주실 것이라 보라 처
녀가 잉태하여 아들을 낳을 것이요 그의 이름을 임마누엘이
라 하리라"

하나님이 보여 주시는 징조를 거부한 아하스

오늘은 예수 그리스도의 예언에 대한 역사적인 배경도 알고 그분을 왜
찬송하고 감사하는지에 대해서 생각해 보는 시간을 가지겠습니다. 12월
은 예수님이 탄생하실 때 하늘 문이 열려서 계시와 복과 구원의 역사를
베푼 달이므로 좀 어렵지만 말씀을 깊이 생각하고 연구하는 시간을 가질
것입니다. 12월은 예수 그리스도에 대해 예언된 이사야서를 중심으로 설
교할 것입니다.

오늘 본문은 유다의 아하스 왕 당시 국내, 국제적인 위기 상황 속에서

이사야 선지자가 예언한 내용입니다. 이사야는 하나님께서 유대 민족에 대해서 구원을 베푸실 것이므로 아하스 왕에게 징조를 구하라고 했습니다. 일반적인 상식이라면 이 상황에서 아하스가 이사야 선지자에게 "너무 감사합니다" 하면서 겸손한 모습을 보여야 하는데, 아하스는 징조를 구하지 않겠다고 하면서 거부했습니다. 아하스 왕은 왜 하나님의 말씀을 거역했을까요?

사 7:10-13 "여호와께서 또 아하스에게 말씀하여 이르시되 ○ 너는 네 하나님 여호와께 한 징조를 구하되 깊은 데에서든지 높은 데에서든지 구하라 하시니 ○ 아하스가 이르되 나는 구하지 아니하겠나이다 나는 여호와를 시험하지 아니하겠나이다 한지라 ○ 이사야가 이르되 다윗의 집이여 원하건대 들을지어다 너희가 사람을 괴롭히고서 그것을 작은 일로 여겨 또 나의 하나님을 괴롭히려 하느냐"

이 본문이 이상하지 않습니까? 하나님께서 구원하시겠다고 징조를 베풀려고 하는데 아하스가 거절합니다. 우리의 신앙과 상식으로는 있을 수 없는 일입니다. 오늘 말씀드리는 것은 아하스 왕이 왜 하나님의 계시를 거부했느냐에 대한 것입니다. 먼저 아하스 왕이 어떤 사람인지 잘 알고 있어야 합니다. 우리가 "예수님"이라고 하면 무조건 흥분하고 감동할 문제가 아니라, 예수님이 아하스 왕 때에 예언되었는데 그 당시의 상황이 어떠했는지 잘 아는 것이 중요합니다.

역사를 기록하는 관점에 따라 다른 역사서

역사 드라마나 영화를 만들 때 옛날에는 실록 속의 실제 역사 중심으로 만들었는데, 요즘에는 재미를 위해 상상력으로 픽션을 가미해서 역사를 새롭게 해석해서 만듭니다. 현대인들은 역사적인 사실은 모르면서 픽션화한 드라마에 열광하고 있습니다. 실제적인 역사와 재미를 위해 픽션을 가미시킨 차이점은 분명히 알고 있어야 합니다. 마찬가지로 예수 사건에 대해서도 역사적인 배경을 모르고 흥분해서 예수를 말하거나, 문맥을 모르고 본문 한두 줄만 떼서 해석하면 안 됩니다.

각 나라마다 역사서가 있습니다. 조선시대에도 왕조가 바뀔 때마다 왕들에 대한 역사서가 있었고, 그것을 기록한 사람을 '사관'이라고 합니다. 사관들이 왕들의 말이나 하루 전체의 일거수일투족을 정밀하게 기록한 것을 '실록'이라고 합니다. 유대나라에도 왕들에 대한 실록이 있습니다. 성경에는 두 권이 있는데, 하나는 열왕기상하이고, 다른 하나는 역대상하입니다.

역사를 기록할 때 많은 자료도 중요하지만 역사가의 관점인 '사관(史觀)'이 매우 중요합니다. 조선시대의 사관은 유학과 성리학 중심이었습니다. 이스라엘의 역사 기록은 관점에 따라 차이가 있습니다. 열왕기상하는 선지자적인 입장에서 기록했고, 역대상하는 제사장적인 관점에서 기록했습니다. 선지자적인 입장은 신명기적 관점에서 율법을 잘 지켰는가를 기준으로 보는 D문서에 해당합니다. 제사장적인 관점은 하나님께 예배드리는 방식에서 5대 제사를 똑바로 드렸는지 안 드렸는지를 기준으로 보며, P문서라고 합니다. 하나님의 말씀은 이와 같이 신학적인 관점을 알

구속과 섭리

고 풀어야지 자기식대로 마구 해석하면 안 됩니다.

시리아 - 에브라임 전쟁

아하스 왕 당시 유대나라는 지정학적으로 북쪽의 아시리아와 남쪽의 이집트 사이에 위치해 있었습니다. 당시에는 해운이 발달하지 않았으므로 제국들 사이에 누가 대장인지 판가름하기 위해 항상 땅 위에서 큰 전쟁이 일어났습니다. 아하스 왕 때에도 큰 전쟁이 일어났는데, 세계사에서는 '시리아 - 에브라임 전쟁'이라고 합니다. 초승달지역의 수메르 문화권에서 철기 문명으로 아시리아가 강대하게 일어났는데, 디글랏 빌레셀 왕 때 정복 전쟁을 하기 시작했습니다. 먼저 시리아, 즉 아람의 국경선을 압박하면서 항복하라고 했는데, 당시 아람의 대답은 "우리는 당신들의 정복 전쟁을 받아들일 수 없다. 우리는 싸우겠다"였습니다. 아람과 이스라엘이 동맹을 맺으며 당시 남유다의 왕인 아하스에게도 동맹을 제안했습니다. 그런데 아하스는 거절했습니다. 그러자 아람과 이스라엘 연합군은 유다를 치기로 하고 유다의 예루살렘을 먼저 공격하기 위해서 내려왔습니다. 이 전쟁이 바로 시리아 - 에브라임 전쟁입니다.

아하스 혼자 중근동에서 왕따가 되어 두려움에 떨고 있을 때 이사야 선지자가 왔습니다. "저들과 연합전선을 펴지 않은 것은 잘 한 일입니다. 이제 하나님께 의지하십시오"라고 했는데, 아하스는 "저는 여호와를 의지하지 않겠습니다. (아시리아에 붙겠습니다.)"라고 했습니다. 오늘 본문이 그 장면입니다. 하나님의 백성으로서 하나님을 신앙해야 한다고 선지자가 말했는데, 아하스는 현실 속에서 가장 강한 아시리아를 신앙하겠다고 말하고 있는 것입니다.

하나님을 믿지 않고 아시리아를 의지하는 아하스

역대하 28장이 이 내용에 대해서 기록하고 있습니다. 역대하는 선지자가 아니라 제사장의 관점입니다. 여기서는 아하스에 대해서 어떻게 기록했을까요? 열왕기와 역대기의 사관이 다른 관계로 내용에 조금씩 차이가 있습니다.

> 대하 28:1-3 "아하스가 왕위에 오를 때에 나이가 이십 세라 예루살렘에서 십육 년 동안 다스렸으나 그의 조상 다윗과 같지 아니하여 여호와 보시기에 정직하게 행하지 아니하고 ◦ 이스라엘 왕들의 길로 행하여 바알들의 우상을 부어 만들고 ◦ 또 힌놈의 아들 골짜기에서 분향하고 여호와께서 이스라엘 자손 앞에서 쫓아내신 이방 사람들의 가증한 일을 본받아 그의 자녀들을 불사르고"

아하스는 20세에 왕위에 올랐으며 16년간 다스리다가 일찍 죽었습니다. 아하스의 아버지는 요담으로서, 그는 성군 중의 한 사람이었습니다. 요담의 아버지는 웃시야인데, 웃시야는 정치는 아주 잘했지만 자기가 제사장 역할까지 하려고 해서 제사장들이 막자 자기 고집대로 끝까지 하려다가 문둥병에 걸린 사람입니다. 그래서 11대 요담 왕은 겁이 나서 성전 옆에도 가지 않았습니다. 그다음이 12대 아하스왕입니다.

구속과 섭리

이렇게 보다시피 아버지가 착실하다고 아들이 착실하다는 보장도 없고, 아버지가 악하다고 아들도 악하다는 보장이 없습니다. 아하스의 아들이 둘인데, 한 명은 우상숭배로 불에 태워 죽이고, 다른 한 명은 성군인 히스기야입니다. 그런데 또 히스기야의 아들은 깡패 므낫세입니다.

아하스는 왕위에 올라 16년을 다스렸는데, 자격이 안 되는 사람이 왕위에 올라서 문제가 많았습니다. 아하스가 가만히 생각하니까 하나님은 별 힘이 없는 것 같았습니다. 아시리아보다 못하다는 것입니다. 신앙을 아무리 해도 돈보다 하나님이 못하다고 생각하는 것과 비슷합니다. 오늘날에는 돈이 아시리아입니다. 현실적으로 돈의 힘이 가장 강하다는 것입니다.

이사야 선지자가 와서 무슨 말을 하거나 말거나 아하스는 "신앙은 비현실적이다. 나는 하나님을 선택하지 않겠다"는 태도를 취했습니다. 특히 형제와 한 가지인 이스라엘 왕 베가가 아람과 짜고 예루살렘을 쳐내려오니 세상에 이럴 수 있냐고 괘씸하게 생각했습니다. 역대하 28장에 보면, 아하스가 실제로 가장 신앙한 것은 이스라엘이 믿는 가짜 우상 신이었습니다. 이스라엘의 종교를 믿었는데 바로 그 이스라엘이 자기를 죽이려 한다는 것입니다. 돈을 숭배했는데 돈이 나를 죽이는 것과 비슷합니다. 하나님을 믿는 사람은 이런 원리를 잘 알고 있어야 합니다. 지식을 추구하면 지식이 자기를 파괴합니다. 성경은 지금 그 이야기를 하고 있습니다.

예루살렘 성전에 우상의 제단을 세우다

대하 28:22 "이 아하스 왕이 곤고할 때에 더욱 여호와께 범죄
하여"

믿는 사람의 유형에는 두 가지가 있습니다. 어려우면 회개하고 하나님
을 찾으며 겸손해지는 사람이 있고, 어렵고 곤란해지면 하나님을 버리고
우상을 섬기는 사람이 있습니다. 아하스는 후자의 사람입니다. 중근동의
근처 국가들이 연합해서 자기를 공격하는데 이사야가 와서 하나님을 신
앙하라고 하니까 아하스가 현실적으로 볼 때 아시리아의 디글랏 빌레셀
에게 붙는 것이 옳다는 생각이 들었습니다.

그래서 그는 아시리아에 예물까지 보내고 아첨합니다. "왕이여, 저는
왕의 신하입니다"라고 하면서 절하고 편지를 보내고 유대 성전 안의 여러
가지 보물들을 모두 아시리아에 보냈습니다. 아시리아의 디글랏 빌레셀
은 그런 것을 기다리고 있었습니다. 왜냐하면 명분을 잡아서 쳐 내려와
야 하기 때문입니다. 그래서 아하스가 "여기 아이들이 싸우는데 말려 주
세요"라는 편지를 보내니까, 깡패 어른이 와서 말리는 척하면서 전부 다
뺏어 가는 것입니다.

아시리아는 먼저 연합전선의 핵심인 다마스커스를 바로 쳐서 정복했
습니다. 그 후에 크게 승리의 축제를 하면서 아하스를 초청했습니다. 아
하스는 기분이 좋았습니다. "내가 하나님보다 아시리아 믿기를 잘했지"
"내가 하나님보다 돈 믿고, 사람 믿은 것을 잘했지. 바로 성과가 있구나!"
라고 생각했을 것입니다. 축제에 참석해 보니 축제가 정말 거창하고 대

구속과 섭리

접도 잘 받았습니다. 그런데 아하스는 머리가 이상한 곳에 참 잘 돌아갑니다. '아시리아 사람들이 섬기는 신이 현실적으로 옳다. 그러니까 여기 있는 제단과 모양을 그대로 본따 예루살렘 성전에 건축해야겠다'고 생각해서 다메섹의 우상 제단의 구조와 양식을 그려서 제사장 우리야에게 보냈습니다. 그러자 우리야는 아하스가 다메섹에서 돌아오기 전에 왕이 보내 준 그대로 제단을 만들었습니다. 아하스가 이렇게 한 것은 '현실 속에서 돈 생기고 내게 유익을 주는 것이 최고지, 무슨 하나님과 같은 황당한 이야기를 해?'라는 생각에서였습니다. 그리고 기분 좋게 돌아왔습니다.

우상을 섬긴 결과

유다는 예루살렘 성전에서 다메섹과 아시리아의 신을 모셨습니다. 그리고 거기서 예배를 드렸습니다. 이것은 현실 속에서 강해 보이는 아시리아 제국을 예배하겠다, 즉 여호와 하나님은 따를 수 없다는 뜻입니다. 여호와 하나님은 기도해도 바로 들어주시지 않고, 하나님을 섬기는 일은 너무 복잡하고 어렵다는 것입니다. 아하스는 자기가 여호와 신앙을 하지 않는다는 표로 성전으로 들어가는 길도 폐쇄하였습니다. 역대기 28장이 이 내용을 기록하고 있습니다. 이제 아시리아 제국은 유대와 이스라엘의 사정이 어떤지 다 알았습니다. 그래서 이스라엘을 삼키고, 유다에게는 조공을 바치라고 했습니다. 마치 고려 말에 원나라와의 관계와 비슷합니다. 고려 공민왕 때 제일 고민이 어떻게 원나라의 방대한 힘을 잘 피하냐는 것이었습니다.

다시 한번 당시 상황을 요약하자면, 아시리아를 대적하기 위해서 이스라엘과 아람이 연합군을 형성하자고 했을 때 유다는 동참하지 않고 아시리아를 의지하기로 했습니다. 그래서 이스라엘, 아람, 에돔 등이 사방에서 유다를 공격했는데, 아하스는 선지자의 모든 계시와 충고를 거부하고 자기 식대로 아시리아를 섬기며 우상 제단을 세웠습니다.

여기서 우리가 잘 기억해야 할 것은 삼위 하나님 외에는 무엇을 믿든지 그것이 우리를 파괴한다는 사실입니다. 우상은 섬기는 자를 파괴합니다. 그것이 우상의 본질입니다. 예를 들어 자본주의 속에서 돈을 섬기면 돈이 우리와 가정과 생명을 파괴합니다. 아하스가 이스라엘이 섬기던 우상을 섬겼는데 이스라엘이 공격하고, 아시리아 우상을 섬기니 아시리아가 공격하는 것과 같은 이치입니다.

> 왕하 16:7 "아하스가 앗수르 왕 디글랏 빌레셀에게 사자를 보내 이르되 나는 왕의 신복이요 왕의 아들이라 이제 아람 왕과 이스라엘 왕이 나를 치니 청하건대 올라와 그 손에서 나를 구원하소서 하고"

"나는 왕의 아들입니다"라는 것은 완전히 아첨하는 말입니다. 아하스가 이렇게까지 아첨을 했지만 아시리아는 유대도 공격해서 쑥대밭을 만들었습니다. 섬겼던 우상에게 도리어 공격을 받은 것입니다. 이 사건을 통하여 우리가 알아야 할 사실은 하나님 외에는 절대 신앙하면 안 된다는 것입니다.

구속과 섭리

맺는말

이와 같은 위기와 아하스 왕이 하나님을 배반한 상황 속에서 하나님께서는 장차 새로운 메시아를 통해서 새로운 구원의 세계, 놀라운 세계가 펼쳐질 것이라고 예언하셨습니다. 그것이 오늘 본문 말씀입니다(보라 처녀가 잉태하여 아들을 낳을 것이요 그의 이름을 임마누엘이라 하리라).

> 사 9:6 "이는 한 아기가 우리에게 났고 한 아들을 우리에게 주신 바 되었는데 그의 어깨에는 정사를 메었고 그의 이름은 기묘자라, 모사라, 전능하신 하나님이라, 영존하시는 아버지라, 평강의 왕이라 할 것임이라"

또한 그 아기는 "어깨에는 정사를 메었고"라고 했습니다. 이는 통치자를 말합니다. 그리고 "그의 이름은 기묘자라, 모사라, 전능하신 하나님이라, 영존하시는 아버지라, 평강의 왕이라 할 것임이라"라는 예언이 주어졌습니다. 아하스가 하나님을 배반한 상황 속에서 하나님께서 오히려 예수님의 탄생을 예언하셨습니다. 위기 속에 기회가 있는 것과 같습니다. 시리아 - 에브라임 전쟁의 위험천만한 상황 속에서 하나님께서는 메시아를 예언하신 것입니다. 그 메시아의 이름은 임마누엘입니다. 아시리아와 같이 권력과 무기에 의한 통치가 아니라 하나님이 함께하시는 사람의 통치라는 것입니다. 그의 다른 이름은 기묘자라고 하였습니다. 사람들이 알지 못한다는 것입니다. 또한 그는 모사요, 전능하신 하나님이요, 평강의 왕이라고 하였습니다.

우리가 그리스도를 깊이 알수록, 주님만을 마음속에 모심으로써 아하스와 같은 잘못을 범하지 않을 수 있습니다. 자본주의에서 돈, 지식, 자기 잘난 것을 아하스처럼 앞세워서 실수하지 맙시다. 어떠한 것이라도 하나님보다 앞세우면 그것들이 자기를 파괴하게 됩니다. 이것이 오늘 우리가 예수 그리스도를 찬송해야 하는 이유입니다. 우리가 살다 보면 가정, 교회, 사회적으로 위기를 맞을 때가 있습니다. 그런 위기 속에서 아하스처럼 끝까지 악해지는 사람이 있고, 자기 부족을 알고 하나님께 엎드려서 기도하는 사람이 있습니다. 후자의 사람은 남은 자로서 구원될 것이며, 그렇지 않은 사람은 세상에서 아하스 왕처럼 현실주의의 우상숭배자가 되어 영혼이 고통받게 됩니다.

구속과 섭리

51

우리 죄를 속죄하신 예수

2012. 12. 23.

마태복음 1:18-25

"예수 그리스도의 나심은 이러하니라 그의 어머니 마리아가 요셉과 약혼하고 동거하기 전에 성령으로 잉태된 것이 나타났더니 ◦ 그의 남편 요셉은 의로운 사람이라 그를 드러내지 아니하고 가만히 끊고자 하여 ◦ 이 일을 생각할 때에 주의 사자가 현몽하여 이르되 다윗의 자손 요셉아 네 아내 마리아 데려오기를 무서워하지 말라 그에게 잉태된 자는 성령으로 된 것이라 ◦ 아들을 낳으리니 이름을 예수라 하라 이는 그가 자기 백성을 그들의 죄에서 구원할 자이심이라 하니라 ◦ 이 모든 일이 된 것은 주께서 선지자로 하신 말씀을 이루려 하심이니 이르시되 ◦ 보라 처녀가 잉태하여 아들을 낳을 것이요 그의 이름은 임마누엘이라 하리라 하셨으니 이를 번역한즉 하나님이 우리와 함께 계시다 함이라 ◦ 요셉이 잠에서 깨어 일어나 주의 사자의 분부대로 행하여 그의 아내를 데려왔으나

○ 아들을 낳기까지 동침하지 아니하더니 낳으매 이름을 예수
라 하니라"

종말론에 현혹되지 말자

이번 크리스마스에는 '죄 문제를 해결하자'는 주제로 설교를 하고자 합니다. 예수님의 탄생과 함께 예수님에 대해 왜 반복해서 말해야 하는가에 대해 구체적으로 말씀드릴 것입니다. 마야 달력으로는 2012년 12월 21일이 지구의 제1주기가 끝나는 날이었습니다. 또한 노스트라다무스의 예언에 의하면 13년 전인 1999년 12월 31일에 세상이 끝나게 되어 있었습니다. 기독교 신앙인들 중에는 예수 재림과 맞물려서 예수 그리스도와 말씀보다는 종말론자가 되어서 세상이 어떻게 되는가에 대해 관심을 가지는 사람들이 많았습니다. 그러나 그때도 저는 종말이 아니라고 말했고, 이번에도 마찬가집니다.

예수님께서는 그날과 그 시를 모른다고 하셨는데, 사람들은 자꾸 종말의 날을 받습니다. 종말에 열광한 사람들보다는 그에 관한 책을 쓴 사람들이 경제적인 이익을 취했습니다. 학문적으로는 이들을 '파국론자'라고 합니다. 생명이 있는 한 가장 두려운 것이 죽음입니다. 그중에서도 가장 두려운 것이 지구멸망입니다. 그러나 성경에 없는 이야기로 우리의 귀한 생명의 삶을 낭비하면 안 될 것입니다. 그런 의미에서 이런 말씀을 드립니다.

구속과 섭리

죄란 무엇인가?

인간으로 태어나서 가장 큰 문제는 죄의식과 죄책감이며 죽을 때까지 죄의식에 시달립니다. 그런데 예수님께서 이 땅에 오심으로 이 문제가 해결되었습니다. 저는 늘 새벽에 "삼위하나님 만세" 하고 세 번씩 만세삼 창을 하는데, 이번에는 다쳐서[15] 제대로 하지 못했습니다. 많이 아팠지만 예수님 때문에 저는 행복했습니다. 예수님이 안 계시면 '내가 어떤 이유로 이렇게 다쳤지?'라고만 생각했을 것입니다. 하지만 주님이 함께 계심으로 아파도 행복하고, 나중에 주님 앞에 가도 행복합니다. 그것이 예수를 깊이 알고 이해한다는 뜻이며 예수를 통해 거듭났다는 뜻입니다. 조금 안 좋으면 하나님을 원망하고 불평불만 하는 사람은 이번 성탄에 죄 문제를 해결해야 합니다. 불편하고 손해나고 어려워도 감사하면서 행복하게 사는 것이 예수를 진정 아는 것입니다.

예수님을 알기 위해서 그분의 이름을 생각해 봅시다. 오늘 본문 말씀은 마태가 인용한 것이지만 원래 천사가 한 말입니다. 하나님을 대리하는 천사가 와서 아기의 이름과 그 뜻을 밝히고 확실히 예언했습니다. 한국에서는 옛날에 예수님을 '야소(耶穌)'라고 번역했는데, 원래 헬라어로는 '이예수스'입니다. 이것을 한문으로 번역하니 '야소'가 되고, 지금은 '예수'가 되었습니다. '이예수스'는 구약의 '예수아'에서 왔으며, '예수아'는 구원이라는 뜻입니다.

우리가 예수를 모르면 평생 죄의 상태에 빠져 지냅니다. 죄의 상태는 여러 가지인데, 성경적으로 가장 정확한 의미는 종살이하는 것입니다.

---

15) 빙판에 미끄러져서 갈비뼈 골절을 당해 병원에 일주일간 입원하심. - 편집자 주

타고난 기질에 종살이하고, 돈에 종살이하고, 남편과 부인과 자식에 종살이합니다. 동양 사람은 죄인이라고 하면 "내가 뭘 훔쳤나?"라고 하며 윤리 도덕적 차원에서 죄를 이해합니다. 하지만 성경에서 반복해서 얘기하는 것은 무언가에 종살이하는 상태가 '죄'라는 것입니다. 어떤 사람은 평생 병에 종살이하며 환자로 살아갑니다. 병원은 환자를 만드는 데 있어 완벽한 시스템을 갖추고 있습니다. 하지만 병원 밖에서도 환자로 사는 사람들이 많습니다. 그렇다고 해서 나는 병이 없다며 교만하면 안 됩니다. 어떤 사람은 과거의 종이 되어 삽니다. "부모가 어떻다", "타고난 성격이 어떻다"고 하면서 귀한 생명의 삶을 낭비합니다. 어떤 사람은 돈의 종이 되어 돈 100만 원보다 작아져서 돈 눈치를 보며 살아갑니다.

죄로부터 자유로워지자

죄의 개념을 잘 생각해야 합니다. 우리 마음에 말씀이 없고 하나님이 없고 예수님이 없으면 항상 죄의 상태에 빠집니다. 이번 크리스마스에는 이 문제로부터 해방되어야 합니다. 즉 죄로부터 출애굽하자는 것입니다. 모세 다음의 지도자가 여호수아인데, 그 이름이 바로 예수입니다. 애굽에 430년 동안 노예 상태로 있는 사람들을 데리고 나온다는 뜻입니다. 영적으로는 자기 몸과 병과 고통과 성격 때문에 반복적으로 헛된 삶을 사는 사람들을 데리고 나온다는 뜻입니다.

이스라엘 민족이 하나님 앞에 경건하지 못해서 바벨론에 유폐되었다가 돌아올 것에 대해 이사야가 40장부터 예언했는데, 이것을 '구원'이라고 합니다. 그 상태가 '여호수아', '여호와께서 구원하신다'는 뜻입니다. 세상에서도 죄를 반복해서 지어 평생 감옥만 들락거리면서 불행하게 사는 사람들이 있습니다. 영적으로는 우리도 그런 상태였습니다. 그래서 인류를 구원할 자가 필요했고, 인간을 사랑하신 만군의 하나님의 열심으로 아들이신 그분을 이 땅에 보낸 것입니다. 그날을 기념하고 찬송하는 것이 크리스마스입니다. 우리의 본질적인 문제를 해결할 수 있는 날이 바로 크리스마스인 것입니다. 그분이 하늘 문을 열고 내려오신 날이니 지금이 가장 적기입니다.

인간은 무엇이나 계속 숭배하는 속성이 있습니다. 특히 인간을 가장 많이 숭배하므로 우리는 인간으로부터도 진정한 자유를 얻어야 합니다. 그런 의미에서 정말 크리스마스가 필요합니다. 어떤 경우에든지 행복하고 강건하고 하나님 앞에 충성되게 살아가는 모습이라면 그는 그리스도를 아는 사람이고 말씀이 우리에게 주어진 이유를 아는 사람입니다.

내 죄는 도대체 무엇인가, 나를 묶어서 종살이하게 하는 것은 무엇인지 생각해 봅시다. 자기 스스로 할 수 없는 사람이 바로 종입니다. 자기가 하고 싶은 것을 하지 못하고 눈치 보고 사는 사람은 다 종의 자리에 있는 사람입니다. 종은 자유롭지 못합니다. 이런 사람에게 예수님이 필요합니다. 하나님이 자기 형상대로 사람을 지었다는 것은 예수를 믿고 죽음도 불사하고 자기가 원하는 삶을 사는 사람을 의미합니다. 가고 싶은 곳을 가는 사람이 자유인입니다. 여행이 하고 싶은데도 "돈 없어서 못 간다", "무슨 이유 때문에 못 간다"고 핑계만 대는 사람은 종의 마인드를 가진 사람입니다. 열심히 준비해서 가고 싶은 곳을 가는 것이 자유인이고, 그리스도 안에서 새사람이 된 것입니다.

예수께서 이 땅에 오신 이유는 인류의 죄 문제를 해결하기 위해서입니다. 그러니 믿는 사람으로서 나의 죄 문제와 나를 창살 없는 감옥에 갇혀 있게 하는 것은 무엇인지 생각하는 것이 아주 중요합니다. 어떤 사람은 남편에게 평생 종질하는 사람이 있습니다. 저는 그런 사람을 상담할 때 예수님을 알아야 한다고 말하지만 절대 이혼하라는 말은 하지 않습니다. 그것은 그 사람이 선택하고 결정할 문제이기 때문입니다.

예수님의 복음처럼 아름다운 이야기가 어디에 있을까요? 우리 삶을 실시간으로 모니터링해 보면 계속 쫓기듯이 어려운 삶을 살고 있습니다. 그러나 그런 삶에서 비약하여 새롭게 살 수 있는 방법이 있습니다. 다쳐도, 어려워도, 손해나도, 가난해도 "예수님 감사합니다"하며 살 수 있는 마음을 주님께서 우리에게 주시기 때문입니다.

예수님을 영접하지 않는 이유

요한복음은 예수님을 몰라서 인간이 죄의 상태에 머물러 있는 것에 대해 "빛이 어둠에 비치되 어둠이 깨닫지 못하더라(요 1:5)"고 말했습니다. 자유를 주는 새로운 삶의 빛이 비치는데 어둠이 더 좋다고 계속 그 가운데 있는 상태를 말합니다. 예수님과 말씀보다 어둠이 더 좋다는 것입니다. 자신의 자아와 과거의 상처나 충격에 의해 고착된 사고방식에서 벗어나려 하지 않습니다. 우리는 예수님을 본질적으로 다 싫어합니다. 방속에 온갖 더러운 쓰레기로 가득 차 있는데, 누가 와서 불을 켜면 자존심이 상하는 것과 같은 이치입니다. 정리가 안 된 마음의 문제가 많은데 누가 불을 켜니 싫다는 것입니다.

예수님은 우리의 본질 속에 근원적인 창조의 빛을 비추십니다. 그런데

구속과 섭리

인간은 본질적으로 그 빛을 싫어합니다. 그래서 요한이 "빛이 어둠에 비치되 어둠이 깨닫지 못하더라"고 한 것입니다. 예수님이 창조주인데도 창조주 하나님을 알지 못합니다. 이는 자식이 부모를 모르는 것과 같습니다. 자식들이 부모의 고통과 어려움을 몰라주면 부모는 아주 섭섭합니다. 창조주 하나님을 알고 그분이 하신 일에 대해 하나님께 영광을 돌리면 하나님께서 복을 주실 것인데, 사람들은 자기 영광만 찾습니다. 창조주 하나님이 자기 땅에 왔는데 다 싫어합니다. "자존심 상해서 듣기 싫다. 복음으로 먹고 살 수 있나? 돈이 있어야지"라고 반응합니다.

예수님을 영접하는 주의 백성이 되자

> 요 1:11-12 "자기 땅에 오매 자기 백성이 영접하지 아니하였으나 ㅇ 영접하는 자 곧 그 이름을 믿는 자들에게는 하나님의 자녀가 되는 권세를 주셨으니"

영접은 사람을 기쁘게 맞으며 포옹하는 것입니다. 그런데 예수님의 오심에 대해 자기 백성이 영접하지 않았다고 합니다. 누가 집에 왔을 때 "저 사람 왜 오지? 나 없다고 해라"고 불청객 취급하듯이 인간의 본질적인 악은 예수님의 오심을 달가워하지 않고, 현대식으로 말하면 문자를 넣어도 답도 하지 않습니다. 이것이 자기 땅에 오매 자기 백성이 영접하지 않는다는 말입니다.

영접이란 앉아 있다가 예수님이 오셨다는 소식에 너무 반가워 "어떻게 이 부족한 집에 오셨습니까? 감사합니다"라며 나가서 맞는 태도를 말합니다. 그런데 오히려 "예수님 말씀 듣기 싫다. 불은 왜 켜지?"라고 하며 예수님을 불청객 취급하는 것이 일반 사람들의 본질입니다. 오늘날 교회도 본질적인 말씀을 설교하면 사람들이 오지 않습니다. 일주일간 일하느라 고생했는데 주일에 교회에 가서라도 좋은 말 듣고 싶지, 뭐 하러 자존심 상하고 양심에 찔리는 말을 듣느냐는 것입니다.

우리는 예수님을 영접하는 자가 되어야 합니다. "영접하는 자 곧 그 이름을 믿는 자들에게는 하나님의 자녀가 되는 권세를 주셨으니"라는 놀라운 말씀을 주셨습니다. 예수님을 영접하면 하나님의 자녀가 되는 것입니다. "이는 혈통으로나 육정으로나 사람의 뜻으로 나지 아니하고 오직 하나님께로부터 난 자들이니라(요 1:13)"라고 성경은 말하고 있습니다. 이번 12월에는 예수 그리스도와 말씀을 깊이 알아서 우리 개인의 죄의 상태를 알고 자기를 지배하는 것을 예수 이름으로 걷어내기 바랍니다. 그리고 어떤 경우에도 감사하고 찬양하며 행복하게 살기로 결심합시다.

52

—

우리도 새롭게 탄생하자

2012. 12. 24.

누가복음 2:11

"오늘 다윗의 동네에 너희를 위하여 구주가 나셨으니 곧 그리스도 주시니라"

그리스도의 탄생으로 인해 새롭게 열리는 세계

이번 성탄은 우리의 죄 문제를 알고 해결하는 성탄이 되어야 합니다. 우리는 우리의 죄를 제대로 알지 못하기에 죄가 얼마나 심각한지도 모릅니다. 그러니 신앙이 다음 단계로 나아가지 못하고 항상 제자리에 머물러 있습니다. 오늘 예수 그리스도의 탄생은 우리의 희망이며, 새로운 시대의 탄생을 의미합니다. 그분이 역사의 한복판에 오셨습니다. 과연 어떤 시대가 우리에게 준비되어 있을까요?

"오늘 다윗의 동네에 너희를 위하여 구주가 나셨으니 곧 그리스도 주시니라"

앞으로 예수님 안에서 거듭나서 새로운 영성시대, 이사야 65장 말씀과 같이 인간의 수명이 나무와 같은 시대로 들어간다는 희망의 메시지입니다. 이 추위 속에서도 우리가 참 반가운 성도로서 예수님의 탄생을 기뻐해야 하는 이유는 예수 그리스도는 우리를 새롭게 탄생시키시는 분이시고, 우리의 희망이고, 우리 삶의 내용이자 방향이고 목적이기 때문입니다.

하나님의 말씀인 성경에서는 새로운 천년국의 도래를 항상 예언해 왔습니다. 하나님 나라 운동은 예수 그리스도를 통해 시작되었습니다. 우리도 예수 그리스도의 탄생을 축하하면서 오늘 새롭게 탄생합시다. 새로운 시대의 주역으로서 그리스도 안에서 새로운 탄생을 선물 받을 수 있습니다. 예수는 우리의 희망이니 예수님을 믿고 사랑하는 삶을 살 때 우리에게는 새로운 시대가 약속됩니다.

영성의 시대를 준비하며

바바라 막스 허버드라는 학자는 오늘날 우리의 세계를 '호모 유니버설리스(Homo Universalis)'의 시대라고 합니다. 이제는 국제적인 사람을 넘어서 지구적인 사람, 전 태양계에 속하는 사람으로 은하계까지 생각하는 놀라운 시대가 되었음을 의미합니다. 많은 사람들이 지구의 종말을 이야기하고 있는데, 성경적으로 이 종말은 새로운 시작이고 새로운 희망입니다.

우리의 21세기는 첫째로 영성의 시대가 됩니다. 영성이 건강하고 별처럼 빛나려면 죄 문제가 해결되어야 합니다. 죄 문제가 해결되지 않으면 파워가 없습니다. 인간의 모든 기운과 힘을 약화시키는 것은 죄 문제입니다. 기질마다 다른 종류의 죄 문제를 다 가지고 있는데, 죄 문제만 해결하면 도래하는 영성의 시대에 주역이 될 수 있습니다. 모든 생명마다 성장 환경의 쇼크와 트라우마에 의해 죄의 반복에 갇혀 있습니다. 죄는 조상 대대로 내려와서 반복되고 있습니다. 이 죄 문제를 해결할 분은 예수 그리스도밖에 없습니다. 앞으로 열리는 영성의 시대를 누리는 주인공이 되기 위해서는 예수 그리스도로 말미암아 죄 문제가 해결되어야 합니다.

'예수'라는 이름은 그리스어로는 '이예수스', 히브리어로는 '예수아'인데, '여호와는 구원이시다', '죄 문제를 해결하신다'는 뜻입니다. "오늘 다윗의 동네에 너희를 위하여 구주가 나셨으니 곧 그리스도 주시니라"라는 말씀은 전 세계를 구원할 메시아가 바로 예수 그리스도라는 말입니다. 그리스도를 헬라어로 번역하면 '크리스토스'입니다. 예수라는 이름은 지역에서 전 세계로 나아가는 사람이지만, 크리스토스는 우주적인 구원자라는 뜻입니다. 그분이 이 땅에 오신 것 자체가 이미 새로운 영성의 시대로 돌입했음을 의미합니다. 이제는 100세를 넘어 200세까지 바라보면서 1000년, 3000년을 사는 나무처럼 우리도 강건해져야 합니다. 이 추위 속에서도 예수님의 메시지가 우리에게 희망을 줍니다. 그리고 영적으로 새롭게 탄생해서 새로운 시작을 할 수 있습니다.

믿음의 시대

두 번째로는 믿음의 시대입니다. 하나님께서 아브라함에게 믿음을 요구하셨습니다. 의식과 무의식 속에 있는 죄책감이 극복되면 하나님의 말씀을 완전히 믿고 능력이 발휘되며 새로운 기적이 창출됩니다. 믿음은 그 나라를 여행하는 여권과 비자와 같습니다. 새로운 시대의 주인으로 나서기 위해서는 완전한 믿음을 가져야 하고 그러면 능력 있는 삶을 살아낼 수 있습니다.

초월의 시대

세 번째로는 초월의 시대입니다. 예수 그리스도의 삶과 가르침을 믿고 행하면 초월의 힘을 주십니다. 과거와 현재와 미래에 대한 우리의 사고를 다 바꿔야 합니다. 새로운 시대는 현재 우리의 생각과 관점으로는 들어갈 수 없는 놀라운 세계입니다. 지금 지구에 있는 사람들이 생각하는 관점으로는 상상도 할 수 없는 새로운 믿음의 신비로운 세계입니다. 우리의 죄와 수준 없는 반복으로 결정된 관점으로는 들어갈 수 없습니다.

예수 그리스도를 통해 초월을 배우면 우리의 죄와 우리의 현실적 상황에서 일어나는 모든 문제를 초월할 수 있습니다. 지구를 넘어 태양계와 은하계까지 의식이 확장됩니다. 그래서 하나님과 같은 존재가 된다고 성경은 우리에게 말합니다. "그러므로 하늘에 계신 너희 아버지의 온전하심과 같이 너희도 온전하라(마 5:48)"는 말씀을 통해서 나무와 같이 수천 년을 사는 새로운 시대로 들어갈 수 있습니다. 예수님 안에서 그와 같은 놀라운 세계가 우리에게 준비되어 있습니다.

맺는말

오늘 크리스마스이브에 전하는 메시지의 핵심은 "예수는 우리의 희망"이라는 것입니다. 예수는 우리에게 새로운 탄생을 요구하시며, 새로운 세계의 주인공이 될 것을 원하십니다. 우리 모두 이번 크리스마스에는 참 반가운 성도로서 그분의 탄생을 알리고 기뻐하면서 예수 그리스도 안에서 새로운 탄생을 합시다.

53

2012년 크리스마스 예배

2012. 12. 25.
이사야 65:17-25

"보라 내가 새 하늘과 새 땅을 창조하나니 이전 것은 기억되거나 마음에 생각나지 아니할 것이라 ◦ 너희는 내가 창조하는 것으로 말미암아 영원히 기뻐하며 즐거워할지니라 보라 내가 예루살렘을 즐거운 성으로 창조하며 그 백성을 기쁨으로 삼고 ◦ 내가 예루살렘을 즐거워하며 나의 백성을 기뻐하리니 우는 소리와 부르짖는 소리가 그 가운데에서 다시는 들리지 아니할 것이며 ◦ 거기는 날 수가 많지 못하여 죽는 어린이와 수한이 차지 못한 노인이 다시는 없을 것이라 곧 백 세에 죽는 자를 젊은이라 하겠고 백 세가 못되어 죽는 자는 저주 받은 자이리라 ◦ 그들이 가옥을 건축하고 그 안에 살겠고 포도나무를 심고 열매를 먹을 것이며 ◦ 그들이 건축한 데에 타인이 살지 아니할 것이며 그들이 심은 것을 타인이 먹지 아니하리니 이는 내 백성의 수한이 나무의 수한과 같겠고 내가

구속과 섭리

택한 자가 그 손으로 일한 것을 길이 누릴 것이며 ○ 그들의 수고가 헛되지 않겠고 그들이 생산한 것이 재난을 당하지 아니하리니 그들은 여호와의 복된 자의 자손이요 그들의 후손도 그들과 같을 것임이라 ○ 그들이 부르기 전에 내가 응답하겠고 그들이 말을 마치기 전에 내가 들을 것이며 ○ 이리와 어린 양이 함께 먹을 것이며 사자가 소처럼 짚을 먹을 것이며 뱀은 흙을 양식으로 삼을 것이니 나의 성산에서는 해함도 없겠고 상함도 없으리라 여호와께서 말씀하시니라"

예수님과 함께 우리도 새롭게 태어나자

예수 그리스도의 탄생은 새로운 시대의 도래를 의미합니다. 오늘 우리는 예수 그리스도의 탄생을 축하하면서도 그분의 탄생을 통해 새로운 시대가 열리기 때문에 우리도 재탄생을 해야 합니다. 이것이 오늘 설교의 첫 번째 핵심입니다. 앞으로 새로운 시대가 열린다는 하나의 큰 사인이 있는데, 그것은 여성의 비약입니다. 남성적인 마초 문화는 끝나고 여성의 시대가 온다는 것입니다. 타고난 여자(女子)가 아니라 그리스도 안에서의 여성(女性)으로 변화해서 발군의 능력을 발휘하는 시대를 살아야 합니다.

현재 세계에서 18명이 여성 수상이거나 대통령이라고 합니다. 우리나라도 이제 외무고시나 행정고시를 통해 고위직에 진출한 여성들이 많습니다. 여자의 본질적인 속성은 그리스도 안에서 문제가 많지만 여성은 새로운 영성 시대에 맞추어서 새로운 삶을 시작하고 있습니다. 이제 영성의 시대, 새로운 세계가 도래합니다. 새로운 세계에 맞추기 위해서는 이제 예수님처럼 새롭게 태어나야 합니다.

새로운 시대에 걸맞은 사람이란?

예수님은 우리에게 처음과 중간과 끝이며 우리의 영원한 희망입니다. 이사야 7장에서는 국제 전쟁 속에서 "보라 처녀가 잉태하여 아들을 낳을 것이니"라고 예수님의 탄생을 예언했습니다. 이사야 9장과 11장에서는 그의 인격을, 32장에는 그의 리더십을, 40장에서는 그를 통해서 인류가 구원될 것을 말하고, 53장에서는 수난의 종이신 주, 60장에서는 부활의 주와 빛을 발하는 자로서, 65장에 가서는 그리스도 안에서 이루어질 새로운 하늘과 땅과 새사람에 대해서 예언하고 있습니다.

특히 오늘 본문인 65장 17-18절에서는 이제 새로운 시대가 되어서 하늘과 땅과 사람이 바뀐다고 합니다. 새로운 하늘과 새로운 땅과 새로운 사람들입니다. 본문에서 말씀하시는 "창조"의 뜻은 창세기 1장에 나오는 "빠라"로서 무에서 유를 창조한다는 말입니다. 예컨대 나무에서 책상을 만드는 것이 아니라, 아무것도 없는데 책상을 만든다는 의미의 단어입니다.

지금 어린 아이들이 40-50세가 될 때는 상상도 할 수 없는 세계가 펼쳐집니다. 이는 그리스도 예수로 말미암아 펼쳐지는 새로운 신천신지이고, 사람도 새사람이 되어 나무처럼 오래 삽니다. 22절에서 "내 백성의 수한이 나무의 수한과 같겠고"라고 했습니다. 데이비드 애튼버러가 해설하는 BBC의 다큐멘터리를 보니 3천 년, 5천 년을 넘어서 사는 나무가 많았습니다. 100년은 아무것도 아닙니다. 학자들은 인간 수명의 한계에 대해 거의 150년에서 일치하고 있는데, 아브라함처럼 살려면 아직 멀었습니다. 아브라함은 175세까지 살았습니다. "내가 새 하늘과 새 땅을 창조하나니"라는 말씀은 새 하늘과 새 땅에 걸맞은 사람, 그것을 누리는 사람이 되어야 한다는 뜻입니다.

영성을 회복하기 위한 세 가지 조건

그러면 그 전략은 무엇일까요? 우리의 영심신을 바꿔야 합니다. 영성의 시대에 돌입함에 있어 우리가 예수님을 생각해야 하는 이유는 영성을 회복해야 하기 때문입니다. 영성을 회복하려면 말씀을 들어야 하고, 예수님의 십자가에 죽으심을 믿어야 영성이 생겨나지 그냥 생기지 않습니다. 영성이 건강하고 능력 있기 위해서 두 번째로 죄 문제를 해결해야 합니다. 죄란 과거와 기질에 매여서 자유롭지 못함을 말합니다. 그리스도 안에서 죄 문제가 해결되어야 모난 성격과 헛된 생각에서 자유로워집니다.

"자기 백성을 저희 죄에서 구원하셨다"는 말은 무엇입니까? 결국 우리 모든 사람들의 죄가 해결되어야 한다는 뜻입니다. 예수님을 통해서 해결되어야 합니다. 죄의식이 없어야 영성의 파워가 있습니다. 삶에 주눅이 들고 그리스도 안에서 최고의 삶을 못 사는 이유는 죄의식과 기질에 매여 있기 때문입니다. 이번 성탄을 기점으로 예수님을 통해서 죄 문제를 해결합시다. 예수님이 오신 이유가 자기 백성을 저희 죄에서 구원하시기 위해서입니다.

이제는 영성의 시대요 믿음의 시대입니다. 믿음은 새로운 나라를 여행하기 위한 여권과 비자와 같습니다. 새로운 사람으로서 새 시대에 맞는 삶을 살려면 흔들리지 않는 믿음과 진리에 대한 확신이 있어야 합니다. 그 확신이 능력과 지혜를 발휘합니다. 믿음 없이 이루어지는 것은 아무것도 없습니다. 아브라함은 믿음의 사람이지만 75세에 부름을 받고 수십 년이 지나서야 "네가 이제야 여호와를 경외하는 줄 알았노라"는 말씀을 들었습니다. 앞으로는 믿음 없이 이루어지는 것은 아무것도 없습니다. 예수님께서 "너 믿으면 하나님의 영광 보리라"고 말씀하셨습니다. 우리도 믿음을 가지고 가족과 친구에게 예수님을 전하면서 새 시대를 준비합시다. 그런 사람이 영성의 시대에 맞는 믿음의 사람입니다.

영성을 회복하기 위한 세 번째 조건은 '초월'입니다. 우리에게는 초월이 필요합니다. 심각성이 우리에게 힘을 주지만 그것은 옳지 못합니다. 심각성 안에는 자기 주관과 편협성이 들어 있어서 힘이 나는 것인데, 새 시대에는 쓸데없는 것입니다. 유대나라에서 가장 중요하게 생각했던 것이 성전예배였습니다. 그런데 예수님은 마태복음에서 "성전보다 더 큰 이가 여기 있느니라"고 말씀하셨으며, 유대인들은 요나를 대단하게 생각했지만 예수님은 "요나보다 더 큰 이가 여기 있으며"라고 말씀하셨습니다. 하나님이신 그분이 사람의 모습으로 오셔서 말씀을 선포하신 것은 우리도 사람으로서 하나님과 같이 될 수 있다는 것, 새로운 시대에 주인공이 될 수 있다는 것을 보여 주신 것입니다. 예수 그리스도의 탄생은 새로운 시대를 위한 탄생입니다.

새로운 시대에 새로운 사람으로 살기

이번 성탄에는 우리의 개인적인 죄 문제를 다 해결합시다. "할 수 없다", "다 그런 것 아닌가"라는 수준 없는 공감은 이제 하지 맙시다. "기도 해도 안 되더라", "말씀을 아무리 들어도 모르겠네"라는 말은 그만합시다. 예수 그리스도의 삶을 통해서 이제 새로운 삶을 살아갑시다. 이사야 65 장에 의하면 백세에 죽는 사람은 오히려 저주를 받은 것이라고 합니다. 나무의 수한과 같이 3천 년 5천 년은 물론 영원히 살 수 있습니다.

주님께서는 "아버지의 완전하심 같이 너희도 완전하라"고 말씀하셨습니다. 인간은 이렇게 대단하고 신비한 존재입니다. 예수님의 이름 중에 '기묘자'가 있는데, 히브리어로는 '펠레'입니다. 인간의 경험과 이성과 지식으로 알 수 없는 사람이라는 뜻입니다. 오늘은 인간의 기질과 경험으로는 알 수 없는 이야기를 계속하고 있는데, 이것이 영성 시대에 대한 새로운 메시지입니다. 성경이 그렇게 우리에게 말하고 있기 때문입니다. 우리의 관점과 생각과 경험들을 그리스도 안에서 다 바꾸어야 합니다. 변화되지 않은 기질과 생각으로는 새 시대에 들어가지 못합니다.

이제 때가 왔습니다. 그분이 탄생하셨을 때 우리도 그리스도와 함께 재탄생합시다. 예수 그리스도의 탄생을 진정으로 기뻐하는 사람이 된다면 우리도 틀림없이 새로운 세계에 들어갈 수 있다는 것이 이사야 본문 말씀입니다("이리와 어린 양이 함께 먹을 것이며 사자가 소처럼 짚을 먹을 것이며 뱀은 흙을 양식으로 삼을 것이니 나의 성산에서는 해함도 없겠고 상함도 없으리라 여호와께서 말씀하시니라" 사 65:25).

이사야 60장 18-22절은 제가 20대와 30대에 읽고 가장 놀란 말씀입니다.

"다시는 강포한 일이 네 땅에 들리지 않을 것이요 황폐와 파
멸이 네 국경 안에 다시 없을 것이며 네가 네 성벽을 구원이

라, 네 성문을 찬송이라 부를 것이라 ○ 다시는 낮에 해가 네 빛
이 되지 아니하며 달도 네게 빛을 비추지 않을 것이요 오직 여
호와가 네게 영원한 빛이 되며 네 하나님이 네 영광이 되리니
○ 다시는 네 해가 지지 아니하며 네 달이 물러가지 아니할 것
은 여호와가 네 영원한 빛이 되고 네 슬픔의 날이 끝날 것임이
라 ○ 네 백성이 다 의롭게 되어 영원히 땅을 차지하리니 그들
은 내가 심은 가지요 내가 손으로 만든 것으로서 나의 영광을
나타낼 것인즉 ○ 그 작은 자가 천 명을 이루겠고 그 약한 자가
강국을 이룰 것이라 때가 되면 나 여호와가 속히 이루리라"

생명은 태양을 보고 빛을 받아야 합니다. 태양이 없으면 지구가 싸늘하
게 얼음처럼 되어 아무도 생존할 수 없습니다. 그런데 이사야가 그리스도
를 통해 이루어질 세계는 태양도 달도 별도 필요가 없다고 하며 "하나님
이 너의 빛이 된다"고 합니다. 태양계에서 태양은 너무나 중요해서 우리
의 심장과도 같습니다. 그런데 하나님께서 다시는 태양도 달도 별도 필요
없다고 하십니다. 하나님이 우리의 빛이며 영광이 된다는 것입니다.

맺는말

예수 그리스도는 우리의 희망입니다. 어제나 오늘이나 영원히 동일하
신 창조자입니다. 은하계도 창조하신 분이므로 태양계 안의 우리는 목표
와 방향을 그분께 두어야 합니다. 새로운 시대에 적합한 사람이 될 수 있
도록 예수님을 통해 우리의 죄 문제를 해결합시다. 믿음과 확신의 시대

에 영성의 능력을 발휘하고, 순간 이동을 할 수 있는 양자 역학의 시대를 즐길 수 있도록 의심 없는 믿음을 가지고 살아야 합니다. 또한 새로운 시대를 위해 초월의 삶을 살아야 합니다. 그 삶은 예수님께 배워야 합니다. 요나보다 큰 자, 솔로몬보다 큰 자, 성전보다 큰 자가 여기 있다는 주님의 하나님 되심에 대해서 우리 모두 배워야 합니다.

우리 교회는 이사야 60장 22절 "그 작은 자가 천 명을 이루겠고 그 약한 자가 강국을 이룰 것이라 때가 되면 나 여호와가 속히 이루리라"는 말씀처럼 그리스도와 말씀을 통해 지금은 작지만, 앞으로 천이 되고 만이 되며 세계 최고의 교회가 될 것을 믿습니다. 아멘.

54
—
예수는 메시아시며 그리스도시다

2012. 12. 30.
요한복음 5:30-47

"내가 아무 것도 스스로 할 수 없노라 듣는 대로 심판하노니 나는 나의 뜻대로 하려 하지 않고 나를 보내신 이의 뜻대로 하려 하므로 내 심판은 의로우니라 ◦ 내가 만일 나를 위하여 증언하면 내 증언은 참되지 아니하되 ◦ 나를 위하여 증언하시는 이가 따로 있으니 나를 위하여 증언하시는 그 증언이 참인 줄 아노라 ◦ 너희가 요한에게 사람을 보내매 요한이 진리에 대하여 증언하였느니라 ◦ 그러나 나는 사람에게서 증언을 취하지 아니하노라 다만 이 말을 하는 것은 너희로 구원을 받게 하려 함이니라 ◦ 요한은 켜서 비추이는 등불이라 너희가 한때 그 빛에 즐거이 있기를 원하였거니와 ◦ 내게는 요한의 증거보다 더 큰 증거가 있으니 아버지께서 내게 주사 이루게 하시는 역사 곧 내가 하는 그 역사가 아버지께서 나를 보내신 것을 나를 위하여 증언하는 것이요 ◦ 또한 나를 보내신 아버

지께서 친히 나를 위하여 증언하셨느니라 너희는 아무 때에
도 그 음성을 듣지 못하였고 그 형상을 보지 못하였으며。 그
말씀이 너희 속에 거하지 아니하니 이는 그가 보내신 이를 믿
지 아니함이라。 너희가 성경에서 영생을 얻는 줄 생각하고
성경을 연구하거니와 이 성경이 곧 내게 대하여 증언하는 것
이니라。 그러나 너희가 영생을 얻기 위하여 내게 오기를 원
하지 아니하는도다。 나는 사람에게서 영광을 취하지 아니하
노라。 다만 하나님을 사랑하는 것이 너희 속에 없음을 알았
노라。 나는 내 아버지의 이름으로 왔으매 너희가 영접하지
아니하나 만일 다른 사람이 자기 이름으로 오면 영접하리라
。 너희가 서로 영광을 취하고 유일하신 하나님께로부터 오는
영광은 구하지 아니하니 어찌 나를 믿을 수 있느냐。 내가 너
희를 아버지께 고발할까 생각하지 말라 너희를 고발하는 이
가 있으니 곧 너희가 바라는 자 모세니라。 모세를 믿었더라
면 또 나를 믿었으리니 이는 그가 내게 대하여 기록하였음이
라。 그러나 그의 글도 믿지 아니하거든 어찌 내 말을 믿겠느
냐 하시니라"

예수님은 자신이 하나님의 아들이심을
마귀에게 증명하지 않으셨다

이번 성탄에는 '예수'라는 이름으로 죄 사함을 받고 영성의 시대에 어떻
게 새사람으로 탄생하는가에 대해서 말씀을 드렸습니다. 예수님과 함께

새사람으로 탄생하지 않고 오히려 예수님을 십자가에 다시 못 박게 한 사람이 있다면 회개해야 합니다.

이번 시간에는 본문 말씀을 중심으로 예수님을 좀 더 깊이 전하고자 합니다. 예수님은 공생애 기간 동안 사탄에게 시험을 받으셨는데, 사탄이 "네가 만일 하나님의 아들이어든 명하여 이 돌들로 떡덩이가 되게 하라"고 했지만 예수님께서는 단연코 자신이 하나님의 아들이심을 마귀 앞에서 증명하지 않았습니다. 대신 "사람이 떡으로만 살 것이 아니요 하나님의 입으로부터 나오는 모든 말씀으로 살 것이라 하였느니라"고 하셨습니다. 또한 사탄이 "성전 꼭대기에서 뛰어 내려 봐라. 너는 하나님의 아들이니 천사들이 와서 받들지 않겠나?"라고 해도 예수님께서는 거절하셨습니다. 세 번째로 헤르몬산 정상에 가서 사탄이 천하만국을 다 보이며 "내게 절만 하면 천하를 다 주겠다"고 했을 때 예수님께서는 "사탄아 물러가라 기록되었으되 주 너의 하나님께 경배하고 다만 그를 섬기라 하였느니라"고 하시며 절하지 않으셨습니다. 예수님은 마귀가 요구하는 것은 절대 용납하지 않으셨으며, 대신 신명기와 시편으로 대답하셨습니다.

예수님을 증명하는 다섯 증인

그런데 오늘 본문에서는 예수님께서 스스로에 대해 다섯 번이나 증명하셨습니다. '예수'라는 이름은 '자기 백성을 저희 죄에서 구원한다'는 메시지가 있습니다. 예수님의 두 번째 이름인 '그리스도'는 구약에 예언된 메시아로서, "전 인류를 구원할 자"라는 뜻입니다.

본문에서 예수님께서는 자신이 바로 하나님이 보낸 아들이고 메시아

구속과 섭리

라고 말씀하시며, 그 증거로 다섯 명을 직접 거론하셨습니다. 예수님은 하나님이시라서 증명할 필요도 없는데, 다섯 사람의 예를 들어가면서 증명하셨다는 사실이 참으로 놀라운 일입니다. 오늘 본문에서 깨달을 점이 이것입니다. 예수님은 전 인류를 구원할 자이시며 새로운 시대를 열고 섭리하실 분입니다. 그래서 예수 그리스도를 더 깊이 알아야 합니다.

신명기 율법에 의하면 자기가 스스로를 증명할 때 두세 증인이 반드시 필요합니다. 범죄를 증명할 때도 두세 증인이 필요합니다. 예수님은 공생애 초기에 본인이 인류를 구원할 메시아라는 사실에 대해서 다섯 명이나 증인을 대면서 "나는 하나님이 보낸 인류를 구원할 자이다"라는 것을 증언하셨습니다. 증언은 히브리어로 '에두트'인데, 일상적으로 사용하는 말이 아니라 말씀과 언약을 말할 때 사용하는 단어입니다.

오늘 설교의 핵심은 예수님의 다섯 가지 증거를 아는 것입니다. 첫째로 "나를 보내신 이의 뜻대로", 즉 하나님께서 보내신 것으로 자신을 증명하셨습니다. 주님께서 요한에게 세례를 받고 물에서 올라오실 때 "이는 내 사랑하는 아들이요 내 기뻐하는 자라(마 3:17)"고 하늘에서 소리가 났습니다. 변화산 위에서도 마찬가집니다. 아버지께서 아들을 보내셨음을 증거하셨습니다.

두 번째로는 세례 요한이 증거했습니다. 세례 요한은 예수님의 공생애 시작 전에 먼저 와서 "나는 물로 세례를 주지만 너희 가운데 한 분이 서 있는데 그는 성령과 불로 세례를 주실 것이다"라고 하며, "세상 죄를 지고 가는 어린 양을 보라"고 하였습니다.

세 번째 증거인은 예수님 자체입니다. 예수님은 "아버지께서 나를 보내셨다"는 것을 진실하게 말씀하셨습니다. 증인의 핵심은 진실입니다. 보고 체험한 것을 분명히 말하지 않으면 위증죄입니다. 예수님은 자신이 하나님이 보낸 자라는 것에 대해 "내가 증인이다. 죽은 자를 살리고 물 위로 걷고, 보리떡 다섯 개와 생선 두 마리로 5천 명을 먹이는 일을 인간이 할 수 있나? 인간이 죽고 부활할 수 있나? 아버지께서 나와 함께 하므로, 내가 아버지와 하나이므로 이 일을 해낼 수 있는 것이다"라고 분명하게 말씀하셨습니다.

네 번째 증거는 성경입니다. 모세의 율법과 시편과 선지서에서 예수님에 대해 확실히 기록했습니다. 여기서 성경은 구약을 말합니다. "모세가 나에 대해서 예언했잖아? 이사야 선지자가 하나님이 보내신 자로서 메시아를 예언했잖아?"라고 하십니다.

다섯 번째 증거인은 모세입니다. 모세가 신명기에서 "나와 같은 놀라운 지도자를 보낼 것"이라고 했습니다("네 하나님 여호와께서 너희 가운데 네 형제 중에서 너를 위하여 나와 같은 선지자 하나를 일으키시리니 너희는 그의 말을 들을지니라" 신 18:15). 그래서 산상수훈 말씀이 있는 것입니다. 모세가 시내산에서 하나님께 십계명을 받은 것이 산상수훈의 원형입니다.

영성의 시대를 이끌어 갈 성배 민족과 성배 교회

오늘 본문 말씀의 핵심은 예수님은 하나님이시고 전 인류를 구원할 자라는 것입니다. 인간의 역사가 계속되는 한 이분은 인간의 구원자이고 새 시대의 주역입니다. 우리는 이분을 통한 영성의 시대를 누려야 합니다. 저는 이사야서와 요한복음을 매일 저녁과 새벽마다 듣는데, 사랑과 정직하심으로 말씀하심이 너무 놀랍습니다. 우리는 이제 새 시대의 준비를 위해 예수와 말씀을 더 깊이 알아야 합니다.

루돌프 스타이너(Rudolf Steiner 1861~1925)는 유럽의 영성주의자로 유명합니다. 그가 말하기를 "앞으로 인류 문명사의 대전환기가 올 것인데 극동 아시아에서 성배의 민족이 일어날 것이며, 그 성배의 민족이 앞으로 22세기까지 세계를 지도할 것이다"라고 하였습니다. 또한 "로마 제국 때의 성배 민족은 이스라엘이었다. 결국 로마세계가 멸망하면서 그리스도 예수와 이스라엘 민족을 통해 세계가 재편성되었지 않았는가? 이제는 22세기까지 이끌 성배의 민족이 새롭게 일어날 것이고 그 민족은 극동 아시아에 있다. 그 민족은 개인적으로나 집단으로 탁월한 영성을 지녔으나 외세의 침략과 내부의 폭정으로 끊임없이 억압당해 온 과정에서 삶과 세계에 대한 꿈과 이상을 마음에 가진 민족이다. 이제 그 민족을 찾아 경배하고 힘을 다하여 그들을 돕고 새로운 영성 시대를 누려야 한다"는 말도 덧붙였습니다. 루돌프 스타이너의 제자 중 한 사람이 일본인인 타카하시 이와오인데, 그가 성배 민족을 찾다가 처음에는 일본인 줄 알았으나 연구를 거듭할수록 한국이라는 것을 알았다고 합니다. 중국도 가만히 있지 않고 "우리가 성배 민족이다"라고 했지만 루돌프 스타이너가 말한 성배 민족의 특성은 한국과 가장 비슷합니다.

그런데 저는 그리스도 안에서 손을 들고 말하건대 21세기를 이끌 성배의 교회는 우리 시온산 교회입니다. 일제 강점기부터 역사적 배경을 가지고 지금까지 나아오면서 이렇게 어렵고 잘 안 되는 교회가 없습니다. 그러니까 우리 교회가 필요충분조건을 완전히 갖춘 성배 교회라는 것입니다. 로마제국 때의 이스라엘은 별것 아니었습니다. 로마의 황제들이 마차로 짓밟았습니다. 그런데 결국 로마는 후에 기독교를 공인하고 기독교를 국교로 삼았습니다. 앞으로 영성 시대에는 우리 교회가 그와 같은 역할을 할 것입니다.

하나님께서는 작은 것을 통해 놀라운 일을 행하십니다. 지금 교회가 작을 때 열심히 나와서 평생 즐깁시다. 나중에는 이렇게 작지 않습니다. 세계 제일의 교회로 떠오를 것입니다. 한국 교회의 역사를 연구하면 할수록 우리 교회가 얼마나 대단한 교회인지 알 수 있습니다. 한국의 대다수 교회는 영적 배경이 없습니다. 우리 교회를 비롯한 극소수의 교회만이 말씀에 근거한 영적 투쟁을 행했는데, 세월이 지나 교인들이 이제 몇 명 남지 않았습니다. 그러나 앞으로 하나님께서 일하실 것입니다. 작은 자가 천을 이룰 것입니다. 만군의 여호와의 열심이 이를 이룰 것입니다. 우리가 다 기도하면서 성배의 교회를 세상에 드러낼 수 있도록 하나님께서 주시는 열심으로 최선을 다합시다.

구속과 섭리

구속과 섭리

ⓒ 박건한, 2025

초판 1쇄 발행 2025년 3월 21일

지은이   박건한
펴낸이   이기봉
편집   좋은땅 편집팀
펴낸곳   도서출판 좋은땅
주소   서울특별시 마포구 양화로12길 26 지월드빌딩 (서교동 395-7)
전화   02)374-8616~7
팩스   02)374-8614
이메일   gworldbook@naver.com
홈페이지 www.g-world.co.kr

ISBN   979-11-388-4083-5 (03230)